中国社会科学院
金融研究所
INSTITUTE OF FINANCE & BANKING
CHINESE ACADEMY OF SOCIAL SCIENCES

中社智库

中国金融报告 2021

稳字当头擘画金融发展

张晓晶　主　编
张　明　副主编

中国社会科学出版社

图书在版编目（CIP）数据

中国金融报告. 2021：稳字当头擘画金融发展／张晓晶主编．—北京：中国社会科学出版社，2022. 2

ISBN 978 - 7 - 5203 - 9754 - 4

Ⅰ.①中…　Ⅱ.①张…　Ⅲ.①金融业—经济发展—研究报告—中国—2021　Ⅳ.①F832

中国版本图书馆 CIP 数据核字(2022)第 027930 号

出 版 人　赵剑英
责任编辑　王　衡　王　曦　李斯佳
责任校对　朱妍洁
责任印制　王　超

出　　版　中国社会科学出版社
社　　址　北京鼓楼西大街甲 158 号
邮　　编　100720
网　　址　http://www.csspw.cn
发 行 部　010 - 84083685
门 市 部　010 - 84029450
经　　销　新华书店及其他书店

印刷装订　北京君升印刷有限公司
版　　次　2022 年 2 月第 1 版
印　　次　2022 年 2 月第 1 次印刷

开　　本　710 × 1000　1/16
印　　张　23. 75
插　　页　2
字　　数　330 千字
定　　价　98. 00 元

各章节作者

代　序	谢伏瞻
主报告	张晓晶　张　明　费兆奇　曹　婧 王　喆　张　冲
第一章	张　明　张　冲　王　喆
第二章	胡志浩　叶　骋
第三章	李广子
第四章	张跃文　赵金鑫
第五章	王向楠
第六章	蔡　真
第七章	董　昀
第八章	张　珩
第九章	范云朋　郑联盛
第十章	尹振涛　张淑芬
第十一章	周莉萍

代　序

稳字当头，科学谋划中国金融发展

谢伏瞻*

2021 年是党和国家历史上具有里程碑意义的一年。全国上下隆重庆祝中国共产党成立一百周年，全面建成小康社会实现第一个百年奋斗目标，开启向第二个百年奋斗目标进军新征程。在以习近平同志为核心的党中央坚强领导下，我国沉着应对百年未有之大变局和新冠肺炎疫情，构建新发展格局迈出新步伐，高质量发展取得新成效，实现了"十四五"良好开局。

同时，必须清醒认识到我国经济发展面临需求收缩、供给冲击、预期转弱三重压力，这是党中央针对当前形势作出的新判断，是今后一个时期要解决的突出问题。党中央强调稳字当头，先立后破，要求积极推出有利于经济稳定的政策，慎重出台有收缩效应的政策，政策发力要适当靠前。稳字当头、稳中求进，既是各地区各部门应对三重压力的行动指南，也是科学谋划中国金融发展和政策安排的基本遵循。

* 中国社会科学院院长、党组书记，学部主席团主席。

一 “三重压力”对稳定宏观经济的挑战

需求、供给、预期，是稳定宏观经济的三大要素。需求收缩、供给冲击、预期转弱“三重压力”明确指出了当前我国宏观经济稳定面临的挑战。

首先是需求收缩。消费方面，受局部散发疫情持续扰动以及收入增长放缓的影响，居民消费增长乏力，尤其是服务消费受到的冲击最大。投资方面，受严控新增地方隐性债务的影响以及专项债对项目收益的要求，基建投资增速大幅下滑；部分房地产企业风险暴露等因素导致房地产投资增速较正常年份有较大幅度回落。作为产业关联度高、带动作用强的产业，房地产投资增速的放缓进一步波及其他相关产业的投资。由于处在新旧动能转换阶段，绿色投资、新基建等规模还无法弥补传统投资下滑带来的缺口。

其次是供给冲击。从短期来看，受疫情及部分国家政策禁令等因素影响，全球供应链受到严重冲击，对我国企业生产经营产生较大负面影响，部分产品（如芯片等）面临严重的供应短缺。主要国家货币政策过度宽松导致通胀压力上升，并产生了较强的外溢效应。大宗商品价格大幅上涨，进一步推高了中下游企业的生产成本，给中下游企业带来较大冲击。未来，人口老龄化使我国在较长时期内面临劳动力供给不足问题，成为制约我国经济中长期增长的一个基础性因素。

最后是预期转弱。未来一个时期，我国经济发展仍面临较大的不确定性，对生产者和消费者的信心产生影响，导致预期转弱。其中，既有经济方面的因素，也有非经济方面的因素；既有国内因素，也有国际因素。主要表现在：新冠肺炎疫情仍在全球蔓延，变异毒株不断出现，国内外疫情防控形势反复不定，疫情仍是最大的不确定性因素；世界经济有望实现恢复性增长，但不稳定、不确定、不平衡的特点十分突出；百年未有之大变局加速演进，大国博弈日趋激烈，我国经济社会发展的外部环境更加复杂严峻；部分领域监管趋严、政策叠加效应可能引起合成谬误，产生收缩效应；我国经济运行中长期存在的一些深层次矛盾未完全消除，经济增长动能转换不及预期；在迈向第二个百年目标的新征程中，部分需要持久发力的长期任务在一些地方、部门被简单理解成突击战后所产生的预期不稳。

二　提高金融支持的精准性，提振需求

扩大需求主要是消费与投资需求。要进一步提高金融支持的精准性，聚焦消费和投资中的重点领域，采取有针对性的金融支持措施，精准发力。

一是规范和促进消费金融发展。消费金融在增加消费需求、促进消费转型升级等方面发挥着重要作用。目前，我国消费信贷占比偏低，仍有较大的提升空间，应进一步增加消费金融资金供给。要引导金融机构资金向消费金融领域倾斜，扩充消费金融公司资金来源，优化消费金融资产证券化相关政策，扩大消费金融业务规模。同时，着力降低消费金融服务成本。对个人消费金融领域中存在的多个市场主体、多头收费等问题进行规范，加强对与融资收费相关的其他市场主体的规范，包括大型互联网平台以及其他一些提供风险缓释措施的市场主体，对其收费设置一定上限，降低消费金融综合服务成本。在增大消费金融资金供给和降低成本的同时，应把握好与防风险的平衡。防范部分消费者群体债务过快增长形成过度负债风险；完善征信体系建设，加强不同机构之间的信息共享，防止多头授信、过度授信等情形，减少过度消费。最后，进一步完善消费金融立法。探索出台专门的消费金融法，并在征信、消费者保护、金融监管等领域进行配套立法，形成完整的法律体系。

二是发展普惠金融释放弱势群体消费潜力。包括农民、城镇低收入

人群、老年人等在内的普惠群体在消费方面仍具有较大的潜力，要更好发挥金融在促进普惠群体增收方面的作用。完善收入分配制度，推动更多低收入人群迈入中等收入行列，不断释放普惠群体消费潜力。发挥社会保障体系的兜底作用。保障普惠群体基本生存与生活需要，解决普惠群体的后顾之忧，提高普惠群体的消费意愿。提高消费者金融素养。加大金融知识宣传力度，普及基础金融产品和服务相关知识，提高金融消费者风险意识。大力开展信用镇（村、户）创建活动。做好农户信息收集、建档、评级、授信、公示等基础工作，不断优化地方金融生态环境。加强个人征信系统建设。扩大征信系统客户和数据覆盖范围，将更多普惠群体纳入现有信用体系。

三是为重点领域投资提供金融支持。扎实推进“十四五”规划确定的重大工程项目建设，确保重大工程项目的资金保障，以重大工程项目为牵引，对扩大有效投资起到拉动作用。更好发挥政府投资的引导作用，鼓励和引导社会资本参与市政、交通、物流等重点领域补短板项目建设。适度超前进行基础设施建设，既包括对城市管网、能源、水利、交通等传统基础设施的改造，也包括以数字化基础设施为主的新基建，如数据中心、云计算、人工智能、物联网、区块链等新一代信息通信技术基础设施等。结合我国碳达峰碳中和战略的实施，在减污降碳、新能源等领域持续加大资金投入，既扩大短期投资需求，又增强长期发展动能，支持绿色低碳发展。聚焦当前面临的“卡脖子”问题，扩大战略性新兴产业投资，培育壮大新的增长点，推动战略性新兴产业实现高质量发展，服务国家发展大局。

四是建立房地产金融发展长效机制。与其他行业相比，房地产行业资金规模大、产业链条长、辐射面广，在稳定经济运行、增加地方政府财政收入、吸纳劳动力就业等方面发挥着重要作用，对于经济金融稳定和风险防范具有重要影响。当前，受多种因素影响，我国房地产业发展面临困难，总体风险有所上升。未来一个时期，要继续坚持“房住不炒”的定位，准确把握和执行好房地产金融审慎管理制度，保持房地产信贷平稳有序投放。按照“一城一策、因城施策”的原则，根据实际情况采取有针对性的措施，确保房地产企业和个人住房按揭领域的合理资金需求得到满足，促进房地产业良性循环和健康发展。

五是更好发挥政策性金融的作用。政策性金融具有资金规模大、使用周期长、资金成本低等优势，与基础设施等领域的投资规模大、建设周期长、资金回收慢等特点具有天然的匹配性，能够为基础设施建设提供低成本、稳定的长期资金来源；同时，政策性金融具有跨周期调节作用，能够在一定程度上对冲宏观经济下行所造成的冲击，是加强跨周期政策设计和逆周期调节的有力抓手。完善政策性保险体系和政策性担保体系，发挥政策性金融在风险分担领域中的作用。优化政策性金融资金的投向，集中优势资金投向关键领域，补齐短板，提高金融支持的精准性。引导商业性金融机构与政策性金融机构建立有效的协同机制，实现优势互补。政策性金融机构可以发挥自身在资金成本上的优势，作为批发资金的提供者向商业性金融机构提供资金；而商业性金融机构可以发挥自身在人力、网点渠道等方面的优势，更有效地触达客户。

六是加强金融手段与财政手段的协调配合。根据金融需求的性质确定金融供给的方式。对于基本上不产生收益、依靠项目本身难以实现商业可持续的纯公益类项目，应当以财政资金投入为主；对于可以产生一定收入、依靠项目本身短期内很难实现商业可持续的项目，应当以政策性资金为主、商业性资金为辅；对于依靠自身收益能够在一定程度上实现商业可持续的项目，应当以商业性资金为主。

三　推动金融让利实体经济，缓解供给冲击

现阶段我国金融业总体经营状况良好，为进一步让利实体经济提供了空间。未来一个时期，要进一步推动金融让利实体经济，激发微观主

体的内在发展潜力，特别是要在保障产业链供应链安全方面加大金融支持力度，缓解供给冲击对经济运行的负面影响。

一是完善贷款市场报价利率（LPR）形成机制，引导市场利率下行。降低实体经济融资成本对于保障市场主体稳定运行具有重要意义。形成有效的基准利率体系是我国利率市场化改革的主要目标之一。继2015年10月放开存款利率浮动上限之后，2019年8月中国人民银行进一步推进贷款市场报价利率（LPR）形成机制改革，通过LPR报价利率引导市场利率下行。未来一个时期，应进一步提高利率报价的灵活性，引导市场利率下行，以此降低实体经济融资成本，保持市场主体稳定运行，实现稳增长目标。

二是保持直达实体经济货币政策工具的连续性。合理把握延期还本付息政策退出的节奏。为应对疫情冲击，我国先后多次出台了针对中小微企业的贷款延期还本付息政策。未来一个时期，要把握好延期还本付息政策退出的节奏，适当延长还本付息政策的有效期，根据疫情防控形势确定政策退出时机。对于存在较大困难的借款主体，可以由金融机构采取“一事一议”的方式确定贷款本息还款安排，提高政策的灵活性和针对性。继续对金融机构发放小微信用贷款提供优惠资金支持，加大对受大宗商品价格上涨影响较大的中下游小微企业的金融支持力度。

三是加快构建具有强大韧性的产业链供应链。围绕基础零部件及元器件、基础软件、基础材料、基础工艺、基础产业技术等现阶段我国产业链供应链中存在的薄弱环节，加大对相关领域投资项目的资金供应。提高对产业链供应链中核心企业的信贷支持力度，支持核心企业提高融资能力，畅通和稳定上下游产业链条。加强金融支持全球产业链协同发展，对进出口经贸合作、“一带一路”和海外重大项目提供金融支持。

四　采取稳健的货币金融政策，扭转预期

尽管现阶段面临预期转弱压力，但我国经济社会发展的大趋势和基本面并未发生变化。稳健的货币金融政策逆周期调节以及深化改革扩大开放，将扭转预期转弱势头。

一是实施稳健的货币金融政策。当前，我国通货膨胀率总体上保持在较低水平。这为未来一个时期实施逆周期宏观经济政策提供了空间。中央经济工作会议强调，要继续实施积极的财政政策和稳健的货币政策，稳健的货币政策要灵活适度，保持流动性合理充裕。未来一个时期，可以结合实际情况灵活采取降准、再贷款、引导利率下行等方式，向金融体系注入流动性，稳定市场预期。要避免出台具有收缩效应的货币金融政策。对于在金融监管、房地产调控等领域已经出台的具有收缩效应的政策进行适度调整，向市场传递积极信号。

二是做好金融风险化解与处置工作。防范化解金融风险、守住不发生系统性金融风险的底线，对于稳定市场预期具有重要意义。要利用好当前金融机构总体业绩良好、抗风险能力较强的窗口期，加大不良资产处置力度，特别是要加强对中小金融机构、地方政府债务、房地产信贷等重点领域金融风险的防范与处置，避免局部金融风险向金融体系传染或引起恐慌情绪。加强金融机构与公检法等部门的协同，完善信用体系建设，加大对失信行为的惩戒力度，为金融风险化解与处置创造良好的信用环境。进一步完善不良贷款转让制度特别是个人不良贷款转让制度，探索建立统一不良资产转让处置平台，改进业务流程，提高转让效率。更好发挥地方资产管理公司的作用，完善地方资产管理公司制度建设，促进地方资产管理公司回归不良资产处置主业。

三是加强货币金融政策的预期管理。货币金融政策影响面广，与企业和个人的生产生活行为密切相关。在货币金融政策的制定和执行过程

中，要注意加强预期管理，通过有效的信息沟通引导公众预期。建立常态化沟通机制，拓宽主管部门与市场沟通的途径，提高货币金融政策透明度；及时回应市场重大关切，对市场普遍关心的重大理论和现实问题进行回应，避免市场出现误判和错误预期。

四是持续推进深层次结构性和体制性改革。要以更大力度的改革提振市场信心。坚持以经济建设为中心，坚定不移地坚持市场化改革方向，着眼于关系到我国经济金融长远发展的体制机制问题，在完善资本市场基础制度、提高上市公司质量、完善资本市场退出机制、省联社改革、金融业对外开放、完善金融基础设施等重点领域扎实推进金融体制改革，久久为功，善作善成。

五是加强货币金融政策与其他政策的协调配合。预期转弱是由多种因素造成的，其中部分因素已经超出了经济金融范畴。因此，扭转预期转弱也需要多管齐下。要做好政策之间的协调配合，如财税政策、产业政策、环境保护政策、收入分配改革等，将金融政策作为一种有效的资源配置手段与其他政策相协调，使不同政策形成联动，共同发力。

展望 2022 年，我们要坚持稳字当头、稳中求进的总基调，科学谋划金融发展，积极应对三重压力，为稳定宏观经济提供更有效的金融支持，以优异成绩迎接党的二十大胜利召开。

目　　录

主报告

三重压力下的中国金融发展

2021 年，面对百年未有之大变局与新冠肺炎疫情，中国经济发展和疫情防控保持全球领先地位，国家战略科技力量加快壮大，产业链韧性得到提升，改革开放向纵深推进，民生保障有力有效，生态文明建设持续推进。中国经济增速有望由 2020 年的 2.3% 反弹至 8.0% 左右，再次成为全球经济增长最重要的引擎。

展望 2022 年，稳增长仍直面诸多挑战。从全球范围来看，依然面临新冠肺炎疫情传播速度可能加快、美联储加速退出超宽松货币政策以及大宗商品价格高位盘整三大不确定性。从国内经济来看，中国经济面临需求收缩、供给冲击与预期转弱三重压力。中央经济工作会议提出，稳字当头，稳中求进，稳定宏观经济。“稳”作为 2022 年的关键字，戳中了当前经济社会发展的痛点，稳（保）增长的重要性再次凸显！

金融如何应对三重压力、稳定宏观经济；金融如何应对国际经济金融周期变化、防范化解系统性风险；金融如何坚持以人民为中心、助力实现共同富裕；这些不仅是 2022 年金融工作的重点，也是未来一个时期谋划中国金融发展需要着力的方向。

一　2021 年中国金融形势回顾

新冠肺炎疫情以来，受益于对疫情的有效防控和逆周期调节政策的对冲，中国经济快速反弹，并在 2021 年上半年持续改善，在此背景下，宏观经济政策逐步退出“逆周期”调控，并着力于“跨周期”调节。但是，进入 2021 年下半年，在国内经济下行压力持续加大、美联储加息预期提前等复杂因素的影响下，中国货币政策坚持了“以我为主、稳字当头”的总基调，为国内经济的持续复苏营造了适宜的货币金融环境。

（一）总体评估：金融形势从极度宽松回归到相对中性水平

为了从整体视角分析国内的宏观金融形势，我们通过估算高频宏观金融形势指数（以下简称金融指数），描述金融形势的整体演进特征。与西方主要经济体极度宽松的货币金融环境不同，中国的金融指数在经历了 2020 年的剧烈波动之后，从 2021 年年初的最高值 2.52 逐步回落至 10 月末的 0 值附近，意味着金融形势从极度宽松逐步回归至相对中性的水平。需要说明的是，金融指数在 2021 年 9—10 月的波动幅度有所放大：其一，主要受国内大宗商品价格自 8 月中旬至 10 月中旬加速上涨的影响，金融指数快速回升至宽松状态。其二，国内大宗商品价格受国内、国际多重因素的影响自 10 月下旬持续回落；叠加人民币汇率在 10 月下旬的升值速度有所加快等因素的影响，金融指数又呈现出快速回落的特征，并在 10 月末落入 0 值附近区间。

从 2021 年全年视角来看，影响金融形势的主要因素包括两个方面。一方面，稳定金融形势的因素：一是在非常规货币政策的刺激下，主要经济体股票市场指数屡创新高，与其经济增速持续放缓形成了显著背离。中国在稳健的货币政策环境下，国内主要股指温和上涨，股票市场趋势总体平稳。二是在主要经济体大搞量化宽松和超低利率的情形下，中国保持了正常的货币政策空间，市场短期利率运行相对平稳，2021 年前 10 个月的 7 天回购利率均值为 2.31，略高于 2020 年全年均值（2.23）。

另一方面，扰动金融形势的因素：一是 2020 年下半年以来，为了防控金融风险，国家针对房企、购房人、金融机构和地方政府出台了多项监管政策“组合拳”；在此背景下全国商品房价格于2021年以来呈现趋势性的下行态势，给金融形势带来紧缩效应。二是在中国经济快速复苏和金融开放加速推进的背景下，人民币汇率在2021年继续呈现单边升值的趋势，如人民币名义有效汇率从年初的119.04（2020年12月末数值）上升至2021年10月的125.59。作为反向指标，人民币汇率的单边快速升值对金融形势具有显著的紧缩效应。三是在中国“保供稳价”等相关政策的支持下，国内大宗商品价格快速上行的趋势在整体上

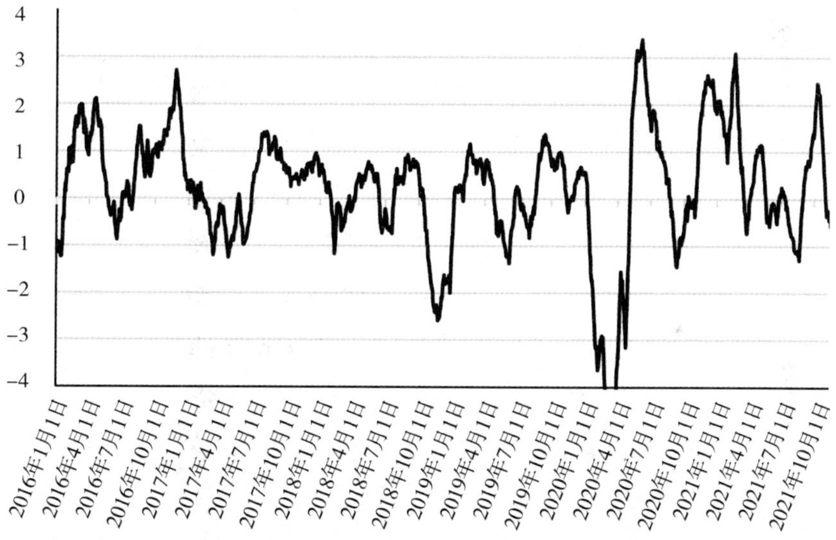

图1　高频宏观金融形势指数

注：（1）估算高频金融形势指数的指标包括短期利率、人民币有效汇率、股票价格、房地产价格和大宗商品价格。（2）金融指数是围绕零值波动的曲线，当指数围绕零值小幅波动，意味着金融形势在总体上保持相对中性。当指数正向偏离零值时，意味着金融形势转向宽松；反之意味着逐步偏紧。金融指数并非越大越好，当指数正向偏离+1值时，意味着金融形势过度宽松，极易催生资产泡沫；但当指数负向偏离-1值时，通常伴随着流动性危机或金融危机。

资料来源：笔者估算，Wind资讯。

得到了控制；但是由于国际大宗商品价格上涨过快和国内“双碳”环保等政策的影响，国内大宗商品价格在不同时段依然出现了大幅上涨，从而对金融形势的稳定带来扰动。

（二）经济复苏与金融稳定并重，实体经济“去杠杆”

截至 2021 年第三季度，宏观杠杆率为 264.8%，环比继续下降 0.6 个百分点。受疫情冲击，宏观杠杆率 2020 年前 3 个季度持续上行 24.7 个百分点，达到峰值 271.2%；2020 年第四季度起连续 4 个季度下降，降幅达 6.4 个百分点。2021 年前 3 个季度降幅分别为 2.1 个、2.6 个、0.6 个百分点，其中前两个季度主要由名义 GDP 超预期增长驱动，属于达里奥意义上的“完美去杠杆”，第三季度主要由债务收缩驱动，债务

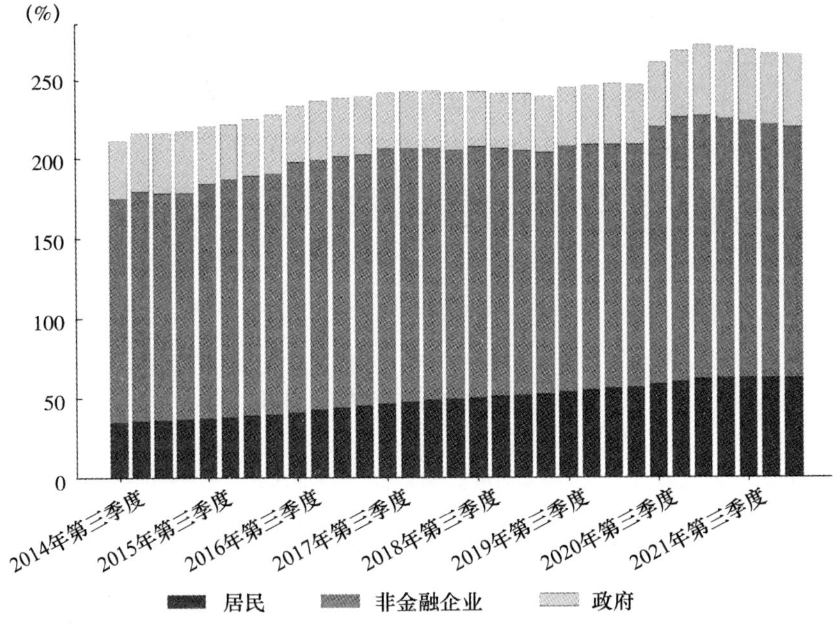

图 2　中国宏观杠杆率

资料来源：国家资产负债表研究中心（CNBS）。

环比增速仅为2.1%，是近五年同期最低值。2021年以来货币政策已回归常态，且政策环境偏紧，这是宏观杠杆率稳中有降的主要原因。经济增速下行拖累了第三季度“去杠杆”的效果，第三季度名义GDP同比增长9.8%，环比增长2.9%，均低于市场预期。

分部门看，第三季度末居民杠杆率为62.1%，环比小幅回升0.1个百分点，前3个季度共下降0.1个百分点，基本保持稳定。随着房地产市场活跃度下降，居民住房贷款对杠杆率的拉动作用减弱；而随着普惠金融范围扩大，银行加大对个体工商户的信贷支持力度，居民经营性贷款增长较快成为带动居民杠杆率上升的主要动力。居民债务结构变化一定程度上体现出金融服务实体经济的成效，有助于缓解居民债务风险。受疫情反复影响，消费复苏乏力是经济增速低于预期的部分原因，2021年第三季度居民消费仅同比增长15.8%，过去两年的复合平均增速低于5%。宏观政策仍需在促进消费方面发力，通过调整收入分配释放居民消费潜力，带动经济增长，实现宏观杠杆率的健康稳定。

宏观杠杆率下降主要由企业“去杠杆”实现，第三季度末非金融企业部门杠杆率为157.2%，环比下降1.6个百分点，前3个季度共降低5.1个百分点，已经连续5个季度处于“去杠杆”过程。在受到疫情冲击前，2019年年底的非金融企业杠杆率为151.9%，当前杠杆率仍有下行空间。非金融企业部门杠杆率下降原因有二：其一，随着经济放缓，企业投资增速和融资需求走弱，主动加杠杆扩产的意愿下降。尽管2021年工业企业的收入和利润都表现亮眼，但是在利润率尚可的情况下企业并不急于追加投资，而是优先偿还债务，降低借新债的规模，呈现出“资产负债表衰退”的迹象。其二，2021年第三季度以来房地产领域信用风险事件频发，金融机构对房地产行业的风险偏好和风险敞口显著下降。2021年前3个季度，房地产开发资金来源中的国内贷款同比下降8.4%，房企债务扩张速度明显放缓。

政府部门率先进入加杠杆进程，2021年第三季度末政府部门杠杆率为45.5%，环比回升0.9个百分点，前3个季度共下降0.1个百分点。其中，中央政府杠杆率为19.7%，环比增长0.3个百分点；地方政府杠杆率为25.8%，环比增长0.6个百分点。中央政府杠杆率上升的主要原因是第三季度国债发行明显提速，中央政府债务余额环比增幅由第二季度的2.1%上涨至第三季度的3.7%。2021年前3个季度新增国债规模仅完成全年新增债务限额的40.7%，预计国债全年新增规模可能会低于预算赤字，中央政府杠杆率的增幅或低于预期。国债发行不及预期的主要原因有两点：一是2021年中央财政收入超预期增长，财政收支缺口收窄降低了债务融资需求；二是国库现金相当充裕，从央行资产负债表上看，第三季度末的政府国库存款达到4.6万亿元，而信贷收支表中的财政性存款也达到了5.7万亿元，都处于历史高位。地方政府杠杆率上升主要是因为名义增长放缓，第三季度地方债发行节奏较第二季度并未明显加快，地方债余额环比增速由第二季度的5.2%下降至第三季度的4.9%。随着专项债管理回归常态化，2021年专项债发行进度经历了先慢后快的变化，2021年前3个季度新增专项债仅完成全年新增债务限额的60.3%，第四季度的发行压力较大。10月22日财政部表示，2021年新增专项债券额度尽量在11月底前发行完毕，预计第四季度政府部门杠杆率将继续有所上升。

第三季度末资产方统计口径的金融部门杠杆率为49.2%，环比下降2.1个百分点。随着资管新规过渡期进入尾声，非标资产压降节奏加快，银行投资信托与同业资管产品受限驱动杠杆率下降。负债方统计口径的金融部门杠杆率为61.9%，环比上升0.2个百分点，可能与财政性存款大幅增加和金融债发行增长有关。

中期来看，名义GDP增长驱动的快速“去杠杆”时期已过，未来宏观杠杆率以稳定为主，或进入稳增长驱动的阶段性加杠杆过程。其一，名义GDP增幅大概率回落。2021年上半年名义GDP实现高增长是经济加快复苏、低基数效应和价格指数上涨共同作用的结果，第三季度起实际 GDP 增速趋于下降，大宗商品价格上涨动力减弱，名义 GDP 增长将有所放缓。其二，债务降幅收窄可能性较高。由于房地产调控和城投监管持续加码，2021 年前 3 个季度债务快速收缩。中央经济工作会议提出做好跨周期和逆周期宏观调控政策有机结合，预计 2022 年货币政策总量宽松力度将加大，财政逆周期调节力度加码且发力节奏前置，债务较快增长或将推动宏观杠杆率上升。

（三）社融企稳，信贷需求走弱，金融支持实体经济待加强

2021 年前 11 个月新增人民币贷款略高于上年同期，下半年以来中长期贷款需求明显回落，信贷投放不及预期。2021 年 1—11 月，新增人民币贷款 18.82 万亿元，较上年同期多增 4380 亿元。分部门来看，居民贷款增加 7.55 万亿元，其中，短期贷款增加 1.82 万亿元，中长期贷款增加 5.72 万亿元，同比分别增加 185 亿元和 2134 亿元。受消费复苏偏缓和房地产降杠杆等因素影响，新增居民贷款 4—9 月连续同比少增，10 月转为同比多增。居民短期贷款增长在季末呈现超季节性表现，6 月同比增量由负转正，9 月延续修复态势。受疫情反弹和暴雨洪涝灾害等影响，暑期消费旺季对居民短期贷款的提振作用有限，十一假期居民消费增加助推短期贷款同比增量回升，“双十一”电商促销对居民消费的拉动作用不及预期，短期贷款同比明显偏弱。目前国内多地疫情散发，对居民消费尤其是外出服务消费的负面冲击犹存，2022 年家电下乡、汽车下乡等消费政策有望刺激居民消费。在房地产金融严监管态势下，个人住房贷款额度收紧且放款周期拉长，同时中长期经营贷和消费贷需求受到抑制，新增居民中长期贷款下行压力加大，5—9 月连续同比少增。10—11 月居民中长期贷款呈现温和回暖的态势，分别同比小幅多增 162 亿元和 772 亿元，主要源于个人按揭贷款投放提速。10 月以来，央行多次提出银行要准确把握和执行好房地产金融审慎管理制度，保持房地产信贷平稳有序投放，维护房地产市场平稳健康发展。居民中长期贷款逆势多增与商品房销售增速下降相背离，显示前期积压的房贷需求得以释放。在房住不炒的背景下，随着金融机构涉房贷款政策得到纠偏和居民正常的房贷需求得到满足，预计短期内房地产对居民信贷的拖累会逐步减弱，居民中长期贷款对社融的贡献有望增强。2021 年 10 月 23 日，全国人民代表大会常务委员会授权国务院在部分地区开展房地产税改革试点，预计稳房价、稳预期的效果逐渐显现，居民中长期贷款 2022 年或将稳中趋降。

企业贷款方面，2021 年 1—11 月，新增企业贷款 11.36 万亿元，同比少增 2167 亿元。其中，短期贷款增加 1.05 万亿元，同比少增 1.65 万亿元，中长期贷款增加 8.89 万亿元，票据融资增加 1.09 万亿元，同比分别增加 6407 亿元和 6865 亿元。整体而言新增企业贷款虽然不弱，但结构上体现为中长期贷款需求不足。由于原材料价格上涨降低了企业补库存意愿，新增企业短期贷款 1—8 月连续同比少增或多减，上半年企业短期贷款与 2020 年差距显著拉大，或与 2020 年再贷款所拉动的企业短期贷款大量到期有关。得益于出口回暖和企业补库存，9—10 月短期贷款同比增幅由负转正，对新增信贷的支撑作用逐渐增强，11 月短期贷款同比小幅微降 324 亿元。实体经济融资需求不足导致企业中长期贷款走弱，上半年同比多增幅度持续收窄，7—11 月连续 5 个月同比负增长拖累信贷。企业中长期贷款此轮回落受市场和政策的双重驱动：一方面，大宗商品价格走高和限产限电政策导致能源和原材料价格大幅上涨，同时疫情反弹对企业生产和居民消费造成一定影响，在成本冲击和消费需求低迷的情况下，企业投资意愿下降；另一方面，由于房地产调控政策加码和平台公司融资监管趋严，房企和融资平台借贷受限。自 10 月起，国务院和国家发改委多举措增加电力和煤炭等供应，保供稳价促生产惠民生；10 月 27 日国常会决定第四季度对制造业中小微企业等实施阶段性税收缓缴 2000 亿元左右，加大助企纾困力度，上述举措都将在一定程度上缓解企业经营压力并提振企业投资信心，10 月企业中长期贷款同比增幅有所收窄。11 月以来大宗商品价格明显回调，央行接连推出碳减排支持工具和 2000 亿元支持煤炭清洁高效利用专项再贷款等稳信用的货币政策工具，但企业中长期贷款同比降幅依然较高。中长期贷款走弱一方面反映出当前房企融资继续受到压制，另一方面在国内需求偏弱和出口预期回落的背景下，企业生产扩张放缓导致融资需求疲软，印证了中国经济发展面临需求收缩、供给冲击、预期转弱三重压力的重要判断。为积极响应中央经济工作会议提出“稳定宏观经济、发力适当靠前”的政策要求，12 月全面降准和下调 1 年期 LPR 等政策先后落地。预计 2022 年上半年整体处于“宽货币、宽信用”阶段，企业中长期贷款或有所回升。由于企业中长期信贷供需双重受限，银行主要通过票据融资放量稳定总体信贷投放。4 月以来企业票据贴现激增且同比大幅增长，7—8 月票据融资占比高达 40% 左右，成为支撑信贷规模阶段性企稳回升的重要力量，11 月票据冲量规模明显回落。票据加速贴现的原因有二：一是票据贴现利率走低提高企业贴现需求，以票据贴现代替短期贷款可降低企业融资成本；二是在流动性充裕但信贷投向受限的情况下，银行被动用票据贴现冲抵信贷额度。

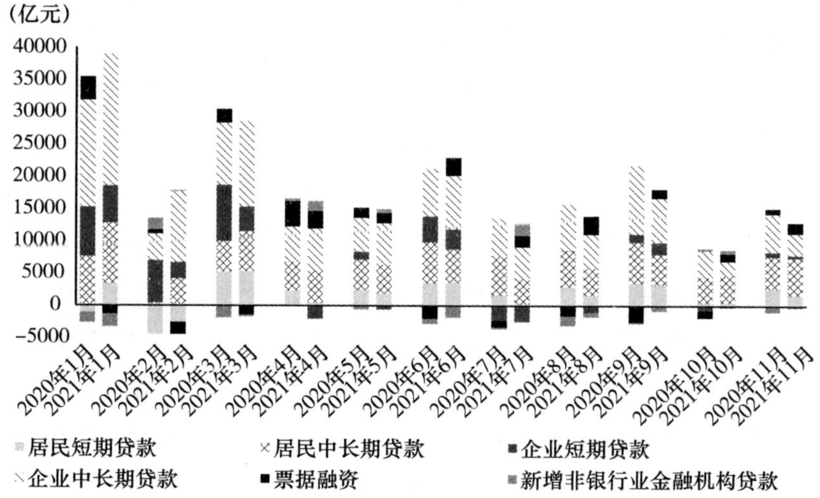

图 3　新增人民币贷款及构成

资料来源：Wind 资讯。

新增社融低于上年同期，存量社融增速触底回升。2021年1—11月，社会融资规模增量28.99万亿元，同比少增4.16万亿元，但较2019年同期多增5.51万亿元。社融存量增速由2月的13.3%持续下滑至10月的10%，创历史新低，11月社融增速小幅反弹至10.1%，为2020年10月以来首次增速环比提高。社融增长不及预期除了信贷需求走弱的原因外，还受到非标融资持续压降、直接融资增长放缓的影响。

从社融结构来看：表内融资方面，社融口径的新增本外币贷款19.14万亿元，略高于上年同期，自2021年第三季度起逐渐缩量。非标融资方面，受资管新规制约，自2月起非标融资规模连续10个月下降，累计拖累社融同比少增1.45万亿元。其中，委托贷款累计减少1280亿元，同比少减2115亿元，呈现回暖特征。由于委托贷款受信用风险和监管约束较少，除5月外，单月新增委托贷款小幅高于上年同期。信托贷款是表外三项的主要压降项，累计减少1.55万亿元，同比多减9121亿元，较上年末信托贷款余额大幅压降了24.5%，与资管新规过渡期临近结束有关。在信托“两压一降”要求下，3月以来信托贷款保持每月1000亿元以上的压降规模，下半年压降节奏逐步加快，非标收缩速度超预期成为拖累社融的主要原因。未贴现银行承兑汇票累计减少3498亿元，同比多减7461亿元，3—9月连续同比少增或多减，10—11月出现边际改善，或与近期票据贴现利率降幅放缓有关。随着资管新规过渡期临近结束，非标资产大额清理仍将拖累社融增长。

直接融资是新增社融的重要支撑，2021年第一季度直接融资占同期新增社融的比重仅为17.62%，4月以来回升至上年水平，约为45.10%。1—11月新增直接融资9.94万亿元，同比少增2.86万亿元，债券融资成为主要拖累项。企业债券融资变化受监管政策和市场情绪影响较大，由于2020年施行的《中华人民共和国证券法》降低发债门槛造成基数抬高，叠加信用债集中到期，3—4月债券融资同比少增近1.17万亿元。5月债券融资首次出现负值，一方面是受季节性因素影响，5 月发债需要补充披露年报，债券发行处于低谷；另一方面是因为 4 月下旬沪深交易所对公司债发行审核趋严，部分城投发债规模和募集资金用途受限，城投债净融资规模由正转负。随着恒大事件不断发酵，9—10 月地产债发行遇冷，拖累企业债券融资。由于 2020 年同期债券融资基数较低，加之银行间市场交易商协会鼓励房地产企业在银行间市场发行债务融资工具，11 月企业债券同比大幅多增。受财政发力后置、地方债新增限额下达时间延后、项目储备不足和审批趋严等影响，上半年国债和专项债发行节奏明显偏慢。2021 年 1—10 月，国债发行进度 53.28%，一般债发行进度 92.10%，专项债发行进度 79.65%。11 月专项债发行明显提速，政府债券同比增量创年内新高，是社融增速回升的主要支撑项。由于中国经济保持稳定恢复和资本市场改革红利加速释放，股票市场投资情绪趋于乐观，非金融企业境内股票融资累计增加 1.03 万亿元，同比多增 2484 亿元。上半年资本市场加速回暖，股票融资月均同比增幅约 400 亿元，8 月在中国电信 IPO 拉动下创单月最高增速，受北交所融资规模增量支撑以及多笔大额定增上市的影响，11 月股票融资同比大幅增长，资本市场直接融资能力持续提升。

（四）人民币汇率超预期走强，与美元指数阶段性脱钩

2021 年以来，跨境资本流动和外汇供求基本平衡，人民币汇率以市场供求为基础，有贬有升，在合理均衡水平上保持基本稳定。2021 年 1—11 月，人民币对一篮子货币汇率显著升值。截至 11 月末，中国外汇交易中心（CFETS）人民币汇率指数报 102.76，较上年末升值 8.35%；参考特别提款权（SDR）货币篮子的人民币汇率指数报 100.39，较上年末升值 6.54%；人民币对美元汇率中间价为 6.3794 元，较上年末升值 2.23%。从全年来看，人民币对美元汇率呈现“M”形走势，经历了先贬、后升、回调、再升四个阶段。

第一阶段是 2021 年年初至 3 月底，人民币对美元汇率小幅贬值。受美

国经济强势复苏、美元指数上行、美国国债收益率上涨导致中美利差收窄等因素影响，人民币对美元汇率短期承压。人民币对美元汇率中间价由2月初的6.4623元跌至3月底的6.5713元，小幅贬值1.69%。第二阶段是4月初至6月初，人民币对美元汇率持续升值。中国经济基本面稳中向好对人民币汇率起到支撑作用，一方面，中国疫情防控和货币政策正常化节奏均优于美国，美元指数由强转弱有助于人民币汇率抬升；另一方面，中美利差仍处于较高水平，外资持续增持人民币资产助推人民币表现强势。2021年5月28日，人民币对美元汇率升破6.4元关口，刷新2018年6月以来高位；6月1日，人民币对美元汇率中间价报6.3572元，调升110BP，创年内新高。人民币对美元汇率过快升值引起监管部门和市场关注，金融委、央行对汇率问题密集表态，强调未来人民币汇率的走势将继续取决于市场供求和国际金融市场变化，双向波动成为常态。央行退出外汇市场常态化干预后，更加注重预期管理和引导来缓和人民币的升值势头。2021年5月31日，央行宣布自6月15日起上调金融机构外汇存款准备金率2个百分点至7%，此举意在收缩美元流动性和缓解人民币升值压力。第三阶段是6月中旬至9月底，人民币对美元汇率回调后整体呈现震荡走势，围绕6.46—6.48元区间上下窄幅波动。受美元指数上行和外汇存款准备金率上调影响，6月人民币对美元汇率持续贬值，基本回吐5月涨幅，7月围绕6.48双向窄幅波动。8—9月人民币对美元汇率走势与美元指数运行高度吻合，双向波动常态化。第四阶段是10月初至年底，人民币对美元汇率进入波动性升值通道，与美元指数脱钩趋势明显。尽管中国2021年第三季度GDP增速放缓，但在出口保持高增长、中美经贸摩擦有所缓和、美元指数震荡下行等因素的综合作用下，10月中上旬人民币逆势升值；11月以来，美联储加快货币收紧步伐，Taper如期落地并加速强化加息预期，支撑美元进入强势通道，而人民币对美元汇率不贬反升。人民币对美元汇率与美元指数走势呈现明显背离的原因有二：一是中国出口持续超预期和年底结汇需求释放支撑人民币对美元汇率保持坚挺；二是中美经济复苏和货币政策错位，中国经济率先恢复较快增长在一定程度上缓解了美联储收紧货币政策带来的人民币对美元汇率贬值压力。为对冲人民币过快升值和短期资本流入压力，12 月 9 日，央行宣布自 12 月 15 日起再次上调金融机构外汇存款准备金率 2 个百分点至 9%，人民币对美元汇率中间价随即应声下跌 204BP，此举对稳汇率、稳出口和稳增长具有重要意义。

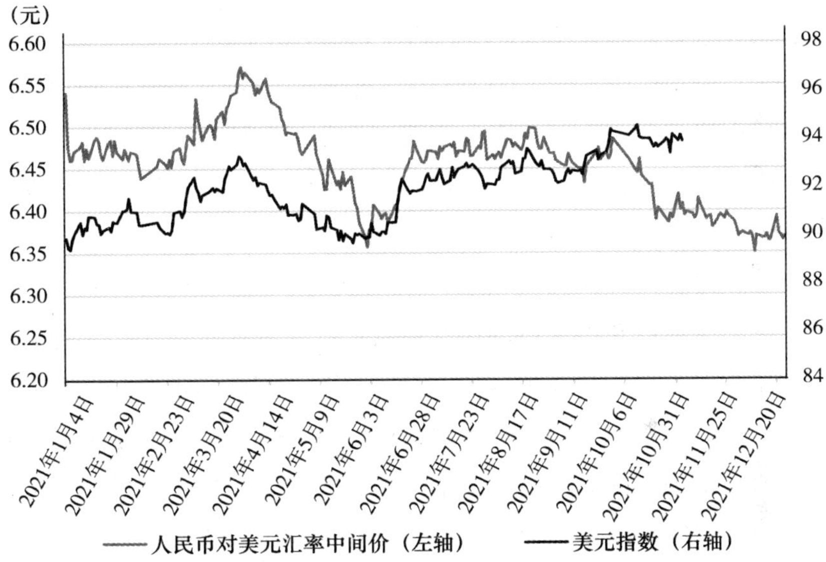

图 4　人民币对美元汇率中间价和美元指数

资料来源：Wind 资讯。

二　中国金融的挑战（一）：国内风险

从风险角度，中国金融面临的（国内）挑战主要有三个方面：房地产风险、中小银行风险以及地方债务风险。

（一）房地产信贷供需两端收紧引发多重风险

2020 年下半年至 2021 年第一季度，房地产投资和销售增速持续回升，为遏制房地产市场非理性升温，以融资收紧为主要着力点的房地产调控政策密集出台。政策层面多次强调坚持“房住不炒”，需求端设置“三道红线”约束房企有息债务增长空间，供应端实行“两个上限”压制居民和房企贷款比例，多地开始实行住宅用地供应“两集中”制度。政策控压下房企融资和销售“两头”受限：一方面，2021 年前 3 个季度，房地产表内贷款余额增长 1.82 万亿元，扣除居民房贷增长 2.93 万亿元，房企融资净减少 1.11 万亿元；在信托“两压一降”要求下，上半年房地产资金信托净减少 0.20 万亿元。另一方面，房贷利率持续上行，而居民房贷趋于下行。多地房贷利率密集上调，全国层面个人住房贷款加权平均利率由第一季度的 5.37% 上升至第三季度的 5.54%，新增居民中长期贷款 5—9 月连续同比少增。

严厉调控之下，2021 年第二季度以来中国房地产销售和投资增速持续下滑，房地产和土地市场快速降温。进入下半年，房企土地购置面积和房屋新开工面积持续负增长，房屋竣工面积持续正增长，房屋销售面积和价格双双下跌。这表明为应对融资收紧，房企通过减少拿地规模、加速存量房屋的竣工、延缓增量房屋的施工、折价销售加快回款等方式减轻短期偿债压力，但杠杆率高、资金周转困难的部分头部房企的融资压力快速上升。恒大等个别大型房企信用风险暴露后，各地加大对房企预售资金的监管力度，保竣工、保交付成为政策底线。目前，房企在拿地、开发和预售环节加杠杆渠道全部受限，现金流紧张的房企范围进一步扩大。

在房地产销售和投资增速双降、房企债务违约事件频发的背景下，2021 年第四季度以来高层官员和监管部门频频释放政策暖意，纾解房企融资困境。围绕稳地价、稳房价、稳预期的调控目标，本轮地产政策边际宽松主要体现在三个方面。一是对地产融资端进行政策纠偏，例如，并购债务可以不全记入“三道红线”，调低首套和第二套房贷利率，支持房企在银行间市场发行债务融资工具，房企信用债发行和开发贷以及个人住房按揭贷款放款明显提速。二是在土地供给端适度放松第三批集中供地的土地出让规则，广州、福州、成都等地调高房价销售上限，广州、苏州、合肥等地放宽土地出让金的支付条件，成都、无锡、济南、苏州等地下调土拍保证金比例，旨在缓解房企资金压力。三是多省市发布“限跌令”，防止部分房企通过恶意降价、以价换量的方式回笼资金，维护房地产市场平稳健康发展。总体来看，自2021年10月23日房地产税征收试点启动以来，本轮房地产调控政策基本见底。随着地产政策从偏紧回归中性，房企的合理经营资金逐步得到满足，基本面压力和市场风险有所缓解。以房贷为主的居民中长期贷款同比止跌回升，11月末个人住房贷款余额38.1万亿元，当月增加4013亿元，较10月多增532亿元。11月商品房销售和房屋新开工面积增速降幅收窄，房屋竣工面积增速回升，房地产市场出现回暖迹象。考虑到预售资金监管加强后从销售到竣工回款的时间拉长，且房企流动性和保交房压力较大，预计本轮销售改善对投资的拉动效应存在一定的滞后期，房地产开发投资企稳或发生在2022年下半年。

2021年中国房地产市场快速“去杠杆”在无形中加剧了风险暴露，百强房企频发债务违约，行业转型存在阵痛和风险。房地产调控持续收紧对房企融资能力和债务管控提出更高要求，房企优胜劣汰加速提升行业集中度，抗风险能力较弱的中小房企受房地产市场低迷冲击较大。截至12月26日，2021年已有337家房地产企业发布破产文书，平均每天有1家房企破产。上市房企的短期债务偿付压力较大，债务风险主要集中在“三道红线”标准中的红档和部分橙档房企，高风险房企的经营状况仍在恶化。值得注意的是，在土地市场降温和新房销售下滑的情况下，房企的土地储备变现困难，存量资产贬值和资金链断裂风险较大，偿债能力下降。此外，房地产遇冷波及上下游产业链调整，加大宏观经济下行压力。其一，在供给端，房企融资压力造成对供应链上下游企业的资金占用，尤其是建筑、建材和装饰行业，拖欠供应商的应付账款将加剧其应收账款减值风险和经营风险。其二，在需求端，房地产是拉动中国投资和消费增长的重要动力，房地产投资下滑拖累固定资产投资减速，稳增长压力加大。其三，在预期端，目前房企、购房者和金融机构均存在预期不稳定现象，地产行业步入信用寒冬。房企拿地和新开工更加谨慎，头部房企债务违约事件使得购房者对于期房认购趋于谨慎，市场观望情绪上升。房企贷款违约导致金融机构不良资产率上升，不良资产处置压力加大，信贷供给意愿和能力降低。其四，房企信用风险导致金融市场波动加剧。2021 年中资美元地产债超预期展期或违约频发，地产债价格大幅波动。目前已出现华夏幸福、蓝光发展、泛海控股、阳光 100、花样年、新力控股、当代置业 7 家发行人的 38 支债券违约，违约债券总规模达 125 亿美元，占中资美元地产债存量规模的 6%。离岸地产债市场避险情绪已传导至境内金融市场，地产行业债券净融资额持续为负，低评级地产债利差走阔，A 股和港股地产板块双双受挫。其五，对于地方政府，房企现金流紧张带动土地市场遇冷，土地出让收入下滑拖累地方政府性基金收入，地方财政压力加大。同时，中国专项债和城投债偿付高度依赖于土地出让收入，房企信用风险通过土地市场传导至地方政府，造成房企和政府债务风险相互交织，可能会加剧地方政府债务风险的暴露。其六，对于居民部门，中国房企销售以期房为主，若房企施工停滞，购房者将面临延期交房甚至楼盘烂尾等风险；若房企破产，房企雇员面临失业危机，容易引起社会不稳定。

（二）中小银行资产质量恶化和盈利能力弱化并存

作为中国金融系统的重要组成部分，中小银行以城市商业银行和农村商业银行为主体，是发展普惠金融、服务小微企业的重要力量。2020 年以来，为应对疫情冲击和支持企业复工复产，中国对中小银行推出了定向降准、再贷款、再贴现、延期还本付息、小微信用贷款支持工具、专项债补充资本金等一系列支持政策，提高中小银行风险抵御和信贷投放能力。但是，在当前国内经济下行压力有所加大的背景下，中小银行是银行体系的薄弱环节，其风险防范和管理仍面临较大考验。

其一，在资产质量方面，中小银行不良贷款率和拨备覆盖率有所改善，但不良贷款余额上升压力加大。总体而言，2021 年中小银行资产质量基本保持稳定：一是不良贷款率稳中有降，城商行不良贷款率由 2020 年第四季度的 1.81% 微升至 2021 年第三季度的 1.82%，农商行不良贷款率由 2020 年第四季度的 3.88% 下降到 2021 年第三季度的 3.59%；二是拨备覆盖率止跌回升，2021 年前 3 个季度城商行和农商行拨备覆盖率分别连续上涨至 197.18% 和 131.72%。尽管不良贷款率和拨备覆盖率均符合监管要求，但中小银行不良贷款余额较 2020 年年底明显上升，资产质量劣变风险凸显。若剔除贷款借新还旧和不良资产出表的稀释作用，中小银行的真实资产质量恐有所恶化。随着监管部门加大不良贷款处置力度，新增不良资产主要来自两类：一是在资管新规过渡期内表外业务回表产生不良资产；二是多数中小银行出于审慎考虑，将无还本续贷、延期还本付息的贷款列入关注类贷款管理，此类贷款资产质量向下迁移的概率较高，风险暴露存在一定的滞后性。

其二，在盈利能力方面，中小银行利润空间受到挤压，经营风险抬升。受存贷利差收窄、同业竞争加剧等因素影响，2021 年前 3 个季度城商行和农商行资产利润率分别连续下降至 0.60% 和 0.69%。从资产端来看，中小银行贷款和投资资产收益率均有所下降。一方面，为支持疫后经济复苏，中小银行在政策引导下减费让利实体经济、加大对小微企业信贷支持力度，加之大型商业银行依托资金成本优势与中小银行展开竞争，推动中小银行贷款利率下降。另一方面，随着银行同业“去杠杆”持续推进，中小银行加大配置利率债和高等级信用债，投资收益率整体下行。从负债端来看，中小银行存款成本压降空间有限。受存款利率市场化改革稳步推进、理财产品加剧存款分流、大型商业银行吸储能力较强等因素叠加影响，中小银行存款竞争加剧、揽储成本上升。随着互联网金融业务监管趋严，自 2021 年 1 月起商业银行不得通过非自营网络平台开展定期存款和定活两便存款业务，高度依赖互联网存款的部分中小银行面临更大的揽储压力。盈利能力后劲不足一方面影响中小银行内源性资本补充，弱化其风险抵御能力；另一方面激励中小银行配置高风险资产以缓解利差收窄压力，加重风险承担。

其三，在资本充足性方面，中小银行资本补充难度增大，抗风险能力不足。2021 年前 3 个季度城商行和农商行资本充足率小幅回升，但仍低于疫情前水平和同期大中型银行平均水平。中小银行面临较大的资本补充压力，原因有三：一是不良资产暴露侵蚀资本，中小银行对核心资本的补充渠道以利润留存为主，在经济下行压力加大、存贷利差下降的背景下，中小银行盈利空间收窄制约内源资本积累能力。二是金融监管趋严加大中小银行资本补充压力，资管新规过渡期内高风险权重表外资产大量回表加快银行资本消耗，随着中小银行公司治理监管制度逐步完善，原有不合格股东的违规股权面临清退。三是中小银行外源资本补充渠道有待拓宽，中小银行上市数量有限，永续债和优先股发行门槛较高，信用风险暴露导致中小银行二级资本债发行遇冷，市场化融资渠道受阻。

其四，在银行治理方面，中小银行公司治理水平亟待提升。包商银行、锦州银行等出现信用风险事件后，中小银行公司治理和股权管理问题引起监管层的高度重视，部分中小银行公司治理仍存在较大风险。一是部分中小银行由于股权结构分散、缺少实际控股股东，容易产生内部人控制风险。二是国有金融资本管理长期存在职责分散、权责不明、授权不清、布局不优、配置效率不高、法治建设不到位等问题，部分中小银行出资人缺位现象严重。2021 年以来多省市出台国有金融资本出资人职责实施规定，厘清地方国有金融资本出资人参与中小银行治理的权责边界。三是少数中小银行大股东滥用股东权利，不当干预公司经营，违规谋取控制权，利用关联交易进行利益输送和资产转移，严重损害中小股东及金融消费者的合法权益，最终形成资本流失。

（三）隐性债务严监管下弱资质城投风险凸显

永煤违约后随着市场情绪修复和再融资需求扩大，2021 年以来城投债市场有所回暖，市场对城投债的配置意愿明显回升。从发行总量来看，2021 年前 11 个月城投债发行只数和规模高于上年同期，由于城投债迎来到期和行权高峰，净融资规模同比有所回落。以 Wind 城投债口径为基础，2021 年 1—11 月，城投债累计发行 7301 只，比上年同期增长 31.27%，发行总额 52975.34 亿元，同比增长 21.34%，净融资额 18405.49 亿元，同比减少 3.74%。分月来看，受城投债集中到期和监管政策趋严等因素影响，2021 年城投债发行和净融资月度波动较大。从到期节奏来看，2021 年城投债到期和行权集中分布于 3 月、4 月、8

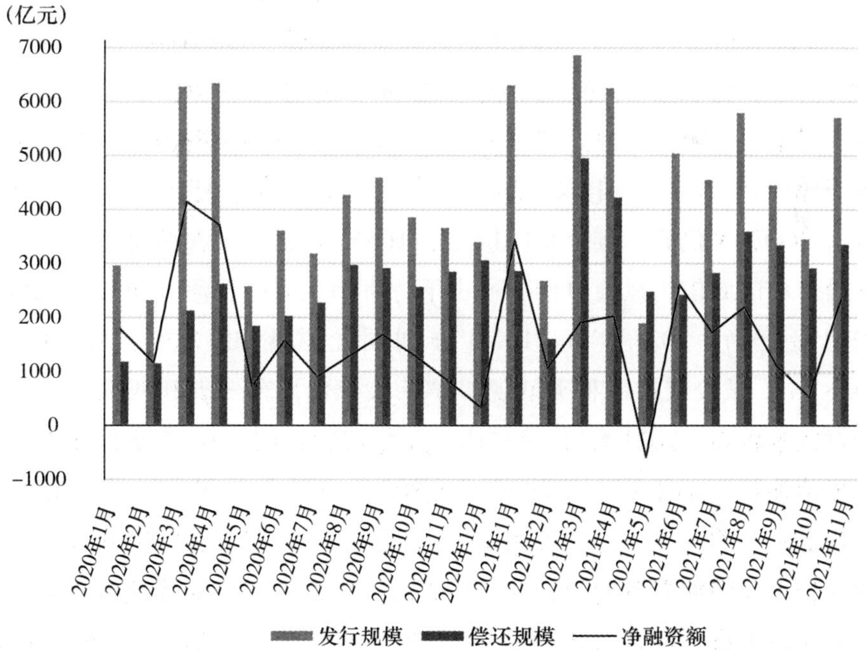

图 5　城投债发行情况（2020 年至 2021 年 11 月）

资料来源：Wind 资讯。

月和 11 月，偿还规模分别为 4951.33 亿元、4225.74 亿元、3593.45 亿元、3350.39 亿元，市场再融资需求相应扩大，当月城投债规模明显增加。受春节因素影响，2 月城投债发行规模环比锐减 57.52%。沪深交易所对公司债发行审核趋严后，5 月城投债发行规模大幅回落至 1892.85 亿元，净融资额由正转负。自 7 月起地方政府隐性债务监管升级，9—10 月城投债发行规模和净融资额环比均小幅下滑。11 月城投债发行量和净融资同比和环比均显著反弹，表明前期积累的发债需求得以释放。

城投债发行区域分化加剧，资金愈发集中于江苏、浙江等经济发达地区以及湖南、江西等中部省份，弱资质区域则明显缩量。2021 年 1—11 月，江苏和浙江城投债发行规模分别以 13666.25 亿元和 6921.29 亿元，位居前二，远高于其他省份。宁夏、海南、青海、内蒙古、黑龙江、辽宁、西藏等经济和财政实力相对较弱的区域，城投债发行规模均位于 100.00 亿元以下。江苏和浙江也是城投债净融资最大流入省份，2021 年 1—11 月累计净融资分别为 5680.86 亿元和 4678.76 亿元。天津、辽宁、内蒙古、黑龙江、云南、甘肃、宁夏净融资为负，其中天津由于经济和财政实力走弱，2021 年 1—11 月净融资持续为负，累计净流出 1111.15 亿元，较上年同期缩减 1062.50 亿元。在城投非标违约事件增多和区域信用风险事件的冲击下，贵州、河南和河北净融资规模出现明显下滑，2021 年 1—10 月分别同比减少 33.28%、37.61% 和 54.82%。城投债发行利率呈现明显区域分化，东三省和西部地区城投融资成本较高。2021 年 1—11 月，黑龙江、青海、辽宁等弱资质省份城投债加权平均发行利率均超过 6.00%，而上海、北京、广东发行成本均低于 3.50%。从发行成本的变动趋势来看，23 个省份城投债发行成本较上年同期有所增加，其中，青海、内蒙古、宁夏等地城投债发行利率明显上行，同比分别增长 1.87%、1.53%、1.19%，江苏、浙江、山东和福建等抱团区域城投债发行成本相对稳定。

在发债趋严和化解隐债的政策基调下，城投融资存在三大风险点。

其一，城投融资政策收紧叠加到期压力增大，或加剧城投债再融资滚续风险。截至 2021 年 12 月 26 日，全国存续城投债 1.70 万只，总规模 13.01 万亿元。江苏、浙江、山东、四川、湖南、湖北、重庆、江西等地城投债存量较高。从城投债到期分布来看，2022 年城投债偿还（包括到期、本金提前兑付、回售）总规模 2.93 万亿元，到期高峰出现在 3 月和 4 月，到期规模为 3511.01 亿元和 3389.89 亿元。分省份来看，2022 年江苏、浙江、湖南、山东、四川、湖北、天津和安徽的城投债到期规模居前，均超过千亿元。以到期规模占存续城投债余额比重衡量到期集中率，2022 年青海、西藏、内蒙古、天津和山西的城投债到期集中度较高，均超过 40.00%。综合考虑到期金额和占比，2022 年天津、青海、内蒙古和云南的城投债到期压力相对较大，而这些省份近期净融资表现不佳，再融资或承压。

其二，融资平台资产盈利能力较弱，自身偿债能力不足。在有存续债券的 2868 家融资平台中，有 2038 家完整披露了 2019—2021 年半年报数据，我们基于财务报表指标的中位数分析融资平台经营情况。融资平台资产负债率逐年上升但增速放缓，2019—2021 年资产负债率的中位数分别为 56.98%、58.35% 和 58.62%。融资平台盈利水平依旧不高，但较 2020 年有所改善。2019—2021 年融资平台总资产净利率（ROA）的中位数分别为 0.24%、0.18% 和 0.22%，与一般地方国企 ROA 的差距由 2.84 倍扩大至 3.02 倍，融资平台盈利能力明显弱于市场化经营主体。以未计利息、税项、折旧及摊销前的利润（Earnings Before Interest, Taxes, Depreciation and Amortization, EBITDA）对带息债务的覆盖能力反映融资平台偿债能力，可以发现融资平台的造血功能不足且难以依靠自身现金流偿债。2019—2021 年融资平台 EBITDA 与带息债务之比的中位数分别为 2.05%、1.55% 和 1.62%，与一般地方国企的差距由 4.94 倍扩大至 6.45 倍。若以 EBITDA 与带息债务之比小于 5.00% 作为判断僵尸企业的基本财务指标，近半数的融资平台可归入僵尸企业，城投债违约风险加大。

其三，受地产行业景气度下行影响，土地市场降温对地方财政收入造成较大冲击，进而拖累当地城投的政府回款进度和隐性支持。从2020年各省土地出让收入与一般公共预算收入之比来看，多数省份对土地出让收入的依赖程度较高，其中浙江、江苏、湖北、江西等11个省份占比超过100%。结合2020年地区隐性债务率（融资平台有息债务与综合财力之比）来看，在土地出让收入占比较高的省份中，重庆、湖北、江西等地隐性债务率亦偏高，建议关注上述省份的城投偿债压力。目前房企拿地总体趋于谨慎，部分地区借助城投参与公开市场拿地进而托底地方土地市场，对于弱区域城投而言，贸然拿地可能面临流动性紧张的较大考验。

三　中国金融的挑战（二）：外部冲击

本节首先对外部冲击对中国的传导渠道进行整理和分析，在此基础上，结合对当前国内外经济金融周期的判断，从美联储货币政策冲击和内外部风险共振两个方面对当前及未来一段时间内中国可能面临的风险进行说明。

（一）国际经济金融周期对中国的冲击

对国际经济金融周期对国内传导渠道的总结如图6所示。总体来看，国际经济金融周期的变化会通过贸易渠道和金融渠道，对中国产生影响。具体分为以下几个步骤。

第一步，战争、瘟疫等外部冲击、人口因素（人口增速和人口年龄结构）和技术变革推动美国经济周期的变化，美联储采取适当的货币政策来调节美国经济周期。

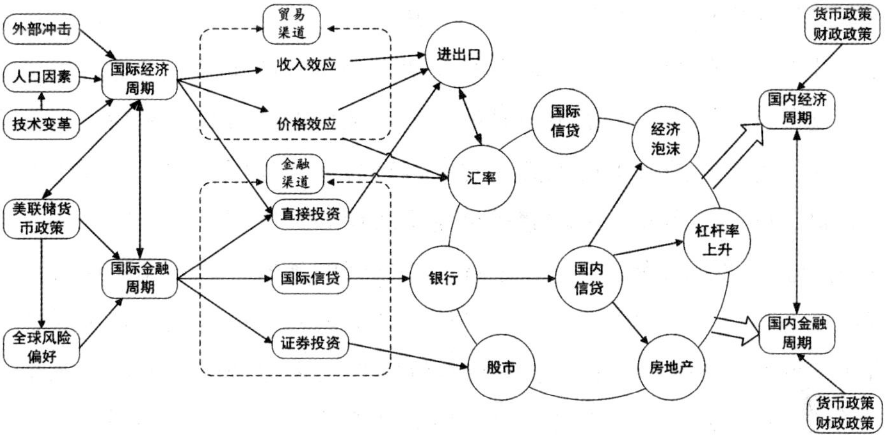

图6　外部冲击对中国的传导渠道

资料来源：笔者绘制。

第二步，美联储货币政策驱动着全球风险偏好，两者共同导致国际金融周期的变化。由于美元是全球最重要的国际货币，被广泛地用作融资货币和避险货币，美元流动性和基准利率的变化会导致全球风险偏好发生变化，两者共同驱动国际金融周期的变化①。

第三步，国际金融周期通过金融渠道对中国经济产生重要影响。一方面，美联储货币政策变化引发跨境资本成本和收益的变化，进而导致资本流动转向引发冲击，另一方面，美联储货币政策变化通过汇率预期等引发投资者情绪相互传染进而引发冲击。以美联储释量化宽松政策为例，量化宽松政策释放大量流动性，导致美元借贷成本下降，美元贬值，美债收益率下降，引发不同主体风险偏好的提升。首先，跨国银行融资成本下降，风险偏好上升，加之人民币升值导致中国国内企业资产负债表改善，引发跨国银行给中国企业的国际信贷增加，中国企业，尤

① 谭小芬、虞梦微：《全球金融周期：驱动因素、传导机制与政策应对》，《国际经济评论》2021年第6期。

其是银行和房地产企业的美元债务上升，杠杆率上升，中国经济增速提升。其次，国际投行风险偏好上升，调整全球资产布局，增加对中国的证券投资，短期内提振了中国股市、债市和房地产市场。最后，跨国企业可以通过低廉的成本借入美元对中国进行 FDI 投资，对中国经济有一定的刺激作用。因此，美联储量化宽松政策导致中国大量资本流入，导致国内经济和金融周期上行，呈现一片繁荣的景象。一旦美联储货币政策反转，美元流动性下降，美元升值，全球避险情绪升温，在金融加速器和羊群效应①的影响下，中国资本流动将会突然逆转，形成人民币汇率贬值—资本外逃恶性循环，进而导致债务违约，银行业出现危机，国内泡沫破裂，经济增速下滑，金融和经济周期下行②。

第四步，与此同时，国际经济周期变化也会通过贸易渠道对中国经济产生影响。首先，国际经济周期的变化会通过收入效应对中国的出口贸易产生影响。比如，当国际经济周期下行时，外国会因收入水平下降而降低从中国的进口。其次，国际经济周期的变化会通过价格效应对中国的进出口贸易产生影响。当国际经济周期下行时，美联储往往会通过降息等手段使美元贬值，进而导致中国对美国出口下降，进口增加，中国的进出口对 GDP 的贡献下降。再次，大宗商品价格变化导致输入性通胀（通缩）。美联储货币政策变化、国际经济和金融周期变化会导致大宗商品价格发生变化，通过进口引发输入性通胀（通缩），对中国经济造成不利影响。最后，跨国企业对外直接投资也是一个重要渠道。当国际经济周期下行时，跨国企业利润受损，进而调整全球布局，坚守国内，减少全球直接投资规模，进而对中国企业和经济发展造成不利影响。

---

① 这里主要是指在指数驱动和动量交易的影响下，国际投行和大型资产管理公司的投资行为高度雷同，一旦危机发生，可能会产生抛售。

② 孙天琦、王笑笑：《内外部金融周期差异如何影响中国跨境资本流动?》，《金融研究》2020 年第 3 期。

金融渠道和贸易渠道往往同时发生且相互影响，其影响会随着贸易开放度和金融开放度的提升而显著增大。就金融渠道而言，随着国内金融市场的不断开放，国外资本在国内金融市场的参与度上升，美联储货币政策对中国的溢出效应显著增加。金融渠道的影响会进一步传导到贸易渠道，通过影响出口信贷对中国出口和宏观经济造成影响。就贸易渠道提升而言，一方面，贸易开放度的增加使得本国实体经济对外经济依赖度提高，通过贸易渠道传导至本国的外部冲击影响增加，进而传导至国内金融市场，引起贸易—金融影响的相互强化；另一方面，随着贸易开放度的提升，本国的国际贸易融资、进出口保险等金融产品得到广泛应用，增强了本外国之间的金融联系，强化了金融渠道传导的影响力。

（二）美联储货币政策正常化的外溢效应

美国货币政策是全球金融周期变化的主要驱动因素。由于美国和美元在全球经济和货币体系中的主导地位，美联储货币政策会改变全球金融周期，并通过金融和贸易渠道，对世界其他经济体产生外溢效应。特别是对新兴市场国家而言，美联储货币政策放松一般会导致短期资本流入、本币升值、利率降低、资产价格上行、杠杆率上升，经济金融周期上行；相反，美联储货币政策收紧则会导致新兴市场国家短期资本流出、本币贬值、利率被动上行、资产价格下跌，经济金融周期快速下行。历史经验表明，美元周期是新兴市场国家爆发金融危机的主要诱因①。

2008 年国际金融危机以来，美国货币政策经历了放松—收紧—再放松的历程。金融危机后，美联储先后实施三轮量化宽松政策刺激美国经济。2014 年美联储宣布开启货币政策正常化进程，2015 年和 2016 年

---

① 李雪松、罗朝阳：《金融周期、美联储加息与金融危机》，《财贸经济》2019 年第 10 期；Miranda-Agrippino, S. and H. Rey, 2020, "US Monetary Policy and the Global Financial Cycle", *The Review of Economic Studies*, 87, 2754 –2776。

分别加息一次，2017 年加息三次并缩表。为缓解中美贸易摩擦的不利影响，提振美国经济，2019 年美联储提前结束缩表开始降息。2020 年随着全球新冠肺炎疫情暴发，美国再次重启无限量宽政策应对经济衰退。面对 2021 年美国经济的强劲复苏以及超预期的通货膨胀，货币政策正常化再次被提上议程。

当前及未来一段时间中美经济增长差反转背景下，中美两国货币政策反向操作是大概率事件。具体而言：第一，经济增长方面，中美增长差出现反转。改革开放 40 多年来，中国经济增速持续高于美国。受新冠肺炎疫情冲击非同步性和基期效应影响，中美两国经济复苏亦不同步。中国经济率先复苏，2021 年经济增速呈现前高后低的走势；美国经济呈现前低后高走势；自 2021 年第二季度至 2022 年年初，中美经济增长差将持续呈现反转局面。第二，通货膨胀方面，美国 CPI 通胀持续且显著高于中国。受无限量宽政策影响，2021 年来，美国物价水平持续攀升，6 月以来 CPI 同比增速一直超过 5%，明显高于中国 1%—2% 的水平。第三，利率方面，中美利差可能收窄。以国债收益率为例，2021 年下半年美国 10 年期国债收益率维持在 1.4%—1.8%，中国下行至 2.7%—2.9%。未来受经济增速反转和美货币政策正常化影响，美国债收益率可能会明显上行，中美两国利差大概率会收窄。第四，货币政策方面，中美经济增长可能会呈现反向局面。美国经济复苏强劲、通货膨胀持续超预期，未来美联储可能会加速退出量化宽松进程，并推进货币政策正常化；相反，中国为应对经济和金融周期双下行趋势，货币政策可能会适当放松。

在当前中国经济金融周期双下行、美国经济金融周期双上行背景下，面临即将到来的美国货币政策正常化冲击，中国需要警惕以下潜在风险。

第一，人民币汇率贬值压力。一方面，受中美经济基本面反转影响，人民币汇率有贬值压力；另一方面，随着美国通货膨胀超预期，美联储货币政策会回归正常化，导致美元升值，人民币汇率承压。当前人民币对美元汇率为6.3—6.4，受上述两方面因素叠加影响，未来人民币汇率将会出现温和下行压力，并呈现宽幅盘整态势，预计2022年年中人民币对美元汇率为6.5—6.7。

第二，短期资本流出。与汇率贬值同时发生的是，未来一段时间，中国短期资本流出压力较大。一方面，中美利差收窄可能会引发中国短期资本流出；另一方面，中美增长差反转和美国货币政策正常化导致的人民币汇率贬值可能会和资本流出一起形成汇率贬值—资本流出恶性循环，导致短期汇率超调和资本大幅流出。近期中国金融市场加速开放，如全面放开QFII、RQFII等准入门槛和额度限制，“沪港通”“深港通”“债券通”等资本市场互联互通机制逐渐完善，开放可能会加大资本流出风险，非储备性质金融账户流出规模将进一步加剧。预计2022年中国非储备性质金融账户将呈现季度余额变动不居、年度余额大概率逆差、净误差与遗漏项呈现持续净流出的局面①。

第三，金融市场波动。美国货币政策正常化通过金融渠道和贸易渠道，影响中国的利率、汇率和资产价格，导致国内金融市场波动性增加。不论利率、汇率冲击，还是北向资金的频繁大幅流动，都会对中国金融市场产生影响。以北向资金为例，虽然总体规模有限，但主要投资于蓝筹股票和利率债。美国货币政策正常化会引发羊群效应，导致中国短期资本流出，对中国股市和债市稳定造成冲击，需要警惕股票和债券市场的结构性调整压力。

（三）关注大宗商品价格波动的不利影响

全球新冠肺炎疫情以来，国际大宗商品价格快速攀升。CRB商品指

① 张明、刘瑶：《中国国际收支的变化、影响与展望》，载谢伏瞻主编《经济蓝皮书：2022年中国经济形势分析与预测》，社会科学文献出版社2021年版。

数已经从2020年4月的350左右一路上涨至2021年12月末的580左右，涨幅超过60%，目前已经超过2017年的行情并接近2011年的高点。石油、金属、工业原料等各类大宗商品价格均出现大幅上涨，一些大宗商品价格不仅显著高于疫情前，还达到了历史高点。布伦特原油价格从2021年年初的每桶40美元左右增长至2021年年末每桶80美元左右。天然气价格也持续攀升，英国IPE天然气连续期货结算价自2021年年初至今涨幅最高接近400%。

2021年大宗商品所出现的快速上涨，源于供需双方的共同作用。一方面是以美国为代表的发达国家经济金融周期双上行形成需求的持续拉动。疫情暴发后中国率先有效防控疫情，实现复工复产，成为全球商品需求的主要拉动力量。2021年以来，随着疫情防控与疫苗推广，欧美等发达国家的经济呈现前低后高的强劲复苏态势，需求的增长促进全球的大宗商品上升动能继续维持。此外，疫情后美国等国家仍处于金融周期上行阶段，为刺激经济而实施的大规模的量化宽松政策与超低利率环境导致全球流动性充裕，进一步推升了大宗商品价格。另一方面疫情对全球供应链的冲击以及政策约束导致供给受限。一些大宗商品资源国如拉美等疫情严重，导致石油、铜、铁等能源矿产的开采与运输供应链受阻，此外OPEC+的石油减产计划、中国的能耗双控政策实施等也加剧了供给紧张。疫情以来的大宗商品价格大幅上涨，甚至达到历史高点，除了供需基本面的作用之外，也不排除金融投机与炒作因素。

未来，国际大宗商品价格可能出现高位震荡。若美国通货膨胀超预期，美联储货币政策正常化的推进可能导致全球流动性收紧，加之经济复苏放缓带来需求回落，大宗商品价格的上升趋势可能难以持续。然而，受能源减产、减排政策以及疫情不确定性影响，大宗商品供应约束仍有可能存在，因而价格可能出现高位宽幅震荡局面。特别是2021年11月以来新冠病毒变异株奥密克戎的危害性引起全球高度关注，未来是否对经济复苏和大宗商品供应产生冲击仍有待观察。

当前，在中国与全球特别是发达国家的经济金融周期反向运行的背景下，需要警惕国际大宗商品价格波动传导对中国经济产生的潜在风险。

一是大宗商品价格过快上涨可能引发输入性通胀风险。中国作为能源和农产品消费大国，已经成为国际大宗商品价格的重要推动力量。然而由于缺乏大宗商品定价权，需求的增加可能加剧国际大宗商品价格上涨，并通过成本渠道影响国内价格水平，从而造成输入性通货膨胀。受到国内能耗双控政策以及突发旱涝灾害等因素影响，国内的能源供给能力受限进一步增强了对进口大宗商品的依赖，在推动国际大宗商品价格的同时也增加了输入性通胀压力。2021 年以来国内 CPI 可控，而 PPI 则出现大幅攀升，10 月最高达到 13.5%，这主要受进口价格上升影响。

二是大宗商品价格上涨会增加中下游企业成本。全球大宗商品价格上涨可能通过国内进口商品价格沿产业链传导，原材料、能源价格的上升将提升中下游企业成本，增大企业经营压力。另外，当前国内经济处于下行阶段，消费需求疲软，未来可能会进一步挤压企业的利润空间；金融周期也位于下行阶段，金融强监管可能增强企业融资约束。受输入性通胀、经济周期和金融周期下行叠加影响，房地产等中下游企业以及中小企业可能面临经营困境。

三是大宗商品价格在大幅上涨后的急剧下跌风险同样需要警惕。大宗商品价格剧烈波动可能冲击经济与金融稳定。未来应继续落实保供稳价工作，避免大宗商品价格过快上涨和大幅波动对企业经营和居民生活产生的不利影响。

（四）警惕外部风险与国内风险的潜在共振

本研究认为，外部冲击不是引发国内系统性金融风险的主要原因。但外部冲击若与中国国内风险相互交织、形成共振，则有可能对中国经济增长与金融稳定造成严重的不利影响。历史经验表明，由外部冲击引发的国内利率上升是新兴市场经济体爆发债务危机和银行业危机的重要原因。在经济金融周期双下行和新冠肺炎疫情冲击常态化背景下，中国需要注意以下内外部风险的联动。

第一，外部冲击导致国内利率被动上行引发系统性风险。2017 年以来，国内金融监管进入强周期，金融周期处于下行通道，防范化解系统性金融风险成为工作总基调。目前中国国内系统金融风险主要集中于地方债、房地产和中小金融机构三个主要领域，且它们之间密切关联，相互影响①。从根本上说，中国潜在的系统性金融风险是债务问题，可以依托中国庞大的经济体量和丰富资源储备，通过债务展期重组、资源腾挪等方式平稳化解。而这一切的前提是国内经济增速的稳定和国内利率的稳定甚至温和下行。如果未来出现人民币汇率贬值—资本外流恶性循环，国内利率被动上行，可能会引爆国内系统性金融风险。回顾新兴市场国家的金融危机事件，由于外部冲击出现资本外流和汇率贬值，进而导致国内利率被动上行，债务违约风险集中爆发是值得吸取的历史教训。要避免这一情景发生，中国就需要对资本账户保持适当管制，避免出现外部冲击时短期资本大规模流出与汇率贬值预期相互叠加，被动提升国内利率引爆系统性金融风险，从而为国内化解风险提供腾挪空间。

第二，人民币汇率贬值引发国内房地产等企业债务风险。近年来，出于规避监管、拓宽融资渠道、降低发债成本等目的，国内非金融企业在离岸市场发行了大量美元债，其中房地产企业是占据主导的发债主体，发债规模约占总量的 1/3。汇率风险是中资美元债发行主体面临的主要风险。如果人民币汇率大幅贬值，将增加中资美元债的偿债压力。如果出现债券违约，整个海外市场的中资美元债到期收益率将大幅提高，进一步增加发行成本和还款压力。近年来，叠加房地产监管力度加

① 魏伟、陈骁、张明：《中国金融系统性风险：主要来源、防范路径与潜在影响》，《国际经济评论》2018 年第 3 期。

大、新冠肺炎疫情导致房价增速下降和未来有可能发生的人民币汇率贬值冲击，房地产企业的生存经营压力突增，债务违约率上升。2021 年以来，除恒大暴雷事件外，花样年违约已经导致房地产企业中资美元债出现大跌。2022 年将是房地产企业中资美元债到期偿付的高峰期，政府应该重点关注汇率贬值—房地产行业经营困难—中资美元债大面积违约—中资企业海外融资难这一内外风险叠加的传导链条。

第三，美股大幅调整导致国内金融市场波动风险。一般而言，美股对国内 A 股市场存在“同跌不同涨”的非对称性影响。在金融开放增强、北向资金活跃的背景下，需要关注美国股市联动中国股市大幅度调整的市场风险。国际金融危机以来美国股市出现历史以来最长牛市，道琼斯工业指数从 2009 年最低时的 6440 点上升至 2021 年年末的 36000 点左右。当前，如果美国通货膨胀上行过快，美联储可能会提前开启货币政策正常化进程，美股可能会发生重大调整，引发风险资产大幅下跌。美国股市波动可能通过投资者情绪、跨境资本流动等渠道影响中国股市。尤其是 2022 年，需要重点关注美股回调对中国股市的影响。

四　以人民为中心的中国金融发展

党的十八大以来，在习近平新时代中国特色社会主义思想指导下，金融改革加快适应中国经济由高速增长向高质量发展转型，以服务实体经济、服务人民生活为本，为全方位推动高质量发展贡献力量。深化金融供给侧结构性改革必须贯彻落实新发展理念，努力实现以创新为第一动力、协调为内生特点、绿色为普遍形态、开放为必由之路、共享为根本目的的高质量发展。中国高质量发展赋予金融更高层次价值追求，一方面，要坚持以人民为中心的发展思想，让金融回归服务实体经济本源，提高金融服务实体经济质量和效率，在高质量发展中做大“蛋糕”，更好满足经济社会发展和人民群众的金融需求；另一方面，要分好“蛋糕”，扎实推动金融支持共同富裕，为人民谋求更大福祉，让发展成果更多更公平惠及全体人民①。

（一）金融回归服务实体经济本源，持续改进金融服务质效

金融是实体经济的血脉，为实体经济服务是金融的天职。深化金融供给侧结构性改革应聚焦痛点，疏浚堵点，为实体经济发展提供更高质量、更有效率的金融服务，让人民共享经济高质量发展的成果。

第一，多管齐下运用金融工具，降低实体经济融资成本。一是稳健的货币政策要灵活适度，更加注重结构优化。2021 年以来，央行综合运用降准、公开市场操作、中期借贷便利、再贷款、再贴现等货币政策工具，保持流动性合理充裕，促进货币信贷、社会融资规模增长与经济发展相适应。应进一步加大对小微企业、高新制造、绿色发展和乡村振兴的金融支持，为经济高质量发展营造适宜的货币金融环境。二是健全市场化利率形成和传导机制，促进企业融资成本稳中有降。一方面，完善以公开市场操作利率为短期政策利率和以中期借贷便利（MLF）利率为中期政策利率的央行政策利率体系，促进市场利率以政策利率为中枢波动；另一方面，着力培育市场基准利率和国债收益率曲线，更好发挥贷款市场报价利率（LPR）基准作用，有效疏通“MLF 利率→LPR→贷款利率”的利率传导机制，打破贷款利率隐性下限。三是推动多层次资本市场体系建设，提高直接融资比重。中国资本市场改革以注册制改革为核心，统筹推进上市、信息披露、交易、退市、再融资和并购重组等关键制度创新，已正式形成上交所“主板 + 科创板”、深交所“主板 + 创业板”、北交所这一功能互补、优势叠加的新格局。“十四五”时期，全面实行股票发行注册制应继续实施“先试点后推广、先增量后存量”

---

① 张晓晶：《中国共产党领导中国走向富强的百年探索》，《中国社会科学》2021 年第 11 期。

的渐进式推进策略，建立常态化退市机制，提高上市公司质量。完善市场化债券发行机制，稳步扩大债券市场规模，丰富债券品种。四是强化金融科技新技术运用，推动金融服务降本增效。充分运用金融科技优化小微企业、民营企业、科创企业等重点领域的信贷流程和信用评价模型，提高信贷决策效率和服务便利度，降低银行运营和企业融资成本，纾解企业融资难融资贵的困局。

第二，优化金融供给结构，推动产业转型升级。一是深化农村金融改革，推进巩固拓展脱贫攻坚成果同乡村振兴有效衔接。健全农村金融服务体系，完善金融支农激励机制，扩大农村资产抵押担保融资范围，发展政策性农业保险。二是坚持分类施策、有扶有控的原则，加强对制造强国建设的金融支持。制造业是实体经济的主体和科技创新的主战场，应提升对制造业的金融服务能力，做好国家重大科技创新任务的融资支持。一方面，扩大制造业中长期贷款、信用贷款规模，增加科技创新和技术改造贷款，推动股权投资、债券融资等向制造业倾斜，加大对先进制造业和战略性新兴产业的中长期资金支持。另一方面，强化政府引导和金融调控，推动过剩产业兼并重组，加快落后产能淘汰和“僵尸企业”退出，促进企业核心竞争力和资源配置效率提升。三是聚焦产业融合发展和居民消费升级需要，完善支持现代服务业发展的金融体系。引导金融资源流向高附加值产业，推动生产性服务业向专业化和价值链高端延伸。鼓励消费金融创新，推动生活性服务业向高品质和多样化升级。加快推进金融数字化转型，构建适应新业态新模式发展的现代金融体系。

（二）支持科技创新和维护金融稳定，为人民提供安全保障

坚持总体国家安全观，以人民安全为宗旨，以政治安全为根本，以经济安全为基础。科技安全和金融安全是国家安全的重要组成部分，要强化科技自立自强作为国家安全和发展的战略支撑作用，促进科技创新

成果更多更好惠及民生；筑牢防范系统性金融风险安全底线，提高人民群众的金融安全感。

第一，完善金融支持创新体系，推进高水平科技自立自强。首先，构建多层次、专业化、特色化的科技金融体系。积极发挥开发性金融和政策性金融的作用，为科技创新提供中长期融资支持。推动商业银行科技金融服务提质增效，保持高技术制造业中长期贷款合理增长，加大科技型中小企业知识产权质押融资、信用贷款、首贷和续贷投放力度。强化科技保险保障功能，完善科技保险产品体系。发挥非银行金融机构特色优势，为科技企业降低杠杆、结构调整等提供专业金融服务。其次，创新科技金融产品和服务。探索知识产权质押融资、“贷款+外部直投”等科技信贷服务新模式，规范开展保单质押融资、供应链融资等业务。积极支持科技企业直接融资，畅通科技型企业国内上市融资渠道，增强科创板“硬科技”特色，提升创业板服务成长型创新创业企业功能。丰富知识产权保险业务品种，拓展科技人才金融服务，满足科技创新多样化金融需求。最后，合理应用新技术赋能金融产品与服务创新。推进金融业信息化核心技术安全可控，维护金融基础设施安全。

第二，坚持底线思维和问题导向，构建全方位的金融安全战略体系。首先，注重在稳增长的基础上防风险①。强化跨周期和逆周期宏观调控政策的有机结合，加强货币政策与财政、就业、产业、投资、消费、环保、区域等政策的协调联动，形成宏观政策调控合力，构筑金融安全网。完善宏观审慎管理体系，保持宏观杠杆率以稳为主、稳中有降。其次，防范化解重点领域风险，严守金融风险底线。一是坚持房子是用来住的、不是用来炒的定位，稳妥实施好房地产金融审慎管理制度，加快完善住房租赁金融政策体系，推动金融、房地产同实体经济均衡发展。二是加强地方国有企业债务风险管控，坚决遏制地方政府以企业债务形式增加

① 张晓晶：《宏观杠杆率与跨周期调节》，《中国金融》2021年第5期。

隐性债务，强化财政与金融系统协同配合，稳妥化解隐性债务存量。三是加强系统重要性金融机构和金融控股公司监管，强化不良资产认定和处置，防范化解影子银行风险，有序处置高风险金融机构，严厉打击非法金融活动。四是支持金融科技依法规范发展，加强反垄断和反不正当竞争，遏制平台滥用市场支配地位和损害消费者权益，加强网络安全风险管控和金融信息保护。最后，完善现代金融监管体系，补齐监管短板。健全金融风险预防、预警、处置、问责制度体系，落实监管责任和属地责任，对违法违规行为零容忍。提升金融风险技防能力，运用金融科技实现对跨市场、跨业态、跨区域金融风险的早识别、早预警、早处置。

（三）加快发展绿色金融，建设美丽中国

在碳达峰与碳中和战略背景下，大力发展绿色金融是促进经济社会发展全面绿色转型的关键抓手，也是为人民群众提供更多优质生态产品的重要途径。“十四五”时期，中国生态文明建设进入以降碳为重点战略方向、推动减污降碳协同增效的新阶段，绿色金融迎来重要发展机遇。贯彻绿色发展理念，加快发展绿色金融，实现绿色惠民、绿色利民、绿色为民，推进建设美丽中国。

第一，完善绿色金融顶层设计，建立金融支持绿色低碳转型的长效机制。2016 年以来，央行充分发挥金融支持绿色发展的资源配置、风险管理和市场定价三大功能，探索形成以绿色金融标准、环境信息披露、激励约束机制、产品服务创新、国际合作协调为五大支柱的绿色金融体系，推动绿色金融更好地服务实体经济高质量发展。下一步，应继续完善绿色金融领域的制度框架，对金融支持绿色低碳发展和应对气候变化做出系统性安排，更好推进实现“双碳”目标。坚持政府引导、市场运作的绿色金融政策框架，丰富绿色金融支持政策工具箱。加快完善绿色金融标准体系，推动建立强制性、市场化、法治化的绿色金融信息披露制度。推动数字绿色金融发展，加强数字技术和金融科技在环境

信息披露和共享等方面的应用。优化金融机构绿色金融业绩评价体系，拓展考核结果应用场景，加强激励约束。有序开展气候风险评估和压力测试，强化对绿色金融领域风险的审慎管理。

第二，创新绿色金融产品和服务，构建多层次绿色金融市场体系。一是推进绿色信贷创新。发展排污权抵押贷款、碳资产质押贷款、绿色信贷资产支持证券等创新工具。二是深化绿色资本市场建设。拓宽绿色债券、绿色股权融资、绿色基金等直接融资渠道，丰富绿色债券发行品种和投资者结构，加大对绿色企业上市融资、挂牌融资和再融资的政策支持力度，完善上市公司 ESG 信息披露制度。三是支持绿色保险发展。丰富绿色保险产品，鼓励保险资金投资绿色领域。四是创新碳金融产品。鼓励开发碳指数、碳保险、碳期货等交易工具，碳债券、碳基金、碳质押等融资工具。用好碳减排支持工具和支持煤炭清洁高效利用专项再贷款，支持碳减排重点领域的发展。五是鼓励绿色消费金融。加大对绿色消费的金融支持，推动形成绿色生活方式。

（四）综合运用金融政策工具，助力共同富裕

第一，加快发展普惠金融。党的十八大以来，党中央高度重视普惠金融工作，制定出台一系列政策措施，普惠金融服务的覆盖率、可得性和满意度得到稳步提升，成效显著。为加快构建更普惠、更包容、更安全的金融体系，至少要做好如下工作：一是妥善处理好普、惠和商业可持续三者的关系。一方面，要精准定位、多措并举地让特殊群体跨越“金融鸿沟”获得金融服务，实现信贷投放以“量”增带动“面”扩和“价”降，形成又“普”又“惠”的金融服务体系；另一方面，加强技术攻关，打通普惠金融信贷业务中存在的堵点，帮助金融机构“提质、降本”，为商业可持续性汲取动力。二是强化金融科技在普惠金融领域的应用。一方面，加大农村、西部等地区数字基础设施建设投入，强化地区、城乡之间的互联互通，弥合普惠金融的“数字鸿沟”。另一方

面，加强金融科技平台治理，坚持规范金融科技监管和促进发展并重，维护金融科技领域的公平公正，守住不发生金融科技风险的底线，稳步推进数字普惠金融支持和实现共同富裕。三是构建“有为政府 + 有效市场”有机结合的政策体系。将充分发挥市场对金融资源配置的决定性作用和更好地发挥政府对普惠金融的支持作用有机结合，在通过金融市场力量拓宽重点领域、重点行业和重点人群的融资渠道的基础上，推动金融政策和财政政策在一定领域、一定层次的协同发展，促进形成普惠金融能更深层次、更高水平、更广维度地实现共同富裕的政策体系。

第二，重视货币政策的再分配效应和纠偏作用。一是发挥总量型货币政策的正向再分配效应。货币政策的正向再分配效应主要通过收益异质性、费雪效应、资产负债表三条渠道发挥作用。一般来说，扩张性货币政策将推动经济周期性繁荣、降低失业率、缩小收入分配差距，但货币扩张超过一定限度，引起通货膨胀，亦会加剧收入不平等。从长期来看，低通货膨胀和稳定的总需求增长有助于改善穷人的福祉，因此旨在降低通货膨胀和稳定总需求的稳健货币政策有助于长期改善穷人的状况。二是发挥结构性货币政策的纠偏作用。尽管结构性货币政策出台的初衷并非是调节收入再分配，但支农支小再贷款、定向降准、定向中期借贷便利（TMLF）等结构性货币政策工具具有引导信贷流向、强化激励相容的效果，有助于引导资金向经济发展的薄弱环节流动，防止货币政策在扩张和收缩过程中产生不利于弱势群体的再分配效应。直达性货币政策工具的纠偏作用尤为明显。

第三，大力推动金融工具创新。在金融市场的实践中，一些创新金融工具的使用能够显著提高资金配置效率、降低交易成本，在相关政策指引下有助于促进实现共同富裕。一是大力发展数字金融与普惠金融。与传统金融相比，“数字金融 + 普惠金融”的组合具有降低金融交易门槛、促进信息流通和价格发现、打通金融服务“最后一公里”的显著优势，能够缓解收入与财富不平等。二是大力发展养老金融。养老金融通过市场化手段，使得有关资金流通过金融体系实现社会财富的有效增值以及合理分配，有助于促进共同富裕。在实践过程中，要促进金融体系对养老金融的全方位支持，并用财税政策予以配合；还要拓展养老金融的服务对象、降低服务门槛，更好地发挥养老金融的普惠性与再分配效应。三是积极发展主权财富基金。主权财富基金使用主权国家的储备资产在全球范围内进行长期多元化金融投资，其取得的投资收益能够增加一国的总体国民福利并推进该国经济的代际可持续增长。不同类型的主权财富基金对缓解财富不平等的作用机制相差很大，一些最初设立的稳定基金和战略基金逐渐具备跨越代际平滑财富的功能。四是积极发展ESG 主题基金。在中国经济迈向高质量发展的过程中，将会更加注重公平，更加强调三次分配。因此，公益慈善以及以 ESG 基金为代表的社会责任理念，有望成为共同富裕的加速器。愿意承担更多社会责任的上市公司，在资本市场上将会受到更多机构投资者的信任，在政策层面也有望得到更多的激励与倾斜，这无疑有助于打通促进共同富裕的良性循环。

五 “三重压力”下中国货币金融展望

2021 年 12 月的中央经济工作会议指出，当前中国经济运行面临需求收缩、供给冲击、预期转弱三重压力。首先是需求收缩。一是受疫情反复、洪涝灾害、居民收入增速放缓等多重因素的影响，中国消费需求疲软，社会消费品零售总额增速持续下滑；二是受政策调控和部分房企风险暴露的影响，房地产市场整体承压，房地产投资、土地市场成交量、商品房销售增速全面下降，同时对相关的上、下游产业，如原材料、能源、建材、家具、家电行业的需求造成拖累；三是在地方政府债务风险约束下，监管趋严，投入基建资金收紧，叠加地方基建项目储备不足等因素，基建投资增速持续下行。其次是供给冲击。一是在价格传递效应较弱的背景下，大宗商品价格持续上涨，导致中下游企业利润受到严重侵蚀；二是“芯片短缺”问题导致汽车产量大幅下滑，全国汽车产量两年同比增速从2021年2月的22.05%下降至11月的1.30%；三是在能耗双降背景下，煤电荒导致部分省份“拉闸限电”，对生产企业带来了较大冲击。最后是预期转弱。一是市场主体（消费者和生产者）的预期趋势性减弱，如消费者预期指数、信心指数呈现趋势性下行；小型企业PMI生产指数在2021年5月以来一直处于荣枯线下方，且逐步下行。二是受其他非经济因素（如新冠肺炎疫情、中美博弈和经济社会发展的基本遵循或所谓底层逻辑）影响，社会预期不稳，市场预期偏弱。

在三重压力背景下，中央强调各地区各部门要担负起稳定宏观经济的责任，这不仅是经济问题，更是政治问题。各方面要积极推出有利于经济稳定的政策，慎重出台有收缩效应的政策，政策发力要适当靠前。由此，中国货币金融政策需从以下几个方面发力，应对需求收缩、供给冲击、预期转弱三重压力。

（一）加大货币政策总量宽松力度

百年未有之大变局与新冠肺炎疫情冲击下，中国经济复苏面临诸多挑战。过去复苏较快的主要拉动力——出口、房地产投资、基建投资增速回落，消费与制造业投资持续疲软。当前中国经济周期与金融周期处于双下行阶段，稳字当头、稳中求进是中央经济工作的总基调。就金融而言，加大货币政策总量宽松力度稳定宏观经济，既属必要，亦有条件。一是经济下行压力持续加大。中国社会科学院金融研究所研发的高频经济先行指数显示，经济运行在2021年7月末落入偏冷区间，直至当前尚未见明确的企稳迹象，说明经济的需求端很弱，在此背景下，加大货币政策的总量宽松力度，进而拉动总需求是“稳字当头”题中应有之义。二是掣肘总量宽松的通胀问题已经减弱。PPI高点已过，上游企业涨价动力减弱，PPI—CPI剪刀差在11月以来开始回落，中下游企业成本压力将逐步缓解；虽然上游对下游部分商品的价格传导仍在继续，但在整体消费需求偏弱的背景下，核心CPI已显疲态。三是实现货币政策“以我为主”的客观条件较好。中国在疫情期间的工业生产和金融市场表现出很好的稳定性，贸易顺差和国际资本流入相对较高；因此即便在美元指数短期走强的背景下，人民币汇率仍然维持强势，这为中国推行“以我为主”的总量宽松政策提供了较好的客观条件。

（二）结构性货币政策着力提振最终需求

在总量宽松背景下，货币政策应在结构上发力，更加注重支持提振最终需求，增强货币政策的效力。

第一，新旧动能转换期使得信贷投放提振最终需求面临阻力。货币当局在2021年9月出台了碳减排支持工具，旨在支持清洁能源、节能环保和碳减排技术三个领域。但问题在于碳减排支持工具发放对象暂定为全国性金融机构，并非面向所有银行；此外，由于贷款利率水平偏低，银行可能将部分虽然符合碳减排要求但风险收益比过高的贷款项目排除在外。这些因素意味着短期内碳减排支持工具发放的贷款难以大规模投放，最终难以支撑经济的短期企稳。在国内经济新、旧增长动能转换的当下，以房地产及相关产业链投资、基建投资为代表的传统增长动能，仍在经济增长中占据较大比重；由此，相关领域在供给端的快速压降是导致需求端走弱的主要因素，同时也是货币政策从“宽货币”到“宽信用”存在阻滞的重要原因。

第二，在稳增长目标下，总量宽松的货币政策应着力于以下方面：一是适度放开对房地产企业开发贷的限制，并满足居民部门对于保障性住房、改善性住房的合理融资需求。二是加大对以“补短板”为目标的传统基建投资的支持力度，具体包括加大公共卫生服务、应急物资保障领域的投入；加强交通能源、重大水利、农业农村、生态环保、市政设施、社会民生、城镇老旧小区改造等领域的建设。三是一方面通过持续、稳步下调法定存款准备金率，降低金融机构的资金成本；另一方面通过调降 LPR 利率，引导金融机构下调贷款利率，进一步降低实体经济的融资成本。

第三，结构性货币政策持续发力。一是定向支持引领中国经济新增长动能的相关行业，如科技创新、新型基建、清洁能源相关基建等。二是根据疫情进展和经济下行压力的程度，对小微企业开展的两项直达实体经济货币政策工具应做到应延尽延。三是加强对信贷增长缓慢地区的信贷支持力度，促进区域的协调发展。四是在 PPI—CPI 剪刀差持续挤压下游企业利润，上、下游利润增速出现明显分化的背景下，定向支持受成本冲击较大的中下游相关企业。

（三）防范化解风险稳定市场信心

首先，进一步健全宏观审慎政策框架，建立全覆盖的金融风险监测预警体系。建立健全风险防范体系需要构建对潜在风险的监测预警机制，加强宏观审慎监测框架，对可能的危机来源、潜在风险点提前做好危机研判与应对预案。当前的重点包括：加强对房企和居民购房债务水平的监测，促进房地产市场的平稳发展。加强对落后产能、过剩产能行业加杠杆行为的管控，防止相关行业在总量宽松背景下死灰复燃。加强对信贷资金流向的监测，确保资金直达实体经济的相关领域，防止资金在金融体系内部空转。警惕财政与金融风险的互溢，典型的是地方债领域。地方债的展期与违约将恶化商业银行尤其是中小商业银行的资产负债表，而一旦商业银行出现违约，政府也势必成为地方债的实质接盘者，这将继续加剧地方政府偿债压力与风险。

其次，有效防范化解信用债违约风险。主要包括：加快推进债券市场的深度开放，促进债券市场与国际市场法律、会计、评级等制度接轨，尤其避免评级虚高、区分度不足等问题，旨在提升境外投资者对信用债和地方政府债的投资占比；加快完善债券违约风险沟通协调机制和风险处置机制，通过债券延期或展期以及部分还本引入战略投资者、债转股和对辖内低资质企业进行重组等多种方式，协调各方妥善处理债务风险；继续强化投资者保护制度，对控股股东出售、资产无偿划转、关联交易等影响发行人偿债能力与偿债意愿的情形给予更多监管，加大对恶意“逃废债”等违法违规相关责任人的惩罚力度。

再次，加强对中小银行的支持力度。一是为中小银行多渠道补充各级资本金，例如配股、定增、可转债、永续债等，提高中小银行的资本充足率，提高其抵御风险的能力。二是加快中小银行兼并收购，化解中小银行风险。好银行兼并收购坏银行，通过管理经验、优势业务输出、人员交流等方式，化解坏银行的风险，避免系统风险的出现。三是鼓励银行出台中小企业流动性支持政策。中小企业风险敞口较大，主要是流动性风险，监管层采取多种措施鼓励银行出台中小企业流动性支持的各种业务，帮助中小企业渡过流动性危机。四是鼓励银行采取多种措施化解银行存量风险，包括核销处置、不良资产证券化、债转股、批量零售和单户对公贷款的转让。五是对流动性问题银行采取紧急流动性援助（ELA），但 ELA 应对无力偿债银行和流动性不足银行区分对待，以惩罚性利率提供流动性，阻止表面流动性不足而事实上无力偿债的银行进行借款。六是进一步完善银行公司治理。包括加强对关联贷款的管理，确保银行向股东贷款符合信用审核标准；对股东质押银行股权的行为进行规范；完善中小银行股权交易市场，确保通过市场途径实现问题股东的退出。

最后，多措并举，稳定市场主体信心。预期转弱是三重压力之一。预期转弱既有经济因素影响，也有非经济因素冲击。疫情后中国国际收支表现出资本外流迹象，主要体现在其他投资项和净误差与遗漏项多个季度的持续大规模净流出。这一现象暗示市场主体对当前的经济政策缺乏信心。因此，中国政府需要多措并举，稳定市场预期，增强市场主体信心。这包括加强政策的公开透明，重视解决代表性风险事件（如恒大）的信号传递和示范作用，保持适度的资本管制，有效化解潜在金融风险，扭转市场主体的疑惑不稳情绪，防范在中美经济增速差反转背景下出现大量短期资本外流。

（执笔人：张晓晶　张明　费兆奇　曹婧　王喆　张冲）

第一章

国际经济与金融周期：理论、测度与政策

新冠肺炎疫情后，美联储率先开启货币政策正常化进程。2021 年美国当地时间 12 月 15 日，美联储宣布加速缩减购债规模（Taper），预计 2022 年与 2023 年各加息 3 次，并视情况调整资产购买速度。同时，美联储宣布维持联邦基金利率目标区间在 0—0. 25% 不变。市场预期美联储缩减购债的行为将会进一步加速，2022 年年中美联储加息的概率将超过 80%，新一轮美元周期开启。

美联储货币政策正常化驱动国际金融周期下行，给包括中国在内的新兴市场国家带来严重的外部冲击。美国作为核心国家，美元作为最主要的国际货币，其货币政策以及引发的避险情绪变化是驱动国际金融周期的重要因素。新兴市场国家由于国内金融市场发展水平较低，没有完善的投融资渠道，存在较为严重的货币错配和期限错配问题，外部风险会通过影响汇率、利率和资本流动迅速传导至国内。历史经验表明，自 20 世纪 80 年代以来，金融危机的爆发越来越呈现出全球性与区域性的特征。金融危机的爆发越来越与国际经济周期、金融周期的强化与协同密切相关，并且这种协同特征在 2008 年后尤为显著。2013 年美联储宣布即将退出量化宽松（QE），引发南非、土耳其、巴西、俄罗斯等新兴市场国家货币大幅贬值，2017 年美联储连续 3 次加息，上述新兴市场国家再次出现

货币危机并引发国内债务危机导致经济衰退。本次美联储开启货币政策正常化进程，新一轮美元周期驱动全球金融周期变化，将会给尚未走出疫情冲击的新兴市场国家，包括中国，带来较为严重的冲击。

了解国内、国际经济金融周期现状，警惕国际金融周期冲击与国内潜在风险的共振。对中国而言最为关键的是，充分认识历史上国际经济金融周期和金融危机的关系、准确判断当前全球及中国经济、金融周期所处阶段，警惕国际金融冲击。以此为出发点，本章通过测算全球经济周期和金融周期，对历史上经济金融周期之间的关系进行梳理，对当前经济长周期、经济短周期和金融中周期所处阶段进行判断，对美联储货币政策正常化驱动的国际金融周期变化带来的外部冲击进行全面分析，并进一步提出针对性的政策建议。

一　国际经济与金融周期的理论基础

（一）国际经济周期的相关理论总结

经济周期，也称为商业周期。经济周期是总体经济活动发生的扩张、衰退、收缩和复苏的周期性波动①。以下主要对经济周期理论演进和经济周期驱动因素进行简要梳理。

第一，经济周期理论演进。对经济不稳定运行的观点最早可以追溯至亚当·斯密对过度贸易的论述。大萧条激发了周期和危机理论的创新，凯恩斯指出“贸易周期的本质特征，尤其是我们称之为周期的时间顺序和持续时间的规律性，主要是由资本边际效率的波动方式所决定的”②。此后，卡尔多的投资—储蓄关系模型、萨缪尔森的乘数—加速原理、凯恩斯主义、

① Burns, A. and Mitchell, W. C. 1946, “Measuring Business Cycles”, National Bureau of Economic Research.

② Keynes, J. M., 1936, *The General Theory of Employment, Interest, and Money*, London: Macmillan.

货币主义学派、理性预期学派、政治经济学派等都提出了经济周期理论。

根据时间长度，经济周期包括康德拉季耶夫周期（40—60 年）、库兹涅茨周期（15—25 年）、朱格拉周期（8—10 年）以及基钦周期（2—4 年）。熊彼特提出了综合周期理论，他认为长、中、短周期相互嵌套，短周期约为 40 个月，中周期约为 9—10 年，长周期为 48—60 年。20 世纪 70 年代以来，以动态随机一般均衡（DSGE）模型为基础的现代经济周期研究框架逐渐形成，根据 Kohoe 等[①]的梳理共经历了三代演进。第一代模型为起源于 20 世纪 70 年代的真实商业周期理论（RBC 理论）。以 Kydland 和 Prescott[②] 为代表，该理论认为真实经济周期源于经济体系以外的外生冲击因素，如技术进步等。第二代模型以新凯恩斯模型为主，考虑了黏性价格和工资摩擦。第三代模型以包含劳动力或金融市场摩擦的真实商业周期模型为主。国际金融危机后，金融因素在经济波动中的作用更加得到重视。

第二，经济周期的驱动因素。对于周期波动的根源，一些理论从经济体系之外寻找原因，如政治周期、战争、太阳黑子和心理等因素。现代经济周期理论则更加强调经济系统内技术、劳动力、需求、金融等因素的冲击。一般认为，中长期的经济波动主要受到技术、劳动力等供给侧冲击的影响。康德拉季耶夫的长波周期也被称为创新周期，即技术创新和企业家精神是推动长时期经济波动的根本原因。根据该理论，18 世纪后期至今已经经历五次经济长波，可对应于蒸汽革命、电气革命、信息革命等重大技术创新。创新也表现在生产率上，RBC 理论假设经济波动主要源于生产率的冲击。此外，人口规模和年龄、性别等结构的长

① Kehoe, P. J., Midrigan, V. and Pastorino, Elena, 2018, "Evolution of Modern Business Cycle models: Accounting for the Great Recession", *Journal of Economic Perspectives*, 32 (3): 141 - 166.

② Kydland, F. E. and Prescott, E. C., 1982, "Executable Program for Time to Build and Aggregate Fluctuations", QM & RBC Codes; Kydland, F. E. and Prescott, E. C., 1977, "Rules rather than Discretion: The Inconsistency of Optimal Plans", *Journal of Political Economy*, 85: 473.

期性趋势通过就业、投资、消费等渠道作用于经济波动。从短期来看，需求侧冲击往往带来经济产出偏离长期增长趋势。

刘鹤等全面比较了20世纪30年代的大萧条与2008年的国际金融危机，对技术革命、人口结构、收入分配等影响因素进行了深入分析[①]。2008年国际金融危机以来，世界各国普遍面临经济衰退并且复苏乏力，Summers将其称为“长期停滞”现象，特征包括需求长期不足、均衡实际利率下降以及零利率约束导致的货币政策无效[②]。已有研究从生产率放缓[③]、人口老龄化[④]、储蓄过剩[⑤]、金融“去杠杆”[⑥]等角度加以分析。

（二）国际金融周期相关理论总结

根据国际清算银行（Bank for International Settlements，BIS）定义，金融周期包含对价值和风险的认知与风险承担和融资限制之间的自我强化动态过程。目前金融周期的最新进展集中在金融周期测度、金融周期与二元悖论的争议及国际金融周期驱动因素等方面。

第一，全球金融周期凸显并引发“二元悖轮”等争议。随着金融全球化的深化，跨境资本流动在各国间经历着“繁荣—衰退”的周期。全球金融周期影响着全球资本、信贷等的周期性变化。Rey[⑦]以及Mi-

---

① 刘鹤等：《两次全球大危机的比较》，中国经济出版社2013年版。

② Summers, Lawrence H., 2014, “U. S. Economic Prospects: Secular Stagnation, Hysteresis, and the Zero Lower Bound”, *Business Economics*, 49 (2): 65–73.

③ Gordon, Robert, 2016, *The Rise and Fall of Economic Growth: The U. S. Standard of Living Since the Civil War*, Princeton University Press.

④ Jones C., 2018, “Aging, Secular Stagnation and the Business Cycle”, International Monetary Fund.

⑤ Bernanke, B., 2005, “The Global Saving Glut and the US Current Account Deficit”, Board of Governors of the Federal Reserve System (US).

⑥ Rogoff, Kenneth, 2016, “Debt Supercycle, not Secular Stagnation”, Progress and Confusion: The State of Macroeconomic Policy, 19–28.

⑦ Rey, H., 2015, “Dilemma not Trilemma: The Global Financial Cycle and Monetary Policy Independence”, CEPR Discussion Papers.

randa-Agrippino 和 Rey[①] 等研究利用 858 个全球风险资产提取周期性全球因子，并且发现这一因子与芝加哥交易所的 VIX 指数呈现高度负相关关系。另外，全球金融周期的存在使一国货币政策独立性受到严重挑战，浮动汇率制度不再成为帮助一国隔绝国际风险的有效制度选择，“三元悖论”的有效性受到质疑[②]，取而代之的是“二元悖论”。“二元悖论”被表述为，各国在进行开放经济政策选择时，只能在资本账户开放与货币政策独立性两者之间任选其一[③]，但这种观点强调了管理跨国资本流动的重要性，而弱化了增强汇率制度弹性的重要性。

第二，国际金融周期的驱动因素。主要包括以下方面：一是中心国的货币政策（如利差、货币供应量、影子利率等变量）。由于美元是全球体系的中心货币，资本流动的激增将伴随杠杆率的上升对全球产生影响，中心国货币政策将伴随全球跨境资本流动对各国产生显著的外溢效应，影响全球银行信贷流动与银行杠杆[④]。二是经济增速差异与投资回报率差异。研究表明，各国经济增长的前景差异与投资回报率差异是全球资本流动的重要驱动因素[⑤]。三是投资者情绪。全球投资者风险偏好的转变将产生新的全球投资组合，并最终引起资本流动，带动全球经济周期性变动。

（三）国际经济金融周期与金融危机的关系

金融危机根据源头不同可以分为债务危机、银行危机和货币危机。

---

① Miranda-Agrippino, S. and Rey H., 2020, “US Monetary Policy and the Global Financial Cycle”, *The Review of Economic Studies*, 87 (6): 2754 - 2776.

② Farhi, E., and I. Werning, 2013, “A Theory of Macroprudential Policies in the Presence of Nominal Rigidities”, NBER Working Paper.

③ Rey, H., 2015, “Dilemma not Trilemma: The Global Financial Cycle and Monetary Policy Independence”, CEPR Discussion Papers.

④ Rey, H., 2015, “Dilemma not Trilemma: The Global Financial Cycle and Monetary Policy Independence”, CEPR Discussion Papers.

⑤ Forbes, K. J. and Warnock, F. E., 2012, “Capital Flow Waves: Surges, Stops, Flight, and Retrenchment”, *Journal of International Economics*, 88 (2): 235 - 251.

历史经验表明，自20世纪80年代以来，金融危机的爆发越来越呈现出全球性与区域性的特征。尽管与大萧条、第二次世界大战时期相比，金融危机爆发次数有所下降，但危机严重程度、持续时间及波及区域均显著扩大。金融危机的爆发越来越与国际经济周期、金融周期的强化与协同密切相关，并且这种协同特征在2008年后尤为显著。

首先，近年来全球经济和金融周期的联动越发显著。金融作用于经济波动的理论机制可以通过金融加速器模型加以解释①。Reinhart 和 Rogoff 指出金融体系的脆弱性可能导致实体部门的产出大幅波动，从而引发宏观经济不稳定②。周期性因素或外生性冲击引致的金融危机可能在各国接连爆发。有学者发现伴随着金融周期下行，经济衰退会更为严重③。

其次，国际金融周期的重要驱动因素——中心国货币政策的溢出效应是导致近年来全球金融不稳定的要素之一。例如，美日欧英等发达经济体集体实施超级宽松货币政策在一定程度上推高了新兴经济体非金融部门杠杆率，加剧了后者对外部门的经济脆弱性。倘若新兴经济体本就面临严重的外生性冲击或国内基本面严重恶化，发达国家经济政策的负面溢出效应无疑会使该国雪上加霜，危机爆发的概率自然会显著上升。

最后，新兴经济体更容易受到风险因素的冲击。经济全球化加速了

---

① Bernanke, B. and Gertler, M., 1989, "Agency Costs, Net Worth, and Business Fluctuations", *The American Economic Review*, 79 (1): 14 – 31; Kiyotaki, N. and Moore, J., 1997, "Credit Cycles", *The Journal of Political Economy*, 105 (2): 211 – 248; Bernanke, B. S., Gertler, M. and Gilchrist, S., 1999, "The Financial Accelerator in a Quantitative Business Cycle Framework", in Taylor, J. B. and Woodford, M., *Handbook of Macroeconomics*, Chapter 21, pp. 1341 – 1393.

② Reinhart, C. M. and Rogoff, K. S., 2009, "The Aftermath of Financial Crises", *American Economic Review*, 99 (2): 466 – 472.

③ Claessens S., Kose M. A. and Terrones M. E., 2012, "How do Business and Financial Cycles Interact?", *Journal of International Economics*, 87 (1): 178 – 190; Drehmann, M., Borio, C. and Tsatsaronis, K., 2012, "Characterising the Financial Cycle: Don't Lose Sight of the Medium Term!", BIS Working Paper; Borio C., 2014, "The Financial Cycle and Macroeconomics: What have we Learnt?", *Journal of Banking and Finance*, 45: 182 – 198; Jordà, O., Schularick, M. and Taylor, A. M., 2016, "Macrofinancial History and the New Business Cycle Facts", *NBER Macroeconomics Annual*, 31: 213 – 263.

贸易网络化与货币网络化，发达国家的金融危机外溢效应更大、传播速度更快，在国际分工外围的新兴市场国家更容易受到源自中心国的冲击，并且缺乏充足的政策工具予以应对。此外，危机的金融渠道的传导作用远大于贸易渠道。新兴经济体金融自由化程度不高，金融抑制现象明显，导致新兴经济体的金融危机难以通过全球化网络对全球构成系统性冲击。事实上，这仍与发达国家主导的全球金融周期有关。

二 国际经济金融周期所处阶段判断：历史与现实

本节对国际经济金融周期及其与金融危机之间的关系进行测度和说明。首先，通过英美两国1870—2015年历史数据，考察两国经济长周期和金融周期，对1870年以来世界主要经济体的经济长周期、金融周期及其两者之间的关系进行研究；其次，使用1980年第一季度至2021年第二季度数据，对19个主要经济体和主要区域的经济短周期和金融周期进行测度，对当前所处阶段进行研判。

（一）国际经济金融周期测度

1. 测度样本范围

在测算内容上，本研究对长历史时期内的经济长周期和金融周期，以及现阶段的经济短周期和金融周期进行考察。其中，长周期主要关注英美两国，利用1870—2015年的年度数据对其周期特征进行考察，数据来源Jordà等[①]。短周期样本国家覆盖19个世界主要经济体，并重点比较中国、美国、德国和英国的周期特征，时间区间设定为1980年第一季度到2021年第四季度。另外，本研究还考察了不同国际层面的经

① Òscar Jordà, Katharina Knoll, Dmitry Kuvshinov, Moritz Schularick and Alan M. Taylor, 2019, "The Rate of Return on Everything, 1870 - 2015", *Quarterly Journal of Economics*, 134 (3): 1225 - 1298.

济短周期和金融周期，具体包括：（1）G20 国家；（2）欧元区国家；（3）发达国家；（4）新兴市场国家。

2. 测度指标选取

根据 Claessens 等[①]、Drehmann 等[②]研究，经济周期以国内生产总值（GDP）作为衡量指标。金融周期选择私人信贷总量、私人信贷/GDP、房地产价格，利用等权重算术平均的方法合成金融周期衡量指标。对于长期历史数据，受数据所限，本研究仅使用私人信贷总量、私人信贷/GDP 合成金融周期。区域国际层面的经济周期，同样采用等权重算术平均方法加以合成。

所有变量（除私人信贷/GDP 为比率之外）均进行季节调整，并通过价格指数折算为实际值。为了便于国别比较，本研究采取了标准化处理。对于 1870—2015 年年度数据，以 2010 年为基准进行标准化，对于 1980 年第一季度至 2020 年第四季度数据，以 2015 年第一季度为基准进行标准化。然后本节再将标准化结果取自然对数并乘以 100。变量含义及数据来源如表 1 – 1 所示。

表 1 – 1　　**变量含义及数据来源**

变量名	变量含义	数据来源	测算类型
rgdp	实际 GDP 增长率（%SA）	CEIC 数据库，作者计算；Jordà 等（2019）	经济周期
credit	实际私人信贷总额（10 亿美元）	BIS；Jordà 等（2019）	金融周期
creditgdp	实际私人信贷/GDP	BIS；Jordà 等（2019）	金融周期
houseprice	实际房价（2015 = 100）	OECD 数据库	金融周期
totalcrisis	金融危机虚拟变量（危机区间取 1）	Laeven 和 Valencia（2018）	金融危机

① Claessens, S., Kose M. A. and Terrones M. E., 2012, "How do Business and Financial Cycles Interact?", *Journal of International Economics*, 87 (1): 178 – 190.

② Drehmann, M., Borio, C. and Tsatsaronis, K., 2012, "Characterising the Financial Cycle: Don't Lose Sight of the Medium Term!", BIS Working Paper.

续表

变量名	变量含义	数据来源	测算类型
currencycrisis	货币危机虚拟变量（危机区间取 1）	Laeven 和 Valencia(2018)	金融危机
sovereign debtcrisis	债务危机虚拟变量（危机区间取 1）	Laeven 和 Valencia(2018)	金融危机
bankingcrisis	银行危机虚拟变量（危机区间取 1）	Laeven 和 Valencia(2018)	金融危机

资料来源：1870—2015 年长期宏观历史数据来源于 Òscar Jordà, Katharina Knoll, Dmitry Kuvshinov, Moritz Schularick and Alan M. Taylor, 2019, "The Rate of Return on Everything, 1870 - 2015", *Quarterly Journal of Economics*, 134 (3): 1225 - 1298; Laeven M. L. and Valencia M. F., 2018, "Systemic Banking Crises Revisited", International Monetary Fund。

3. 测度方法说明

对于经济周期和金融周期的测算，本研究同时结合了带通滤波方法（CF 方法）和转折点法。一方面，通过 CF 方法提取变量的周期性波动。本研究将英国经济长周期的频率区间设为 30—60 年，将美国经济长周期的频率区间设为 20—60 年；将经济短周期的频率区间设定为 1—8 年（5—32 个季度），将金融周期的频率区间设定为 8—30 年（32—120 个季度）。另一方面，结合转折点法寻找周期序列的波峰波谷。参考已有研究，将经济短周期最小长度设定为 5 个季度，窗口期和阶段最小长度分别为 5 个季度和 2 个季度；将金融中周期的最小长度设定为 40 个季度，窗口期和阶段最小长度分别为 9 个季度和 2 个季度。

（二）历史视角下的经济长周期和金融中周期的规律与特征

1. 经济长周期

第一，从历史视角来看，英美两国的经济长周期基本在 33 年左右。通过对英美两国实际 GDP 增长率历史数据进行统计分析可以看出，1879—2012 年，英国经历了 4 次完整的经济长周期，周期长度为 32.5 年；1886—2014 年，美国同样经历了 4 次完整的经济长周期，周期长度为 32.25 年（见表 1－2）。

第二，英美两国经济周期各阶段存在明显差异。英国每个经济长周期对应的四个阶段相对美国而言更加对称，其中，繁荣期和萧条期持续时间分别为 7.25 年和 7.6 年，较复苏期和衰退期将近短 1 年；与之相比，美国经济长周期中，处于繁荣期和衰退期的时间分别为 11.25 年和 10.2 年，要长于萧条期和复苏期的 8.4 年和 7 年。

表 1－2　**英美长经济周期划分**

英国经济长周期				
周期	萧条期	复苏期	繁荣期	衰退期
第 0 次	—	—	—	1870—1876 年
第 1 次 1879—1913 年	1877—1882 年	1883—1893 年	1894—1899 年	1900—1909 年
第 2 次 1914—1946 年	1910—1916 年	1917—1925 年	1926—1932 年	1933—1941 年
第 3 次 1947—1977 年	1942—1949 年	1950—1958 年	1959—1964 年	1965—1973 年
第 4 次 1978—2012 年	1974—1980 年	1981—1988 年	1989—1998 年	1999—2005 年
第 5 次 2013 年至今	2006—2015 年	—	—	—
平均长度：32.5—33.5 年	7.6 年	9.25 年	7.25 年	8.4 年
美国经济长周期				
周期	萧条期	复苏期	繁荣期	衰退期
第 0 次	—	—	—	1870—1882 年
第 1 次 1886—1922 年	1883—1890 年	1891—1896 年	1897—1901 年	1902—1921 年
第 2 次 1923—1954 年	1922—1933 年	1934—1935 年	1936—1946 年	1947—1949 年
第 3 次 1955—1976 年	1950—1958 年	1959—1962 年	1963—1966 年	1966—1972 年
第 4 次 1977—2014 年	1973—1978 年	1979—1984 年	1985—2001 年	2002—2009 年
第 5 次 2015 年至今	2009—2015 年	—	—	—
平均长度：32.25—36.85 年	8.4 年	7 年	11.25 年	10.2 年

注：以从波谷到波谷为一个周期进行计算，根据计算方式的差异，周期平均长度有两种：一是根据总时间/周期次数计算，二是根据周期的四个阶段持续期加总得到。

资料来源：笔者测算。

第三，从经济长波来看，目前英美两国正处于新一轮经济长周期的萧条期和复苏期交界处。由表 1 – 2 可以看出，2000—2015 年，英美两国经济长周期由衰退步入萧条，尤其是 2008 年国际金融危机后，英美两国的经济长周期继续下行，分别在 2012 年和 2014 年达到谷底，目前正在缓慢上行。

第四，英美经济长周期变化与技术变革和外部冲击密切相关。一方面，不论熊彼特的创新理论，还是现在流行的一般通用技术理论（GPT），均指出创新，尤其是一般通用技术，如蒸汽机、计算机等的创新是经济内生发展的根源。如表 1 – 2 经济长周期阶段划分来看，两国经济周期的变化与电气和重工业化（20 世纪 70 年代末）、电子技术和汽车工业（20 世纪 40 年代末）、电子计算机技术（20 世纪 80 年代）的发展有重要联系。另一方面，不可否认外部冲击深刻影响着经济长周期的变化，战争和流行病是主要的外部冲击来源，表 1 – 2 中如第一次世界大战（1914—1919 年）、第二次世界大战（1939—1945 年）显著影响着经济长周期变化。从目前来看，经济长周期正处于上一周期萧条期和新周期复苏期交叠阶段，过去 GPT 潜力已经耗尽，新的 GPT 还未明确显现。

2. 金融周期

第一，从历史视角来看，英美两国的金融周期为 18—21 年。1880—2015 年，英国经历了 7.5 个金融周期，平均长度为 18 年；美国经历了 6.5 个金融周期，平均长度为 20.77 年（见表 1 – 3）。

第二，英美金融周期在各阶段长度、周期波幅等诸多方面存在差异。一方面，美国金融周期中处于上行阶段的时间长于英国（见表 1 – 3）；另一方面，虽然美国金融周期的平均下行幅度与英国相当，但上行幅度要显著高于英国，总体来看，美国的金融环境好于英国。

第三，英美两国金融周期的协同性显著上升。1880—2015 年，英美两国金融周期的相关系数为 0.6，第二次世界大战前为 0.56，第二次世界大战后为0.68，布雷顿森林体系崩溃后为0.73，这说明以英美两国为代表的发达国家金融周期一致性进一步上升。

表1－3　**英美经济金融周期特征**

周期类型	国家	周期数量	长度（持续时间）			波幅		
			周期	上行期	下行期	周期	上行期	下行期
经济周期	英国	4.0	32.50	16.25	16.25	0.015	0.043	－0.047
	美国	4.0	32.25	10.00	22.25	0.013	0.038	－0.037
金融周期	英国	7.5	18.00	11.00	7.00	9.570	25.86	－28.680
	美国	6.5	20.77	10.67	10.10	9.680	29.26	－28.620

注：周期数量以从波谷到波谷为一个周期进行计算；长度（持续时间）为周期或上行（下行）阶段所经历的年度数量；周期波幅计算指标波动标准差，上行期与下行期波幅则为波峰与波谷间的变化差值。

资料来源：笔者测算。

3. 经济长周期和金融周期

第一，经济长周期和金融周期相互联动，金融周期领先于经济长周期。从图1－1和图1－2英美两国经济金融周期组合图来看，经济长周期和金融周期具有明显的联动关系，金融周期的变化大约领先经济长周期3—5年。在金融周期见顶后3—5年内，经济长周期往往会出现大幅下行。

第二，系统性金融危机的爆发时点往往是金融周期的顶部往下位置，并造成经济长周期的大幅下行。从图1－1和图1－2可以看出，英美两国为数不多的系统性金融危机大部分（77%的概率）发生在金融周期顶部以及到达顶部后开始下降的位置。因此，需要警惕金融周期顶部下行带来的压力。

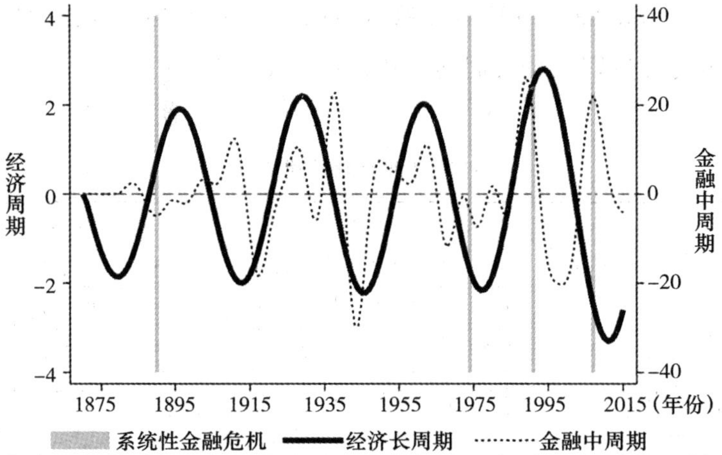

图 1－1　英国经济长周期和金融周期

注：经济周期直接对原始数据进行滤波得到，故单位为%，金融周期为标准化数据的加权，故无量纲。

资料来源：笔者测算。

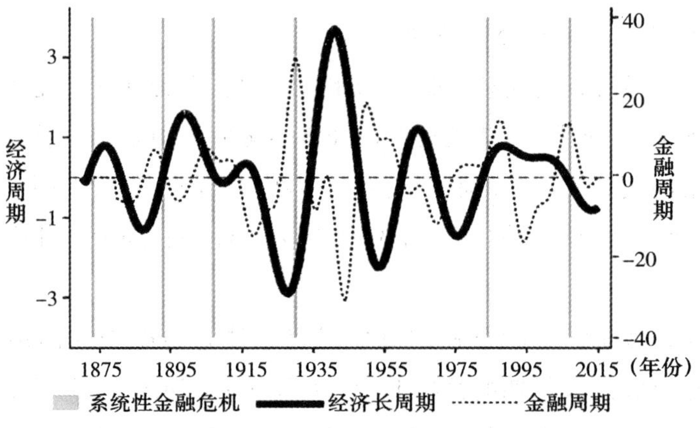

图 1－2　美国经济长周期和金融周期

注：经济周期直接对原始数据进行滤波得到，故单位为%，金融周期为标准化数据的加权，故无量纲。

资料来源：笔者测算。

（三）经济短周期和金融周期的特征事实与当前阶段判断

1. 经济短周期

第一，20 世纪 80 年代以来世界主要国家的经济短周期为 3.5 年左右。如表 1－4 所示，样本期内世界主要国家平均经历经济短周期 9 次

表 1－4　　　　**世界主要经济体经济短周期特征**

国家	周期数量	长度（季度）			波幅（%）		
		周期	上行期	下行期	周期	上行期	下行期
澳大利亚	11	13.64	6.50	6.83	1.67	4.26	－4.07
巴西	9	11.56	5.11	6.10	2.39	6.84	－6.36
加拿大	11	13.73	6.42	7.00	2.15	5.25	－4.96
中国	8	14.13	5.78	7.78	2.92	6.47	－6.44
法国	9	14.78	8.10	7.60	1.95	4.53	－3.98
德国	10	15.20	6.45	8.50	2.05	4.86	－4.70
印度	7	13.14	7.88	4.50	3.38	7.29	－6.93
印度尼西亚	8	15.13	7.11	7.22	3.18	6.52	－6.20
意大利	10	14.90	7.27	7.09	2.19	5.09	－4.50
日本	8	12.63	6.11	6.22	2.08	4.92	－4.97
韩国	11	13.82	6.50	6.75	2.78	6.35	－6.47
墨西哥	12	12.42	6.08	6.31	3.15	7.52	－7.22
挪威	9	14.22	7.20	7.50	1.57	3.95	－4.10
俄罗斯	3	20.33	9.25	8.75	3.21	9.38	－11.05
南非	10	15.70	7.50	8.20	2.21	6.25	－5.74
瑞典	11	12.27	5.00	7.42	1.98	4.50	－4.39
瑞士	12	12.58	5.85	6.46	1.56	3.90	－3.75
英国	9	15.11	7.40	7.80	2.59	5.87	－5.08
美国	10	15.20	7.18	7.45	1.88	4.70	－4.23
发达国家	12	12.58	5.54	6.77	1.57	3.30	－2.96
新兴市场国家	9	16.56	7.50	8.60	2.08	5.69	－5.48
总体	9.37	14.24	6.77	7.13	2.36	5.71	－5.53

注：周期数量以从波谷到波谷为一个周期进行计算；长度（持续时间）为周期或上行（下行）阶段所经历的季度数量；周期波幅计算指标波动标准差，上行期与下行期波幅则为波峰与波谷间的变化差值。

资料来源：笔者测算。

左右，平均长度为 14 个季度，接近 3 年半左右。另外，经济短周期平均波动标准差为 2.36，新兴市场国家波动幅度较大。

第二，发达国家和新兴市场国家存在共性与分化。如图 1－3 所示，一方面，金融危机以来世界主要经济体的一个共同趋势是经济波动幅度明显增加。GDP 增长率波动标准差在 2008 年后达到 2.59，显著高于之前 1.13 的平均水平。2020 年新冠肺炎疫情更是带来全球经济的深度下探。另一方面，新兴市场国家的经济短周期相比发达国家时间更长、波动幅度更大。新兴市场国家的平均经济周期时间为 16 个季度，即 4 年左右，明显高于发达国家 3 年左右的持续时间；新兴市场国家的周期和上行期（下行期）波动幅度也明显高于发达国家。

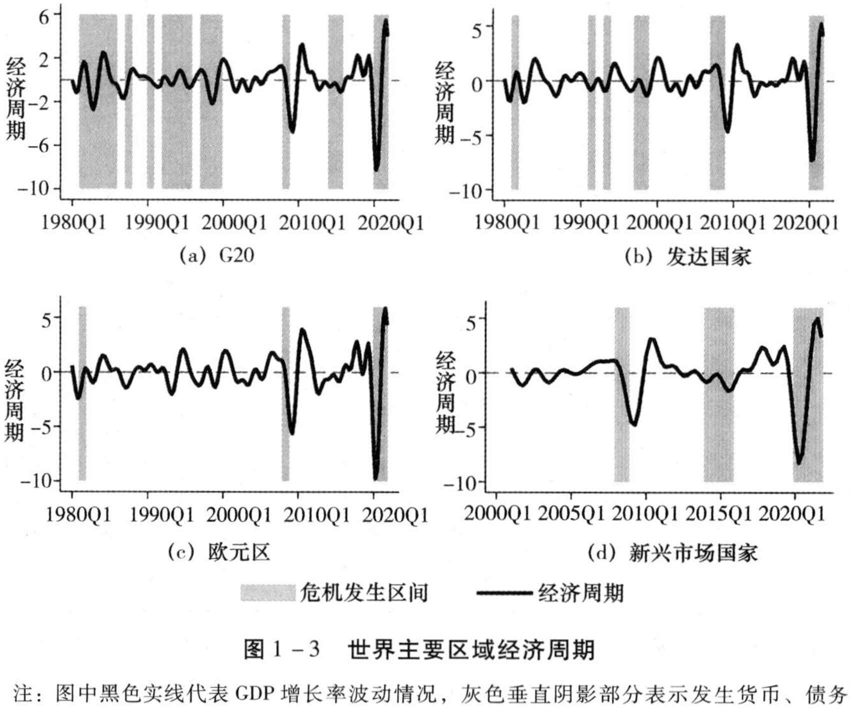

图 1－3　世界主要区域经济周期

注：图中黑色实线代表 GDP 增长率波动情况，灰色垂直阴影部分表示发生货币、债务和银行危机事件和疫情冲击的时间区间。

资料来源：笔者测算。

2. 金融周期

第一，20 世纪 80 年代以来世界主要国家的金融周期时间为 16.5 年左右。如表 1－5 所示，样本期内世界主要国家金融周期平均长度为 66 个季度左右，接近 16.5 年左右的时间；下行期略长于上行期，特别是南非的下行期持续时间接近上行期的 3 倍。另外，金融周期的平均波动幅度明显高于经济周期。

表 1－5 **世界主要经济体金融周期特征**

国家	周期数量	长度（季度）			波幅（%）		
		周期	上行期	下行期	周期	上行期	下行期
澳大利亚	1	68.0	28	42	8.86	25.47	－33.01
加拿大	2	63.0	28	36	7.07	21.71	－16.43
中国	0.5*	60*	33	—	5.41	13.87	—
法国	2	65.0	31	35	8.62	26.26	－23.20
德国	2	62.5	31	32	3.82	9.44	－9.17
意大利	2	65.5	33	33	11.97	35.50	－34.51
日本	2	68.0	33	36	8.32	23.62	－18.11
韩国	1	63.0	36	31	7.83	19.30	－16.91
挪威	2	72.5	42	31	9.93	28.74	－25.50
南非	0	—	26	75	9.88	40.67	－30.93
瑞典	2	66.0	37	30	11.67	35.19	－26.01
瑞士	2	69.0	37	33	8.93	25.98	－18.08
英国	2	62.0	32	30	11.53	35.68	－30.98
美国	1	72.0	44	28	6.38	19.05	－19.52
发达国家	2	66.5	29.5	37	7.21	21.65	－17.85
新兴市场国家	1	55	47	14.5	7.40	－6.83	－12.95
总体	1.5	66.38	33.43	36	9	25.75	－23.26

注：周期数量以从波谷到波谷为一个周期进行计算；长度（持续时间）为周期或上行（下行）阶段所经历的季度数量；周期波幅计算指标波动标准差，上行期与下行期波幅则为波峰与波谷间的变化差值。受数据限制，中国的金融周期测算并未形成完整周期，* 代表判断估计值。

资料来源：笔者测算。

第二，发达国家和新兴市场国家的周期波动明显分化。根据图 1－4 发现，发达国家的金融周期往往具有较强的联动性和同步性，基本均在 20 世纪 90 年代和 2008 年左右达到前两个周期的顶部，在 2017 年跌入谷底后目前仍处于上行通道，而新兴市场国家与发达国家分化明显，在 2009 年达到金融周期顶部后进入缓慢的下行区间，目前未见拐点。

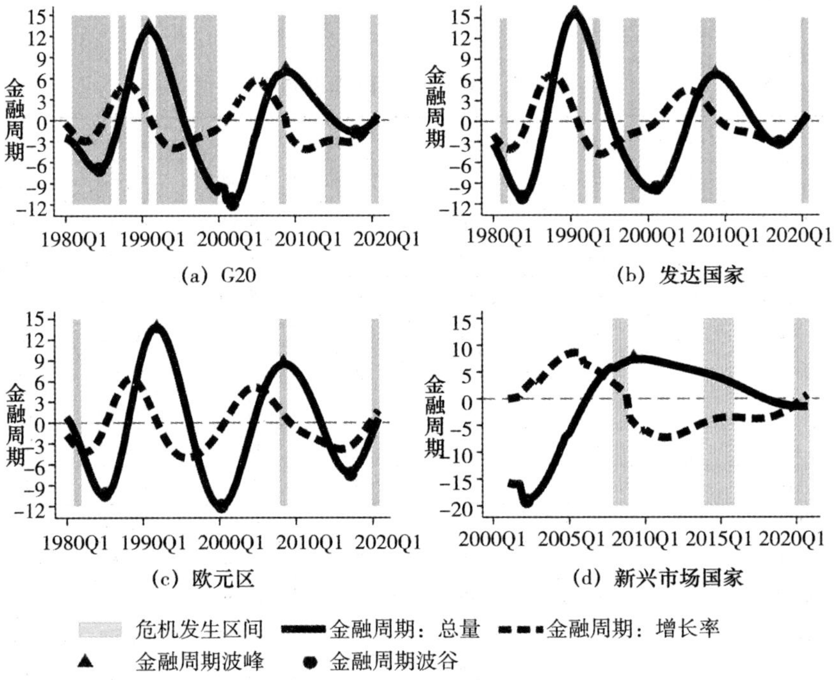

图 1－4　世界主要区域金融周期

注：图中黑色实线和灰色虚线分别代表以水平值和增长率表示的金融周期波动情况，灰色垂直阴影部分表示发生货币、债务和银行危机事件和疫情冲击的时间区间。

资料来源：笔者测算。

3. 经济短周期和金融周期

通过对 20 世纪 80 年代以来世界主要国家金融周期波动、经济下行与经济危机的关系进行统计分析（见表 1－6），发现以下规律。

第一，金融周期的顶部往往对应着经济下行或预示着经济危机。从表1－6来看，当金融周期处于顶部时，世界主要国家出现经济下行概率超过75%，发达国家出现经济下行的概率更是达到88%。此外，金融周期是判断经济是否发生危机的重要参考指标。若金融周期见顶，当期及未来爆发经济危机的概率超过50%。若采用周期构成指标，当信贷和房地产价格见顶时，发生经济危机的概率达到65%—70%。

第二，新兴市场国家的金融周期底部往往也对应着经济下行或预示着经济危机。根据表1－6，对新兴市场国家而言，当金融周期处于底部时，出现经济下行的概率为75%，当期及未来3年发生经济危机的概率为75%。因此，不论金融周期处于顶部还是底部，对新兴市场国家而言都是重要挑战。

第三，信贷和房地产价格是判断危机的重要预警指标。对三个金融周期构成指标进行对比发现，信贷总量和房地产价格指标在预测危机方面有着更好的表现。其中，当信贷指标处于顶部时，对发达国家和新兴市场国家的危机预测准确概率均超过50%。特别是对于新兴市场国家而言，房地产价格指标的危机预测具有较高准确性。当房地产价格处于顶部时，新兴市场国家爆发危机的概率达到70%。

表1－6　**金融周期状态与经济状态对应情况**

周期指标	国家类型	波峰次数	波峰时处于危机次数	未来3年发生危机次数	危机概率（%）	波峰时经济下行次数	下行概率（%）
周期处于波峰							
金融周期	发达国家	25	7	6	52.00	22	88.00
	新兴市场国家	8	1	3	50.00	6	75.00
	总体	33	8	9	51.51	28	84.85

续表

周期指标	国家类型	波峰次数	波峰时处于危机次数	未来3年发生危机次数	危机概率（%）	波峰时经济下行次数	下行概率（%）
周期处于波峰							
信贷	发达国家	17	5	4	52.94	11	64.71
	新兴市场国家	9	2	3	55.55	6	66.67
	总体	26	7	7	53.84	17	65.38
信贷/GDP	发达国家	24	3	2	12.58	17	70.83
	新兴市场国家	11	3	4	27.63	5	45.45
	总体	35	6	6	17.31	22	62.86
房地产	发达国家	26	3	7	38.46	15	57.69
	新兴市场国家	10	2	5	70.00	7	70.00
	总体	36	5	12	47.22	22	61.11
周期处于波谷							
金融周期	发达国家	34	1	9	29.41	14	41.18
	新兴市场国家	8	3	3	75.00	6	75.00
	总体	42	4	12	38.09	20	47.62
信贷	发达国家	25	0	8	32.00	7	28.00
	新兴市场国家	11	1	4	45.45	7	63.64
	总体	36	1	12	36.11	14	38.89
信贷/GDP	发达国家	31	0	6	19.35	19	61.29
	新兴市场国家	10	1	2	30.00	5	50.00
	总体	41	1	8	21.95	24	58.54
房地产	发达国家	30	2	3	16.67	19	63.33
	新兴市场国家	6	0	1	16.67	3	50.00
	总体	36	2	4	16.67	22	61.11

资料来源：笔者测算。

（四）当前周期所处阶段

基于上述分析梳理世界主要国家经济和金融周期的阶段特征后发现（见表1－7），发达国家普遍处于经济和金融周期的双上行阶段。经济短周期在2020年第二季度和第三季度达到波谷，目前处于经济短周期上行期；金融周期在2015—2018年先后达到波谷，目前同样处于金融周期的上行期。新兴市场国家的经济和金融周期组合则存在一定差异，印度尼西亚、印度、南非等处于经济周期上行期与金融周期下行期。

表1－7 **世界主要国家经济与金融周期阶段判断**

国家	经济短周期			金融周期			经济与金融周期组合
	最近拐点	拐点时间	当前阶段	最近拐点	拐点时间	当前阶段	
澳大利亚	波谷	2020Q3	上行	波谷	2020Q2	上行	（上行，上行）
巴西	波峰	2021Q2	下行	波峰	2011Q4	下行	（下行，下行）
加拿大	波谷	2020Q2	上行	波谷	2016Q2	上行	（上行，上行）
中国	波峰	2021Q1	下行	波峰	2015Q3	下行	（下行，下行）
法国	波谷	2020Q2	上行	波谷	2016Q4	上行	（上行，上行）
德国	波谷	2020Q3	上行	波谷	2015Q4	上行	（上行，上行）
印度	波谷	2020Q2	上行	波峰	2011Q2	下行	（上行，下行）
印度尼西亚	波谷	2020Q3	上行	波峰	2015Q3	下行	（上行，下行）
意大利	波谷	2020Q3	上行	波谷	2018Q1	上行	（上行，上行）
日本	波谷	2020Q2	上行	波谷	2016Q3	上行	（上行，上行）
韩国	波谷	2020Q3	上行	波谷	2017Q3	上行	（上行，上行）
墨西哥	波谷	2020Q2	上行	波峰	2019Q3	下行	（上行，下行）
挪威	波谷	2020Q3	上行	波谷	2018Q3	上行	（上行，上行）
俄罗斯	波谷	2020Q3	上行	波峰	2008Q2	下行	（上行，下行）
南非	波谷	2020Q2	上行	波峰	2008Q2	下行	（上行，下行）
瑞典	波谷	2020Q3	上行	波谷	2017Q2	上行	（上行，上行）
瑞士	波谷	2020Q2	上行	波谷	2018Q1	上行	（上行，上行）

续表

国家	经济短周期			金融周期			经济与金融周期组合
	最近拐点	拐点时间	当前阶段	最近拐点	拐点时间	当前阶段	
英国	波谷	2020Q3	上行	波谷	2014Q3	上行	（上行，上行）
美国	波谷	2020Q3	上行	波谷	2013Q4	上行	（上行，上行）

注：对近期拐点的判断以截至 2021 年第二季度的实际值为依据，对印度、印度尼西亚、墨西哥等未呈现完整周期的新兴市场国家金融周期判断结合定性分析。

资料来源：笔者测算。

选择中国、美国、德国和英国四个代表性国家的经济和金融周期组合进行比较分析（见图 1－5），一方面，美国、德国和英国均处于经济

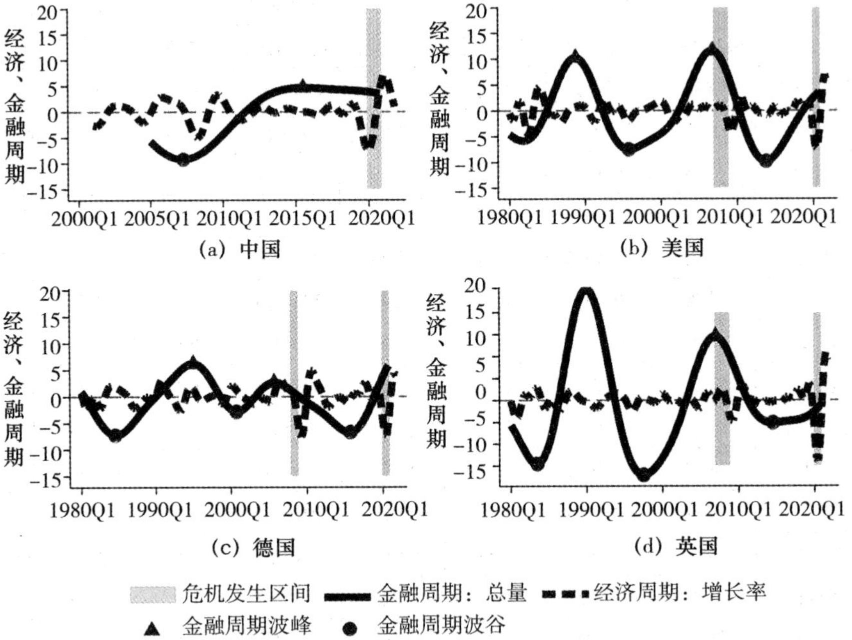

图 1－5　中美德英经济与金融周期比较

注：图中黑色实线和灰色虚线分别代表以水平值表示的金融周期和以增长率表示的经济周期波动情况，灰色垂直阴影部分表示发生货币、债务和银行危机事件和疫情冲击的时间区间。

资料来源：笔者测算。

和金融周期的双上行阶段；另一方面，中国当前处于经济和金融周期双下行阶段。经济短周期在 2021 年第一季度达到顶点后出现转折下行，金融周期自 2015 年后也处于下行阶段。

经济周期和经济发展趋势具有显著不同。虽然目前中国与主要发达经济体经济周期处于不同阶段，但从发展趋势上，具有一致性。目前，全球经济依旧处于“未完成的衰退”阶段。从全球经济增速来看，金融危机前十年全球经济增速在 3.5% 左右，危机后变为 2.5%；中国经济增速从危机前平均高于 10% 到目前 5%—6%。结合经济大周期和经济发展趋势，新冠肺炎疫情冲击仅仅改变了短期经济周期波动情况，但并未改变短期全球经济发展趋势，未来一段时间全球经济步调一致，仍会继续下行。

三　国际经济金融周期对中国的冲击与应对

（一）国际经济金融周期对中国的主要冲击

由美联储货币政策和全球避险情绪驱动的国际经济金融周期主要通过贸易和金融两大渠道对中国造成冲击。目前，以美国为核心驱动的国际经济和金融周期处于上行期，而中国则面临经济和金融周期双下行压力。受目前中美经济金融周期错位影响，中美货币政策不同步，汇率贬值和资本流动冲击、股市联动和金融市场冲击、大宗商品进口及输入性通胀冲击成为目前最需要我们关注的三个冲击。

第一，汇率贬值和资本流动冲击。随着美联储开始收紧货币政策，新一轮美元周期到来，中美利差收窄，未来容易出现人民币汇率升值预期走弱、资本流出的情况。虽然目前受强劲出口的影响，人民币出现同美元指数同时升值的情况，但未来这一结果将不可持续。2022 年年中以后，需要注意人民币汇率贬值预期—人民币汇率贬值—资本流出的恶性循环。在此情形下，需要注意利率大幅上行带来的后果。如前文所述，房地产周期对新兴市场经济体危机具有显著的预测作用，作为国民经济的重要部门，房地产市场发展对中国具有重要作用。面对较高的房地产企业债务违约预期，应保持利率相对稳定，防止外部冲击引发利率被动上行导致房地产企业债务大量违约引发危机。

第二，股市联动和金融市场冲击。中美股市具有较强的联动效应，美股通常会引导 A 股市场。一方面，美联储货币政策正常化会导致美股调整，进而引发 A 股市场波动；另一方面，人民币汇率贬值预期会引导资本流出中国市场，给 A 股市场造成重要影响。尤其在目前中国金融市场逐渐开放的背景下，这一问题不得不提前防范。

第三，大宗商品进口及输入性通胀冲击。该冲击是 2021 年中国面临的主要冲击，引发中国国内 PPI 大幅上升。预计 2022 年，新冠肺炎疫情若不能得到完全控制，受供给和需求两方面影响，大宗商品价格依旧会高位震荡，输入性通胀风险并不能得到真正缓解。同时要注意 PPI 通胀向下游 CPI 通胀的传导，保证下游消费品价格的基本稳定。

（二）应对冲击的政策建议

1. 短期稳字当头，保持经济稳定

当前，中国面临经济和金融周期下行压力叠加。疫情以来经济复苏不均衡不充分，未来出口高增速难以持续；在房住不炒、地方债治理、能耗双控等一系列调控政策下，房地产投资、基建投资的拉动力也将放缓；过去疲软的消费与制造业投资在短时间难有较大改变。结合国际经济金融周期反向运行的外部环境背景，未来应该进一步注意中长期改革政策和短期经济稳定政策的平衡。短期内经济工作应以稳字当头，首要任务是保持宏观经济稳定，避免经济增速出现过快下行。无论是对于深层次结构性改革，还是防范缓解系统性风险，均需以稳定经济增速为支撑，在增长中谋求发展，在增长中化解风险。

2. 长期把握历史机遇，以技术进步核心挖掘经济增长新动力

2008 年国际金融危机以来，全球经济陷入“长期性停滞”。从历史维度看，世界经济周期处于萧条与复苏交界，寻找经济增长新的原动力对于在下一轮周期中抢占国际竞争领先地位至关重要。中国过去以出口和投资拉动经济增长的模式不可持续，并暴露出地方债、房地产等潜在风险点，深化结构性改革、寻求经济模式转型升级势在必行。在中长期，中国应该把握第四次工业革命的历史性机遇，大力推进科技创新，以科技进步为核心开启新一轮经济周期。特别是在数字经济等领域，充分发挥中国的竞争优势和后发优势，以此为重点促进传统产业升级，激发消费活力。与此同时，应注意经济与金融周期的联动，通过宏观经济和金融政策规范新兴产业和市场健康、可持续运行。

3. 注重对房地产市场债务风险的治理

国际经验显示，对新兴市场国家而言，房地产价格是衡量金融周期的重要指标，当房地产价格周期处于波峰时，当期及未来三年内发生经济危机和经济下行的概率达到 70% 。

目前中国房地产市场发展正处于关键期，政策当局需要重点关注房地产企业债务问题。自 2017 年党的十九大提出“房住不炒”后，中国房地产市场整体处于下行阶段。2020 年以来，一方面，新冠肺炎疫情导致房价下跌，需求下行；另一方面，随着“三道红线”、“银行贷款两条红线”、集中土拍制度、严控拿地/销售比等相关政策密集出台，房地产企业获得资金来源受阻。受新冠肺炎疫情冲击和政策约束影响，房地产企业债务违约风险骤然提升。不仅如此，房地产企业还是中资美元债的主要发行者，债务违约不仅对国内，还对国外造成恶劣影响。因此，本章提出以下建议。

第一，坚持稳字当头，稳中求进，给予房地产企业资金支持，使其化解流动性风险。一方面，虽然房地产企业总体债务规模非常高，但由于偿付期不同，每次还债所需资金量相对较小；另一方面，房地产企业

一般拥有大量土地、楼盘等优质资产，并不是资不抵债。因此，房地产企业面临的风险一般是流动性风险，而不是偿付风险。面对这种状况，政策部门应适度放松监管政策，尤其是“三道红线”和“银行贷款两条红线”政策，让房地产企业能够获得资金和流动性支持，渡过债务违约难关。渡过难关后，需要对债务问题进行整顿。

第二，对于已经出现债务违约问题的企业，坚持以市场化手段为主体化解债务风险，防止其向系统性债务风险演化。面对恒大、花样年等其他债务违约问题以及其他可能违约的企业，治理原则应以市场化为主、政府介入为辅，坚持市场化、法制化、透明化，通过资本金、土地储备以及出售资产等偿债，依法追究股东责任。对于资不抵债的企业，应在政府监管下进行重组。总结房地产企业债务处理经验，防止风险从房地产部门扩散。

4. 注意货币政策和宏观审慎政策的配合和国际协调

本研究显示，当前中美两国经济金融周期存在差异，不同的国内国际周期组合不仅要求国内货币政策和宏观审慎政策的协调配合，还要求国际政策的相互协调。

第一，注意国内货币政策和宏观审慎政策的协调配合。2008 年国际金融危机的爆发让人们意识到金融因素的重要性，货币政策框架也发生变化。一方面，货币政策除保证通货膨胀单一目标外，还需要关注资产价格，即金融周期变化；另一方面，由于货币政策的总体属性，对金融周期的大幅波动，还需要宏观审慎政策的配合，即“双支柱”框架。面对中国目前经济和金融周期双下行的局面，相对扩张的货币政策和宏观审慎政策非常有必要。

第二，注意货币政策和宏观审慎政策的国际协调。考虑到国际资本流动这一事实，不论货币政策，还是宏观审慎政策，都需要国际协调。一方面，中心国家货币政策通过影响国际金融周期对其他国家产生溢出效应，且即便是浮动汇率制度经济体也不能完全隔绝冲击；另一方面，一国实施的宏观审慎政策往往因国际大金融机构和资本流动而失效。因此，不论货币政策，还是宏观审慎政策都需要国际协调。对于货币政策而言，需要注意中心国货币政策的外溢效应；宏观审慎政策则需要主要经济体切实遵守新巴塞尔协议有关宏观审慎政策的建议，通过跨国间政策协调保证政策的有效性。

（执笔人：张明、张冲、王喆）

第二章

资产负债表视角下的美元流动性市场分析

流动性市场是现代货币的核心存在方式，从某种意义上看，流动性甚至已经成为当前信用货币的代名词。现代中央银行货币政策调控的主体思路就是通过调控流动性市场的状况，进而影响信用扩张，最终实现货币政策期望实现的物价稳定、充分就业与金融稳定等一系列政策目标。但宽裕的流动性只是信用扩张的必要非充分条件，即使在流动性宽松的状况下，由其他各种因素引发的风险偏好下降都可能会抑制信用的扩张，而流动性紧缩时，则一定无法形成有力的信用扩张。次贷危机之后，长期零利率、量化宽松等货币环境使得美元流动性体系已发生深刻转变，市场参与者根据量化宽松环境迅速将资产负债表调整到新的平衡状态，从而使得任何试图改变这一平衡状态的举措都将对流动性产生冲击，这就形成了量化宽松的“棘轮效应”。与此同时，流动性市场的核心利率已经由无抵押借贷利率全面转为有抵押借贷利率。如果从资产负债表的框架来看，流动性可以理解成，在给定的风险偏好下金融中介进行资产负债表扩张的意愿和能力。这可以成为理解现代金融循环的一个新视角。

一　观察流动性影响的三个视角

针对流动性与金融运行之间关联性的研究很多，但从研究方法来看，大体可分为三类：基于一般均衡视角的分析、基于计量经济学的实证分析与基于资产负债表的分析。

（一）基于一般均衡视角的分析

学术界一直努力从各个角度将金融因素嵌入宏观经济学的分析框架，基于动态随机一般均衡（DSGE）框架在这方面进行积极尝试的文献尤为突出。将金融中介部门纳入一般均衡框架，是解决金融与经济分析两分法的一个重大跨越，但将金融部门最灵敏、最底层的流动性体系纳入宏观经济分析框架的文献仍十分有限。Kiyotaki 和 Moore 可以被算作这一方法的重要代表，他们通过建立一个包含流动性特征的 DSGE 模型来分析流动性、资产价格和经济活动（周期）之间的关系①。其中，该模型把流动性定义为资产能迅速变现的能力，并且确立了三个核心假设：第一，市场上存在无数个遵循相同远期收入模型的代理人（A-gent），代理人只通过两种资产来获取收益：资本和土地；第二，每一个代理人都可以自由地在一个完全自由竞争的市场中出借其资产来获取收益，而当期的资产价格就是未来预期收益的折现；第三，每一位代理人在任意时刻都能得到以一定概率投资于资本的机会，且每个机会在不同时刻的不同代理人之间是相互独立的。当代理人获得一个投资机会

① Kiyotaki, N. and Moore, J., 1997, "Credit Cycles", *Journal of Political Economy*, 105 (2): 211 – 248; Kiyotaki, N. and Moore, J., 2005, "2002 Lawrence R. Klein Lecture Liquidity and Asset Prices", *International Economic Review*, 46 (2): 317 – 349; Kiyotaki, N. and Moore, J., 2012, "Liquidity, Business Cycles, and Monetary Policy", No. w17934, National Bureau of Economic Research.

时，便可以通过出售资产以获得现金进而开展投资活动。

但在任一时刻，代理人为了获得资金而出售资产的比例是有限的，这个比例被称为资产的“再出售约束比例”。这个比例越大，代表资产的变现能力越强。同时，代理人也能够出售未来预期收益进行融资（发行债券或股票），但可以出售的未来收益比例也是有限的，这个比例称为资产的“借贷约束比例”，这一比例越大，则代表市场的融资条件约宽松。该框架中流动性是一个基于“再出售约束”和“借贷约束”二元框架的概念——市场是存在两种“约束”的均衡状态，在该状态下，总体经济活动达到最优状态。在这个框架下中央银行的资产购买/出售行为会直接影响两个约束变量的均衡，通过提高再出售比例可以提高市场整体流动性状况，从而提高代理人再投资的动力，进而促进经济增长。均衡模型的优点在于把市场参数高度简化，形成有限个可定义的变量。模型可以清晰、直观地解释流动性变量与经济变量之间的逻辑关系，进而研究单个变量的波动对于模型整体均衡状态的影响。

但该模型的缺点也十分明显。首先，模型假设条件过多，容易削弱模型的现实意义，同时对参数的简单抽象也容易丢失有关市场结构的重要信息，从而导致模型可能忽视了实际市场运行中的关键因素。例如，现今的流动性市场中，抵押融资已成为最主要的渠道。抵押品效应是“再出售约束”的进一步抽象，只有价格稳定的资产（隐含了“再出售约束比例”变量）才能成为合格抵押品。并且，信用扩张也常常要以合格抵押品为基础，因此，必须分析抵押品在超额供给和供给不足的情况下，市场流动性与信用周期、经济运行的关系。另外，未对市场中的投资人与金融中介作出准确区分，而是统一以“代理人”变量来描述，代理人的行为决策仅设定为收益驱动型，这与实际情况并不符合，现实中，银行和交易商常常因为受到监管约束而无法使用最高收益的工具。其次，模型难以进行实证研究，模型参数难以从实际数据当中提取。最后，模型无法及时捕捉监管政策的变化，而金融监管已经是影响当前流动性市场的重要变量。

（二）基于计量的实证分析

计量经济学研究方法是通过实证分析，选定某一个或几个变量，通过计量模型来观察变量之间的统计关系。2008 年以后流动性市场的变化导致流动性与实体经济的传导机制也发生了变化。Eric 等研究了全球 PMI 指数、全球贸易指数和全球金融条件指数之间的关系，发现 2008 年以来广义美元指数（贸易加权美元汇率指数）对全球经济的影响比危机之前更强，广义美元指数与全球信用增长呈现出更加明显的负相关关系①。其原因是，在银行体系资产负债表扩张持续受到抑制的时候，非银金融机构的融资占比上升，而市场条件对这些机构的影响更大。但该文并未说明导致影响更大的原因是什么，其同时还强调，虽然非银机构的作用在不断上升，但银行在整个金融体系内的核心作用依然是不可替代的。

Correa 等利用日度的数据研究了后危机时代的监管环境下全球系统性重要银行（Global Systemically Important Bank，GISBs）作为“第二最终贷款人”（Lender of Second to Last Resort）在回购和货币互换市场中提供短期流动性所带来的影响②。研究发现，在季度末、财政部融资和美联储缩减资产负债表的时候，银行会“温和的”增加流动性供给。但流动性供给的增加往往对应着银行准备金账户余额的下降，GSIBs 流动性供给主要发生在同一个银行控股集团内的存款性银行和交易商机构的内部融资，极少发生在不属于同一银行控股集团的存款性银行和交易商之间。该研究一定程度上描述了 2019 年 9 月流动性紧缩期间拥有大

---

① Erik, B., Lombardi, M. J., Mihaljek, D. and Shin, H. S., 2020, “The Dollar, Bank Leverage, and Real Economic Activity: An Evolving Relationship”, *AEA Papers and Proceedings*, 110: 529 – 534.

② Correa, R., Du, W. and Liao, G., 2020, “U. S. Banks and Global Liquidity”, Internationl Finance Discassion Papers.

量准备金的银行不愿意向其他交易商提供流动性的现象，但仍未解释其原因。Copeland 等的研究一定程度上解释了上述问题①。当 GSIBs 认为在结算日当天上午流出的准备金无法及时收回时，银行将产生对于日内流动性的担忧，进而主动缩减其流动性的供给，而流动性供给缩减必然会对市场总体流动性产生冲击，从而再次加剧银行对流动性的担忧，市场流动性很可能因此陷入恶性循环。

现今的美元流动性市场中，抵押融资已经成为整个市场运行的核心方式，但对于抵押品的研究还相对分散。Infante 和 Vardoulakis 通过分析资产负债表差值、利率和抵押品复用等变量，研究了当抵押品不足时流动性市场的运行状态②。在实际当中，交易商的资产负债表并非完全匹配，市场中存在抵押品复用的情况。当资金融入方（抵押品融出方）认为交易商存在违约风险时，便倾向于回收抵押品以规避风险，这将导致交易商资产负债表的迅速坍塌，最终将因无法偿付而引发市场出现流动性风险。

统计模型的优点在于可以非常直观地观察到各个变量之间的数量关系或统计特征，且基于实际数据的分析具有较强的实践意义。一些基于计量模型的研究还可以对未来一定时期内的经济或金融状况作出符合特定置信度的预测。但计量分析的缺点在于缺乏系统性的逻辑关系梳理，很多因素间分析仅表现为相关关系，缺乏严密的逻辑推论，且变量之间的影响机制类似黑箱。同时，流动性市场可以选择的变量太多，各种研究常常集中在新变量的挖掘上，研究框架比较碎片化，缺乏系统性的框架。

（三）基于资产负债表的分析

次贷危机期间，由于货币交易商之间资产负债表的层层嵌套，资金

① Copeland, A., Duffie, D. and Yang, Y., 2021, "Reserves were not so Ample after All", No. w29090, National Bureau of Economic Research.

② Infante, S. and Vardoulakis, A. P., 2021, "Collateral Runs", *The Review of Financial Studies*, 34 (6): 2949 – 2992.

交易的风险往往体现为抵押品流动性的突然丧失，这使得针对短期资金市场的研究开始受到更多的关注。次贷危机之后，通过资产负债表框架对流动性市场进行系统研究的成果开始涌现。

最早使用资产负债表方法进行货币市场的研究可以追溯到白芝浩，其分析了英国货币市场的运行机制，以及中央银行与商业银行在功能上的差异①。该研究以简单的资产负债表形式说明了政府债务、存款在货币市场中流动的路径，并在此基础上最早提出了货币市场中“货币”的层级性特征。在这一理论框架中，黄金是最终的“货币”，因为黄金具有全球范围内的支付功能；而“国家的货币（英镑）”是以黄金为抵押的“兑付承诺”（Promise to Pay）；商业银行的存款是对“国家货币”的“兑付承诺”。整个体系是具有高度层级性的。Mehrling 借鉴了白芝浩的框架，提出了在信用货币制度下的货币层级体系，并结合 2008 年国际金融危机阐述了货币在各个层级之间的运行关系②。Pozsar 在前述货币层级的基础上，进一步以资产负债表的关联关系展示了现代金融体系的运行逻辑③。

此外，Singh 和 Stella 分析了危机前后用作抵押品的资产结构变化，发现自 1980 年以来，美国货币市场短期负债总额远高于高流动性抵押品的总额，且抵押品的质量越来越差④。次贷危机的爆发意味着中央银行在以银行超额准备金为主的流动性概念之外，应该更多的将抵押品质量问题纳入政策框架。这表明，参与者资产负债表的结构与质量都将对整个流动性市场产生重要影响。

---

① Bagehot, W., 1873, “Lombard Street: A Description of the Money Market”, HS King&Company.

② Mehrling, P., 2013, “The Inherent Hierarchy of Money”, in *Social Fairness and Economics*, Routledge, 409 - 419.

③ Pozsar, Z., 2014, “Shadow Banking: The Money View”, SSRN 2476415.

④ Singh, M. M. and Stella, M. P., 2012, “Money and Collateral”, International Monetary Fund.

资产负债表分析方法的优点十分突出：第一，资产负债表研究不需要任何模型假设，其分析手段简洁，且完全符合实际；第二，该方法可以直接研究因果关系而非相关性，对流动性、资产价格、信用的传导路径非常直观；第三，该框架可以基于政策变化进行实时更新，从而保证研究的时效性；第四，基于该框架的预测更符合现实逻辑，对于政策制定者而言反而具有更高的参考意义。然而，这一研究方法的局限性也十分明显，最主要的问题就是一部分资产负债表相关数据的可得性较差，大量未披露数据无法获得，即使是已公开数据，也需要在理解资产负债表编制规则的基础上对有关数据进行再次加工。但综合来看，运用资产负债表方法分析流动性市场，仍然极具现实意义。

二　流动性市场主要参与者的资产负债表特征

（一）流动性市场参与者的分层

美元流动性市场的参与主体十分庞杂，几乎所有的金融机构都会涉及这个最敏感、最底层的资金市场。从各机构参与流动性市场时的资产负债表特征来看，主要参与机构大致可以分为四类（见表 2－1）：第一类是货币当局，也就是美联储，充当流动性市场的公共资金提供方，并作为资金交易的最终结算方，主要通过负债方为市场提供流动性；第二类是货币交易商（Money Dealers），负责在美元在岸/离岸市场上，通过抵押或和无抵押方式进行资金交易的做市，这类机构是流动性市场的主体部分，通过资产负债表匹配的形式参与流动性市场；第三类是机构资金池，作为流动性市场的重要资金提供方，通过资产方为市场提供流动性；第四类是收益驱动型机构，将流动性市场作为重要的资金融入渠道，通过负债融入短期资金，再进行配置以获取超额收益。

表 2－1　　　　　　　　**美元流动性市场参与主体分类**

类别	参与者	流动性市场融资期限
货币当局	美联储	仅隔夜
主要的货币交易商（Money Dealers）	财政部	仅有期限的
	本国和外国银行	隔夜至一年期
	联邦住房贷款银行	仅有期限的
	一级交易商/经纪交易商	隔夜至一年期
	货币基金	仅隔夜
机构资金池	公共或私人资金池	隔夜至一年期
收益驱动型机构	杠杆基金（对冲基金、共同基金）	隔夜至一年期
	外国 Carry 型投资者	隔夜至一年期

资料来源：Pozsar，Z.，2015，“Global Money Notes 1”，Credit Suisse；笔者整理。

上述四类机构的分类主要取决于他们参与流动性市场时的资产负债表特征。货币交易商参与流动性市场时，资产与负债方同时存在于流动性市场中，通过在短期资金市场中寻找资产以完成与自身短期负债的匹配，这类机构是流动性市场的枢纽；美联储的资产方更多的是长期债券，这表明参与流动性市场时，美联储的资产方并未停留在流动性市场中，其主要通过负债方对市场提供流动性；机构资金池多以自有资金投放于流动性市场进行现金管理，因此，机构资金池主要以资产方参与到流动性市场中；收益驱动型机构的资产负债表表现形式与美联储相似，但最本质的区别在于他们的负债并不能成为整个市场的流动性基础，且美联储并不是以自身收益最大化作为驱动目标。

美联储是美元流动性市场中最为特殊的交易者，其作为支付工具的最终提供方，在整个流动性体系中有着举足轻重的地位。其负债端有四种核心的隔夜负债，每一种负债都是见票即时兑付的，这四种负债的利率各不相同（以 2021 年 9 月 30 日数据为参考）：（1）财政部一般存款账户、FHLB 存款账户和现金，支付零利息；（2）逆回购（ONRRP）

工具，支付0.1%的利息；（3）货币当局回购便利[①]（Foreign and International Monetary Authorities Repo Facility，FIMA），支付略高于ONRRP的利息；（4）银行准备金，支付0.15%的利息，目前准备金利率（IORB）与超额准备金利率（IOER）相同。事实上，当前在岸美元流动性市场利率的上下限已由IORR/IOER和ONRRP利率来框定，美联储通过对这两个政策目标利率的设定，将所有货币交易商的资产与负债的隔夜利率都限定在这一利率走廊之内。

机构资金池是资管复合体（Asset Management Complex）的流动性头寸组成，当各类资管机构手头结有大量现金头寸时，其必然会通过流动性市场投放现金，从而对应的短期资产就体现在机构资金池的资产方。由于机构资金池的资金来源并不是流动性市场，因此其是资产负债表单边参与流动性市场的主体。

收益驱动型机构同样也是流动性市场的活跃参与者，例如杠杆性基金（对冲基金与共同基金）与外国Carry型投资者，他们是流动性市场的资金需求方，通过负债方工具在流动性市场融入资金，然后通过其他市场的资产配置去获取超额收益。杠杆性基金主要通过回购在流动性市场融入资金，外国Carry型投资者则主要通过货币互换（FX Swap）融入资金。

（二）核心货币交易商的风险偏好特征

货币交易商是整个流动性市场循环的中介，表2-2以货币市场参与者分类，总结了各个货币交易商的资产负债表的主要情况。从货币交易商之间的资产负债表嵌套关系，就可看到各个市场主体的风险偏好特征。

① 在这一工具下，美联储的交易对手方是国外央行或超主权机构。

表 2-2　　**美元流动性市场货币交易商资产负债简况**

参与者	资产	负债
财政部	TGA 存款账户（O/N）	国债（1 个月至 30 年）
外国央行	国债（外汇储备） FX Swap	准备金 S-FIMA（常备央行回购工具）
货币基金 （优先型）	O/N RRP 国债（一年期以下） 资产抵押商业票据（隔夜至一年期） 存款凭证（隔夜至一年） 银行间隔夜拆借 隔夜三方逆回购	货币基金份额
货币基金 （政府型）	O/N RRP 国债（一年期以下） Discos（一周至六个月） 银行间隔夜拆借 隔夜三方逆回购	货币基金份额
联邦住房贷款银行 （FHLB）	FHLB 存款账户 O/N RRP 联邦基金 隔夜三方逆回购	Discos（一周至六个月）
商业银行（美国）	准备金 国债 隔夜三方逆回购 抵押贷款等	Fed Fund 商业票据（隔夜至一年） 存款凭证（隔夜至一年） 银行间隔夜拆借（Libor、Eurodollar）
商业银行（外国）	准备金 国债 隔夜三方逆回购 抵押贷款等	Fed Fund 商业票据（隔夜至一年） 存款凭证（隔夜至一年） 银行间隔夜拆借（Libor、Eurodollar） FX Swap
一级交易商 （Primary Dealers）	GCF 逆回购 保荐式逆回购 DVP 双边逆回购	隔夜三方回购
交易商 （Broker Dealers）	双边逆回购 FX Swap	GCF 回购 保荐式回购 DVP 双边回购

资料来源：美联储 Z.1；美联储 H.8；FICC 统计数据；Pozsar，Z.，2015，“Global Money Notes 1”，Credit Suisse；笔者整理。

1. 财政部

虽然财政部并不是专业的货币交易商，但在流动性市场中，财政部的具体操作实施的是资产负债表匹配，从而事实上充当了一个货币交易商。负债端，财政部通过1—6个月期限的超短期国债进行融资，而相应的资金则以活期的形式存放在美联储（TGA账户），这一短借短存的形式就是典型的资产负债表在流动性市场内匹配。并且，财政部的负债有类似于美联储的流动性投放功能，短期国债是最典型的安全资产。

由于财政部总是需要保持一定的现金储备，这就使得财政部将不断依靠滚动发行短债来进行融资。具体的市场运行中，1个月和3个月期限的国债收益率基本略低于ONRRP利率，而6个月期限的国债收益率大部分时候略高于有效联邦基金利率。由于1个月以下的超短期国债收益率太低，各类银行直接留存准备金的收益都明显高于持债收益，这就使得现实中超短期国债主要由货币基金持有。对于货币基金来说，即便可以使用利率更高的ONRRP工具，但他们仍然会持有一部分的超短期国债。这是因为货币基金必须保持日内流动性，而早晨九点半通过回购融出的现金最早只能在下午三点半之后才能收回，这未必能满足其日内流动性要求。而持有超短期国债可以通过随时变化，及时满足货币基金的日内流动性要求，因此货币基金愿意放弃一部分收益以换取日内流动性。

2. 联邦住房贷款银行（FHLB）

FHLB与银行一样需要从盈利的角度来考虑借贷利差。但FHLB作为公共机构，其在联储的现金账户是无利息的，因此，FHLB不愿意持有任何的现金头寸。同时，ONRRP的交易规则也使得FHLB无法满足日内流动性需要。超短期国债的收益率仅比Discos高1—2个基点，利差收益很小，FHLB持有超短期国债的意愿不强。这就导致FHLB的最终选择在联邦基金市场上（Fed Fund，FF市场）融出资金，FF市场的资金回款时间可以由双方商定，且利率高于1个月和3个月的国债。由于上述因素的推动，2015 年以后（三轮 QE 以后），联邦基金市场结构变得非常单一，FHLB 几乎成为唯一的融出方，而其对手方主要是相同的 12 家外国银行[①]。

3. 商业银行

当前，美国本土银行通常已不再参与 FF 市场，原因有两点：第一，QE 之后，银行体系准备金充足，支付清算的压力很小（2019 年特殊情况除外）。第二，虽然联邦基金有效利率常常低于准备金存款利率（IORR/IOER），但本土银行需要接受日度资产负债表审查，监管成本很高[②]。而外国银行是这种套利交易的主要参与者，因为大多数外国银行仅需要在每个月末审查资产负债表。

对于银行来说，仅当国债收益率高于 IORB 时才愿意持有国债，一年期国债收益率一般来说仅比 IORR 高几个基点，而目前（2021 年 9 月 30 日）甚至略微低于 IORR，因此银行对一年期及以下的国债持有意愿极低。但持有国债能够满足高质量流动性资产（HQLA）的监管要求，因此银行一般购买 2 年期以上的国债。

当外国银行提供美元信用时，一般会优先选择离岸美元作为资金来源，也就是发行美元计价的资产抵押商业票据（ABCP），ABCP 是离岸美元的重要定价基准。2016 年以前，优先型货币基金是 ABCP 的主要购买方，2016 年的美国货币市场基金改革导致大量资金从优先型货币基金流向政府型货币基金，从而导致外国银行的美元流动性来源越来越依赖 FX Swap 融资。

4. 一级交易商

与银行不同，一级交易商不能使用美联储的最后贷款人工具，因此

---

① Afonso, G. and Lagos, R., 2015, "Trade Dynamics in the Market for Federal Funds", *Econometrica*, 83 (1): 263-313.

② 由于补充杠杆率监管要求，本土银行资产负债表扩张的空间已十分有限，加之准备金存款还要上交 5 个基点左右的存款保险，银行已没有了套利动机。

他们必须为其在货币批发市场的负债提供抵押品。一级交易商负债端的核心融入利率是三方回购利率，主要的交易对手方是货币基金。在资产端，其交易对手方范围则比银行广泛，包括其他一级交易商、经纪交易商、杠杆型基金等，其核心融出利率是隔夜一般抵押品回购利率（GCF）。一级交易商可以视为有抵押市场的做市商，他们的利润来源是资产和负债端的利差，因此隔夜三方回购利率一般低于隔夜 GCF 利率。

5. 货币基金

货币基金主要分为优先性货币基金和政府型货币基金。政府型货币基金只能投资于高等级的安全资产，并且是按面值承诺兑付（Book Value）。而优先性货币基金可以投资于 ABCP 和 CD，是浮动净值型（Mark to Market）。2015 年的货币基金改革使得优先性货币基金从按面值承诺兑付转变为浮动净值，这一改革导致大量资金流入政府型货币基金，曾经主要面对优先性货币基金发行 CD 和 ABCP 的日本商业银行突然失去融资来源，进而使得日本投资者自此之后主要通过 FX Swap 为其美元头寸进行融资①。

三　流动性市场总量宽松下的紧平衡

（一）量化宽松引发的资产负债表变化

在次贷危机之前，中央银行主要通过两类手段实施货币政策：第一，设定短期利率目标，比如设定并通过公开市场操作维持联邦基金目标利率；第二，中央银行通过与公众沟通，让公众了解未来的政策走向，从而达到引导预期的目的。当时货币政策的思路是，较低的预期利率将提升经济活力，从而使中央银行能够最大限度地减少经济波动并实

① Nakaso, H., 2017, "Monetary Policy Divergence and Global Financial Stability: From the Perspective of Demand and Supply of Safe Assets", Speech, International Bankers Association of Japan (January 20).

现其政策目标[①]。但次贷危机之后，名义利率越来越向零利率靠拢，央行利率政策调控的空间已变得十分有限。有研究表明，即使负利率可以作为一种政策选择，但所起的作用已经很小，而且当负利率达到某个阈值时，反而有可能会导致货币紧缩[②]。因此，中央银行量化宽松，即通过购买大量的金融资产来支持经济，从而在压低长期利率的同时也使风险资产更具流动性。在 2008 年和 2020 年两次危机中，降息和量化宽松都是同步进行的，这进一步表明了利率工具在受巨大冲击时的局限性。

量化宽松对美国经济的影响体现在三个方面：第一是影响收益率。Caballero 和 Krishnamurthy[③] 以及 Krishnamurthy 和 Vissing-Jorgensen[④] 的实证研究表明，量化宽松对美国国债和 MBS 收益率产生很大影响，其中对 MBS 收益率的影响更加明显。第二是刺激抵押贷款再融资。Kurtzman 等[⑤]的研究表明，当美联储在 QE1 期间购买 MBS 时，导致抵押贷款再融资热潮，特别是针对美联储购买的 MBS 所对应的底层资产进行的再融资。同样的效益于 2020 年再次发生，美联储购买 MBS 的同时，美国房价出现大幅度上涨。以较低的利率对现有的抵押贷款进行再融资会减少居民的净负债，同时增加家庭财富净值。事实上，量化宽松通过抵押贷款再融资对居民消费有明显的刺激作用。第三是促进银行提供贷款。Rodnyansky 和 Darmouni 的研究表明，在 QE 之前拥有更多 MBS 的银行

---

① Luck, S. and Zimmermann, T., 2019, "Ten Years Later-Did QE Work?", No. 20190508, Federal Reserve Bank of New York.

② Brunnermeier, M. K. and Koby, Y., 2018, "The Reversal Interest Rate", No. w25406, National Bureau of Economic Research.

③ Caballero, R. J. and Krishnamurthy, A., 2001, "International and Domestic Collateral Constraints in a Model of Emerging Market Crises", *Journal of Monetary Economics*, 48 (3): 513 – 548.

④ Krishnamurthy, A. and Vissing-Jorgensen, A., 2013, "The Effects of Quantitative Easing on Interest Eates: Channels and Implications for Policy", No. w17555, National Bureau of Economic Research.

⑤ Kurtzman, R., Luck, S. and Zimmermann, T., 2018, "Did QE Lead Banks to Relax Their Lending Standards? Evidence from the Federal Reserve's LSAPs", *Journal of Banking & Finance*, 105403.

对公司和家庭贷款的增长速度快于只拥有少量 MBS 资产的银行[①]。通过购买 MBS，美联储可以刺激银行提供额外的信贷。并且，该研究还表明量化宽松使银行的资产更具流动性。总而言之，近年来美国的实证研究表明，量化宽松可以通过银行贷款渠道影响实体经济，这与传统货币政策降息的功能有所类似。

虽然实证模型分析了 QE 影响的数量效应，但无法解释货币政策是如何对资产价格起作用的，同时也无法解释现行监管框架下量化宽松与低利率的关系。但通过资产负债表视角，我们可以更加直观地透视这些问题。以 2020 年美联储同时实施了 QE 和降息政策为例。通过简化的资产负债表可以揭示出美联储、财政部、银行、交易商和货币基金的头寸变化所带来的影响。表 2－3 和表 2－4 显示了在 QE 之前整个体系的简化资产负债表。

表 2－3　　**货币市场三部门资产负债表简表 1（危机前）**

美联储		财政部		银行	
资产	负债	资产	负债	资产	负债
国债	准备金	TGA	国债	准备金	存款
	o/n RRP				

资料来源：国家金融与发展实验室。

① Rodnyansky，A. and Darmouni，O. M.，2017，“The Effects of Quantitative Easing on Bank Lending Behavior”，*The Review of Financial Studies*，30（11）：3858－3887.

表 2－4 **货币市场三部门资产负债表简表 2（危机前）**

交易商		居民部门		货币基金	
资产	负债	资产	负债	资产	负债
逆回购	回购	存款	贷款	国债	基金份额
		国债			
		基金份额		逆回购	

资料来源：国家金融与发展实验室。

2020 年 4 月，美联储开始实行无限量 QE 政策，同时财政开始发行国债刺激经济，整个体系资产负债表发生如下变化（见表 2－5、表 2－6）。首先，财政部资产端的 TGA 账户余额上升，负债端国债上升。美联储通过 QE 购买国债，资产端的国债上升。居民部门出售国债给美联储，资产端的存款上升。对应的银行负债端的存款上升，资产端的准备金上升，同时美联储负债端的准备金上升。货币基金购买超短期国债，资产端的国债上升。

表 2－5 **货币市场三部门资产负债表简表 1（危机后）**

美联储		财政部		银行	
资产	负债	资产	负债	资产	负债
国债 +	准备金 +	TGA+	国债 +	准备金 +	存款 +
	o/n RRP+				

资料来源：国家金融与发展实验室。

表2-6　**货币市场三部门资产负债表简表2（危机后）**

交易商 资产	交易商 负债	居民部门 资产	居民部门 负债	货币基金 资产	货币基金 负债
逆回购+	回购+	存款+	贷款+	国债+	基金份额+
		国债+			
		基金份额+		逆回购+	

资料来源：国家金融与发展实验室。

值得注意的是，2021年4月以来，美联储ONRRP额度大幅度上升，目前这一工具的用量已经超过1万亿美元。随着补充杠杆率（SLR）豁免到期，银行体系重新受到监管约束，已无法承载美联储量化宽松所累积的巨量准备金。大量资金被迫涌入货币基金，而在缺乏短期安全资产的情况下，美联储被迫提高了ONRRP操作的额度，以便承接货币基金无处存放的巨量资金。2020年6月的FOMC会议上，美联储为了防止货币市场出现负利率，技术上把ONRRP和IORR的区间从0—0.1%提高至0.5%—0.15%。

此外，在2020年9月FOMC会议上美联储设置了常备回购便利（Standing Overnight Repurchase Agreement Facility，SRF），规定其额度内利率等于IORR，这意味着银行可以随时把国债抵押给美联储以换取流动性，这也进一步加强了银行对于国债的需求。ONRRP用量居高不下可以视为体系内流动性过剩的标志。前文已提到，货币基金是三方回购市场的主要融出者，而隔夜三方回购利率高于美联储ONRRP利率，大量资金流入三方回购市场，大幅压低三方回购利率，同时也使得一级交易商的资产负债表持续扩张。但一级交易商只在流动性市场进行资产负债匹配，其只能通过逆回购形式持有国债以满足HQLA的监管要求。由于融入成本的三方回购利率的下降，一级交易商的核心融出利率 GCF 也相应降低。这就使得杠杆型基金或其他收益驱动型机构能够以极低的利率进行融资，转而再投入其他债券或权益类资产。同时，短期融资利率长期处于极低的水平也降低 SPV 的融资成本，这就刺激了 MBS 市场的扩张，进而支撑房地产市场持续走强。

另外，一部分资金通过 FX Swap 的形式[①]流入离岸美元市场，这部分美元首先体现在非美金融机构（主要是非美银行）的负债端，然后非美银行通过发行美元计价的贷款或者购买离岸美元债券形成资产，进而推动新兴经济体的信用扩张。

如果从资产负债表相互勾连的视角来看，整个美元体系就是建立在隔夜流动性基础之上，由货币交易商通过期限转换和信用转换，最终形成一个从货币发行到信用扩张的循环链条。这其中，资产价格的稳定与信用扩张与隔夜流动性有着极其密切的关联，货币交易商能否有效履行其期限与信用转换的职能，对于整个金融循环至关重要（见图 2－1）。

（二）量化宽松下的流动性紧平衡

量化宽松下，美元流动性的总量十分充裕，但由于市场结构的变化，机构之间的资产负债表嵌套关系使得流动性再次呈现紧平衡状况。例如，2019 年 9 月 16—18 日，美国流动性市场出现了严重的流动性紧缩，并直接导致美联储缩表计划转向重新扩表，两年期美国国债收益率在七个交易日内下跌超过 40 个 BP。此次流动性危机是后危机时代短期资金市场结构矛盾长期积累的集中释放。通过分解当时的市场运行情况，我们可以理解银行与一级交易商作为核心参与者在流动性市场中的位置和作用。

① FX Swap 是表外资产，在交易时，只需要在美国银行的负债端记一笔外币存款，在非美银行的负债端记一笔美元存款即可。

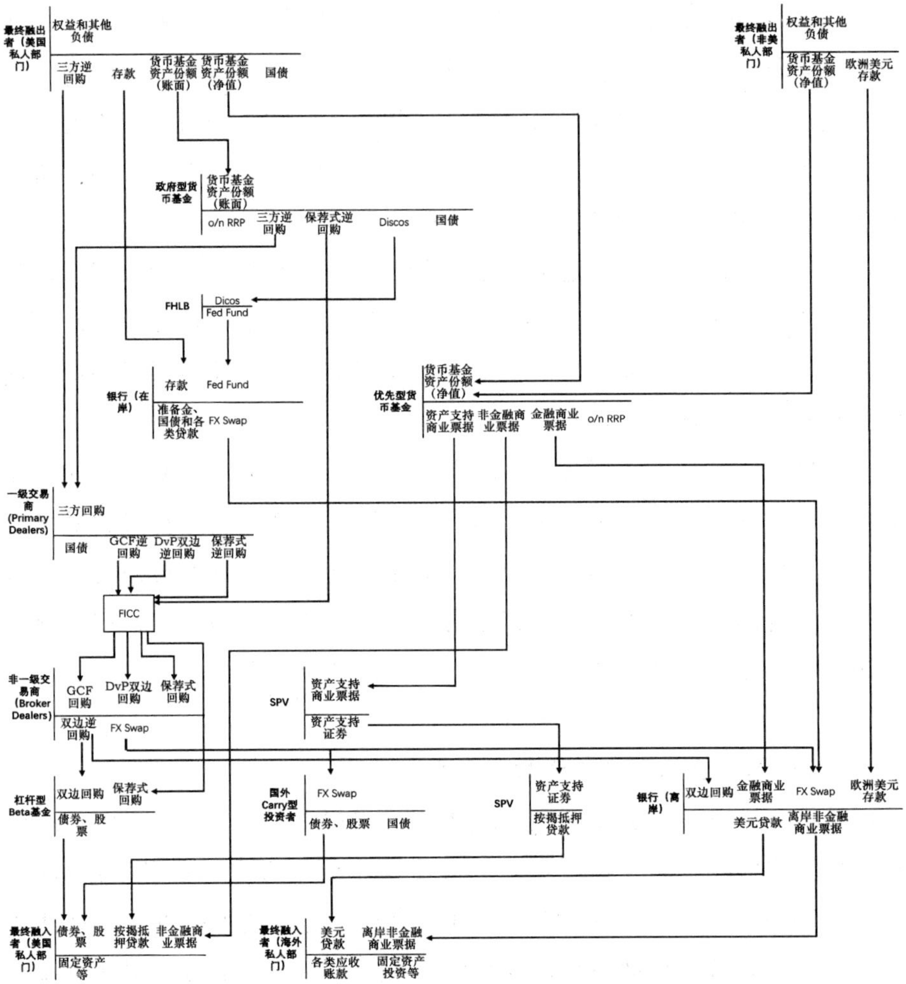

图 2－1　美国流动性市场资产负债表关联结构

资料来源：Pozsar，Z.，2015，“Global Money Notes 1”，Credit Suisse；笔者整理。

银行作为支付中介，同时也是其他金融机构与美联储的重要连接方。在2008年国际金融危机以前，美联储负债端的准备金余额平均仅500亿美元左右，但仍然能从容应付银行间合计上万亿美元的日内结算，以及维持隔夜融资市场的平稳运行，这主要因为当时银行可以自由地使用美联储的日内透支来满足日内支付的需求。次贷危机以后，美联储的 QE 政策向银行体系注入了大量的准备金，截至 2014 年 Taper 时，准备金余额约 2.8 万亿美元。2017 年年末，联储开始进行资产负债表“正常化”过程，至 2019 年 9 月准备金余额下降至 1.4 万亿美元，但依然远高于危机前的水平。通过之前的市场结构分析能够看到，在一个高效的隔夜批发融资市场中，当 GCF 利率高于 IORR 时，银行会通过套利把利差消除，使流动性市场的核心利率始终处于美联储的目标范围之内。但 2019 年 9 月回购利率暴涨突破政策利率走廊的根本原因就在于，国债发行和缩表同时进行导致银行体系准备金不足以支持日内的大额支付，银行体系内资金紧张程度已经无法支撑 GCF/IORR 的套利交易。RLAP（*Resolution Liquidity Adequacy and Positioning*）① 规定银行必须保持高于 LCR（Liquidity Coverage Ratio）要求的高质量流动资产以满足日内的支付需要，而准备金是银行用来日内支付的唯一工具。银行也可以通过美联储的日内流动性透支工具来补充准备金，但对于大型 GSIBs 而言这会对其信誉带来负面影响，因此大型 GSIBs 总是尽可能地保有大量的准备金来应付日内的流动性需求。而这种谨慎的行为则导致了在公司缴税、国债发行这些特殊时点（Settlement Day）的周期性流动性紧张。在有抵押为主的市场条件下，我们已经无法通过准备金数量的多少来判断市场的流动性状况。

一般来看，流动性正常情况下 GCF 利率都低于 IORR，但在流动性压力期间，有如下因素会限制银行在隔夜回购市场和 IORR 之间进行套利：（1）机会的搜寻成本，主要来源于寻找套利机会②和回购市场的分

---

① 该法案要求美国金融机构的 HQLA 资产减去日内资金流出量要高于 LCR。

② Afonso, G. and Lagos, R., 2015, “Trade Dynamics in the Market for Federal Funds”, *Econometrica*, 83 (1): 263 – 313.

割[①]（如前所述，回购市场本身分为很多个）；（2）银行执行回购交易的成本[②]（下达交易指令、抵押品管理等）；（3）监管成本，SLR 不管风险等级，所有资产同等占用资本金，套利交易会挤占其他资产的资本金[③]；其中最重要的（4）日内支付时间不匹配。Copland 等的研究表明，2019 年 9 月 17 日，大型 GSIBs 的准备金账户在当天收到日内的一半应收账款的平均时间比历史均值慢了 151 分钟[④]。而当 GSIBs 预期其对手方将在当天延迟付款时，即使在准备金足够多和利差足够大的情况下，其也不愿意向市场提供流动性，且这是一个自我强化的预期。在 2020 年 3 月期间，流动性市场也出现过类似的状况，GSIBs 收到其一半日内应付账款的平均时间比历史均值慢了 155 分钟。总的来看，美国对银行的强监管在无意识中抑制了银行体系在面临流动性压力时期充当安全垫的作用。

而对于交易商而言，保持清算账户的平滑（Flat）则是他们的基本要求。只有这样，才能应对接下来一个交易日的做市需要，因此交易商始终会保有充足的现金。如果有下游客户购买债券时，交易商自然就迅速回补现金缺口；而当下游客户不愿意购买债券而交易商本身又缺乏足够的现金时，交易商只能通过三方回购的方式融入现金以平滑清算账户。一旦交易商长时间无法出清国债库存，那么其将不得不在多个交易日内反复动用库存国债进行抵押融资以满足现金需求。2019 年 9 月，抵押融资的拥挤使得 GCF 利率迅速拉升，交易商流动

① Avalos, F., Ehlers, T. and Eren, E., 2019, "September Stress in Dollar Repo Markets: Passing or Structural?", BIS Quarterly Review.

② Avalos, F., Ehlers, T. and Eren, E., 2019, "September Stress in Dollar Repo Markets: Passing or Structural?", BIS Quarterly Review.

③ Duffie, D., 2017, "Post-Crisis Bank Regulations and Financial Market Liquidity", the Baffi Lecture.

④ Copeland, A., Duffie, D. and Yang, Y., 2021, "Reserves were not so Ample after all", No. w29090, National Bureau of Economic Research.

性受到明显积压。

因此，在这一市场结构下，当流动性紧缩时甚至可能导致 FF 利率被动跟随 GCF 利率变动。当交易商无法通过三方回购为全部所需资金进行融资时，剩余的部分需要通过纽约梅隆银行（Bank of New York Mellon，BoNY）的日内透支进行融资，而 BoNY 则相应需要从美联储进行日内透支融资。如果在当天交易日下午三点半结束之前，交易商无法清偿日内透支，那么这部分日内透支会自动转换为交易商与 BoNY 的隔夜回购协议（GCF），同时 BoNY 从 FF 市场进行隔夜融资来清偿当天对美联储的透支额度[①]，这一传导链条使得日内的流动性压力转换成了隔夜的流动性压力。可见，无论流动性的数量怎么变换，金融机构出于提升资金使用效率的目的，都将使流动性达到一种紧平衡的状况。

四　流动性市场的核心利率已经换锚

（一）基础 HQLA 差异导致利率特征不同

监管对于银行和一级交易商的基础 HQLA[②] 要求的差异导致了相应的利率呈现不同的特征。一般情况下，银行的基础 HQLA 是准备金，一级交易商的基础 HQLA 是以隔夜逆回购形式持有的国债。只有当 GCF 高于准备金利率时，银行才会将准备金置换成逆回购，大量的逆回购涌入将拉低 GCF 利率，从而使得 GCF 利率重新回到 IORR 以下。由于超短期国债收益一般低于 GCF 利率，因此一级交易商将选择以隔夜逆回购形式持有国债，而非持有超短期国债。

此外，银行和一级交易商的基础 HQLA 所对应的负债也不相同。银

① 如果 BoNY 不在当天清偿美联储的信用透支，这笔透支会自动转换成隔夜的 Discount Window Rate，这会对银行带来极大的道德风险。

② 基础 HQLA 被定义为所有可被作为 HQLA 的资产中，收益最高的隔夜资产。参见 Pozsar，Z.，“Global Money Notes #5”。

行的负债端主要是存款、联邦基金和银行间隔夜拆借，而一级交易商的负债来源一般来源于货币基金，而货币基金会经常根据收益与流动性要求而频繁切换资产，这就使得一级交易商的资金来源稳定性远低于银行。负债端来源的稳定性进一步决定了资产端融出利率的稳定性，这最终导致 GCF 和隔夜三方回购的利率波动性明显大于联邦基金利率。

（二）核心回购利率的结构

美联储将其负债端的 IOR 和 ONRRP 利率分别设定为流动性市场利率走廊的上下限，但现实中，并不是所有的利率都将被严格地限制在这个范围之内。其中，最短期的国债和最短期的 Discos 的收益率一般会低于 ONRRP 利率，但美联储不太会关心这个问题，主要因为这些资产的购买者不是流动性的核心中介。美元流动性市场中，有四个核心利率需要特别关注，这些利率所代表的金融工具是资本市场和流动性市场之间的桥梁。

ONRRP 利率，其是一级交易商核心融入利率（隔夜三方回购利率）的下限。一旦隔夜三方回购利率低于 ONRRP 利率，货币基金将停止向一级交易商提供资金，转而将资金存放至美联储的 ONRRP。

隔夜三方回购利率，是一级交易商的核心融入利率。2020 年，该回购市场中所有抵押品类别下的日均交易量为 1.1 万亿美元。BONY 仅作为第三方托管人，提供抵押品管理服务，但不作为中央清算对手方。在该市场中，抵押品种类繁多，包括公司债务，甚至一些股票和私人标签的债务担保凭证（CDO）。在三方协议中，贷款人和借款人同意将一捆可接受的国债作为交易的抵押品。在一天结束时，BONY 在交易中分配借款人提供的可用抵押品。贷款人不知道借方抵押的确切抵押品，这使得对抵押品进行再抵押变得困难①。

① 再抵押是指将从一笔交易中获得的抵押品再次用作另一笔借款交易的抵押品。

GCF 利率，是一级交易商对经纪交易商的核心融出利率，同时是经纪交易商的核心融入利率，这一利率必然高于三方回购利率。2020 年，GCF 的日均交易量为 1260 亿美元。FICC 在该市场既充当唯一的中央交易对手方，也作为提供抵押品管理服务的第三方托管人。FICC 一方面作为中央对手方可以降低交易对手风险，同时还可以提供净额清算，在日内进一步降低资金和抵押品的占用。当时为了提高会员回购交易的效率，FICC 于 1998 年引入了 GCF 回购，所有 GCF 回购都通过交易商之间的经纪人进行撮合，并对借贷双方的身份进行匿名化处理。GCF 仅限于使用可以通过 Fedwire（美联储实时结算系统）转移的抵押品，包括国债、机构证券和机构 MBS。目前，该模式已成为主流债券做市商之间互相调节资金的重要渠道。

FICC DVP 隔夜双边回购利率，是所有交易商（包括一级交易商）给客户的核心融出利率，日均交易额约 1 万亿美元。FICC 作为中央交易对手方进行清算，但不作为第三方托管人提供抵押品管理服务。DVP 允许使用国债和机构证券作为抵押品进行交易，这些抵押品可以通过 Fedwire 进行转移，但与 GCF 不同的是，机构 MBS 不包括在内。并且，实践中几乎所有 DVP 交易都使用国债作为抵押品。FICC DVP 模式下，交易对手方知道所用抵押品的确切类型，并能直接获得底层证券。此外，交易可能根据抵押品的特殊性而设定不同的利率。例如，当资金融出方对抵押品存在特殊需求时（例如，为做空某一类国债），这些特殊抵押品的交易利率可能低于一般抵押品的利率（为了获得抵押品，资金借出方愿意承受更低的利率）。当利率低于一般抵押品的利率时，特定抵押品被称为“特价出售”（On Special）。保荐式回购也属于 FICC DVP 回购的一种类型。在 DVP 市场中，客户主要由收益驱动型基金和非美国银行组成，交易商在其中主要充当中介作用。

（三）核心回购利率成为新的利率锚

由于流动性市场的核心融资方式已全面过渡到有抵押融资模式上，当前金融市场的利率锚也转变为核心回购利率。在很长一个时期内，LIBOR 都是金融市场的关键利率，2018 年，约有 200 万亿美元的金融产品基于 LIBOR 定价。但由于 LIBOR 是基于各个银行的报价，而不是真正供需关系的反映，因此价格容易被操纵。随着美元流动性市场完全过渡到由抵押融资模式主导，基于 LIBOR 的同业拆借量已经非常有限了，其 2018 年日均交易额仅 5 亿美元左右。这使得英国金融市场行为监管局（FCA）于 2018 年就与银行达成协议，约定于 2021 年年底之后不再强制要求银行提供报价。

而早在 2014 年 4 月，美联储就成立了由市场参与者组成的另类参考利率委员会（ARRC），该委员会于 2017 年已选择有担保隔夜融资利率（Secured Overnight Financing Rate，SOFR）作为美元 LIBOR 的首选替代品，并决定 2021 年年底之后，不再发行以 LIBOR 计价的产品，并于 2023 年年底之前结束所有 LIBOR 计价的产品。基准利率改革的目的是把利率的定价锚与流动性最强的资金市场联系在一起。SOFR 由三方回购利率、GCF 利率与 FICC DVP 三个利率按交易量加权平均计算得出，其代表了当前美元流动性市场最核心的市场化融资利率。目前，美国新发行的抵押贷款已经使用 SOFR 作为基准。国际掉期和衍生品委员会（ISDA）已经对 LIBOR 不复存在的情况下开发金融衍生品做出了相应的定价指导原则。目前，美国新发放的可调整利率抵押贷款也使用 SOFR 作为基准，同时，当前离岸美元利率也基于 SOFR 定价。

总体来看，金融机构的利率定价锚从 LIBOR 向 SOFR 转换已不存在障碍，虽然 SOFR 存在期限种类偏少、日均波动性较高等不足，但更高的市场化程度，更全面反映资金供需与抵押品状况的特征，将使得 SOFR 能够更有效地揭示市场的流动性状况。

五　流动性与信用扩张

（一）流动性与信用扩张之间的相关性已发生变化

在正常的货币经济运行环境中，流动性压力与信用扩张之间总体呈正相关关系。信用扩张加快时，往往会加大流动性市场的压力，从而提升资金成本。而此时正常的货币政策操作也会逐步提升短端利率，以适应经济内生性扩张的节奏。当经济面临危机冲击时，流动性往往会遭遇短期冲击，但中央银行一般会施以援手以稳定流动性市场。危机过后的衰退期往往伴随着信用扩张乏力甚至萎缩，此时中央银行会适应性地降低短端利率，通过维持一个宽松的流动性环境，以助力信用扩张。我们用六个月期限的美国国债收益率近似替代流动性状况，与美元私人信用扩张的同比增速进行对比，可以看到，量化宽松以前，美元流动性状况与美元信用扩张之间总体呈现正相关关系。正是基于这样的事实，次贷危机之前，美联储通过设定联邦基金利率目标来实施货币政策。当时，商业银行通过在联邦基金市场拆借准备金形成联邦基金利率，而美联储通过公开市场操作来调节银行准备金的数量，从而精确地将联邦基金利率控制在目标范围之内。联邦基金利率水平的变化又会通过银行的行为对其他市场利率产生影响，特别是银行优先贷款利率[①]和 LIBOR，进而影响整体经济的信用扩张。

次贷危机之后，流动性与信用扩张之间的相关性发生了变化，由于长期的量化宽松与低利率状态，两者之间的正相关关系已不复存在（见图 2－2）。量化宽松下，信用扩张动能的恢复十分缓慢，当 2015 年年底美联储开始收紧流动性之后，信用扩张的势能再次受到了抑制。到 2018 年年底，美元流动性紧缩程度已达到次贷危机后的高点，信用扩张开始明显减速，美联储不得不于 2019 年重新进入降息通道，直到 2020 年第一

① Bank Prime Rate，银行对其最优客户收取的利率。

季度新冠肺炎疫情暴发，美联储被迫再次滑入零利率与量化宽松的政策轨道中。这一过程至少可以给我们提示两个重要信息：第一，流动性宽松是信用扩张的必要非充分条件。当流动性十分宽松时，金融体系能维持正常运转，但是否进行信用扩张，仍然取决于金融中介机构进行资产负债表扩张的意愿和能力；第二，量化宽松后的金融正常化过程势必困难重重。因为量化宽松过程中，流动性市场的结构已经发生了根本转变，市场中介已根据宽松的货币环境将自身的资产负债表调至紧平衡状态，任何边际性的紧缩都将带来整体流动性的趋紧，这必然会对信用扩张形成负面影响，从而反过来牵扯金融体系脱离量化宽松状况。

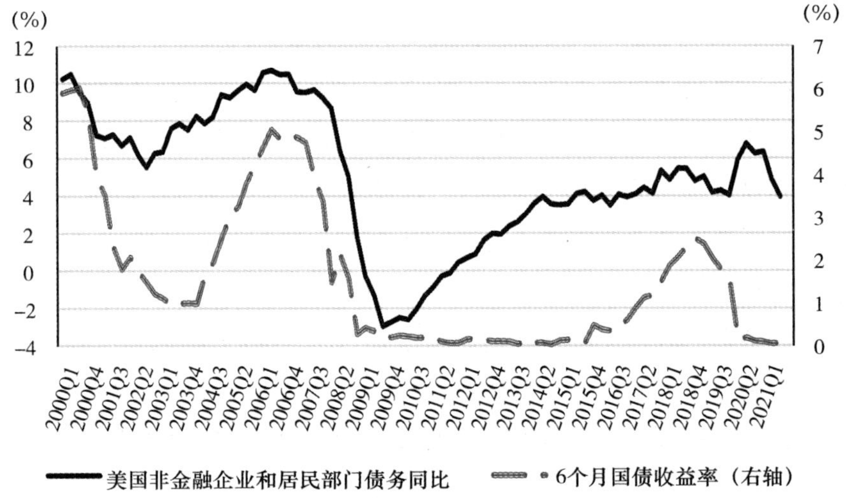

图 2-2　美国非金融私人部门债务同比增长与 6 个月国债收益率

资料来源：美联储圣路易斯联储。

截至 2021 年 10 月，美国非金融私人部门的债务余额约为 35.23 万亿美元，而银行信贷仅提供了其中的 8.85 万亿美元，这说明美元的信用扩张机制主要依赖证券形式。由于债券发行阶段需要有一个良好的流动性环境配合完成承销发行，充裕的流动性也会增加投资人配置债券的意愿，因此，流动性市场的稳定对于美元信用扩张的重要意义就十分明显了。由于疫情的冲击，私人部门信用扩张的动力已明显衰退，这时政府信用扩张将起到经济运行稳定器的作用。截至2021年第二季度末，美国51.5万亿美元未偿债券总额中，国债余额为21.73万亿美元，占比42%，而这一比例在2011年第二季度末为25.2%。正是因为保持了流动性市场的平稳，才得以确保巨额美债的顺利发行，同时继续维护了美债最高等级安全资产的属性。

近年来，美国商业银行的资产总量持续增长，疫情后资产总量还出现了跳跃式增长，但观察其资产结构变化，能够发现更多信息。疫情以后，美国商业银行按揭贷款和工商业贷款占比都出现了明显下降，而现金类资产、国债和MBS的占比却显著上升，并且这两类资产占比近期都有超越按揭贷款占比的趋势（见图2－3）。而现金类资产、国债和MBS都是流动性市场的重要品种或者抵押品，说明美国商业银行与流动性市场的关联性正在不断加深。

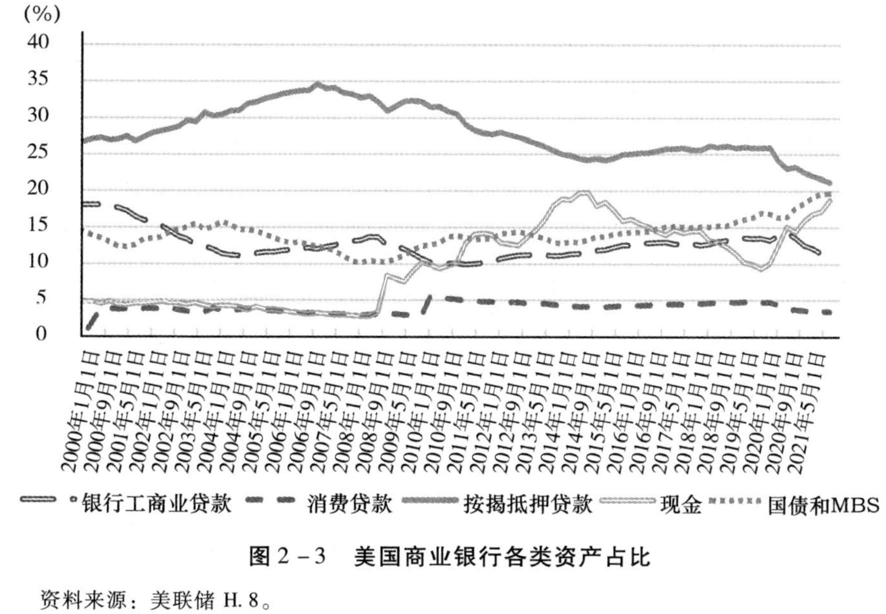

图2－3　美国商业银行各类资产占比

资料来源：美联储H.8。

（二）离岸美元中的流动性与信用周期

从全球视角来看，美元汇率是美元信用条件尤其是离岸美元信用的晴雨表。当美元汇率偏弱时，全球美元信用迅速扩张，反之则信用收缩。对于国际贸易而言，美元计价的贸易融资是整个全球价值链体系的核心。国际性银行作为贸易融资中介方，在全球价值链中扮演着至关重要的地位。研究表明，银行提供信贷的健康程度（是否能够稳定的为企业提供信贷）是企业出口能力的决定性因素①。供应链和应收账款期限越长，意味着出口商对营运资本的稳定性需求变化越敏感。更高的金融需求意味着营运资金波动带来的冲击将比出口销售变化带来的影响更大，由于营运资金容易受到美元升值的负面影响，这也意味着本币贬值带来的出口价格正向影响无法弥补美元升值带来的金融负向冲击。Bruno 和 Shin 通过实证研究发现，美元升值往往伴随着国际性银行的风险偏好下降，进而收缩信贷②。

近年来，非美银行的跨境融资渠道中，绝对数量上来看还是以在美国分行为主，但从增速来看，非银金融部门（交易商）与非金融部门（机构资金池）融资的增速显著高于在美分行融资的增速，这也使得三者的占比开始出现趋势性变化。美国分行融资占比由 2014 年第一季度的 34.8% 下降到 2021 年第二季度的 31.7%，同期的非金融部门融资占比由 5.2% 上升到 8.2%，非银金融部门占比由 12.9% 上升到 21.6%（见图 2－4）。这一过程意味着，金融危机以前非美银行通过它们在美国的分支机构融入美元，再转移至国外，而现在非美银行更倾向于直接在离岸金融市场融入美元。

---

① Niepmann, F. and Schmidt-Eisenlohr, T., 2017, "International Trade, Risk and the Role of Banks", *Journal of International Economics*, 107: 111－126.

② Bruno, V. and Shin, H. S., 2014, "Cross-border Banking and Global Liquidity", BIS Working Papers No. 458.

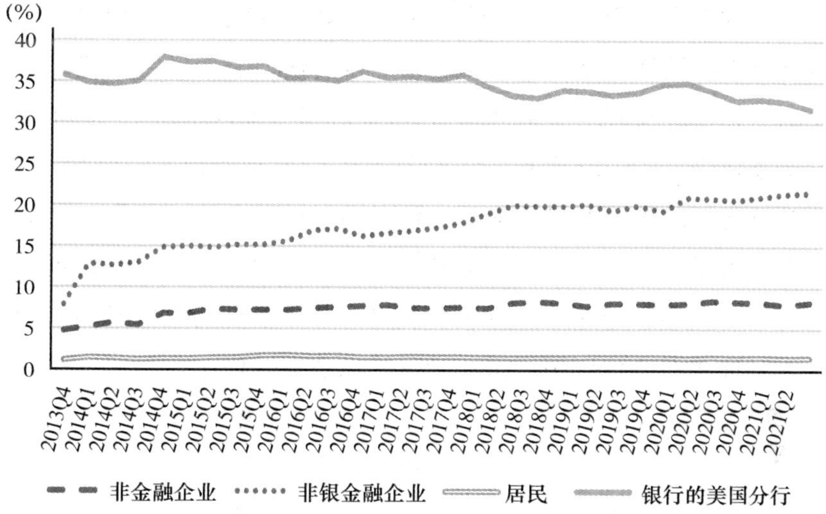

图 2－4　非美银行跨境美元融资来源占比

资料来源：国际清算银行。

同时，2008 年以来的另外一个显著变化就是，银行跨境融资缺口占总资产的比重越来越高，并且这部分融资缺口主要是通过外汇互换（FX Swap）方式来补充。由于 FX Swap 属于表外资产，数据无法直接获得。Nakaso 曾考察非美银行以美元提供信贷时，其表内的信贷扩张超过美元融资量缺口的部分①。实践中，这部分资金缺口通常通过 FX Swap 来弥补，非美银行用本国货币作为抵押品，相应融入美元资金。因此，我们可以将非美银行净融资缺口近似地等同于其 FX Swap 的融资规模（见图 2－5）。

2016 年美国货币市场基金改革更是加深了非美银行对于 FX Swap 融资的依赖，由于改革将货币基金转变为净值型产品，从而导致优先型

① Nakaso, H., 2017, "Monetary Policy Divergence and Global Financial Stability: From the Perspective of Demand and Supply of Safe Assets", Speech, International Bankers Association of Japan (January 20).

货币基金的总量大幅萎缩，非美银行发行的商业票据（ABCP）和存单（CD）也不再被优先型货币基金追捧，从而使得非美银行只能转向成本更高的 FX Swap 市场去融入美元。从图 2－1 中可以看到，能够为离岸美元市场提供 FX Swap 融资的机构是美国的银行和经纪交易商，同时，非美银行还能从美国的经纪交易商那里通过回购获得美元资金。而上述机构都是美元在岸流动性市场的核心参与者，一旦美元在岸市场的流动性受到冲击，势必会通过这些机构的运行传导至非美金融机构的资产负债表上，进而对全球信用扩张和经贸活动造成冲击。

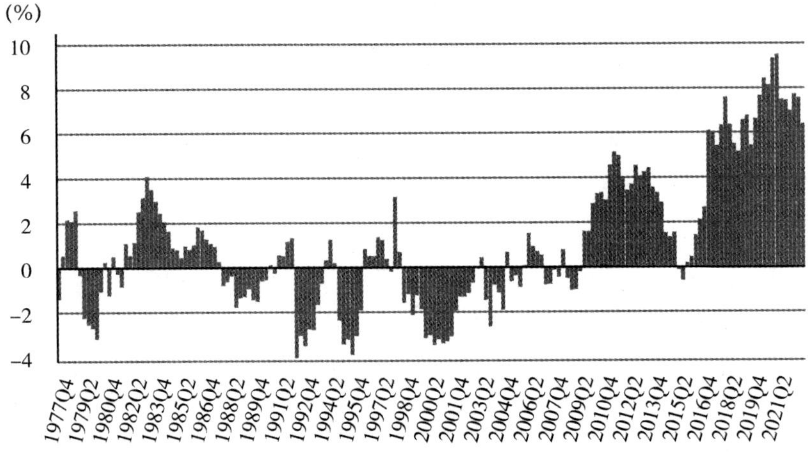

图 2－5　非美银行净融资缺口占总资产比例

资料来源：国际清算银行。

六　启示

通过前文的分析可以看到，资产负债表框架是分析流动性的一个有力视角，在此基础上，我们不仅能勾画出资金在不同资产负债表之间转移的图景，分析出整个流动性市场的核心工具、核心利率以及各交易主体在现有监管框架下的行为特征，并且，还能探究流动性与信用扩张之间的传导链条。现有大部分研究都把金融市场的流动性定义为资产迅速变现的能力，同时，用资金价格、买卖价差或者换手率等指标来指代流动性的状态。但如果调整到资产负债表的框架下，流动性则可以定义为：在给定风险偏好下（如监管规则不变），金融中介进行资产负债表扩张的意愿和能力。通过分析美元流动性市场的运行，我们能够看到，维护一个运转有效的流动性市场，一定要注意以下几个方面：第一，作为底层的支付机构，银行体系必须拥有足够的资产负债表弹性以应对各种情况下的支付与结算需求。第二，资金交易商也必须具备充足的资产负债表弹性以随时满足资金做市的需求。且交易商的分层结构也必须合理，在确保各类市场主体都能顺利匹配到适配交易商的同时，交易商之间的资金融通机制也必须时刻保持通畅。第三，注重抵押品供需关系的平衡，抵押品过多和抵押品不足都会影响流动性市场的稳定，同时要关注抵押品的金融加速器效应对流动性市场的影响；第四，确立流动性市场的核心利率体系，通过合理的机制设置，确保市场资金得以在各交易层级中平稳流动，从而为央行的流动性调控奠定基础。

流动性与信用扩张之间的传导机制是分析流动性宏观含义的关键点，两者之间的关系至少有如下要点：第一，流动性宽松只是信用扩张的必要非充分条件，这是深刻理解货币政策有效边界的重点。当流动性紧张时，信用扩张肯定无法顺畅实现，但流动性相对宽裕时，信用却未必扩张。由于货币政策操作的主战场就在流动性市场，因此，我们必须认识到调节流动性对于物价、就业和金融稳定影响的不对称性。认清在不同环境下的货币政策的有效边界。第二，流动性在任何状况下都会在较短时期内趋向于紧平衡状态。美国实施量化宽松政策后，市场在流动性充裕的情况下迅速地进入了一个紧平衡状态。这是因为市场所有的参与者会根据流动性状况迅速地优化自身的资产负债表，即使是宽松的流动性，也会被市场参与者通过资产负债表之间的嵌套式扩张而及时吸纳，从而使得各主体的资产负债表在一个更高的总量下达到均衡，一旦这一均衡结构受到任何边际性的改变，市场的流动性都将受到冲击。第三，量化宽松政策之后，货币政策正常化难度极大。正是由于流动性市场的紧平衡状态，货币政策希望回复正常化的过程中，一定会遭遇流动性失衡的冲击，而流动性紧缩对于信用扩张的负向影响必然会削弱货币政策进一步正常化的合理性，这就形成了量化宽松的“棘轮效应”。2019年美联储在疫情之前放弃货币政策正常化就是一个明确的例证。第四，关注影响流动性与信用扩张链条的其他宏观政策的影响，注重政策间的协调配合，以确保政策目标的一致性。除了货币政策以外，金融监管和财政政策也是影响流动性到信用扩张传导的重要政策变量。如果希望刺激信用扩张，却对于金融机构的资产负债表扩张实施严格的监管，这将极大削弱宽松货币政策的效力。同时，财政政策不仅是一个收入调节和支出分配政策，其政策实施对于金融体系的影响也十分显著。例如，其国债的发行一方面会对收益率定价形成影响，另一方面，作为流动性市场最为关键的抵押品，国债的供需变化也是影响流动性以及信用扩张的重要因素。

分析美元流动性市场的发展历史及运行现状，将有助于我们更好地理解一国货币成为国际货币所应具有的要件，这于人民币国际化之路有所借鉴：首先，人民币要成为国际货币，尤其是主要国际货币，必须具备足够的安全资产作为人民币的支撑。从美元的运行实践中可以看到，持有美元用支付就一定离不开美元流动性市场。而本章针对货币债权分层的分析已经揭示出，只有拥有充足的安全资产（目前是美国国债），流动性市场才可能保持正常循环，美元才能真正成为被广泛接受的计价、交易和价值储藏的国际货币。其次，离岸人民币的信用扩张能力是人民币国际化的必要条件。一国货币如果被其他国家和地区的居民所接受，就一定存在对于这一货币的离岸需求，如果离岸货币不能满足境外的需求，势必会向在岸市场传递需求信号，如果相应的需求持续无法满足，不仅会影响在岸市场的稳定，而且会削弱这一货币的国际地位。最后，应逐步完善人民币在岸市场与离岸市场的通道，保证连接两个市场的金融机构具备充足的资产负债表扩张弹性，同时对这些机构实施有效监管，使这一过程成为中国金融稳步开放的有机组成部分。

（执笔人：胡志浩、叶骋）

第三章

防风险视角下的银行公司治理优化

未来一个时期中国经济发展面临需求收缩、供给冲击、预期转弱三重压力。防范金融风险、守住不发生系统性金融风险的底线对于维护金融安全、稳定市场预期具有重要意义。随着宏观经济的下行，中国行业银行面临的风险总体上有所上升，中小银行风险上升尤为明显。截至2021年第三季度，中国商业银行不良贷款余额28335亿元，与2020年年底相比增加了1320亿元。不良贷款率1.75%，与2020年年底相比下降了0.09个百分点。不良贷款余额和不良贷款率出现了“一升一降”的走势。从不同类型银行来看，截至2021年第三季度，国有大型商业银行、股份制银行、城商行、民营银行、农商行、外资银行不良贷款率分别为1.43%、1.40%、1.82%、1.31%、3.59%、0.58%。其中，农商行等中小银行信用风险相对较高。作为金融体系的主体，银行业的风险会对整个金融体系产生外溢效应，进而对金融体系的稳定性产生影响。良好的公司治理在保障企业健康运营方面发挥着重要作用[①]，对于商业银行来说也不例外。近段时间以来，以包商银行破产为代表的银行风险事件的爆发凸显了公司治理对于银行以及其他利益相关方的重要

---

① Shleifer, A. and R. Vishny, 1997, “A Survey of Corporate Governance”, *Journal of Finance*, 52: 737-783.

性。监管部门多次强调，要把完善公司治理作为金融企业改革的重中之重。在这种情况下，系统分析不同公司治理机制对银行风险的影响，在此基础上讨论如何通过优化公司治理防范和化解银行风险，具有重要的理论和现实意义。

一　银行公司治理的特点

公司治理一般被认为是一套工具和机制，股东可以使用这套机制来影响管理者以实现股东利益最大化。公司治理涉及不同利益相关者之间的关系，包括股东、董事会、经理层等内部利益相关者以及外部利益相关者等。与一般企业相比，银行在公司治理方面具有一定的特殊性①，主要体现在以下三个方面。

第一，从存款方角度看。一是债权具有单向高流动性。商业银行的主要债权人即存款人可随时提现，具有单方面解除存款合约的权利；与之相反，商业银行作为资金流入方并没有提前解除存款合约的权利。这一性质对商业银行来说构成了流动性风险，许多债权人同时解除合约会对银行的流动性构成巨大挑战，并可能引发挤兑破产风险。二是资本结构的高杠杆特征。银行业平均资产负债率远远高于其他行业，高杠杆的特征一定程度上加剧了股东与债权人之间的利益冲突。三是债权人数量众多且分散。居民存款是银行的主要资金来源，人数众多。从实际中看，居民存款人普遍不具备对银行进行监督的专业知识，因此，商业银行公司治理中居民存款人对商业银行的监督作用就比较有限，且存在较为普遍的“搭便车”行为。

第二，从贷款方角度看。一是业务透明度较低。贷款资产交易的非

① Macey, J. and M. O'Hara, 2003, “The Corporate Governance of Banks”, *FRBNY Economic Policy Review*, 91 – 107；潘敏：《商业银行公司治理：一个基于银行业特征的理论分析》，《金融研究》2006 年第 4 期。

市场化和非标准化导致银行资产交易的非透明性，使银行外部股东和债权人与银行之间信息不对称程度较一般企业更为严重①。二是专业化程度高。与其他行业相比，从事银行业务需要特定的技能，具有较高的门槛。在这种情况下，银行的经营活动很容易被具有较高专业技能的员工所主导，形成内部人控制。三是银行贷款的低流动性。与存款的高流动性相反，银行的贷款具有较低的流动性。一般而言，银行只能按照贷款合约的约定，在规定期限收回资金，一般只能被动履行合约。

第三，从其他方面看。一是最后贷款人和存款保险制度。危机时刻充当最后贷款人已经成为现代各国央行的基本职责，而且各国普遍存在存款保险制度，使得存款人面临的风险很小。监督银行的运作是需要支付成本的，而存款人只能索取固定的利息收入，使得纯粹意义上的存款人并不太关心银行的经营状况。二是银行业受到严格的外部监管。与其他行业相比，各国政府对银行业的监管通常更加严格。原因在于：一方面，银行作为金融体系的核心组成部分，一旦发生危机，银行风险将会向金融体系迅速传染，强大的外部性使得政府必须严格监管；另一方面，银行的债权人多而分散，广大居民存款人没有能力对银行进行监管，为了保护这部分利益相关者，需要政府出面进行监督。

二　银行公司治理的现状及演化趋势

为对中国商业银行公司治理的现状和演化趋势进行分析，我们从银行公开披露的年报或信息披露公告中搜集得到银行的公司治理数据。剔除缺失值，本章的样本涉及163家银行2009—2020年的公司治理数据，包含6家国有大型商业银行、12家股份制银行、93家城市商业银行、

① Furfine, C., 2001, "Banks as Monitors of Other Banks: Evidence from the Overnight Federal Funds Market", *Journal of Business*, 74: 33 –57.

52 家农村商业银行等。结合数据可得性，我们主要从股权结构、董事会构成、三会一层运行三个维度构建不同指标，在此基础上对我国商业银行公司治理的特征和演化趋势进行分析。

（一）股权结构

大股东是银行公司治理的重要参与者，在银行公司治理中发挥着重要作用。图 3－1 反映了样本银行第一大股东持股比例、第二至第十大股东持股比例近年来的变动情况。第一大股东持股比例反映了第一大股东对商业银行的控制力，持股比例越高，第一大股东的控制力越强；第二至第十大股东持股比例反映了除第一大股东之外的其他大股东在银行中的投资份额。

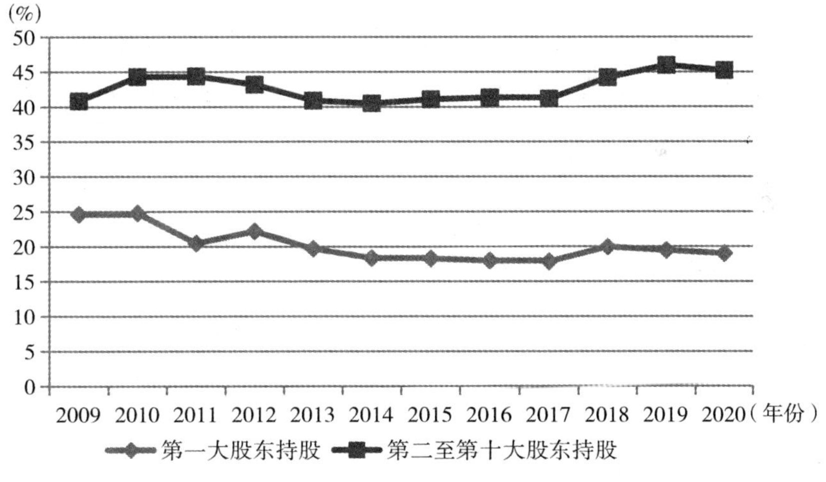

图 3－1　大股东持股比例变动

资料来源：笔者整理。

从图 3－1 可以看到，2009 年以来，样本商业银行第一大股东平均持股比例出现了一定幅度的下降，从 2009 年的 24.6% 下降到 2020 年的 19.0%，下降了 5.6 个百分点，反映出我国商业银行股权结构呈现出一定的多元化趋势，股权集中度有所下降。但从近5年情况看，第一大股东平均持股比例总体上保持稳定。从图3－1还可以看到，2009年以来，第二至第十大股东持股比例总体上呈现出一定的上升趋势，从2009年的40.9%上升到2020年的45.2%，上升了4.3个百分点，即其他大股东在商业银行中的平均持股比例有所增长，从另一个角度反映出我国商业银行股权结构的多元化趋势。对两个指标进行加总可以看到，2020年前十大股东持股比例合计达64.2%，接近全部股份的2/3，意味着前十大股东之外的其他股东持股比例仅为1/3左右。

图3－2反映了样本银行第一大股东是否为产业资本以及是否来自本地。在指标界定上，如果银行第一大股东为金融机构或者主要从事投资业务，我们将其定义为金融资本，否则定义为产业资本。从理论上说，金融资本通常具有较高的逐利性和流动性，风险偏好会更高一些；与之相比，产业资本的逐利性相对较低，风险偏好也可能要小一些。另外，如果银行第一大股东的注册地与商业银行注册地属于同一省份，我

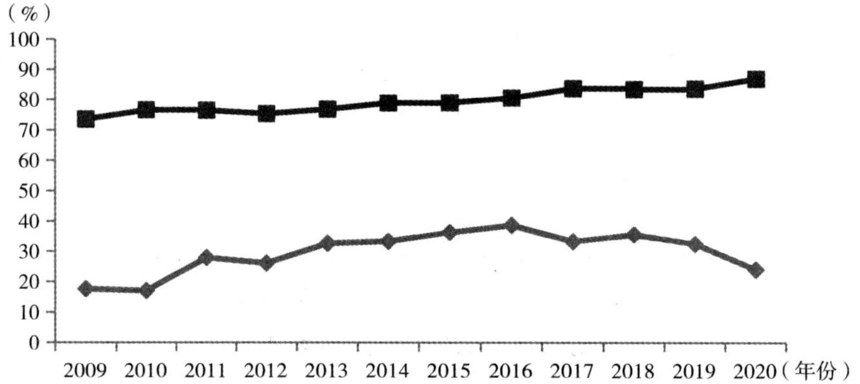

图3－2　第一大股东的属性

资料来源：笔者整理。

们将其定义为在本地，否则定义为不在本地。第一大股东如果来自本地，可能会对银行所处的内外部经营环境更为熟悉，能够更好地协调不同股东之间、股东与经营层之间以及银行与地方政府等外部利益相关方之间的关系，从而提高公司治理的效率。

从图 3－2 可以看到，样本期间，第一大股东是否为产业资本变量均值呈现出先上升后下降的趋势，从 2009 年的 18% 上升到 2016 年 39% 的阶段性高点，上升了 21 个百分点；2016 年后呈现缓慢的下降趋势，至 2020 年下降到 24%，比 2016 年下降了 25 个百分点。这种趋势可能反映了商业银行对产业资本吸引力的变化：2016 年之前，我国银行业总体上仍处于上升态势，行业盈利能力保持在较高水平，银行股权是一种较为优质的投资标的，对产业资本具有较大的吸引力；近年来，随着商业银行总体经营绩效的下滑，经营风险不断上升，银行股权的投资价值有所下降，对产业资本的吸引力也有所下降。

另外，样本期间，第一大股东来自本地的比例呈现稳步上升趋势，从 2009 年的 74% 上升到 2020 年的 87%，上升了 13 个百分点。出现这种趋势意味着，随着我国经济的快速发展，各个地方具有对商业银行进行投资能力的本地企业也在不断增多，从而能够为本地商业银行的发展提供支持。

（二）董事会构成

董事会是商业银行的权力中枢，在商业银行公司治理中处于核心位置。图 3－3 从三个维度展示了 2009 年以来样本商业银行董事会构成的变化：（1）董事会人数。以商业银行期末董事会成员的数量来衡量，人数越多意味着董事会规模越大。（2）董事会专门委员会数量。以商业银行期末董事会下设专门委员会的数量来表示。（3）独立董事占比。以董事会中独立董事人数在全部董事中的比例来衡量。

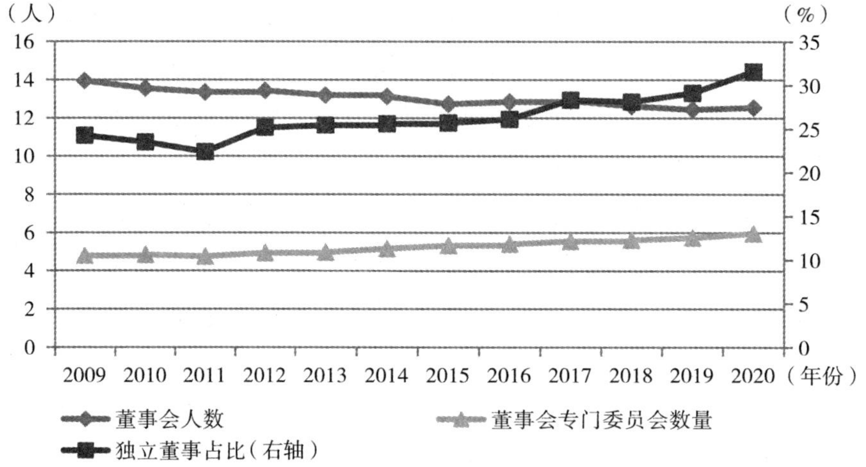

图 3－3　商业银行董事会构成变动

资料来源：笔者整理。

从图 3－3 可以看到，样本期间，商业银行董事会规模呈现一定的下降趋势，平均规模从 2009 年的 13.94 人下降到 2020 年的 12.56 人。之所以出现这种情况，可能有两方面原因：一是反映出商业银行董事会构成的精简，董事会平均规模有所下降；二是可能与样本期间中小银行数量的增加有关。与大银行相比，中小银行经营规模较小，相应地，其董事会的规模可能也会比较小。此外，样本期间，我国商业银行董事会专门委员会数量呈现上升趋势，从 2009 年的 4.79 个增加到 2020 年的 5.96 个，增加了 1.17 个。董事会专门委员会的增长反映了董事会专业性的提升，即在更多细分领域设立专门委员会，配备更多的专业人员，以此来提高董事会决策的专业性和科学性。从独立董事占比来看，样本期间商业银行独立董事占比明显提升，从 2009 年的 24.21% 提高到 2020 年的 31.58%，提高了 7.37 个百分点。说明平均而言商业银行在董事会人员构成中增加了独立董事的人数，董事会的独立性有所提升。

（三）三会一层运行

结合数据可得性，我们从以下两个维度构建指标来反映商业银行董事会的运行效率：（1）董事会次数。以商业银行年均召开董事会的次数来表示。从实际中看，除监管部门要求召开的季度董事会之外，部分银行还根据需要增加董事会召开的频次，对商业银行的重大经营战略进行审议。（2）董事会议案数量。以当年董事会总共审议的议案数量来表示，董事会议案数量一定程度上反映了董事的勤勉程度。样本期间上述两个指标的变动情况如图3－4所示。

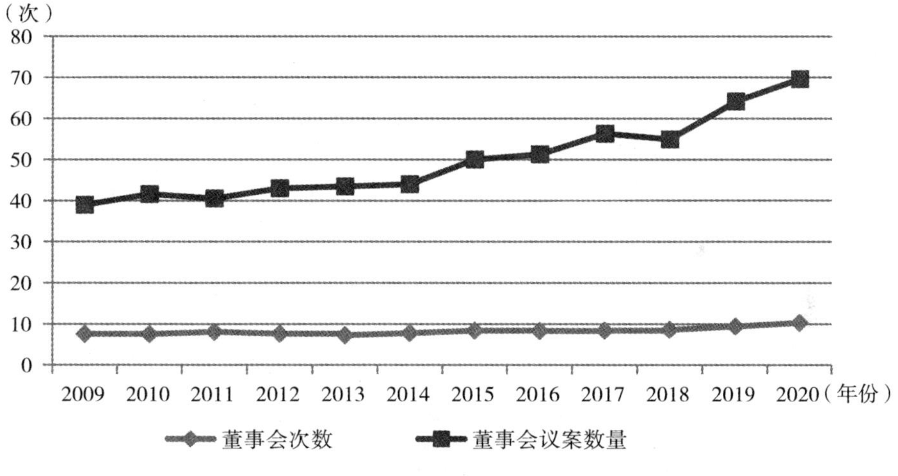

图3－4　商业银行董事会运行情况

资料来源：笔者整理。

从图3－4可以看到，样本期间，商业银行董事会年均召开次数总体呈现出稳步上升的趋势，从2009年的7.59次增加到2020年的10.33次，增加了2.74次，提高的幅度达到36%；另外，商业银行年均董事会议案数量也呈现出稳步上升趋势，从2009年的39件上升到2020年的69.57件，增长了近一倍。计算可以得到，样本银行每次董事会的平均议案数量由2009年的5.14件增加到2020年的6.73件，增加了1.59件，说明商业银行每次董事会的平均工作量也在上升。从上述各指标可以看到，近年来商业银行董事会运行更加“忙碌”，不仅董事会召开的频次不断上升，每次董事会所审议的议案数量也在不断增长。

图3-5进一步反映了商业银行董事长和行长在银行任职的稳定性情况。我们以董事长或行长在银行的任职年限来衡量其任职的稳定性，任职年限以董事长或行长在银行开始任职年份至当年末所经历的年度数来衡量。

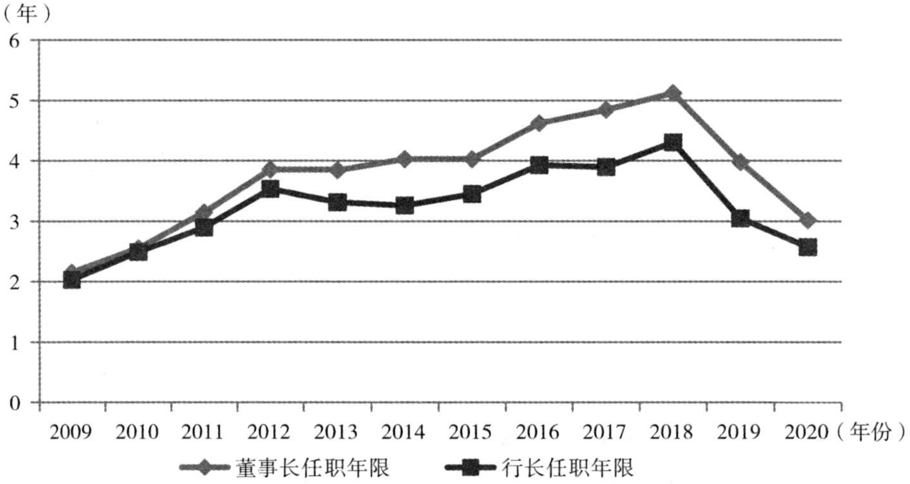

图3-5 商业银行高管任职年限变动（年）

资料来源：笔者整理。

从图3-5可以看到，样本期间，商业银行董事长和行长的任职年限呈现出先上升后下降的趋势。具体来看，董事长任职年限从2009年的2.15年上升到2018年的阶段性高点5.12年，在此之后又下降到2020年的3.02年；行长任职年限从2009年的2.03年上升到2018年的阶段性高点4.30年，之后又下降到2020年的2.57年。之所以出现这种情况，可能与2018年前后样本银行的董事长和行长的集中换届有关：2010年之后的几年，大量中小银行改制完成，从城信社或农信社改制成为城商行或农商行，在完成两个任期6年左右的时间之后，在2018年前后出现了集中换届，因此样本银行董事长和行长任职期限的最高值出现在2018年前后。尽管样本后期平均任职年限有所下降，但仍然要高于样本早期。具体来看，与2009年相比，2020年样本银行董事长和行长平均任职年限分别提高了0.87年和0.54年，意味着与早期相比，样本银行董事长和行长在银行的任职总体上更加稳定。

三　银行公司治理对风险的影响

（一）理论分析与研究假设

从前文的分析可以看到，银行公司治理包含的机制非常丰富。从理论上说，不同的治理机制对银行风险的影响是不同的。一方面，一些公司治理机制能够降低风险。Cardillo等发现，女性董事在董事会的占比越高，银行发生救助的可能性越低，发生危机时需要救助的金额也越小[①]；Vallascas等的跨国研究显示，2008年国际金融危机以后董事会的独立性有助于减少银行风险承担行为[②]；Pathan发现CEO对董事会决策的控制力越强，银行风险承担越低[③]；Jia基于中国的研究表明，股份制银行要比国有大型商业银行更加审慎[④]。另一方面，其他一些治理机制则会增大银行

① Cardillo, G., E. Onali and G. Torluccio, 2021, "Does Gender Diversity on Banks' Boards Matter? Evidence from Public Bailouts", *Journal of Corporate Finance*, 71: 101560.

② Vallascas, F., S. Mollah and K. Keasey, 2017, "Does the Impact of Board Independence on Large Bank Risks Change after the Global Financial Crisis?", *Journal of Corporate Finance*, 44: 149-166.

③ Pathan, S., 2009, "Strong Boards, CEO Power and Bank Risk-taking", *Journal of Banking and Finance*, 33: 1340-1350.

④ Jia, C., 2009, "The Effect of Ownership on the Prudential Behavior of Banks—The Case of China", *Journal of Banking and Finance*, 33: 77-87.

风险。很多研究表明，公司治理对股东的权利保护越好、股东在银行公司治理中的权力越大，银行的风险承担会越强①，说明银行股东有动机把风险向债权人以及金融安全网转移。此外，Minton 等发现，当独董具有更多的金融专业知识时，银行将会承担更高的风险②。这是因为，具有专业金融知识的独董能够识别风险并意识到金融安全网对银行的保护作用，从而鼓励银行在正常经营期间承担更大的风险，以最大化股东价值。Chen 等③、Berger 等④研究均表明，管理层持股会增大银行风险承担行为，以提高其持有股权的价值。Erkens 等的跨国研究发现，机构投资者持股比例较高的银行在金融危机前具有更强的承担风险的动机⑤。

以上分析表明，公司治理对银行风险的影响是不确定的，特定的公司治理机制会增大银行的风险承担行为⑥。我们认为，在中国特殊的制度背

---

① Laeven, L. and R. Levine, 2009, "Bank Governance, Regulation and Risk Taking", *Journal of Financial Economics*, 93: 259 – 275; Fahlenbrach, R. and R. Stulz, 2011, "Bank CEO Incentives and the Credit Crisis", *Journal of Financial Economics*, 99: 11 – 26; Beltratti, A. and Stulz, R., 2012, "The Credit Crisis around the Globe: Why Did Some Banks Perform Better?", *Journal of Financial Economics*, 105: 1 – 17; Anginer, D., A. Demirguc-Kunt, H. Huizinga and K. Ma, 2018, "Corporate Governance of Banks and Financial Stability", *Journal of Financial Economics*, 130: 327 – 346.

② Minton, B., J. Taillard and R. Williamson, 2014, "Financial Expertise of the Board, Risk Taking, and Performance: Evidence from Bank Holding Companies", *Journal of Financial and Quantitative Analysis*, 49: 351 – 380.

③ Chen, C., T. Steiner and A. Whyte, 2006, "Does Stock Option-based Executive Compensation Induce Risk-taking? An Analysis of the Banking Industry", *Journal of Banking and Finance*, 30: 915 – 945.

④ Berger, A., B. Imbierowicz and C. Rauch, 2016, "The Roles of Corporate Governance in Bank Failures during the Recent Financial Crisis", *Journal of Money, Credit and Banking*, 48: 729 – 770.

⑤ Erkens, D., M. Hung and P. Matos, 2012, "Corporate Governance in the 2007 – 2008 Financial Crisis: Evidence from Financial Institutions Worldwide", *Journal of Corporate Finance*, 18: 389 – 411.

⑥ Laeven, L. and R. Levine, 2009, "Bank Governance, Regulation and Risk Taking", *Journal of Financial Economics*, 93: 259 – 275; Anginer, D., A. Demirguc-Kunt, H. Huizinga and K. Ma, 2018, "Corporate Governance of Banks and Financial Stability", *Journal of Financial Economics*, 130: 327 – 346.

景下，良好的公司治理机制总体上有助于提高银行的风险控制能力，将银行风险保持在较低水平[①]。从实际中看，以包商银行为代表，公司治理不规范是导致银行信贷资产质量恶化的一个重要原因。首先，以国有银行为主导的银行体系使得银行股东向债权人以及金融安全网转移风险的动机较弱。中国的银行体系中，银行股东、银行的债权人以及金融安全网均由国有部门所主导，三者之间的利益具有一致性，由此降低了银行股东向债权人及金融安全网转移风险的动机[②]。在这种情况下，通过改善银行公司治理、加强对股东权利的保护更可能降低风险而不是增大风险。其次，良好的公司治理能够降低银行决策失误的可能性，一定程度上避免银行在经营战略上出现重大失误，降低了出现重大损失的可能性。再次，良好的公司治理有助于董事会对经营层更好地进行监督，使得董事会的决策能够得到有效落实，减少管理层的机会主义行为或其他寻租行为所导致的风险。最后，良好的公司治理有助于银行建立有效的风控流程和内控体系，对客户风险进行有效识别和管控，提高信贷风险管理效率。随着风险管理能力的提升，公司治理水平较高的银行能够将风险损失控制在较低水平，进而能够以相对较低的资金成本向客户提供贷款。

基于上述分析，可以得到以下基本研究假设。

研究假设：公司治理水平越高，商业银行银行风险越低。

（二）数据来源

前文已经述及，本研究主要涉及的银行公司治理数据从银行公开披

---

① Jia, C., 2009, "The Effect of Ownership on the Prudential Behavior of Banks—The Case of China", *Journal of Banking and Finance*, 33: 77-87；祝继高、饶品贵、鲍明明：《股权结构、信贷行为与银行绩效》，《金融研究》2012 年第 7 期。

② Laeven, L. and R. Levine, 2009, "Bank Governance, Regulation and Risk Taking", *Journal of Financial Economics*, 93: 259-275; Anginer, D., A. Demirguc-Kunt, H. Huizinga and K. Ma, 2018, "Corporate Governance of Banks and Financial Stability", *Journal of Financial Economics*, 130: 327-346.

露的年报或信息披露公告中手工搜集得到。此外，我们在分析中还用到银行财务数据。对于银行财务数据，我们首先从 Wind 等公开数据库进行收集，如果公开数据库中没有相关数据，我们从银行公开披露的年报或信息披露公告中通过手工搜集方式进行补充。剔除缺失值后，本章的样本共涉及 163 家银行 2009—2020 年的公司治理数据和财务数据，含 6 家国有大型商业银行、12 家股份制银行、93 家城市商业银行、52 家农村商业银行，共包含 983 个年度观测值。除银行公司治理和财务数据外，本章所使用的其他数据均来自 Wind 数据库，包括不同省份 GDP 增速、信贷增速等。

（三）银行公司治理指数的构建

考虑到单一公司指标可能无法反映特定银行的总体公司治理水平，很多文献通过构建公司治理指数来刻画一个公司整体的治理水平①。特别地，借鉴 Larker 等②、白重恩等③、郑志刚等④、靳庆鲁等⑤研究，本章采取主成分分析法来构建反映银行公司治理总体水平的综合指数⑥。

① Gompers, P., J. Ishii and A. Metrick, 2003, "Corporate Governance and Equity Prices", *Quarterly Journal of Economics*, 118: 107 – 155; Bauer, R., N. Guenster and R. Otten, 2004, "Empirical Evidence on Corporate Governance in Europe: The Effect on Stock Returns, Firm Value and Performance", *Journal of Asset Management*, 5: 91 – 104; Larker, F., A. Richardson and I. Tuna, 2004, "Does Corporate Governance Really Matter?", Working Paper, The Wharton School, University of Pennsylvania.

② Larker, F., A. Richardson and I. Tuna, 2004, "Does Corporate Governance Really Matter?", Working Paper, The Wharton School, University of Pennsylvania.

③ 白重恩、刘俏、宋敏、张俊喜：《中国上市公司治理结构的实证研究》，《经济研究》2005 年第 2 期。

④ 郑志刚、孙艳梅、谭松涛、姜德增：《股权分置改革对价确定与我国上市公司治理机制有效性的检验》，《经济研究》2007 年第 7 期。

⑤ 靳庆鲁、原红旗：《公司治理与股改对价的确定》，《经济学》（季刊）2008 年第 1 期。

⑥ 靳庆鲁和原红旗将底层公司治理指标分为董事会特征、管理层持股、股东持股、“三会”及“四委”设立四个维度，先对不同维度下的公司治理指标进行主成分分析，在对不同维度进行加权得到总的公司治理指数。未报告的结果显示，采用这种方法重新计算公司治理指数时，本章的主要结论未发生变化。参见靳庆鲁、原红旗《公司治理与股改对价的确定》，《经济学》（季刊）2008 年第 1 期。

结合数据可得性，本章选取的银行公司治理底层指标如下所示[①]。

（1）第一大股东持股比例（First Share）。该指标越大，意味着第一大股东对银行的控制力越强。第一大股东较强的控制力一方面有助于加强对经营层的监督[②]，但同时也使得大股东更容易侵占银行或中小股东的利益。

（2）第一大股东是否为产业资本虚拟变量（Industry）。如果银行第一大股东为金融机构或者主要从事投资业务，将其定义为金融资本，否则定义为产业资本。第一大股东是否为产业资本对银行风险产生影响，原因在于：金融资本通常具有较高的逐利性和流动性，风险偏好会更高一些，从而可能会加大银行的风险承担行为；与之相比，产业资本的逐利性相对较低，风险偏好也可能要小一些。特别是，第一大股东为产业资本，可能有助于银行更好地把握产业发展趋势，从而更好地把握信贷资金投向的风险。

（3）第一大股东是否为来自本地（Local）的虚拟变量。如果银行第一大股东的注册地与商业银行注册地属于同一省份，我们将其定义为在本地，该变量取值为1；否则定义为不在本地，该变量取值为0。通常情况下，如果第一大股东来自本地，可能会对银行所处的内外部经营环境更为熟悉，能够为银行提供更多的优质资源，比如优质客户等；另外，当第一大股东来自本地时，能够帮助银行对本地客户的风险进行更好地把控，从而降低信贷风险。

（4）第二至第十大股东持股比例（Top 2 to 10）。为银行年末第二至第十大股东持股比例之和。反映了除第一大股东之外的其他大股

---

① 除本章中的13个公司治理指标以外，我们还搜集了董事长持股数量、行长持股数量、董事会专门委员会召开次数、股东大会议案数量等指标。由于缺失值较多，我们构建公司治理指数时将这些指标予以剔除。未报告的结果显示，尽管样本数量有所减少，但将上述指标纳入公司治理指数构建时，本章的主要结论仍然成立。

② Caprio, G., L. Laeven and R. Levine, 2007, "Governance and Bank Valuation", *Journal of Financial Intermediation*, 16: 584－617.

东的持股份额。该比例越高，意味着其他大股东对第一大股东的监督和制衡作用会更强，从而有助于改善银行公司治理，降低信贷风险。

（5）国有银行虚拟变量（SOB）。当银行第一大股东为国有时，该变量取值为 1，否则为 0。由于所有者缺位，国有股东对经营层的监督相对较弱，由此导致公司治理效率偏低。就贷款风险而言，一方面，国有银行通常更愿意把贷款提供给经营效率较低、风险较高的国有企业，从而造成风险的上升；另一方面，国有银行与地方政府之间的关系更为密切，在客户风险管理、贷款本息回收等方面能够动用更多的资源，从而有助于加强风险处置并降低银行风险。

（6）是否上市虚拟变量（Listed）。如果银行当年末为上市状态，该虚拟变量取值为 1，否则为 0，包括在国内或国外的交易所上市。上市在促使银行加强信息披露的同时，也有助于引入外部投资者和监管部门的强力约束，提高经营决策的科学性，从而改善公司治理、防范风险。

（7）董事会规模（Director）。反映银行年末董事人数。董事会规模越大，一方面有助于加强对管理层的监督，另一方面也可能导致董事之间更多的搭便车行为，因此对公司治理效率的影响并不确定①。

（8）独立董事占比（Independent）。为年末银行独立董事人数在全部董事中的比例。独立董事占比越高，意味着董事会独立性越高，银行公司治理的效率也越高②。

（9）董事会专门委员会数量（Committee）。为年末银行董事会专门委员会数量。银行董事会通常会设置若干个专门委员会，如审计、薪酬、风险、关联交易、战略、提名等，反映了董事会的专业性。专门委

---

① Andres, P. and E. Vallelado, 2008, "Corporate Governance in Banking: The Role of the Board of Directors", *Journal of Banking and Finance*, 32: 2570 – 2580.

② Vallascas, F., S. Mollah and K. Keasey, 2017, "Does the Impact of Board Independence on Large Bank Risks Change after the Global Financial Crisis?", *Journal of Corporate Finance*, 44: 149 – 166.

员会数量越多，董事会的专业性一般也越强；反之，董事会的专业性则可能越低。

（10）董事会召开次数（Meeting）。反映当年银行董事会召开的次数。董事会召开次数越多，一定程度上说明董事会越勤勉，公司治理效率越高。

（11）董事会议案数量（Proposal）。反映当年银行董事会审议的全部议案数量。较多的议案数量意味着董事会较为勤勉，公司治理效率越高。

（12）行长任职年限（CEO Term）。表示银行行长自任职开始至当年末所经历的年度数。一方面，任职年限越长，对银行公司治理的运作情况越熟悉；另一方面，任职年限越长可能会增加董事长的惰性，导致公司治理效率下降。主要变量定义如附表所示。

（13）董事长任职年限（Chair Term）。表示银行董事长自任职开始至当年末所经历的年度数。与行长任职年限指标类似，这一指标对银行公司治理的影响也是不确定的。

借鉴 Larker 等①、白重恩等②、郑志刚等③、靳庆鲁等④研究，我们采取主成分分析法构建银行公司治理综合指数。主成分分析结果表明，基于上述 13 个公司治理变量得到的前 5 大主元累计贡献率为 62.7%。本章采取 KMO 方法检验原始公司治理变量主成分分析的适用性，KMO 值为 0.6289，大于 0.6，可以进行主成分分析。本章提取了前 5 大主元 F1、F2、F3、F4、F5，各公司治理指标在不同主元上的载荷系数（Loading Factors），如表 3-1 所示。在此基础上，本章以各主元的贡献率为权重对 5

---

① Larker, F., A. Richardson and I. Tuna, 2004, "Does Corporate Governance Really Matter?", Working Paper, The Wharton School, University of Pennsylvania.

② 白重恩、刘俏、宋敏、张俊喜：《中国上市公司治理结构的实证研究》，《经济研究》2005 年第 2 期。

③ 郑志刚、孙艳梅、谭松涛、姜德增：《股权分置改革对价确定与我国上市公司治理机制有效性的检验》，《经济研究》2007 年第 7 期。

④ 靳庆鲁、原红旗：《公司治理与股改对价的确定》，《经济学》（季刊）2008 年第 1 期。

个主元进行加总得到各年度不同银行的公司治理指数 Gindex，以反映其整体公司治理水平。Gindex 取值越高，意味着银行公司治理水平越高。

表 3－1　　　　不同主元的载荷系数

Variable	F1	F2	F3.	F4	F5
Director	0. 3663	0. 0198	－0. 1688	0. 0002	－0. 0452
Independent	0. 4816	－0. 0940	0. 0233	－0. 1192	0. 0161
Committee	0. 2853	0. 1506	－0. 0681	0. 3831	－0. 1322
First Share	0. 0745	－0. 4918	0. 3334	－0. 1763	－0. 0910
Local	－0. 1548	－0. 0840	0. 1193	0. 6912	－0. 1463
Industry	－0. 1456	0. 3649	－0. 3394	0. 0772	－0. 1301
Top 2 to 10	－0. 0385	－0. 0252	0. 0416	0. 0109	0. 9095
Listed	0. 4486	－0. 1895	0. 0966	－0. 1487	－0. 1811
SOB	－0. 0625	－0. 3081	0. 4119	0. 4110	0. 0410
Meeting	0. 3479	0. 0133	－0. 1372	0. 2810	0. 2390
Proposal	0. 3717	0. 0152	－0. 2229	0. 2224	0. 1191
CEO Term	0. 1109	0. 4714	0. 4951	－0. 0688	－0. 0068
Chair Term	0. 1537	0. 4817	0. 4810	－0. 0036	0. 0253

资料来源：笔者整理。

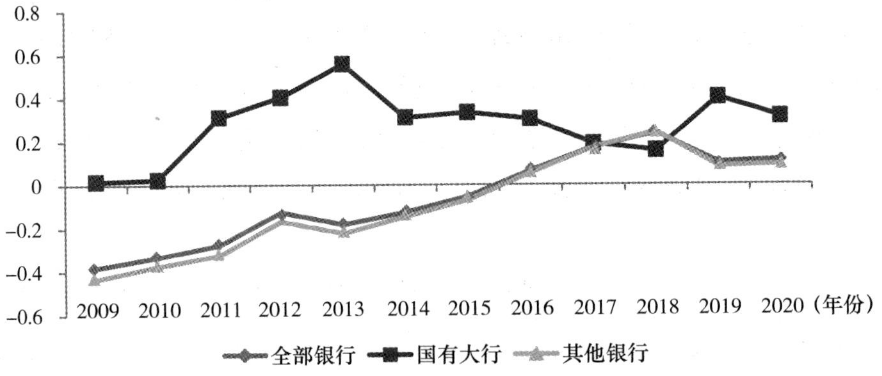

图 3－6　银行公司治理指数的变化

资料来源：笔者整理。

图3－6反映了样本期间不同类型银行公司治理指数的变化。可以看到，样本期间，中国商业银行公司治理指数总体上呈上升趋势，说明中国商业银行公司治理水平总体上不断提升，公司治理指数均值从2009年的－0.380上升到2020年的0.111。特别是2013年以来，公司治理指数均值提升较为明显，从2013年的－0.182上升到2018年的阶段性高点0.237。之所以出现这种情况，可能与《商业银行公司治理指引》（银监发〔2013〕34号）（以下简称《指引》）的出台有关。2013年7月，为完善商业银行公司治理，促进商业银行稳健经营和健康发展，中国银监会颁布实施了《指引》，对商业银行公司治理组织架构、董事、监事、高级管理人员、发展战略、价值准则和社会责任、风险管理与内部控制、激励约束机制、信息披露等制定了明确的规范，是指导银行改进公司治理的一项基础性制度。《指引》的出台标志着中国商业银行公司治理进入规范化发展阶段。从样本来看，《指引》的出台对中国商业银行公司治理起到了显著的促进作用：样本银行公司治理指数在2013年后出现了明显的跃升，商业银行公司治理水平不断提高。

另外，从图3－6还可以看到，我国不同类型银行的公司治理水平分化较为明显。总体上看，6家国有大型银行平均公司治理水平要高于其他类型商业银行。样本期间，6家国有大型银行的公司治理指数均值达到0.277，而其他银行公司治理指数均值为－0.092，前者比后者高0.369。从趋势上看，不同类型银行公司治理水平的变动也出现了分化。具体来看，6家国有大型银行公司治理水平近年来总体上保持平稳波动，没有出现明显的上升或下降；与之相比，其他银行公司治理水平近年来总体上上升明显，说明国有大型银行以外的其他中小银行公司治理水平近年来得到了明显的改善。从这个角度看，样本期间，中国商业银行平均公司治理水平的提升主要是由国有大型银行以外的其他中小银行所驱动的。

（四）实证分析

1. 研究设计

为分析公司治理对银行风险的影响，我们构建以下基准回归模型：

$$BankRisk_{i,t} = \beta_0 + \beta_1 Gindex_{i,t-1} + \beta_2 Controls_{i,t} + \varepsilon_{i,t} \quad (3-1)$$

其中不同符号的含义如下：（1）银行风险（Bank Risk）。考虑到信用风险是银行的主要风险来源，我们以期末银行的不良贷款比例（NPL）来衡量商业银行的信用风险。此外，我们还以银行收益的波动性（Risk）来衡量银行风险，以当年及过去两年共3年银行资产利润率（ROA）的标准差来衡量。波动性越大，银行面临的风险越高。

（2）银行公司治理指数（Gindex）。为根据前文方法计算得到的第 t 年银行 i 的公司治理指数，反映其整体公司治理水平。为减少内生性问题的影响，参照 Anginer 等①，银行公司治理指数变量以滞后一期进入回归方程。

（3）控制变量（Controls）。本章选取以下控制变量对可能影响银行风险状况的因素进行控制，包括：①银行资产规模（Size），以银行期末总资产（人民币万元）的自然对数表示；②银行年龄（Age），以银行自成立至当年末所经历的年度数的自然对数来表示；③银行资本充足率（CAR），以银行年末的资本充足率来衡量；④银行存贷比（CDB），以期末贷款余额除以存款余额来表示；⑤银行盈利能力（ROA），以商业银行净利润除以总资产来表示；⑥GDP 增速（GDP Growth），以银行所在省份当年 GDP 增速来表示；⑦信贷增速（Credit Growth），反映银行所在地区总体信用扩张情况，以银行所在省份当年信贷增速来衡量。⑧年度（Year）和银行类型（Type）固定效应，分别对年度、银行类型

① Anginer, D., A. Demirguc-Kunt, H. Huizinga and K. Ma, 2018, "Corporate Governance of Banks and Financial Stability", *Journal of Financial Economics*, 130: 327-346.

等因素进行控制。

为剔除异常值影响，本章按年度对所有变量按照5%和95%标准进行了Winsorize处理，令小于5%（95%）分位数的观测值等于5%（95%）分位数。主要变量描述性统计结果如表3-2所示。

表3-2　　**主要变量描述性统计结果**

Variable	Obs	Mean	Std. Dev.	Min	Max
NPL	987	0.0152	0.0072	0.0053	0.0737
Risk	987	0.0015	0.0016	0.0000	0.0120
Gindex	987	-0.0376	0.5880	-1.3530	1.7450
Size	987	16.8100	1.7750	12.3600	21.3100
Age	987	2.6200	0.5460	0.6930	3.5550
CAR	987	0.1320	0.0201	0.0912	0.2560
CDB	987	0.6750	0.1190	0.3170	1.0890
ROA	987	0.0091	0.0036	0.0003	0.0253
GDP Growth	987	0.0799	0.0255	0.0060	0.1640
Credit Growth	987	0.1340	0.0524	0.0530	0.3970

2. 基准结果

基于模型（1）的回归结果如表3-3所示。

表3-3　　**基准回归结果（NPL）**

	(1)	(2)
Gindex	-0.0015*** (-4.0933)	-0.0016*** (-4.1663)
Size	-0.0006*** (-3.9164)	-0.0011*** (-6.5232)
Age	-0.0025*** (-5.7331)	-0.0027*** (-6.3499)

续表

	(1)	(2)
CAR	0. 0061 (0. 6192)	-0. 0166 (-1. 5866)
CDB	0. 0105 *** (6. 1509)	0. 0115 *** (6. 6964)
ROA	-0. 8305 *** (-14. 4500)	-0. 7645 *** (-12. 5921)
GDP Growth	-0. 0535 *** (-5. 5691)	-0. 0107 (-0. 7599)
Credit Growth	-0. 0072 * (-1. 6596)	-0. 0049 (-0. 7096)
Year	No	Yes
Type	No	Yes
Constant	0. 0359 *** (12. 3871)	0. 0411 *** (10. 1198)
Obs	987	987
R - squared	0. 345	0. 414

注：t-statistics in parentheses，*** $p<0.01$，** $p<0.05$，* $p<0.1$（下同）。

从表3 -3可以看到，Gindex回归系数显著为负，说明银行公司治理水平越高，银行的不良贷款比例越低。这一结果意味着，良好的公司治理有助于银行控制信用风险，支持了本章的假设。从其他变量来看，银行资产规模（Size）回归系数显著为负，说明银行资产规模越大，其不良贷款比例越低。这一结果说明，与小银行相比，大银行平均而言具备更好的风控能力。银行年龄指标（Age）回归系数显著为负，说明银行成立时间越短，不良贷款比例越低。可能的原因在于：成立时间较短的银行其信用风险尚未充分暴露，从而使得其不良贷款比例保持在较低水平。存贷比指标（CDB）回归系数显著为正，说明银行贷款在存款中占比较高时，其信用风险一般也比较高。盈利能力（ROA）与不良贷款比例呈反向关系，说明那些具有较高盈利能力的银行一般也能够把信用风险控制在较低水平。银行所在地区GDP增速（GDP Growth）和信贷增速（Credit Growth）对不良贷款比例具有一定的负向影响，说明当银行所在地区处于经济扩张时期时，一般能够把信用风险控制在较低水平。从表3－3还可以看到，资本充足率（CAR）对银行信用风险的影响并不明显。

3. 不同公司治理机制的影响

基于所构建的公司治理指数，前文的分析将银行公司治理作为一个整体加以考虑。一个自然的问题是，前文的分析结果对于不同类型的公司治理机制是否依然成立？换言之，不同公司治理机制对银行风险的影响是否存在差异？针对这一问题，本章分别以构成公司治理指数中的13个公司治理指标作为银行公司治理水平的替代，并根据模型（1）重复前文的分析。具体结果如表3－4所示。

从表3－4可以看到，第一大股东持股比例（First Share）越高，银行不良贷款比例（NPL）也越高，一定程度上说明第一大股东持股比例的提高反而会加大银行的信用风险。可能的原因在于，较高的持股比例增大了第一大股东对银行的控制力，由此可能导致第一大股东对银行更多的干预，比如更多的关联贷款，从而加大银行的信用风险。与之相对应，第二至第十大股东持股比例（Top 2 to 10）回归系数显著为负，说明除第一大股东以外的其他大股东持股有助于银行控制信用风险。可能的原因在于，其他大股东能够对第一大股东的行为起到一定的制衡作用，减少第一大股东对银行信贷决策的干预。董事会规模变量（Director）和董事会专业委员会数量变量（Committee）的回归系数均为负，说明董事会的控制力越强、专业性越高，银行不良贷款比例就会越低。除此之外，董事会会议数量（Meeting）、董事会议案数量（Proposal）变量的回归系数均显著为负，说明董事会运作效率对银行信用风险控制产生了积极影响：董事会越勤勉，银行不良贷款比例会越低。最后，董事长任期（Chair Term）变量回归系数显著为负，说明相对稳定的银行高管有助于提高银行风控能力，降低信用风险。

表 3 – 4　　不同治理机制的影响(因变量:NPL)

	(1)	(2)	(3)	(4)	(5)	(6)	(7)	(8)	(9)	(10)	(11)	(12)	(13)
Size	-0.0014***	-0.0013***	-0.0013***	-0.0014***	-0.0013***	-0.0013***	-0.0012***	-0.0012***	-0.0013***	-0.0012***	-0.0012***	-0.0013***	-0.0013***
	(-8.8445)	(-8.6041)	(-8.6109)	(-8.9382)	(-8.6079)	(-6.9872)	(-7.0922)	(-6.8324)	(-8.0479)	(-7.4392)	(-7.5219)	(-8.6480)	(-8.6059)
Age	-0.0030***	-0.0029***	-0.0029***	-0.0027***	-0.0029***	-0.0029***	-0.0030***	-0.0029***	-0.0030***	-0.0029***	-0.0030***	-0.0029***	-0.0028***
	(-7.0437)	(-6.8697)	(-6.8284)	(-6.2868)	(-6.8592)	(-6.8779)	(-6.9568)	(-6.8241)	(-7.0156)	(-6.7676)	(-6.9527)	(-6.7680)	(-6.4992)
CAR	-0.0160	-0.0161	-0.0161	-0.0168	-0.0160	-0.0161	-0.0150	-0.0154	-0.0146	-0.0172	-0.0163	-0.0165	-0.0176*
	(-1.5214)	(-1.5304)	(-1.5247)	(-1.6019)	(-1.5176)	(-1.5258)	(-1.4291)	(-1.4622)	(-1.3902)	(-1.6380)	(-1.5465)	(-1.5706)	(-1.6787)
CDB	0.0120***	0.0117***	0.0116***	0.0114***	0.0115***	0.0116***	0.0118***	0.0119***	0.0114***	0.0113***	0.0116***	0.0116***	0.0116***
	(6.8999)	(6.7172)	(6.7149)	(6.6171)	(6.6009)	(6.6780)	(6.8225)	(6.8229)	(6.5830)	(6.5589)	(6.7326)	(6.7121)	(6.7232)
ROA	-0.7709***	-0.7854***	-0.7838***	-0.7844***	-0.7862***	-0.7846***	-0.7783***	-0.7859***	-0.7753***	-0.7906***	-0.7809***	-0.7789***	-0.7761***
	(-12.5684)	(-12.8361)	(-12.8340)	(-12.8803)	(-12.8346)	(-12.7768)	(-12.7486)	(-12.8753)	(-12.6960)	(-12.9784)	(-12.8008)	(-12.7364)	(-12.7351)
GDP Growth	-0.0144	-0.0161	-0.0160	-0.0147	-0.0152	-0.0156	-0.0158	-0.0141	-0.0158	-0.0107	-0.0140	-0.0161	-0.0158
	(-1.0204)	(-1.1325)	(-1.1232)	(-1.0408)	(-1.0726)	(-1.1033)	(-1.1244)	(-0.9990)	(-1.1213)	(-0.7539)	(-0.9920)	(-1.1434)	(-1.1265)
Credit Growth	-0.0024	-0.0017	-0.0016	-0.0032	-0.0015	-0.0017	-0.0032	-0.0022	-0.0029	-0.0020	-0.0018	-0.0021	-0.0025
	(-0.3389)	(-0.2499)	(-0.2251)	(-0.4552)	(-0.2199)	(-0.2417)	(-0.4557)	(-0.3173)	(-0.4127)	(-0.2865)	(-0.2546)	(-0.3058)	(-0.3548)
First Share	0.0026*												
		(1.9207)											
Local		0.0002											
			(0.3528)										
Industry			-0.0001										
				(-0.2491)									
Top 2 to 10				-0.0032**									
					(-2.3452)								

续表

	(1)	(2)	(3)	(4)	(5)	(6)	(7)	(8)	(9)	(10)	(11)	(12)	(13)
SOB					-0.0002								
						(-0.4508)							
Listed						0.0001							
							(0.0924)						
Director							-0.0001*						
								(-1.8166)					
Independent								-0.0028					
									(-1.2663)				
Committee									-0.0004**				
										(-2.1267)			
Meeting										-0.0001**			
											(-2.5664)		
Proposal											-0.0000*		
												(-1.7541)	
CEO Term												-0.0001	
													(-1.2602)
Chair Term													-0.0002**
													(-2.5760)
Year	Yes	Yes	Yes	Yes	Yes	Yes	Yes	Yes	Yes	Yes	Yes	Yes	Yes
Type	Yes	Yes	Yes	Yes	Yes	Yes	Yes	Yes	Yes	Yes	Yes	Yes	Yes
Constant	0.0464***	0.0459***	0.0461***	0.0487***	0.0461***	0.0462***	0.0462***	0.0445***	0.0471***	0.0446***	0.0449***	0.0464***	0.0463***
	(11.8282)	(11.6589)	(11.6617)	(11.9378)	(11.7233)	(10.5321)	(11.7830)	(10.8788)	(11.9174)	(11.3048)	(11.3215)	(11.7884)	(11.8384)
Obs	987	987	987	987	987	987	987	987	987	987	987	987	987
R-squared	0.405	0.403	0.403	0.407	0.403	0.403	0.405	0.404	0.406	0.407	0.405	0.404	0.407

除上述治理机制以外，第一大股东是否为产业资本（Industry）、第一大股东是否来自本地（Local）、国有银行虚拟变量（SOB）、是否上市虚拟变量（Listed）、独立董事占比（Independent）、行长任职年限（CEO Term）等变量回归系数并不显著，说明上述公司治理机制对信用风险的影响并不明显。

4. 其他风险指标

前文基于不良贷款比例指标分析了公司治理对银行信用风险的影响。作为补充分析，我们进一步构建其他指标来衡量银行风险。具体地，我们以收益的波动性（Risk）来反映银行风险，以当年及过去 2 年共 3 年银行资产利润率（ROA）的标准差来衡量。资产利润率的标准差越高，银行收益的波动性就越高，银行风险也越高。基于收益的波动性（Risk）指标，我们重新依据模型（1）进行分析。具体结果如表 3－5 所示。

表 3－5 **其他银行风险指标（Risk）**

	(1)	(2)
Gindex	−0.0003***	−0.0002**
	(−3.1664)	(−2.2607)
Size	−0.0003***	−0.0003***
	(−8.0830)	(−8.3730)
Age	−0.0001	−0.0001
	(−0.9697)	(−1.1933)
CAR	0.0015	0.0023
	(0.6160)	(0.8961)
CDB	0.0004	0.0006
	(0.9450)	(1.3888)
ROA	0.0166	0.0170
	(1.1905)	(1.1169)

续表

	(1)	(2)
GDP Growth	-0.0029 (-1.2468)	-0.0068* (-1.9430)
Credit Growth	0.0004 (0.3930)	-0.0030* (-1.7019)
Year	No	Yes
Type	No	Yes
Constant	0.0060*** (8.5487)	
Obs	987	987
R-squared	0.159	0.201

从表3-5可以看到，以收益的波动性（Risk）作为银行风险的度量指标时，所得到的结果是类似的，银行公司治理指标（Gindex）的回归系数仍然显著为负，说明公司治理水平越高，银行收益的波动性越低，风险越小。上述结果意味着，良好的公司治理有助于降低银行收益的波动性，即那些公司治理水平较高的银行收益会相对平稳。

四　优化银行公司治理的建议

本章的分析表明，良好的公司治理有助于银行控制风险。未来一个时期，可以围绕商业现阶段银行公司治理中存在的主要难点，采取针对性举措，把优化银行公司治理作为防范化解银行风险的一个关键性举措。

第一，完善商业银行公司治理制度建设。本章的分析表明，《商业银行公司治理指引》在提高我国商业银行公司治理水平发挥了重要作用。监管部门未来需要进一步采取措施确保《商业银行公司治理指引》

在实际中执行到位，并根据新形势对其中的条款进行调整优化，完善商业银行公司治理相关制度。一是对《商业银行公司治理指引》进行修订，结合商业银行公司治理实践的新变化完善相关制度，特别是要结合中小金融机构公司治理的特点，提高政策的针对性和有效性；二是提高对其他非银行金融机构公司治理的要求。现有制度对商业银行公司治理的要求较为明确，对其他类型金融机构的公司治理要求还不太清晰。建议将《商业银行公司治理指引》拓展到消费金融公司、金融租赁公司、小额贷款公司等其他非银行金融机构，全面提升各类金融机构的公司治理水平。

第二，加强大股东行为管理。本章的证据表明，第一大股东持股比例较高时，可能会增加商业银行所面临的信用风险。从中国近期的实践来看，大股东对银行利益的侵占是造成部分银行高风险的一个重要原因。未来一个时期，应当进一步加强对大股东特别是第一大股东行为管理。一是优化股权结构。通过设置合理的股权结构加强对大股东行为的制衡，适当限制第一大股东的持股比例，避免银行股权过于集中；二是要加大对股东行为的监督管理。避免大股东不当行为给银行带来的风险，特别是要加强对大股东资质、股权资金来源、股权质押、关联贷款、股权转让、股利分红、资本补充等重点环节的行为监督，防范重点环节风险。

第三，提高董事会运行效率。本章的研究表明，增加董事会的控制力和专业性、提高董事会运作效率有助于银行控制风险。从未来情况看，要进一步规范董事会运作，加强对董事履职的督导，更好地发挥董事在银行战略制定和重大决策中的作用；确保董事会各专门委员会有效履职，发挥董事会成员特别是独立董事在专业领域内的优势，提高董事会决策的专业性和科学性；加强董事会与经营层之间的协同配合，提高决策执行力，确保董事会决策能够落实到位。

第四，适当保持高管层的稳定。本章发现，稳定的高管层对于降低银行信用风险具有积极作用。现行管理体制下，部分银行高管仍由政府部门或准政府机构任命或提名推荐，一定程度上不利于商业银行根据自身需要打造相对稳定的高管团队。从未来情况看，应当引导银行建立相对稳定的高管队伍，确保银行经营战略和管理的连续性和稳定性，避免在信贷资金投放中的短期行为，进而提高银行风险管控能力。

第五，加快推进省联社改革。省联社体制与现代公司治理存在冲突，已经成为制约农村中小金融机构提高公司治理效率的一个主要体制障碍。未来一个时期，要把推动省联社改革作为新一轮农村金融改革的突破口，提升农村中小金融机构公司治理效率。一是要因地制宜推动省联社改革。应当由国家层面牵头制定省联社改革总体方案。省联社改革涉及的利益主体较多，涵盖地方政府、中央政府不同部门权责划分，需要由国务院、中央全面深化改革领导小组等机构牵头制定总体改革方案，协调各部门利益并推动方案落实，破除部门和地方利益藩篱。同时，要坚持农金机构服务“三农”、保持农金机构县域法人地位稳定不变这两大原则，因地制宜选择符合地方特色的改革模式，切勿“一刀切”。二是淡化省联社行政管理职能。按照“政企分开”原则将省联社行政管理职能交由省级金融监督管理局负责；将省联社的人事权下放给各县市级农金机构，避免在人事任免、薪酬制定等方面对农金机构的干预，推动农村中小金融机构成为真正的市场化主体。

（执笔人：李广子）

附表 3－1 **主要变量定义**

变量	变量定义
NPL	银行年末不良贷款比例
Risk	银行收益的波动性，以当年及过去 2 年共 3 年银行资产利润率（ROA）的标准差来衡量
Gindex	基于主成分分析法构建的银行公司治理指数
First Share	商业银行期末第一大股东持股比例
Industry	第一大股东是否为产业资本虚拟变量。如果银行第一大股东为金融机构或者主要从事投资业务，将其定义为金融资本，该变量取值为 0；否则定义为产业资本，该变量取值为 1
Local	反映商业银行第一大股东是否来自本地的虚拟变量。如果银行第一大股东的注册地与商业银行注册地属于同一省份，我们将其定义为在本地，该变量取值为 1；否则定义为不在本地，该变量取值为 0
Top 2 to 10	为银行年末第二至第十大股东持股比例之和
SOB	国有银行虚拟变量。当银行第一大股东为国有时，该变量取值为 1，否则为 0
Listed	是否上市虚拟变量。如果银行当年末为上市状态，该变量取值为 1，否则为 0，包括在国内或国外的交易所上市
Director	董事会规模，以银行年末董事人数来表示
Independent	独立董事占比，以年末银行独立董事人数在全部董事中的比例来表示
Committee	年末银行董事会专门委员会数量
Meeting	当年银行董事会召开的次数
Proposal	当年银行董事会审议的全部议案数量
CEO Term	表示银行行长自任职开始至当年末所经历的年度数
Chair Term	表示银行董事长自任职开始至当年末所经历的年度数
Size	年末银行总资产的自然对数
Age	银行自成立至当年末所经历的年度数的自然对数
CAR	银行年末资本充足率
CDB	银行年末存贷比，以期末贷款余额除以存款余额来表示
ROA	银行盈利能力，以当年资产收益率来表示
GDP Growth	银行所在省份当年 GDP 增速
Credit Growth	银行所在省份当年信贷增速
Year	年度虚拟变量
Type	银行类型虚拟变量

第四章

中国特色资本市场：基础、目标与路径

资本市场从西方发达国家的特有产物到成为中国社会主义市场经济的重要组成部分，这一历史进程持续存在理论争议和实践探索。在中国特色社会主义新时代，面对资本市场更高质量地服务实体经济这一现实要求，我们需要根据中国经济发展特征，构筑和形成资本市场自身的鲜明特色，突出中国资本市场与生俱来的社会主义属性和发展中国家属性。本章试图从资本市场的发展基础、发展目标和发展路径等方面，总结归纳中国资本市场与西方发达市场不同的“中国特色”。这些中国特色，决定了资本市场各项具体制度安排和改革路径必然会具有鲜明的中国特征。

一　中国资本市场发展基础的特色

资本市场是资本所有者与需求者进行交易的场所，它在本质上是为实体经济服务的，有什么样的实体经济，就应该有什么样的资本市场与其相适应。

（一）理论源起

对于实体经济的性质，人们通常从基本经济制度和发展阶段进行划分。在欧美发达资本主义国家，资本市场具有完善的法规体系和监管体系、先进的基础设施和强大的市场功能。但从根本上讲，这些国家的资本市场是为资本主义经济制度服务的，其根本目标是维护特定阶级的利益。

中国实行的是社会主义基本经济制度和社会主义市场经济体制。社会主义国家能不能发展资本市场？马克思主义经典作家早就给出了回答，马克思在《哥达纲领批判》中指出，劳动和生产资料共同创造财富也就是使用价值，而且财富创造活动贯穿于社会主义社会与共产主义社会的全过程。在社会主义阶段，财富创造仍然是劳动、土地、资本、技术、管理等要素集合的过程，财富分配是在参与财富创造的要素所有者按照各自对财富创造的贡献进行分配①。由于社会主义社会已经不再是阶级社会，很少存在剥削，主要用于分析阶级剥削的马克思劳动价值论并不适用于社会主义社会，卫兴华主张用马克思的财富论代替价值论来研究这一阶段的要素交易和分配问题②。从财富论出发，马克思主义政治经济学研究的主要是通过完善要素交易体系和分配方式来解放和发展生产力。社会主义社会依然实行多种分配方式和商品经济，党的十八届三中全会提出，生产要素的报酬由各自的市场决定。生产要素参与收入分配的份额，不只是取决于各自的投入，更要取决于各自的“贡献”和供求状况，也就是以市场原则进行分配，这是市场经济体制的现实体现③。资本作为生产要素不仅参与生产，而且有权利按照市场原则参与分配，这确立了资本在社会主义大生产中的地位。基于所有权和分配权的资本交易及资本市场自然也应当成为社会主义市场经济的组成部分。

中国的另一大国情是世界上最大的发展中国家。中华人民共和国成立以来，虽然中国的物质生产能力有了极大提高，逐步发展成为世界第

① 《马克思恩格斯选集》（第3卷），人民出版社1995年版，第298—306页。

② 卫兴华：《马克思的财富论及其当代意义》，《经济问题》2019年第2期。

③ 洪银兴：《以创新的理论构建中国特色社会主义政治经济学的理论体系》，《经济研究》2016年第4期。

二大经济体，产业链、供应链日趋完善，在某些科技领域站到了世界前沿，但是经济发展在区域、产业层面和某些特定商品供应方面仍然存在比较普遍的发展不平衡不充分的问题，实体经济的结构性矛盾比较突出。资本市场是金融服务实体经济的重要抓手，需要更多地从促进实体经济均衡发展和提升经济运行效率的角度完善服务，以支持解决经济中的结构性矛盾，这与西方资本市场在宏观上主要关注解决总量问题是有明显区别的。

（二）实践回顾

同理论界的探讨和争论相比，中国在资本市场建设方面的实践探索开始的更早。1984 年 7 月 25 日上午，北京天桥百货股份有限公司成立，发行股票 300 万元，成为全国第一家正式注册的股份制商业企业。随后，上海、广州、沈阳等地许多企业也开始企业股份化的尝试。1984 年上海市颁布的《关于发行股票的暂行管理办法》是中华人民共和国成立后的第一个股市法规，同年中国工商银行上海分行率先成立证券交易部，并代理上海飞乐音响公司向社会发行股票，这是中国证券业中断 20 多年以后的第一个证券交易机构和第一次发行股票。1987 年召开的党的十三大对前期股份制试点的成绩做出肯定，允许继续试点并提出了规范性意见，同年 9 月，中国第一家专业证券公司——深圳特区证券公司成立。1988 年 4 月，国家正式批准 1985 年、1986 年国库券上市交易，随后各类企业债券和部分企业股票相继上市。为适应国库券转让在全国范围内的推广，各省共组建了 33 家证券公司，同时财政系统也成立了一批证券公司。

上海证券交易所于 1990 年 11 月 26 日正式成立，并于同年 12 月 19 日开张营业，这是中华人民共和国第一家证券交易所。中国第二家证券交易所——深圳证券交易所于 1991 年 7 月 3 日正式开业。1991 年 10 月，郑州粮食批发市场开业并引入期货交易机制，成为新中国期货交易的实质性开端。1992 年 10 月，深圳有色金属交易所推出了中国第一个标准化期货合约——特级铝期货标准合同，实现了由远期合同向期货交易的过渡。

20 世纪 80 年代是中国资本市场建立初期，市场规模较小，缺乏全国统一的法律法规和统一的监管，对未来资本市场的发展方向也存在一定的分歧。90 年代初期关于资本市场“姓资”还是“姓社”，社会主义国家要不要有资本市场，社会上曾经有过广泛争论。小平同志在 1992 年南方谈话中鼓励大胆尝试的论断，基本结束了这些争论，开启了资本市场建设新起点，此后中国资本市场走上了政府主导型发展道路。

1. 第一阶段：全国统一监管市场的形成（1992—1998 年）

1992 年 10 月，国务院证券管理委员会（以下简称国务院证券委）和中国证监会成立，标志着中国资本市场开始纳入全国统一监管框架。1993 年前，中国尚无全国性的证券法规体系，证券监管主要依靠地方性法规。1993 年，国务院先后颁布了《股票发行与交易管理暂行条例》《企业债券管理条例》等若干法规，结合地方性法规，初步形成最基本的证券法律法规体系。1993 年以后，B 股、H 股发行出台，债券市场品种呈现多样化，发债规模逐年递增。与此同时，证券中介机构在种类、数量和规模上迅速扩大。1998 年，国务院证券委撤销，证监会成为中国证券期货市场的唯一合法监管部门，形成集中统一的证券期货市场监管框架，证券市场由局部地区试点转向全国性市场发展阶段。

2. 第二阶段：依法治市和市场结构改革（1999—2004 年）

1998 年 12 月 29 日，九届全国人大常委会第六次会议审议通过《中华人民共和国证券法》（以下简称《证券法》），对证券发行、交易、上市公司收购、证券交易所、证券公司、登记结算机构、交易服务机构、证券业协会、国务院证券监督管理机构和法律责任作了明确规定。1999 年 7 月，《证券法》正式实施，以法律形式确认了证券市场的地位，奠定了中国证券市场基本的法律框架，使中国证券市场的法制建设进入新阶段。2004 年 1 月 31 日，国务院发布《关于推进资本市场改革开放和稳定发展的若干意见》，提出了九个方面的纲领性意见，清晰地描绘了中国资本市场改革发展的宏伟蓝图，对资本市场发展作出了重要战略部署，将发展资本市场提升到前所未有战略高度。

3. 第三阶段：多层次资本市场的建立和发展（2005—2015 年）

2009 年 10 月，创业板的推出标志着多层次资本市场体系框架初步形成，是国家推进创新经济重要平台。此后，可转换公司债券、各类资产证券化产品、集合收益计划产品以及权证等新品种引入，QFII、QDII、CDR 等制度实施，进一步丰富了资本市场交易品种和参与方。2010 年 3 月，市场引入融资融券和股指期货，为市场提供了双向交易机制。2012 年 8 月、2013 年 2 月，转融资和转融券业务陆续推出，有效地扩大了融资融券发展所需的资金和证券来源。2013 年 11 月，证监会发布《关于进一步推进新股发行体制改革的意见》，新一轮股票发行制度改革正式启动。2013 年 12 月，新三板准入条件进一步放开，正式扩容至全国。2015 年 11 月，证监会发布《关于进一步推进全国中小企业股份转让系统发展的若干意见》，强调加快发展全国股转系统的重要意义以及多层次资本市场体系中的战略定位。经过多年的发展，资本市场在改善融资结构、优化资源配置、促进经济发展等方面发挥了十分重要的作用，已成为中国市场经济体系的重要组成部分。

4. 第四阶段：新时代发展时期（2016 年至今）

党的十八大以来，设立科创板并试点注册制扎实推进，A 股先后被纳入明晟、富时罗素等国际知名指数，监管理念更加开放、包容、国际化。中国多层次资本市场体系建设加快推进，基础制度不断夯实，依法从严监管持续加强，有力支持了实体经济发展和供给侧结构性改革。

2018 年 10 月，国务院金融稳定发展委员会召开专题会议强调，资本市场对稳经济、稳金融、稳预期发挥着关键作用，要坚持市场化取向，加快完善资本市场基本制度，发挥好资本市场枢纽功能。2019 年 6

月 13 日，科创板正式设立，为众多创新、创业企业打开了进入资本市场的大门。2019 年 9 月，证监会在北京召开了全面深化资本市场改革工作座谈会，会议明确了当前全面深化资本市场改革的 12 个方面重点任务。2021 年 11 月 15 日，北京证券交易所正式揭牌开市，这是中国资本市场改革发展的又一标志性事件，对于促进多层次资本市场高质量发展、探索具有中国特色资本市场普惠金融之路和落实创新驱动发展国家战略等都具有重要意义。至此，中国资本市场发展全面进入建设中国特色资本市场的历史新阶段。

中国资本市场用三十余年时间，走过了西方国家上百年的发展历程，从萌芽、初创到不断发展壮大，目前已经成为世界第二大资本市场。资本市场的发展始终流淌着红色血脉，始终坚持把自身发展融入中华民族伟大复兴的历史进程，顺势而为、奋发有为，服务实体经济取得显著成效，日益呈现出“以人民为中心”的时代特征，体现出鲜明的中国特色，市场治理效能和市场生态持续向好，国际竞争力和影响力不断提升。

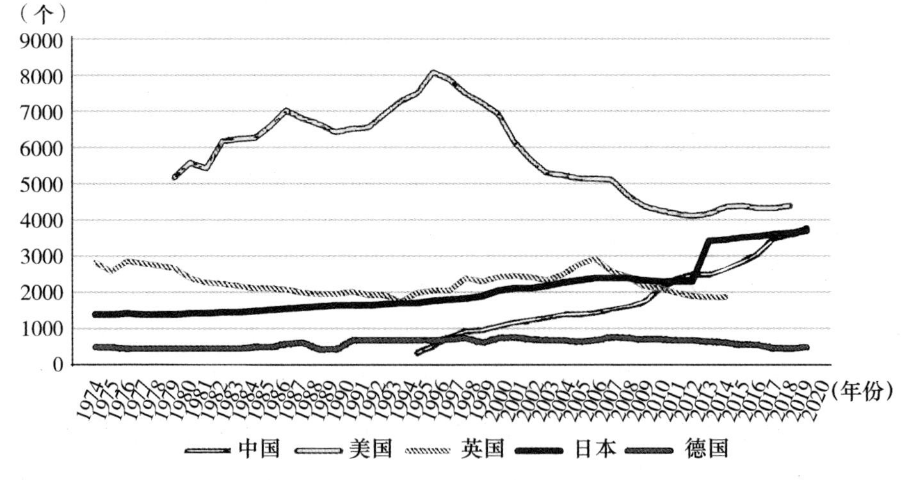

图 4－1　主要市场上市公司数量变化趋势

资料来源：世界交易所联合会（WFE）。

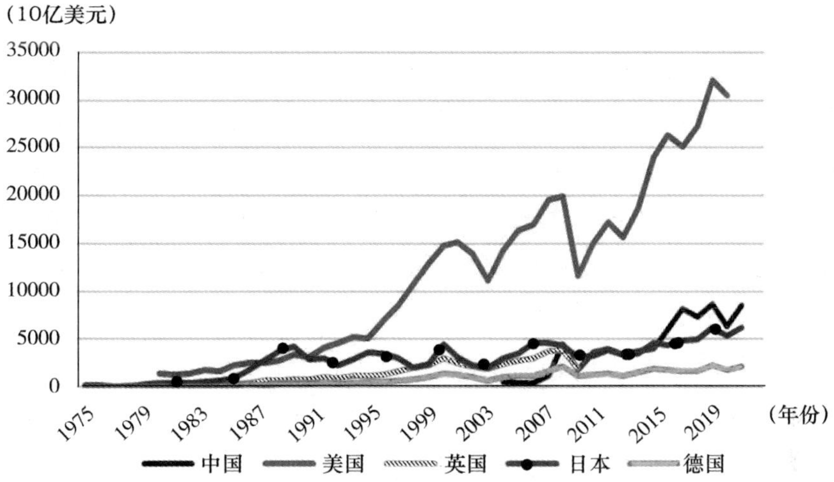

图 4－2　主要市场市值规模

资料来源：世界交易所联合会（WFE）。

二　中国资本市场发展目标的特色

从功能来说，资本市场是服务于实体经济的，双方这一依存关系适用于大多数经济体。但是如果从基本经济制度和经济发展阶段来划分，各国又会有很大不同，我们认为这是中国资本市场在发展目标上具有自身特色的根本原因。

（一）中国特色资本市场发展目标的理论解析

中国特色社会主义政治经济学的一个重大突破就是明确我国还处于社会主义初级阶段，并且明确这个阶段社会主义的本质就是解放和发展生产力，消灭剥削，消除两极分化，逐步达到共同富裕[1]。因此中国特

① 洪银兴：《以创新的理论构建中国特色社会主义政治经济学的理论体系》，《经济研究》2016 年第 4 期。

色资本市场的发展目标与应与实体经济发展保持一致，即实现全体人民的共同富裕，这同资本主义国家的资本市场主要服务和维护资本家利益的目标有本质区别。随着中国特色社会主义进入新时代，我国社会主要矛盾已经转化为人民日益增长的美好生活需要和不平衡不充分的发展之间的矛盾，坚持和发展中国特色社会主义必须做到“以人民为中心”[①]，追求人民的全面发展和共同富裕，是这一时期经济社会发展的主要目标。资本市场的主要任务则是支持解决经济发展中的结构性矛盾，单纯的融资总量扩张已经不是市场发展水平的唯一标志。

中国各个领域阶层在内的人民，都是新时代中国经济建设的主体，保障国民经济健康发展就是保障人民最根本的利益。对这一问题，习近平总书记明确指出：“不论经济发展到什么时候，实体经济都是我国经济发展、在国际经济竞争中赢得主动的根基。”[②] 一方面，中国特色资本市场要切实服务现代化经济体系建设。以发展方式转变、发展结构优化和发展动力转化为组合，推动现代化经济体系建设，从而实现经济高质量发展，是当前经济发展的关键[③]。资本市场作为推动现代经济体系建设工作顺利开展的基础性设施，在激发经济活力、释放经济发展动力、优化经济发展格局等方面可发挥不可替代的作用。实际上，近些年资本市场已配合国家经济发展的宏观战略完成对资源配置方向、规模的相应调整，助力关乎国计民生、战略性新兴以及创新创业等重点领域企业发展。

另一方面，中国特色资本市场要立足于实体经济发展。实体经济是中国国民经济高质量发展的前提和基础，是资本市场有序运行应关注的重点领域。实际上，金融与实体经济是国民经济运行的一体两面，二者

---

① 习近平：《决胜全面建成小康社会，夺取新时代中国特色社会主义伟大胜利——在中国共产党第十九次全国代表大会上的报告》，人民出版社 2017 年版。

② 本书编写组：《2017 全国两会文件学习辅导》，人民出版社 2017 年版。

③ 许弟伟、龚飒：《经济高质量发展模式下资本市场发展的着力点》，《宏观经济管理》2019 年第 1 期。

应当在相互促进、相互影响中实现协同发展①，而资本市场对金融运行中具有“牵一发动全身”的作用。放眼世界发展史，现代国家的崛起离不开一个强大资本市场的支持。实体经济发展所需投资具有规模大、周期长等特点，与资本市场直接融资完美契合。党的十八大报告明确指出：“继续贯彻新发展理念，推动经济发展质量变革、效率变革、动力变革，以深化供给侧结构性改革为主线，不断做大做强实体经济，调整优化产业结构，培育新的经济增长点，真正实现经济更高质量、更有效率、更加公平、更可持续的发展。”这对中国资本市场如何服务好实体经济发展提出了更具体、更明确、更高的要求。

对资本市场目标特色的分析，同样离不开对中国经济发展阶段的深入理解。尽管从总量上看，中国已经是世界第二大经济体，但在人均水平上很多经济社会发展指标还比较偏，有的指标甚至低于世界平均水平，所以中国依然是发展中国家，中国资本市场作为发展中国家资本市场这一基本定位没有变。建设中国特色资本市场是习近平新时代中国特色社会主义经济思想在金融改革发展领域重点举措，是深化金融体制改革、不断促进金融服务实体经济发展能力的重要手段。习近平总书记多次在不同场合的重要讲话中对新时代建设资本市场发表了一系列重要论述，提出了一系列新理念、新思路、新观点、新见解和新论断。2017年4月，中共中央政治局就维护国家金融安全进行集体学习，习近平总书记在主持学习时强调，为实体经济发展创造良好金融环境，疏通金融进入实体经济的渠道，积极规范发展多层次资本市场，扩大直接融资，加强信贷政策指引，鼓励金融机构加大对先进制造业等领域的资金支持，推进供给侧结构性改革。在同年7月举行的全国金融工作会议上，习近平总书记再次强调，要把发展直接融资放在重要位置，形成融资功能完备、基础制度扎实、市场监管有效、投资者合法权益得到有效保护

① 王秉阳：《资本市场怎样更好服务于实体经济》，《人民论坛》2017年第13期。

的多层次资本市场体系。2019 年 2 月，中共中央政治局就完善金融服务、防范金融风险举行第十三次集体学习，习近平总书记在主持学习时强调，要建设一个规范、透明、开放、有活力、有韧性的资本市场，完善资本市场基础性制度，把好市场入口和市场出口两道关，加强对交易的全程监管。“规范、透明、开放、有活力、有韧性的资本市场”这一提法在 2020 年 5 月中共中央、国务院联合发布的《关于新时代加快完善社会主义市场经济体制的意见》中正式得到确认。

实现全体人民共同富裕、解决结构性经济问题和“规范、透明、开放、有活力、有韧性的资本市场”，到底哪一个是中国特色资本市场的发展目标？有些人士容易在这个问题上感到困惑，甚至混淆了中国资本市场同西方发达国家资本市场的本质区别，产生中国资本市场发展只能照搬照抄国外经验的错误认识，从而否定中国资本市场的“中国特色”。我们认为，实现全体人民共同富裕，是社会主义初级阶段国家经济建设的根本目标，是资本市场建设和发展的总方向。新时代社会主要矛盾的变化，使得经济结构性问题突出为主要矛盾，这是中国经济建设的阶段性目标，资本市场发展也要与这一阶段性目标保持一致。至于“规范、透明、开放、有活力、有韧性”的描述，是从资本市场运行特征角度提出的具体目标，这一描述同时适用于不同经济制度和发展阶段的国家。因此，中国资本市场在目标方面的特色并不体现在其具体目标，而是体现在其为之服务的实体经济发展的根本目标和阶段性目标，也就是促进全体人民共同富裕和着力解决发展的不平衡不充分的问题。实体经济发展目标的区别，决定了中国资本市场与其他国家资本市场的本质区别，突出了中国特色。

（二）资本市场发展中存在的主要问题

中国特色资本市场的发展是具有一定特殊基础条件的。这主要是由于中国资本市场诞生于计划经济向市场经济转轨的特殊时期，在制度设计上以西方发达国家资本市场为参考，吸收成熟市场经验，在实践中更多融入了中国自身需要，包括支持国有企业改制、完善公司治理架构、推动经济市场化转型等特殊使命，体现了中国经济发展的鲜明时代特征，是与中国特色社会主义市场经济体制相匹配①。具体来说，中国资本市场在顶层设计、制度安排、投资者建设、监管模式等诸多领域仍存不足，未能充分发挥其资源合理配置的功能，有效服务实体经济、防控金融风险、服务高质量发展等方面存在明显不足②，主要表现为资本市场发展和新时代中国特色社会主义发展目标之间存在一定现实差距。

第一，多层次资本市场服务实体经济功能仍然不强。从理论上看，多层次资本市场的构成应呈正"金字塔"形，即从上层主板市场服务于成熟、优质的大型企业，至下层区域股权市场服务于特定区域内的中小微企业，服务的企业对象数量越来越多，融资需求也愈发强烈，这也符合中央构建多层次资本市场的基本设想。虽然目前中国证券市场挂牌企业分布基本符合正"金字塔"形，但从融资可得性看，越往下层市场，小微企业的融资难度越大。虽然部分企业挂牌新三板或区域股权市场，但其融资难问题并未得到根本性解决③。

第二，市场各层、各板块缺乏良性互动，转板和退市机制不完善。不同于美国资本市场是自发形成、竞争中发展优化，中国资本市场的设立和运行带有明显计划色彩，各市场相对独立，缺少互动，缺乏竞争。当前中国资本市场各板块间虽有一定联通，主要体现在新三板可承接主板退市需求，但整体上，中国资本市场转板、退市机制缺位问题明显，是市场多年关注的痛点问题。企业在资本市场中无法自由"可上可下、

① 张跃文：《中国特色资本市场，"特"在哪里?》，《21 世纪经济报道》，2021 年 7 月 28 日。

② 国务院发展研究中心"高质量发展的目标要求和战略重点"课题组：《完善多层次资本市场融资功能 服务经济高质量发展》，《发展研究》2019 年第 3 期。

③ 杜朝运、丁超：《新时代中国多层次资本市场的发展与完善》，《福建金融》2018 年第 3 期。

可进可退”，不利于中国资本市场实现资源优化配置、企业优胜劣汰、投资者合法权益保护。

第三，中国资本市场仍以公募发行为主，私募发行不够活跃。近年来，欧美资本市场的一个趋势是，公募融资呈下降趋势，私募发行日趋活跃。众所周知，公募发行成本较高、条件严格，拒绝了绝大多数中小、创新企业利用资本市场融资。中国不论是股票还是债券，仍多为公募发行，尚未建立适合创新创业企业的私募证券发行制度和市场，企业的融资选择权受到极大限制。

第四，证券发行主体结构不同，整体质量有待提高。中国资本市场在参与主体上也表现出明显的中国特色，与西方成熟市场差异较大。例如，目前债券市场有3200余家发债企业，其中国有企业占86%，民营企业债券融资渠道偏窄。此外，中国作为证券市场主力军的上市公司实力参差不齐，部分优质企业在境外上市，使得国内投资者痛失分享企业快速发展红利的机会。

第五，投资者结构不够合理，市场投机特征突出。在西方国家较为成熟的资本市场中，机构投资者占据着绝对的主导地位。而中国市场却个人投资者占比较高，持股比例超过30%，交易占比达到7成左右。机构投资者虽经历了快速的发展，但仍不够成熟。监管机构、证券公司对个人投资者风险教育不够充分，个人投资者缺乏专业技能和判断能力，缺乏理性和风险意识，过度狂热的投机活动和盲目从中的跟风现象频现①。这也就造成市场短期投机特征突出，易暴涨暴跌，牛短熊长。此外，二级市场过度投机热情也会降低一级市场直接融资的资金供给，弱化了资本市场为实体经济提供中长期资金融通的基础功能。

第六，对于投资者个人资产、权益保护仍显不足。一方面，拥有公

① 齐岳、张艳慧、齐竹君：《促进多层次资本市场发展下基于国家治理的发审委反腐和股票市场反应研究》，《经济论坛》2018年第9期。

司控制权的大股东出于牟取私利的目的，容易发生占用上市公司资金、虚假出资、转移上市公司利益等违规违法行为，或对中小股东不分红或极少分红。另一方面，投资者维权举步维艰。由于中国市场经营主体投诉处理责任不明确、资本市场多元化纠纷解决机制不健全、证券纠纷专业调解刚刚起步、民事赔偿诉讼制度有待完善，导致中小投资者在维权过程中困难重重。现实中，鲜有中小投资者成功维权的案例，大多数中小投资者维权意识淡薄①。

第七，中介机构行为有待规范。各类中介机构是资本市场投资经营活动的重要参与主体，其提供的保荐、审计、法律、评估、财务顾问等专业服务共同构成了资本市场建设的基础制度支撑。现实中存在个别中介机构罔顾法律责任和社会信赖，盲目热衷业务招揽，片面追求业务规模，淡漠诚实守信，怠于勤勉尽责，忘悖职业操守，为各类欺诈行为大开方便之门。

第八，尚未形成资本市场高质量发展所需的监管环境。中国资本市场监管分割问题较为突出，特别是企业债券发行市场，国家发改委、中国人民银行和证监会三家监管机构分别负责审批企业债、银行间市场非金融企业债务融资工具和公司债券。多头监管不仅影响了监管效率，还可能产生监管交叉、监管真空等问题，破坏市场“三公”环境，将资本市场变为“柠檬市场”。不论从监管方式看，还是从监管能力看，尚不能为资本市场融资功能的发挥提供有力的投资者保护和松紧适宜的监管环境②。

（三）中国特色资本市场建设的主要任务

作为中国金融体系的重要组成部分，资本市场发展已取得长足进

---

① 倪淑慧、胡海峰：《我国资本市场新战略目标的相关探讨》，《理论探索》2020 年第 5 期。

② 国务院发展研究中心“高质量发展的目标要求和战略重点”课题组：《完善多层次资本市场融资功能 服务经济高质量发展》，《发展研究》2019 年第 3 期。

步，规模位居世界前列。但市场结构、法规制度上仍存在不完善之处，导致资本市场的资金配置方向、效率与既定发展目标出现些许脱节，未能对实体经济发展发挥应有的支持作用。具体表现为：一是金融“脱实向虚”明显，推高实体部门融资成本，如杠杆高、嵌套多、转动块、结构复杂的通道、结构化产品增加金融体系风险，抬高成本；二是理财资金转移引发股市异常波动，如学界普遍认为 2015 年中国股市的异常波动是巨量场外配资入市引发的流动性、杠杆性和投机性危机；三是金融资本冲击实体企业案例时有发生，如“宝万之争”背后暴露出的深层问题也正是金融资本和产业资本对企业经营权的争夺①。这类事件对国家坚定选择走实体经济优先的发展路径有着路标式的意义②。

新时代中国特色资本市场的发展，必须对标资本市场发展的根本目标，坚持以人民为中心，从国家经济发展理念、发展战略出发，正视市场中存在的各类问题，明确主要工作任务。第一，中国特色资本市场必须要对接以人民为中心的发展思想，建立健全公平公正的资本市场成果分配机制，提升市场主体参与积极性与活力；健全资本市场监督责任机制，积极构建公开、公平、公正的市场环境，保护投资者合法利益，保护所有者和经营者的合法权益，更好满足广大人民群众财富管理需求，不断增强投资者获得感。第二，中国特色资本市场必须要对接国家经济发展理念，坚守“创新、协调、绿色、开放、共享”的新发展理念，充分发挥资本市场的配置功能，重点支持创新型、绿色环保型、生产部门间流通服务型、产业链条型、服务型企业；支持服务实体经济的信息化、网络化、数字化创新企业；健全资本市场环境治理激励机制，鼓励支持绿色、环保、循环、低碳产业链企业。第三，中国特色资本市场必须要对接国家经济发展战略，努力

---

① 安青松：《中国资本市场发展新方位》，《清华金融评论》2018 年第 1 期。

② 赵燕菁、周颖刚：《中国资本市场再设计：基于公平效率、富民强国的思考》，《财经智库》2016 年第 2 期。

服务供给侧结构性改革，缩小贫富差距，强化社会发公平正义，注重区域协调发展，配合优惠政策重点支持中西部、东北老工业区、老少边穷地区优质产业企业发展，重点区域城镇化、基础设施投资建设；努力服务现代工业化和信息化强国建设，改变经济增长方式，建设创新型国家，注重为新兴产业、高端制造业、信息技术、现代服务业等行业提供高质量的资本市场服务，提高非公有制企业的融资能力，全力配合“一带一路”倡议，促进经济国际化。

此外，要加强资本市场基础制度建设，牢牢把握服务实体经济和保护投资者合法权益的根本宗旨，坚持市场化、法治化、国际化的方向，不断提升中国资本市场的吸引力和国际竞争力。第一，以注册制改革为龙头，带动资本市场关键制度创新。在前期科创板、创业板试点经验基础上，继续按照尊重注册制基本内涵、借鉴国际最佳实践、体现中国特色和发展阶段三个原则，稳步在全市场推行注册制。完善以投资者需求为导向的信息披露规则体系；打造权责清晰、标准统一、透明高效的发行审核注册机制。完善常态化、多渠道退市制度安排。第二，建设更具包容性适应性的多层次资本市场体系，不断强化直接融资对实体经济的支持。坚持突出特色、错位发展，完善各市场板块的差异化定位和相关制度安排。进一步深化新三板改革，研究出台转板规则。完善私募基金差异化监管和风险防范制度，发挥私募股权投资支持创新创业的积极作用。第三，推动市场主体高质量发展。进一步完善上市公司规范运作和做优做强的制度安排，推动上市公司整体质量实现大的跃升。鼓励和支持业务、产品、服务、组织和技术创新，完善行业机构做优做强的配套措施，推动发展国际一流投资银行和财富管理机构。完善审计、评估、法律服务、资信评级规则体系，压实中介机构责任，构建权责匹配的资本市场中介体系。第四，协同推进投资端制度改革。发展壮大公募基金管理人队伍，完善投资顾问业务规则，着力提升各类资产管理机构专业能力；培育和壮大资本市场长期投资的意愿和能力，建议引入企业年金、个人商业保险基金作为机构长期资金来源①。加快推动证券集体诉讼制度落地，建立行政处罚、民事赔偿、刑事追责相互衔接的高标准立体惩戒。完善投资者权利行使、保障和救济的制度，积极倡导长期投资、价值投资和理性投资文化。第五，稳步推动资本市场制度型开放。扩大资本市场高水平双向开放是构建双循环发展新格局的内在要求。便利化外资参与中国资本市场的渠道和方式，深化境内外市场互联互通，拓展交易所债券市场境外机构投资者直接入市渠道，拓宽商品和股指期货期权品种开放范围和路径。

三　中国资本市场发展路径的特色

坚持市场机制在资源配置中的决定性作用，同时更好发挥政府作用，是新时代中国特色社会主义的本质特征。政府需要承担起建设和完善市场的职能，包括建设完善的市场体系，建立统一开放竞争秩序，公平透明市场规则，同时还要承担好监管市场秩序的职能②。改革开放以来，中国资本市场建设已成功摸索出了一条具有中国特色的发展之路，成为中国特色社会主义市场经济体制的重要组成部分，充分体现了“有效市场 + 有为政府”有机结合特征③。由于历史、经济、政治、社会和文化等多方面原因，各国的资本市场发展路径均有差异。崇尚自由市场经济思想的西方国家，其资本市场大多走的是从自由放任的发展模式向有监管的自由市场模式逐步演进的发展路径，尽最大可能限制政府的作

① 黄奇帆、王善礼：《深化资本市场基础性制度改革的若干思考和建议》，《新金融》2018 年第 11 期。

② 洪银兴：《以创新的理论构建中国特色社会主义政治经济学的理论体系》，《经济研究》2016 年第 4 期。

③ 陈云贤：《中国特色社会主义市场经济：有为政府 + 有效市场》，《经济研究》2019 年第 1 期。

用①。中国资本市场发展，尽管在早期也曾短暂经历过自由市场模式的探索，但在总体上还是“政府主导下的市场模式”。回顾中国资本市场发展史上的重要突破，往往是以某一层级政府文件的形式予以宣告，这几乎已经形成惯例，以至于现在各方面的有关改革诉求，通常会表述为期待某部门出台某项特定文件。

表4－1　**部分与资本市场发展重大事件相关的政府文件**

时间	事件	文件名称	文件编号
1990年12月	上海证券交易所正式开业	中国人民银行《关于建立上海证券交易所的批复》	银复〔1990〕387号
1990年12月	深圳证券交易所正式开业	中国人民银行《关于建立深圳证券交易所的批复》	银复〔1991〕182号
1993年4月	建立股票发行审核制度	国务院《股票发行与交易管理暂行条例》	国务院令第112号
2002年10月	建立QFII制度	《合格境外机构投资者境内证券投资管理暂行办法》	证监会、中国人民银行令第12号
2004年5月	设立中小企业板	《国务院关于推进资本市场改革开放和稳定发展的若干意见》	国发〔2004〕3号
		《深圳证券交易所设立中小企业板块实施方案》	深交所2004年5月18
2005年4月	启动股权分置改革	《关于上市公司股权分置改革试点有关问题的通知》	证监发〔2005〕32号
		《关于上市公司股权分置改革的指导意见》	证监发〔2005〕80号
		关于发布《上市公司股权分置改革管理办法》的通知	证监发〔2005〕86号
2009年10月	深交所设立创业板	《首次公开发行股票并在创业板上市管理暂行办法》	证监会令第61号
2012年9月	设立新三版	《国务院关于全国中小企业股份转让系统有关问题的决定》	国发〔2013〕49号
2019年7月	科创板开市并试点注册制	《关于在上海证券交易所设立科创板并试点注册制的实施意见》	证监会公告〔2019〕2号

① 杨春学：《新古典自由主义经济学的困境及其批判》，《经济研究》2018年第10期。

续表

时间	事件	文件名称	文件编号
2020年4月	创业板改革并试点注册制	《创业板首次公开发行股票注册管理办法（试行）》	证监会令第167号
2021年11月	北京证券交易所开市	《北京证券交易所向不特定合格投资者公开发行股票注册管理办法（试行）》	证监会令第187号

资料来源：笔者整理。

由于中国国情的特殊性，中国特色资本市场建设必须把市场发展的一般规律与我国实际情况结合起来，总结历史经验教训，选择一条符合国情的改革发展的特定路径，这是建设中国特色资本市场必须坚持的根本出发点。有效市场和有为政府的组合，是中国特色社会主义新时代国家经济运行的根本特征。在完善资本市场体系的长期进程中，政府仍将地继续发挥重要作用。一是政府仍需充当中国资本市场制度的设计者。制度建设是资本市场的基础建设，中国资本市场的发展与改革离不开健全的制度设计和规则制定。同时市场的发展、环境的变化也客观上要求制度和规则需要不断完善。二是政府仍需充当中国资本市场机制的建设者。由于历史的原因，中国资本市场上还存在诸多非市场化因素，政府应坚持推进资本市场的市场化改革，建立健全市场机制，提高市场效率，丰富市场层次和市场品种。三是政府仍需充当中国资本市场运行的监管者。资本市场的稳定运行离不开到位、高效的监管，维护资本市场的“三公”原则，营造良好的投资环境，保护投资者利益①。此外，政府还需扮演资本市场中的特殊投资者，保障国有资产保值增值，维护市场平稳运行。

在第二个百年目标的新征程上，中国特色资本市场的发展和运行都要坚持“有效市场+有为政府”的基本组合，坚持“双线并行”的发

① 李永森：《政府在资本市场中的角色定位》，《金融与经济》2009年第4期。

展路径。也就是，一条线是比照发达市场经验，按照资本市场一般发展规律和实体经济需求，不断完善市场各项基础性制度，使市场运行更加成熟顺畅。在市场机制可以很好地配置资源并有利于实现国家长期战略目标的领域，要让市场机制充分发挥作用。另一条线是根据国家长期发展战略要求，在市场机制薄弱环节和领域更好发挥政府的引导作用①，促进资本市场在践行新发展理念和系统观念上更加积极有为，更加有利于实现全体人民共同富裕的目标。

（执笔人：张跃文、赵金鑫）

① 曹凤岐：《中国资本市场的改革、创新与风险防范》，《金融论坛》2018 年第 9 期。

第五章

发展商业养老金：金融积极应对人口老龄化

中国人口老龄化程度在快速加深，养老保险体系的充足性和可持续性面临越来越大的压力，这已成为中国在新发展阶段需要应对的一大课题。中国需要加快建设多层次、多支柱养老保险体系。在这个过程中，需要形成新发展理念：既要调整优化基本养老保险的制度设计，也要加快发展商业养老保险（或称为“商业养老金”）。后者要求不仅继续建设第二支柱养老保险——企业年金和职业年金，还要大力发展第三支柱养老保险——个人养老金。2021 年 12 月 17 日，中央全面深化改革委员会第二十三次会议审议通过了《关于推动个人养老金发展的意见》（以下简称《意见》），提出“要完善制度设计，合理划分国家、单位和个人的养老责任，为个人积累养老金提供制度保障。要严格监督管理，完善配套政策，抓紧明确实施办法、财税政策、金融产品规则等，让老百姓看得明白、搞得懂、好操作，让参与各方有章可循、制度运行可监测可检验”。这一定调让中国养老保险体系步入新发展格局。

本章从中国的现实国情出发，在学术研究成果和国际实践经验的基础上，探讨如何发展商业养老金①。第一节简要分析中国人口老龄化的形势以及基本养老保险的压力，通过与世界主要国家的对比，提出中国发展商业养老金的重要意义和迫切性。当前，中国要推动商业养老金壮大，最有效的机制是财税激励，包括税收措施和非税收措施。《意见》提出要“抓紧明确实施办法、财税政策”。在这方面，国际上已经有了一些探索和经验，第二节就此进行分析。养老金是居民的“养老钱”，应在确保安全性的基础上追求长期收益，需要从多个方面进行监管。《意见》提出要“要严格监督管理”。中国在保险资金运用、公募基金管理、社保基金投资等方面均形成了监管体系，第三节提炼了国际上养老金投资监管的一些措施，供中国决策参考。发展商业养老金对金融本身会产生重要影响，因此，金融部门、金融活动的诸多特征均能反映出这些影响。对此，第四节从五个方面进行分析，其中，人身保险的基本定位包括管理长寿风险和管理长期资金，资本市场擅长优化长期资金配置，家庭金融和公司金融是微观视角下的两项金融活动，金融业的规模体现了金融增长，部门杠杆率则可以反映潜在的金融风险。

一　人口老龄化与商业养老金发展的迫切性

（一）中国人口老龄化及社会养老保险基本形势

中国已经处于中度老龄化阶段，且按照当前趋势，2035 年前，中

① 孙祁祥等：《中国养老年金市场——发展现状、国际经验与未来战略》，经济科学出版社 2013 年版；袁志刚、封进、葛劲峰、陈沁：《养老保险经济学：解读中国面临的挑战》，中信出版社 2016 年版；董克用、姚余栋、孙博：《养老金融蓝皮书：中国养老金融发展报告（2019）》，社会科学文献出版社 2019 年版；王延中、单大圣、龙玉其：《社会保障绿皮书：中国社会保障发展报告（2020）》，社会科学文献出版社 2020 年版；张晓晶主编：《中国金融报告 2020：新发展格局下的金融变革》，中国社会科学出版社 2021 年版；郑秉文等：《中国养老金发展报告 2020：养老基金与资本市场》，经济管理出版社 2021 年版；张车伟主编：《人口与劳动绿皮书：中国人口与劳动问题报告（No. 21）》，社会科学文献出版社 2021 年版。

国将进入超级老龄化阶段。根据第七次全国人口普查数据，2020 年中国 60 岁及以上人口为 2.6402 亿人，占总人口的 18.70%，65 岁及以上人口为 1.9064 万人，占总人口的 13.5%。在中等和高收入国家中，尽管中国当前的人口老龄化程度还不算突出，但中国老龄化将继续较快加深，并超过中国经济发展的速度。这主要由于出生人口的减少——中国人口可能在 2022 年出现近 60 年来的第一次人口自然负增长以及人均寿命延长，中国老龄人口数量及占比均呈快速增长趋势。根据联合国人口司的预测模型，按照当前发展趋势的中性估计，中国 65 岁及以上老龄人口占比将在 2033 年达到 20%，届时，中国将进入超级老龄化阶段。因此，老龄化是中国在实现 2035 年远景目标——基本实现社会主义现代化过程中需要关注的一个关键变量。

在实施积极应对人口老龄化国家战略过程中，构筑养老保障体系是一项基础性内容。在人口老龄化加速的背景下，基于现收现付制的社会养老保险面临的支付压力不断加大。截至 2021 年 11 月末，城镇职工基本养老保险的参保人数达到 4.7835 亿人。中国离退休人口数与工作年龄人口数之比不断上升，基本实行“现收现付”制的城镇职工基本养老保险的收支压力不断加大［见图 5－1（a）］：2020 年出现了首次年度“收不抵支”，基金收入为 43972 亿元，支出为 51189 亿元，当期充足率为－14.4%；2021 年 1—11 月，基金收入为 5.2293 亿元，支出为 5.0648 亿元，当期充足率为 3.2%，但这很大程度上来自制度外的资金注入。城乡居民基本养老保险参保人员的年龄结构相对年轻，基本实行“基金积累”制，因此，不同时期的收支波动较大，各期收支呈结余状态［见图 5－1（b）］。虽然基本养老保险基金有历史结余，但随着中国的老龄人口负担系数的不断上升，如果不采取有效措施，养老保险第一支柱的收支缺口将以较快的速度扩大，在七八年内耗尽。

我们应当提升养老保险体系的充足性和可持续性。这不仅是安定人民老年生活的重要保障，也是国家经济金融治理的重要内容。养老金负债是国家一大隐形债务负担，如果没有形成与之匹配的养老金资产，国家的资产负债状况就会遭受负面影响，例如，日本和德国政府的净资产就因为考虑养老金问题而“由正转负”①。《国民经济和社会发展第十四个五年规划和2035年远景目标纲要》明确提出，要“优化做强社会保障战略储备基金”。发展商业养老金就是建设社会保障储备基金的重要举措。

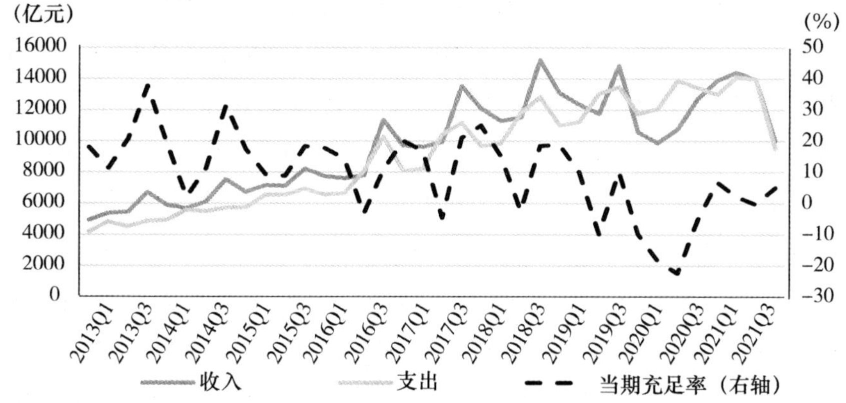

(a) 城镇职工基本养老保险

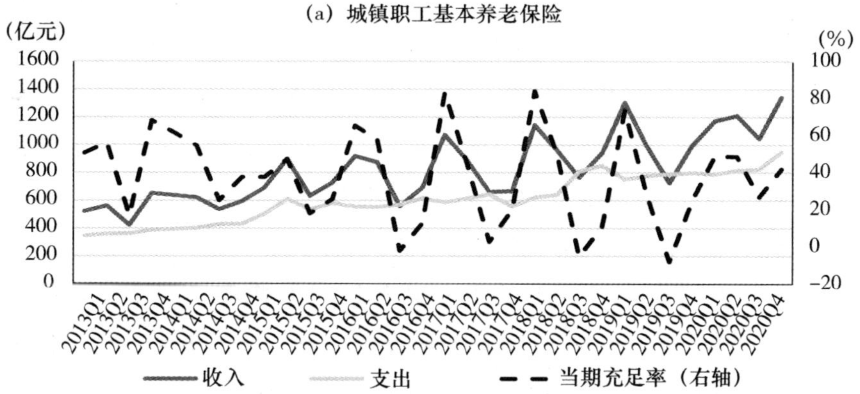

(b) 城乡居民社会养老保险

图5-1 基本养老保险的收支情况

注：当期充足率=（当期基金收入-当期基金支出）/当期基金支出。

资料来源：根据人力资源和社会保障部的数据计算得到。

① 李扬等：《中国国家资产负债表2020》，中国社会科学出版社2020年版。

（二）中国商业养老金积累水平与大国地位严重不符

中国的商业养老金包括养老保险的第二支柱和第三支柱①。从国际上看，无论是发达国家之间，还是发展中国家之间，各国商业养老金（Private Pension）储备的差别很大，存在以下两个规律。

一是各国的商业养老金积累率（商业养老金与GDP之比）与GDP规模之间有一定的正相关性。在OECD国家中，按算数平均计算，商业养老金积累率为49.7%，而按加权平均计算，商业养老金积累率为82.3%。美国的商业养老金积累规模在OECD国家中占比达6成。因此，在中国经济金融实现“流量赶超”和“存量赶超”的过程②中，商业养老金是需要加快补上的一个短板。

二是社会福利好的国家的商业养老金积累率一般较高。商业养老金积累率超过100%的国家包括（2018年数据）：丹麦（161.0%）、荷兰（173.3%）、冰岛（161.0%）、加拿大（155.2%）、瑞士（142.4%）、澳大利亚（140.7%）、美国（134.4%）和英国（104.5%）。所列举的国家中，除加拿大、美国和英国的之外，均采取了强制参与或近似强制参与的商业养老金制度。因此，在中国提高社会保障程度、发展福利社会和建设有中国特色的福利国家的过程中③，发展商业养老金应当是优先着力的部分。

当前阶段，中国的商业养老金储备还非常薄弱（见表5－1）。其一，从绝对值看，中国商业养老金储备为2155.26亿美元，而美国达到了275493.63亿美元，是中国的127.8倍。在表5－1列举的主要国家

① 第二支柱包括企业年金和职业年金。第三支柱目前仅为个税递延型商业养老保险；而正在“试点”的专属商业养老保险、养老理财产品、养老目标基金、老年人住房反向抵押养老保险等均具有养老保障功能，还未获得核心政策支持（主要是是财税政策），属于第三支柱养老保险产品考虑纳入的对象。

② 李扬等：《中国国家资产负债表2020》，中国社会科学出版社2020年版。

③ 蔡昉：《读懂未来中国经济：“十四五”到2035》，中信出版社2021年版。

中，中国的商业养老金储备规模低于8个国家，仅高于3个国家——俄罗斯、印度和意大利。其二，从相对值看，中国的商业养老金积累率为1.7%，而美国达到了134.4%。中国的商业养老金积累率不仅低于美国，还低于表5－1中除印度之外的所有国家。

表5－1　**部分国家商业养老金积累状况**

国家/组织	商业养老金规模（百万美元）	商业养老金积累率（%）	国家/组织	商业养老金规模（百万美元）	商业养老金积累率（%）
中国	2155.26	1.7	英国	28091.12	104.5
			OECD 整体	425155.12	82.3
美国	275493.63	134.4	OECD 国家平均	—	49.7
加拿大	25243.09	155.2			
法国	2806.78	10.4	巴西	4493.15	25.5
德国	2675.57	6.9	印度	234.72	1.0
意大利	1978.17	9.8	俄罗斯	814.56	5.5
日本	14001.43	28.3	南非	3029.75	95.1
韩国	4559.85	28.5			

资料来源：OECD，2019，*Pensions at a Glance 2019 – OECD and G20 Indicators*，OECD Publishing，Paris。

（三）中国加快发展商业养老金的其他作用

中国发展商业养老金的首要目的是实现养老保险制度可持续发展，此外，发展商业养老金可以发挥以下两个重要作用。

其一，促进年轻人“安居乐业”。当居民参与商业养老金计划后，他们的养老钱将由大型金融机构管理，且是长期管理，他们将更加追求经济和社会稳定，与国家利益保持一致。养老金投资比较注重分散风险和获取稳健收益，因此，参与人的财富不会暴涨暴跌，而呈现平稳上升的态势，这可以促进居民去劳动和奋斗，而不是幻想通过投资快速致富。彼得·德鲁克在《养老金革命》一书写到，“现在，如同时光倒流，养老基金又取代了个人投资者，成为美国企业的所有者”“……养老基金不仅掌握着企业所有权，还必须承担相应的责任，以确保美国重要的大型企业能够取得良好的绩效”①。

在这方面，中国当前的一个工作是促进非传统就业者进行养老储蓄。“非传统”就业形式多样，包括劳动关系稳定的兼职工作者、长期或短期合同的临时工、自我雇佣者、平台（Platform）工作者、正式统计中遗漏的人员等。他们人数众多，在既有保障体系中往往处于弱势地位。发展投保灵活、便于携带的商业养老金产品，能促进他们形成为今后养老而储蓄的习惯。

其二，提高储蓄向投资转化的效率。中国居民喜欢购买房产，大部分人有存款储蓄的习惯，二者通过金融系统相互促进。由于风险容忍度、资产负债匹配等原因，传统金融机构对风险程度高的创新活动、投资期限长的基础项目的支持力度可能不足。发展第二支柱和第三支柱养老保险能在某些方面丰富和改善这种转化。

在这方面，中国当前较为突出的是给基础设施和绿色发展融资，其中，商业养老金有很大的作用空间。一是这些领域发展前景乐观但获得投资回报较长，而养老金计划的负债期间较长，可长期投资。二是在当前的低增长、低利率环境下，基础设施和绿色项目的投资收益劣势有所减少。三是基础设施与其他领域的投资回报的相关性较弱，绿色领域不同主体在技术、商业模式等方面探索的差异大，所以这两个领域能帮助养老金计划建设分散化的投资组合。四是养老金在这些领域基本是作为财务投资者存在的，所以较少干预投资的对象及其创业者追求价值、发挥个人才智。

---

① ［美］彼得·德鲁克：《养老金革命》，沈国华译，机械工业出版社2020年版。

二 利用财税激励政策推动商业养老金发展

主要经济体对养老储蓄计划均有财税方面的激励机制，以促进居民个人进行长期储蓄，壮大商业养老金，补充公共养老金系统。这些激励机制包括所得税的减免、递延等税收机制，也包括对个人账户进行匹配交费、固定名义补贴等非税收机制。这些机制对居民参与率、交费水平的影响效果值得关注。

（一）财税激励机制的类型

1. 税收激励机制的类型

税收激励措施主要包括税收免除（Tax Exemption）、税前扣减（Tax Deductions）、税收抵免（Tax Credits）、税率降低（Tax Rate Relief）等。税收免除和税前扣减的作用大小取决于参与人的边际税率。税收抵免可设定为参与人交费的某一比例或某一固定的名义额度，参与人在该额度内的交费没有纳税义务，因此，税收抵免与参与人的边际税率无关。

税收优惠是促进商业养老金发展的最重要措施。在没有税收优惠的情况下，个人收入中向养老储蓄计划的交费与收入中的其他部分一样需要纳税，即这些交费在计算个人所得税的应税收入时不能扣除；交费形成资金的投资收益需要缴纳资本利得税；退休后取出的资金是免税的。这个税收模式被称为“TTE”模式（Taxed-Taxed-Exempt）。相应地，税收优惠措施针对的是这3个纳税环节中的一个或多个。当前，从发达国家来看，主要的税收模式是EET（Exempt-Exempt-Taxed）模式，该模式被超过一半的OECD国家采用。其他的税收模式还有TTE模式、TET模式、TEE模式、ETT模式、ETE模式和EEE模式，其中，采取EEE模式的国家的所得税税率本来就低。商业养老金税收激励的主要模式及其使用的国家如表5-2所示。

表5－2　　**商业养老金税收激励的主要模式**

交费阶段	积累阶段	领取阶段	部分国家
T	T	E	澳大利亚、新西兰、土耳其
T	E	T	法国、韩国、奥地利、比利时、葡萄牙
T	E	E	捷克、匈牙利、以色列、卢森堡
E	T	T	意大利、瑞典、丹麦
E	T	E	塞浦路斯
E	E	T	美国、日本、德国、英国、西班牙、荷兰、加拿大、西班牙、瑞士、挪威、芬兰、爱尔兰、希腊
E	E	E	墨西哥、哥伦比亚、斯洛伐克

注：T表示交费，E表示免税。

资料来源：OECD，2018，“Can Countries Improve the Design of Financial Incentives to Promote Savings for Retirement?”，*OECD Pensions Outlook* 2018（Chapter 2），OECD Publishing，Paris。

2. 非税激励机制的类型

税收优惠措施的设计如果复杂，可能会抑制个人对养老储蓄计划进行交费，并且让低收入者的获益相对少。对此，有的国家推出了更直接的非税财税激励措施，主要包括两种：一是对参与人的个人交费给予匹配交费（Matching Contributions），可由雇主匹配，也可由政府匹配；二是对所有有资格的参与人进行固定名义补贴（Fixed Nominal Subsidies）。使用这些措施的国家如表5－3所示。

表5－3　　**商业养老金非税激励模式**

非税激励措施	部分国家
匹配交费—雇主	美国、德国、意大利、波兰、冰岛、新西兰
匹配交费—政府	德国（50%）、奥地利（4.25%）、智利（50%，针对低收入的年轻人；15%，针对自愿交费者）、哥伦比亚（20%）、捷克（20%）、匈牙利（20%）、墨西哥（325%，针对公共部门雇员）、新西兰（50%）、土耳其（25%）、美国（50%—100%，针对联邦政府雇员）
固定名义的政府补贴	美国、智利、墨西哥、波兰、土耳其、立陶宛

注：（ ）内为匹配交费的比例。

资料来源：OECD，2018，*Financial Incentives and Retirement Savings*，OECD Publishing，Paris。

近几年，一些国家推出了新的个人养老金的非税财税优惠措施。例如，土耳其在2017年引入了自动加入机制。政府将按个人交费的25%进行匹配交费；如果参与人在参与后2个月内没有退出，政府将向其一次性支付1000土耳其里拉；如果参与人选择了10年或10年以上的年金计划，政府将向其补贴储蓄金额的5%。德国自2018年起，在其职业养老金计划中增加了DC型计划。在该模式下，雇主会询问雇员是否扣减部分工资，放到职业养老金计划（Salary Conversion）中，而雇主本身则需要向职业养老金计划付相当于雇员工资的15%的钱。此外，如果雇主每年为低收入的雇员（月收入少于2575欧元）支付240欧元的职业养老金，就能获得相当于交费金额30%的税收补贴。每位雇员获得的补贴最高不超过960欧元。立陶宛自2019年1月在第二支柱中采用了自动加入机制。如果个人交纳金额不低于其税前收入的3%，政府将按上一年社会平均工资的1.5%进行匹配交费。波兰于2019年在职业养老金中引入了自动加入机制。个人参与后，可以获得雇主的匹配交费以及政府的补贴：个人在加入后，将获得250兹罗提；如果个人交费金额达到工资的1.5%，每年还将获得240波兰兹罗提。

（二）运用财税激励推动商业养老金的国际情况

在规划终生收入时，参与人可以通过有财税激励机制的计划获得比传统储蓄计划更多的财税收益。不同国家在政策目标上存在差异：有的国家需要增加总储蓄，因为其国内储蓄相对于投资需求而言较低；有的国家虽然储蓄率处于较高水平，但仍希望以养老计划的方式聚集储蓄，以支持长期投资，减少国民对于公共保险保障系统的依赖，缩小财政缺口。中国显然属于第二类国家。

财税激励机制的效果也取决于公共养老金的制度设计。如果公共养老金系统已经提供了较高的退休收入替代率，那么商业养老金对退休的经济意义就会较小。如果公共养老金系统的替代率较低，或者面临较大的收支平衡压力，那么商业养老金对退休的经济意义就会较大。中国正在从前一种情况向后一种情况转变。此外，如果公共养老金交纳的税率或费率较高，那么参与人将可能面临财务压力，其参与退休储蓄计划的能力也将变弱。

评价财务激励机制对个人养老储蓄行为的影响，需要通过考察现实来回答。

1. *税收激励机制对居民储蓄和国民储蓄的影响*

财税激励机制可以降低应税收入，因此在累进所得税制度下对参与人的影响更大。美国、加拿大、英国、法国等国的研究均发现，当参与人的应税所得处于税率变化的边际临界区域时，税收激励措施对参与人交费的影响显著。这些研究均控制了参与人的收入水平，所以这种影响不是由收入效应（Effect of Income）所致。

对于低收入人群，税前扣减（Tax Deductions）对提升他们的参与率和交费金额的作用可能较弱。Carbonnier 等分析了 EET 税收模式下，居民对退休储蓄计划的交费水平，关注了收入的边际税率在阈值附近变化和年龄两个因素①。该文研究发现：在边际税率增加时，45—50 岁的低收入人群并没有增加交费。这表明低收入人群在决定向养老金账户交费时，并不是很关注所得税的结构。这种现象主要与以下因素有关：公共养老金替代率，如果低收入者通过公共养老金计划获得了较高的替代率，那么他们对税收优惠的反应就会较弱；可支配收入；对税收优惠的理解，Macleod 等对社会福利和金融业发达的英国进行的调查发现，只有 46% 的被调查者了解税优政策②。

目前，对于税收抵免（Tax Credits）措施的研究还较少。美国为低

---

① Carbonnier, C., A. Direr and I. S. Houti, 2014, "Do Savers Respond to Tax Incentives? The Case of Retirement Savings", *Annals of Economics and Statistics*, 113 - 114: 225 - 256.

② MacLeod, P., et al., 2012, "Attitudes to Pensions: The 2012 survey", Department for Work and Pensions.

收入者提供了一个名为 Saver's Credit 的计划。然而，在 2015 年，美国只有 5.4% 的纳税人（认定为填写税单的人）收到了税收抵免，平均抵免金额仅为 178 美元，远低于 1000 美元的上限。税收抵免获得率低的原因包括[①]：该优惠仅针对低收入人群，并未被广泛了解；该优惠的申请流程较为复杂；很多低收入者尚未加入职业养老金计划；低收入者的纳税责任较少，对税收抵免的享受程度较低。整体来看，美国税收抵免措施没有显著增加低收入者的交费。

财税激励机制能提高国民总储蓄，还是仅能使得总储蓄在不同主体之间进行再分配？不同的经验研究发现，税优计划增加的储蓄中净新增储蓄（而非转移原有储蓄）的占比为 9%—100%，可见研究结论差异很大。这些研究关注的是 EET 模式或 ETT 模式。Poterba 等对美国个人退休账户 IRA（Individual Retirement Accounts）和 401（k）计划的研究发现，税收激励可以在一定程度上提高国民总储蓄[②]。新增储蓄可能较大程度地来自再分配效应。20 世纪 90 年代以后，美国 IRA 账户的金额增长较快，这可能主要是由于股票市场繁荣、真实利率上升、非金融资产转移、债务增加、公共养老金和社会保障转移。相对一致的结论是，不同收入阶层的反映存在差异：低收入和中等收入的劳动者由于边际储蓄倾向较低，税收优惠的主要作用是促进储蓄；高收入者的边际储蓄倾向较高，税收优惠的主要作用是转移储蓄。

2. 非税激励机制对居民储蓄和国民储蓄的影响

非税激励机制的作用并不弱于税收激励机制。一是雇主匹配交费。此项措施通常能提高雇员的参与率和交费水平。如果为雇主匹配交费设计一个较高的门槛，即雇员交费达到某一较高水平时，雇主才需要匹配交

① Brown, J. and D. John, 2017, "Improving the Saver's Credit for Low- and Moderate-income Workers", Issue in Brief, National Institute on Retirement Security.

② Poterba, J., S. Venti and D. Wise, 1996, "How Retirement Saving Programs Increase Saving", *Journal of Economic Perspectives*, 10 (4): 91–112.

费，那么雇员通常会增加交费以达到该门槛。二是政府匹配交费。这项措施在促进低收入人群交费方面具有较大的作用。三是政府提供固定名义补贴。这项措施一般能提高计划的参与率，但其对参与后交费水平的影响还较模糊。例如，德国 Riester 养老金计划设计了政府的固定名义补贴制，其设计为——只有在个人交费额占收入的 4% 以上时才能得到政府的补贴，对低收入者而言，这显然比其他计划更有吸引力。不过，当个人交费占收入的比例达到 4% 后，这种促进作用显著变小①。

非税激励措施对国民储蓄可能产生积极影响。一是在大多数情况下，雇主匹配交费的做法可以提高雇员和雇主的总储蓄率。二是政府匹配交费的做法可以提高雇员的储蓄率，且影响大于政府的成本。三是德国的 Riester 养老金计划设计了政府固定名义补贴，大部分参与家庭的储蓄有所增加。中国以增值税等间接税为主，个人所得税占税收总额的比重低，并且中国免征资本利得税，因此所得税优惠的效果会受到影响，而非税激励机制作用可能更大。

三　设计投资监管制度保障商业养老金发展

（一）养老金投资的国际情况分析

1. 养老金的形式和规模

养老金待遇可以通过基金积累制养老金、名义账户制养老金和现收现付制养老金实现。基金积累制养老金中，个人通过自己或其雇主在工作期间为退休后积累资产。这些资产包括多种计划类型，由专业主体管理。名义账户制养老金中，雇员的权益依赖于雇主的准备金，即如果雇主破产，雇员积累的养老金权益会面临风险。对于这种融资方式，一些

① OECD, 2012, "Coverage of Private Pension Systems: Evidence and Policy Options", *OECD Pensions Outlook* 2012 (Chapter 4), OECD Publishing, Paris.

国家已经设计了养老金计划的破产担保制度（如德国），一些国家鼓励或要求雇主购买信用保证保险（如瑞典）。在现收现付制养老金中，计划收到的资金主要用于当期的养老金待遇支出和管理费用，但是仍可能有收支结余资金和财政转移资金，这些属于基金。

基金积累制养老金计划的管理形式包括养老保险合同、养老基金和其他退休储蓄计划。保险公司通过收取保费形成养老基金。因为养老金计划可能与其他保险产品是一同销售的，所以保险公司管理的养老基金可能是难以统计的。养老基金在一些国家是有法人资格的，基金管理者要形成自己的管理委员会；养老基金在另一些国家是没有法人资格的，主要由养老金管理公司、保险公司、银行、证券公司管理。个人或雇主也可以开设或购买由银行或投资管理公司设立的退休储蓄计划，如美国的 IRA 账户。

根据 OECD 的统计，2019 年国际养老金积累总额超过了 50 万亿美元，其中，49.2 万亿美元在 OECD 成员国，1.7 万亿美元在非 OECD 成员国[①]。图 5－2 报告了 OECD 成员国的养老金积累情况，2009—2019 年的年增长率的几何平均值为 6.5%。

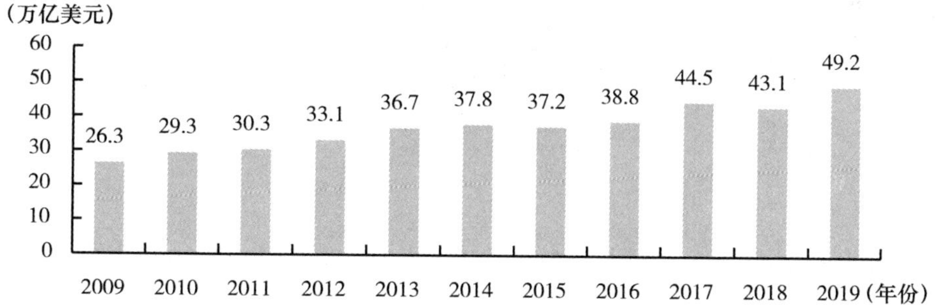

图 5－2　OECD 成员国养老金积累状况

资料来源：OECD Global Pension Statistics。

① OECD, 2020, *Annual Survey of Investment Regulations of Pension Funds and Other Pension Providers* 2020, OECD Publishing, Paris.

养老金近年来的增长主要归因于三个原因。首先，养老金计划对劳动年龄人口的覆盖率提高了。一些国家设计了强制参与计划（如保加利亚、以色列、拉脱维亚）、自动加入机制（如新西兰、英国、土耳其），从而更快地提高了养老金覆盖率。其次，养老金的交费率提高了。再次，养老金的投资收益率提高了，这部分主要缘于权益市场回报率的上升。

在大多数国家，养老金积累规模是充足的。DB 型计划的充足率可以采用“投资组合价值”与“技术准备金”（扣除再保险）之比来度量。根据 OECD 的表述，大部分国家养老金资产的规模超过了养老金负债的规模①。

2. 养老金资产的国别分布

养老金积累的地区差异很大。7 个国家的养老金资产总额占所有 OECD 国家养老金资产总额的 90% 以上，具体国别分布情况如图 5 - 3 所示。美国的养老金资产最多，有 32. 2 万亿美元，占比达 65. 4% ，英

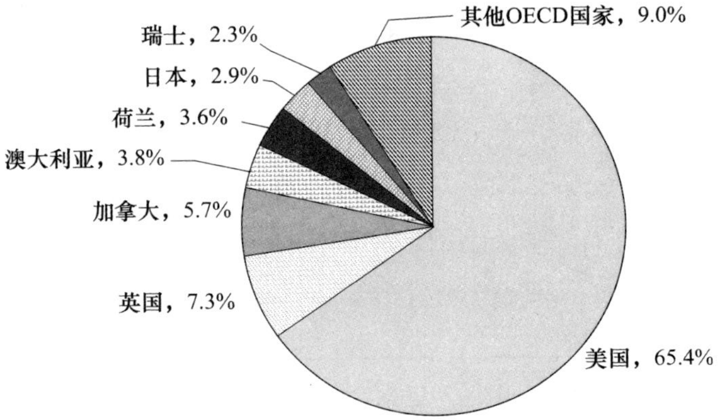

图 5 - 3　OECD 成员国养老金分布（2019 年）

资料来源：OECD Global Pension Statistics。

① OECD, 2020, *Annual Survey of Investment Regulations of Pension Funds and Other Pension Providers* 2020, OECD Publishing, Paris.

国第二，有3.6万亿美元，占比为7.3%，随后是加拿大、澳大利亚、荷兰、日本和瑞士。

从养老金规模与GDP之比看，数值在增长。OECD成员国的“养老金资产之和”/“GDP之和”从2009年的60%增加到2019年的92%。2019年，37个OECD成员国中有8个成员国的该比值超过了100%，其中，丹麦达到了220%，随后是荷兰（194%）、爱尔兰（178%）。一些非OECD国家的增长也很快，其中，列支敦士登为88%，南非为95%。金砖国家和七国集团（G7）国家的养老金规模与GDP之比情况见表5-4。尽管中国在近几年发展很快，但是中国的这一指标仍然很低，目前与印度相当，低于表中的其他国家。

表5-4　**部分国家养老金资产与GDP之比**　单位：%

国家	2009年（或有数据的最早年份）	2019年
中国	0.7	1.9
俄罗斯	5.3	5.6
印度	0.2	1.9
巴西	18.9	26.2
南非	74.7	95.1
金砖国家平均	20.0	26.1
美国	112.1	150.3
加拿大	114.5	159.5
英国	72.6	123.2
法国	8.0	10.6
德国	5.3	7.5
意大利	4.7	10.9
日本	29.5	28.6
G7国家平均	49.5	70.1

资料来源：OECD Global Pension Statistics。

3. 养老金的投资领域

在大多数国家，债券和权益是养老金进行资产配置的两个主要领域。这两个领域的投资收益相对高，投资的波动性也相对大。表5－5报告了部分国家的养老金的投资领域。考察OECD国家养老金计划投资最多的领域，在28个国家是债券，在11个国家是股票。

债券投资和股票投资的相对分布是由以下原因决定的。一是该国的养老金制度是否要求给予参与人最低的保障待遇，即DB性质的强弱。二是该国是否有权益市场以及权益市场的发展程度。三是该国在投资监管中对不同领域的上限或下限的要求。

表5－5 **部分国家养老金的投资领域构成（2019年）** 单位：%

国家名	债券和票据	权益	现金和存款	集合投资工具	其他
美国	22.3	33.1	2.1	31.3	11.3
加拿大	31.9	27.3	4.0	—	36.9
英国	36.0	23.3	1.6	—	39.1
法国	22.4	38.1	34.5	—	5.0
德国	48.9	6.0	3.9	—	41.2
意大利	45.5	21.4	5.7	—	27.4
日本	30.4	9.0	7.3	—	53.3
俄罗斯	76.0	6.9	12.0	—	5.1
巴西	54.3	21.5	0.2	—	24.1
南非	16.6	36.6	7.4	2.7	36.7

资料来源：OECD Global Pension Statistics。

（二）养老金投资监管的内容

大部分国家对养老金投资有量化的监管限制。监管限制一般是针对投资类别（大类投资领域）设置的。投资监管也会向其他层面延伸，包括考虑投资的地理位置，甚至会穿透到发起人的层面。限制的形式主要是上限。没有采取监管上限的国家通常要求养老金投资者遵守审慎人原则（Prudent Person Principle），如欧盟的第二代偿付能力监管制度（Solvency Ⅱ）。也有个别国家的监管采取下限，或者同时采用上限和下限。监管限制可能是针对本国的部分类型的养老金提供者而非所有类型的养老金提供者设置的。

对于养老金投资的监管，根据投资领域的不同可以分为以下七类。一是权益投资。大部分国家对养老金提供者的权益投资设定了监管上限，特别是对未上市公司。根据 OECD 对 84 个国家（37 个 OECD 国家和 47 个非 OECD 国家）的统计，有 56 个国家（19 个 OECD 国家和 37 个非 OECD 国家）对权益投资比例设置了监管上限[①]。对未上市公司权益投资的监管限制可能更多，例如芬兰对上市公司权益和未上市公司权益设置的投资比例上限分别为 50% 和 10%。

二是债券投资。固定收益证券通常是各国鼓励养老金进行投资的领域。对于非政府债券投资的监管要严于政府债券投资，对二者的要求可能也有很大差异，例如匈牙利对养老金投资政府债券没有进行限制，但对公司债券和按揭住房贷款债券的投资比例进行了限制，其上限分别为 10% 和 25%。

三是不动产投资。对于不动产投资的限制较多。一些国家禁止对不动产进行直接投资，如意大利、俄罗斯（不含强制计划）、日本（除相互协会之外）、墨西哥、波兰、泰国、秘鲁、中国香港。大部分国家允许通过间接投资的方式投资不动产。

四是海外投资地域。一些国家对本国养老金计划投资某些地区（按发行地）有限制。例如，西班牙要求养老金计划在投资于不受监管市场

---

① OECD, 2020, *Annual Survey of Investment Regulations of Pension Funds and Other Pension Providers* 2020, OECD Publishing, Paris.

交易的资产时，仅能投资于来自 OECD 国家的公司发行人的资产。

五是海外投资地的比例。有的比例限制是针对资产组合整体的，有的比例限制是针对特定类型资产的。例如，智利养老金计划投资组合投资于海外的比例不能超过 80%，而每类养老金（共分为 5 类）的投资比例不得超过 35%。

六是穿透到投资项目的发行人或采取集中度限制。例如，德国养老金计划在银行存款方面可投资于单一主体的上限是 15%，在不动产方面可投资于单一主体的上限是 10%。瑞典养老金计划［不含友爱社（Friendly Societies）］在权益方面可投资于单一主体的上限是 5%，在不动产方面可投资于单一主体的上限是 5%。在很多国家，如澳大利亚、荷兰，对于投资集中度没有量化的要求。

七是自我投资（Self-investment）。为了避免利益冲突损害参与人的利益，大部分国家限制甚至禁止养老金提供者的自我投资（可视为关联交易）。例如，加拿大职业养老金和信托养老金是不能自我投资的，德国、英国和以色列对养老金计划自我投资的比例限制均为 5%，挪威是 4%。美国鼓励 DC 型养老金计划［如 401（k）计划］的参与人将资金投向自己的雇主，这不利于雇员分散自身的非系统性风险。

一国对养老金计划的投资限制有时仅针对部分类型的养老金。例如，德国职工退休基金（Pensions Kassen）对上市公司权益的投资比例上限和未上市公司权益的投资比例上限分别是 35% 和 15%，但是对养老基金（Pensions Funds）没有这些限制。韩国 DB 型职业养老金计划对上市公司权益的投资比例上限是 70%，但对个人养老金没有这样的限制。韩国对不同类型养老金计划进行自我投资的比例限制分为 3%、5% 和 10%。墨西哥养老金计划的权益投资比例上限是随着参与人的年龄而变化的，参与人平均年龄越高，可以进行权益投资的比例越低。瑞典友爱社不能进行权益投资，而其他类型的养老金在权益投资比例上没有受到限制。

相对于投资比例上限，较少国家采取投资比例下限的规定。例如，以色列养老金计划要投资至少 30% 到专项债券。新西兰养老金计划的投资要包括三个部分——权益基金、债务基金和货币基金，其中权益基金要至少投资 90% 于公开交易的权益。赞比亚养老金计划要求的权益资产投资比例下限是 5%（但不超过 70%）。

从各国的情况看，养老金投资监管有放宽的趋势。加拿大于 2005 年取消了关于境外投资不得超过投资组合总额的 30% 的规定。德国于 2015 年将对冲基金的投资比例上限从 5% 提高到 7.5%。巴西于 2019 年提高了开放式养老金实体投资于外币资产的比例限制。罗马尼亚于 2019 年也提高了养老金投资于基础设施项目的比例限制。

（三）中国商业养老金投资监管可考虑的内容

养老金投资管理的是人们的“养老钱”，既追求长期收益，也要将中短期风险控制一定范围内。对于固定收益型（DB）养老金及其他有保证收益的养老金计划，还要考虑将计划风险与计划提供者的资本金匹配。国际养老金监督官协会（International Organization of Pension Supervisions，IOPS）提倡采用风险基础监管（Risk-Based Supervision，RBS）的理念对养老金计划进行监管。

一国在设计基于风险的养老金监管的模式时，应当根据该国养老金系统的性质、监管当局的能力和养老金的发展水平来进行。需要考虑的内容包括：设定养老金监管的目标、关注主要风险；识别养老金计划和养老金行业的风险；分析风险的来源和大小；建立质量控制过程；基于风险评估结果来配置监管资源。养老金监管当局应当首先评估自身能力，包括组织和战略规划的能力、监督技能和文化、人员数目和结构、信息获取和处理流程等。

风险评估是风险基础监管的核心部分。对于固定给付型（DB）计划，包括估值要求、最低资本要求、偿付能力要求、偿付能力的因子、压力情景下的偿付能力边际。对于固定交费型（DC）计划，包括投资限额、最低回报要求、在险价值限额、基于目标的风险测度。养老金风险的定量评估方法包括盈余分析、久期分析、敏感性分析、确定压力测试、随机压力测试、在险价值等。需要将定量工具计算的结果整合到风险评估中。

在收集完相关数据并进行定量分析后，养老金监管当局需要明确主要风险，包括个体风险和系统性风险。监管者可根据监管目标、养老金系统的性质、风险偏好等找出需要关注的风险领域。对于个体层面的风险，需要找出影响监管目标实现的传统风险因子，包括市场的、信用的、精算的、操作的、合规的、治理的、外包业务带来的等。对于系统性风险，可从采用“自上而下”或“自下而上”的方法。养老金计划发起人的公司治理情况。当前，中国应当关注养老金计划发起人的治理状况，吸取近几年完善金融机构公司治理制度设计及其执行的经验。

识别了主要风险之后，监管当局需要判断风险的大小。“低风险”的通行标准包括设计良好的公司治理机制、有能力的高管团队、完善的内部程序、清算和财务分析能力、全面的外部审计等。监管者可基于“规模”和“失败后的影响”对被监管者进行评价，包括给予评级。评级时可关注如下因素：权重，包括不同风险类别、风险驱动因素、规模、复杂性等；概率，可量化表示，也可表示为相对高低；影响，大多数监管当局主要基于“规模”来判断负面冲击发生时造成的损失。

针对高风险的养老金提供者，应当采取相应的监管措施。可考虑的监管措施包括要求相关主体提供信息、与相关方商议和进行道义劝说、现场检查、口头警告、书面警告、做出整改要求（包括充实资本、改变投资领域、加强担保等）、向管理层发出指示、罚款、更换管理层、执行司法决定、找其他人接手、关闭和撤销、清算等。

最后，对于 DB 型养老金，尤其是可能出现资金不足（Under-funded）的计划，可要求其购买保险或获得其他担保。20 世界 60 年代初开始，瑞典、芬兰、美国、德国、加拿大安大略省、瑞士、日本、英国等均要求引入养老金保险机制。养老金保险公司对失败的养老金计划参与人提供三种保障——支付养老金（如美国、英国和日本）、购买年金（如德国、日本、瑞典和瑞士）、向养老金计划提供资金（如加拿大安大略省）。由于逆向选择、道德风险、系统性风险等原因，养老金保险公司通常由公共资本而非私人资本支持。

四　通过金融系统转型承载商业养老金发展

各国都面临着如何满足人们的退休生活需要的问题，有两种基本做法：一种做法是，通过对当前工作一代收税来供养退休一代，这称为“现收现付制”（Pay As You Go，PAYG）；另一种做法是，通过个人储蓄为退休消费进行融资。在人口老龄化加速的背景下，基于现收现付制的社会养老保险面临的支付压力不断加大，这些国家普遍追求发展商业养老金。

这些国家的商业养老金在多个方面存在较大差异，如强制参与还是自愿参与、税收和非税收的激励措施和力度、第二支柱（雇主养老金）和第三支柱（个人养老金）的占比、养老金计划中固定给付型（DB）性质和固定交费型（DC）性质的占比、默认投资方式和默认领取方式、养老金投资领域的构成、养老金的领取方式等。这些差异在很大程度上影响了金融各业的份额。

美国、德国、英国、日本、法国、智利等国的商业养老金均有自身的特色和经验，已被较多介绍。为了尽可能全面显示发展商业养老金与金融的关系，笔者收集了 OECD 成员国及其他参与 OECD 统计的国家的相关变量数据。基于这些国家的金融变量与商业养老金发展（定义为“1－公共养老金替代率”）的关系，进行分析。

表 5－6　**参与 OECD 统计的经济体的养老金与金融相关指标的描述统计**

变量含义		时间	观察值	均值	标准差	最小值	中位数	最大值
养老金的指标	公共养老金替代率（%）	2019 年	50	58.69	21.40	16.56	60.44	100
	养老金资产/GDP	2018 年	42	0.48	0.57	0.01	0.17	1.99
人身保险的指标	人身险公司收入/GDP（%）	2019 年	44	3.44	3.11	0.21	2.72	13.90
	保险业资产/GDP	2017 年	46	0.37	0.39	0.02	0.21	1.50
资本市场的指标	股市市值/GDP	2000—2017 年均值	48	0.59	0.46	0.04	0.46	2.14
	私人债券价值/GDP	2000—2017 年均值	41	0.31	0.31	0.010	0.26	1.54
股市年度回报率（%）		2000—2017 年均值	47	8.75	7.02	－5.66	7.38	28.60
股市年度回报率的标准差（%）		2000—2017 年	47	24.68	9.38	11.10	22.25	52.36
股市换手率		2000—2017 年均值	48	0.65	0.51	0.03	0.57	1.86
家庭财务的指标	家庭金融资产/可支配收入	2019 年	32	3.58	1.77	1.38	3.11	7.31
	家庭金融资产（不含养老金资产）/可支配收入	2019 年	28	2.68	1.21	0.94	2.43	5.98
	家庭住房资产/可支配收入	2013 年	12	1.73	1.56	0.73	1.26	6.19
	家庭住房贷款余额/家庭住房价值（%）	2013 年	7	53.49	17.13	37.55	47.87	83.69
非金融企业资本结构和规模的指标	非金融企业的负债/权益	2019 年	37	0.97	0.43	0.48	0.91	2.74
	银行贷款在非金融企业债务的占比（%）	2019 年	35	56.22	14.02	15.40	54.67	86.61
	银行贷款在非金融企业债务（不含应付款）的占比（%）	2019 年	35	84.79	11.67	49.63	88.15	98.87
	中小企业在贷款存量的占比（%）	2019 年	33	45.56	22.20	11.34	49.47	82.39
	小企业（1—49 人）就业占比（%）	2018 年	29	33.15	8.490	19.70	31.22	55.22

续表

变量含义		时间	观察值	均值	标准差	最小值	中位数	最大值
金融规模的指标	金融业增加值/GDP（%）	2010—2019 年均值	40	4.83	2.04	2.02	4.32	9.83
杠杆率的指标	政府部门债务/GDP	2019 年	25	0.96	0.56	0.24	0.77	2.58
	家庭部门的债务/净可支配收入	2019 年	30	1.24	0.65	0.37	1.11	2.53
	家庭部门的债务/（净财富 + 债务）（%）	2019 年	28	22.69	7.78	14	19.29	41.69
	非金融企业部门的债务/营业盈余	2019 年	33	4.590	1.80	1.630	4.23	8.96

（一）人身保险

人身险公司的收入包括寿险保费收入、养老险保费收入、健康险保费收入、长期险资金的管理费收入、自有资金投资收益、健康管理收入、养老社区运营收益等。人寿保险为人的生命风险提供保障，其基本责任是早逝风险和长寿风险，其中，针对长寿风险，提供的是满期的一次性结付或年金给付产品，两者均有养老功能，而基于早逝风险的产品常设计有定期分红和现金价值取回权，所以也可以用于满足老年生活需要，起到一定的养老作用。因此，人身险公司的大多数业务均能够为“银发人群”服务。因此，即便是在美国这类保险业对商业养老金参与程度弱的国家，在进行经济金融统计时，养老金也常常是与保险放在一起的。图 5－4（a）显示，一个国家的“人身险公司收入/GDP”与其经济社会发展程度、市场化程度相关，与商业养老金发展之间的关系则较弱。

为了反映规模和存量因素，本章计算了“保险业资产/GDP”这个指标。本章没有使用“人身险公司资产/GDP”这个指标，是因为各国保险部门的分业经营体制存在差异，单独人身险公司资产数据缺失很多，无法进行较准确的横向比较。图 5－4（b）显示，该指标与商业养老金的发展基本没有关系。图 5－4（a）反映流量的收入，图 5－4（b）

反映存量的资产，比较二者可知：整体上看，第二支柱较第三支柱占比越高、DB 模式较 DC 模式占比越高、越鼓励采取年金化领取，该国“保险业资产/GDP”的排名较之“人身险公司收入/GDP”的排名也越高。

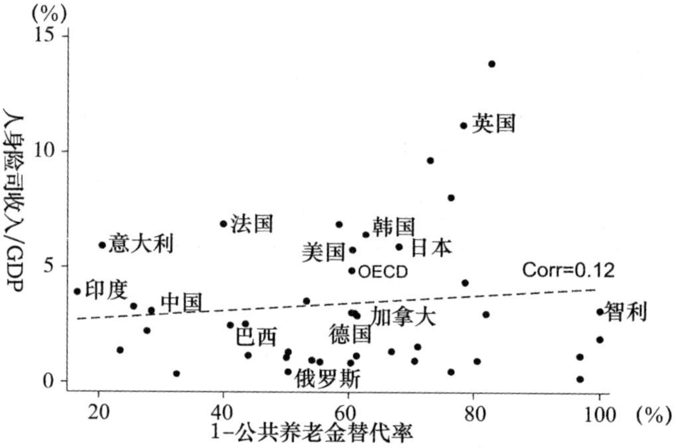

(a) 人身险公司收入/GDP

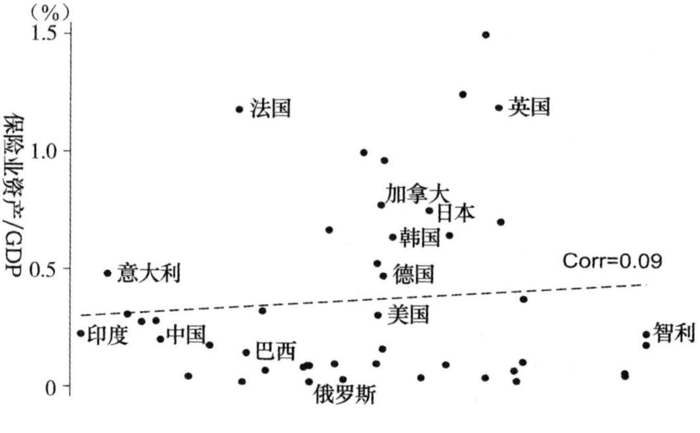

(b) 保险业资产/GDP

图 5-4　商业养老金发展空间与人身保险发展程度

资料来源：OECD，World Bank。

保险是经济减震器和社会稳定器，中国寿险业的发展程度还明显落后于OECD国家，产险业的差距更大。但是，当前中国保险业增长就展现出疲态。保险业应具备危机意识和创新精神，在社会保险替代率下降的背景下，如何补上保障缺口。

（二）资本市场

相比于现收现付制的养老保险模式，发展基金积累制的商业养老金，让居民拥有的金融资产更多、期限更长。这带来了两方面的影响：一是要衡量居民资产的安全性/流动性和收益性，而发展商业养老金促进了居民承担风险的意愿和能力；二是居民财富总量增加，具备了更多的金融知识，希望更积极地管理资产。这两种影响均提升了资本市场相对于传统银行产品的吸引力。这是因为：银行根据资产负债管理的需要，更多地投资于安全性资产；资本市场可以为更加高风险的实体、资产和项目提供融资，回报率水平和波动均更大，而单位资金的管理费用随着管理资金量的增加而降低。

本章采用“私人债券市值/GDP”（Outstanding Domestic Private Debt Securities to GDP）和“股市市值/GDP”（Stock Market Capitalization to GDP）两个指标度量资本市场的发展程度。这两个指标的值越大，说明资本市场的发展程度越高。图5－5报告了参与OECD统计的经济体的相关情况。私人债券市值、股市发展程度与商业养老金发展空间的简单相关系数分别为0.30和0.25。这支持了发展商业养老金可以促进资本市场发展的普遍性观点。

通过发展商业养老金积累养老金资产，进而入市，提升股市收益率，形成“牛市”，是较常听到的说法。近年来美国股市走势较好，其中，养老金第二支柱的持续发展和第三支柱的快速发展，被认为“功不可没”。根据世界银行数据库各经济体股市的年度收益率数据（2000—2017年），该变量由Bloomberg计算和提供，图5－6报告了参与OECD统计的各经

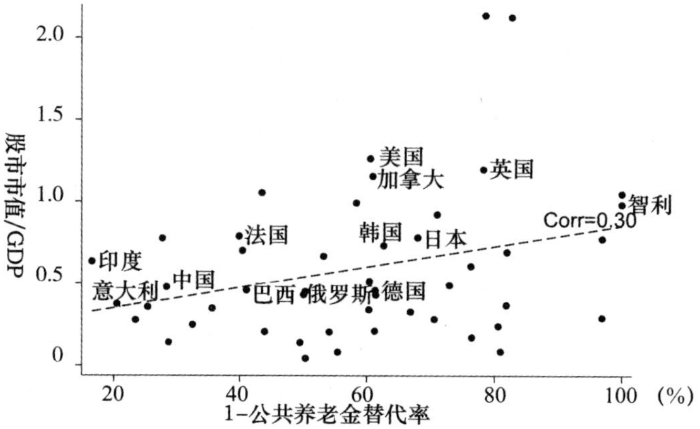

（a）股票市场

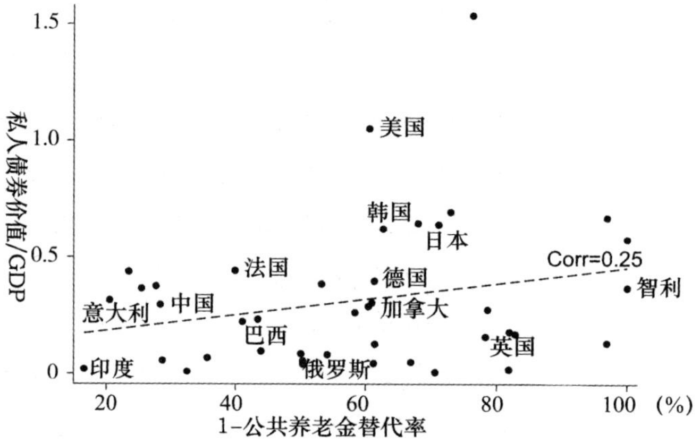

（b）公司债券市场

图 5-5　商业养老金发展空间与资本市场规模（2000—2017 年）

资料来源：OECD，Standard & Poor's，Bank for International Settlements。

济体股市的年度（Year-on-year）收益率的均值与商业养老金发展之间的关系。二者基本没有相关性。有两个基本事实值得关注：样本期间，美国股市回报的表现并不算突出；智利商业养老金的发展程度高，养老金入市程度也高，但其股市回报率还略低中国。这点并不难理解，虽然股市的市场规模和资金量增加了，但是股票价值从根本上是由上市公司创造价值的能力决定的。退一步讲，即使养老金在积累阶段会提高股价，但在养老金领取阶段就会拉低股价，所以从长期看，影响是中性的。

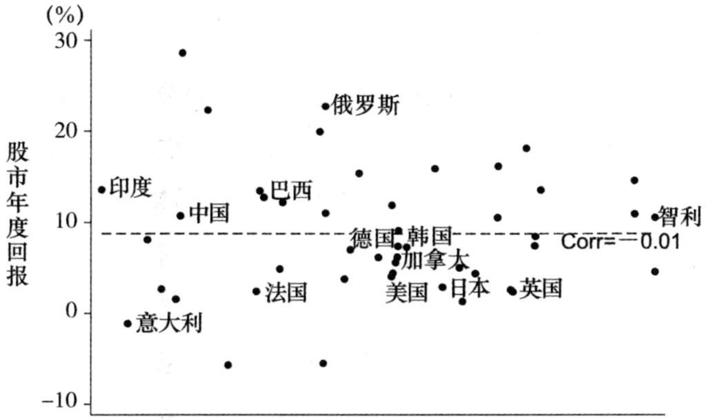

图 5－6 商业养老金发展空间与股市收益率（2000—2017 年）

资料来源：OECD，Bloomberg，World Bank。

在资本市场，由于长期稳定的资金供给增加，资本市场的波动性下降，暴跌风险降低。股市收益波动率是基于“价格”因素计算股市的稳定性。图 5－7（a）报告了各经济体股市年度收益率的标准差与商业养老金发展空间的关系，二者呈显著负相关。中国股市受到政策和情绪因素的影响大，股市的年度收益率的标准差很大，大于图 5－7（a）中标注了名称的所有国家。因此，通过发展养老金来增加资本市场中大型机构投资者的比重，有助于减弱股市的投机氛围。

衡量股市稳定性的另一指标是——基于“数量”因素计算的股市换手率（Stock Market Turnover Ratio）。图 5－7（b）报告了各国股市换手率与商业养老金发展空间的关系，二者也是呈负相关，且拟合线的斜率与图 5－7（a）中接近。不过，换手率可以反映市场的深度和流动性，因此，换手率高不一定是坏事。

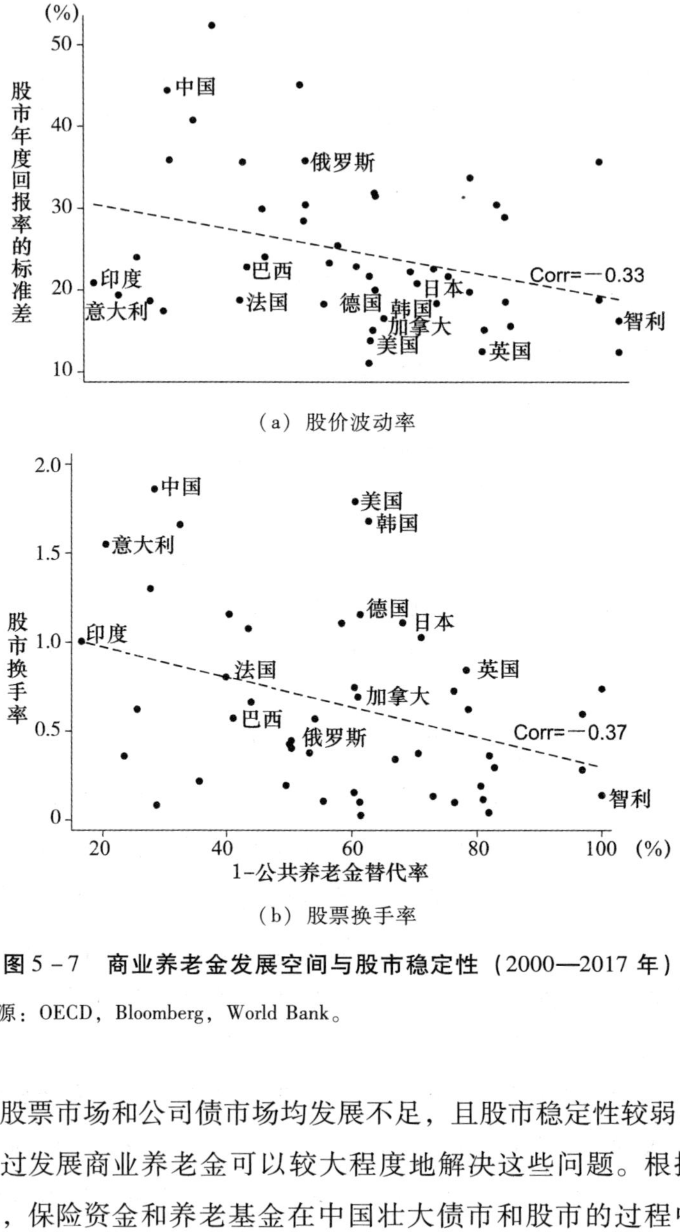

图 5－7 商业养老金发展空间与股市稳定性（2000—2017 年）

资料来源：OECD，Bloomberg，World Bank。

中国股票市场和公司债市场均发展不足，且股市稳定性较弱、韧性不强，而通过发展商业养老金可以较大程度地解决这些问题。根据发达国家的情况，保险资金和养老基金在中国壮大债市和股市的过程中可以发挥更大的作用。但是，宣扬借助养老金投资带来“牛市”是不全面的和不应提倡的。

（三）微观主体金融

1. 家庭资产配置

居民家庭的资产主要由金融资产和房地产构成，所以下面分析商业养老金与这两种家庭主要资产类型之间的关系。

一是家庭的金融资产。社会保障财富水平提高时，对家庭的储蓄会产生挤出效应（Crowding Out），这得到美国加总的时间序列数据的支持①。发展商业养老金过程中，税收优惠、非税收优惠、强制加入、自动加入等措施促进了养老金账户的储蓄。并且，家庭更有意愿和能力参与资本市场。这种关系得到了国家宏观层面的和居民家庭微观层面的许多研究的支持。图5－8（a）报告了参与各经济体的“家庭金融资产/GDP”与商业养老金发展空间的关系。二者的简单相关系数为0.15，数值较小。

本节从家庭金融资产中剔除掉养老金资产，剩余部分与商业养老金发展空间的关系如图5－8（b）所示，二者的简单相关系数为－0.22。因此，发展养老金对其他金融资产有比较明显的挤出效应。这类似于过去发展公共养老金（社会保障）对家庭储蓄的挤出效应。

二是家庭的房地产。在商业养老金发展得更好时，家庭可以通过养老金账户更多投资于资本市场，日常资金更少，更没有意愿和能力去购房。因此，住房资产的持有将减少。图5－9（a）显示“家庭住房资产/GDP”和商业养老金的简单相关系数达到了－0.56。由此可以看出，中国发展商业养老金有助于降低中国居民巨大的购房热情，能给房地产“堰塞湖”降温、吸水。

因为家庭可自由使用的流动性储蓄减少了，所以家庭在购房时更需要去贷款。图5－9（b）报告了“家庭住房资产LTV值”（Loan-to-value）

---

① Feldstein, M., 1974, “Social Security, Induced Retirement, and Aggregate Capital Accumulation”, *Journal of Political Economy*, 82 (5): 905－926.

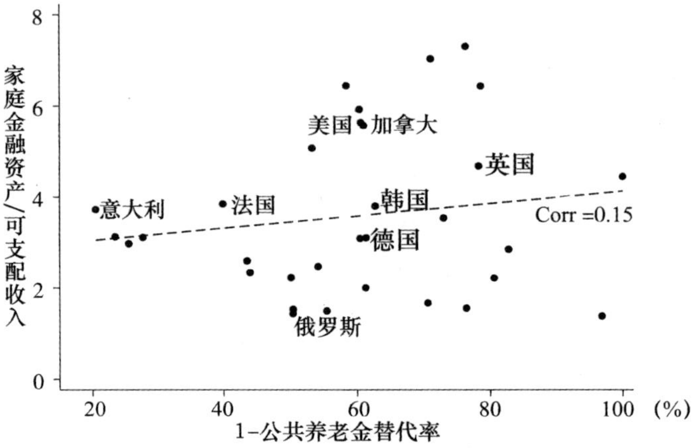

（a）全部金融资产

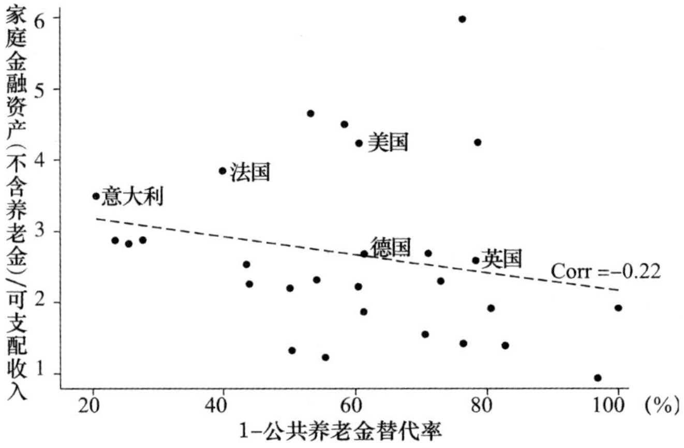

（b）剔除养老金的金融资产

图 5-8　商业养老金发展空间与家庭金融资产

资料来源：OECD。

与商业养老金发展空间的关系，二者简单相关系数达到了 0.30。因此，发展商业养老金将提高家庭购房时对房贷的需求。不过，该相关系数计算的样本量少，结论仅供参考。

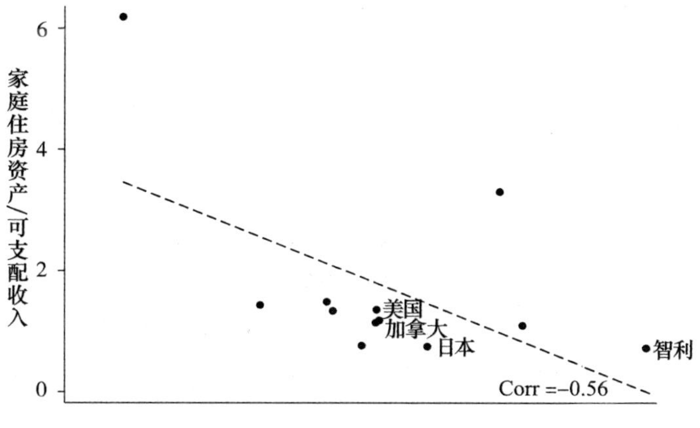

（a）家庭住房资产的可负担性

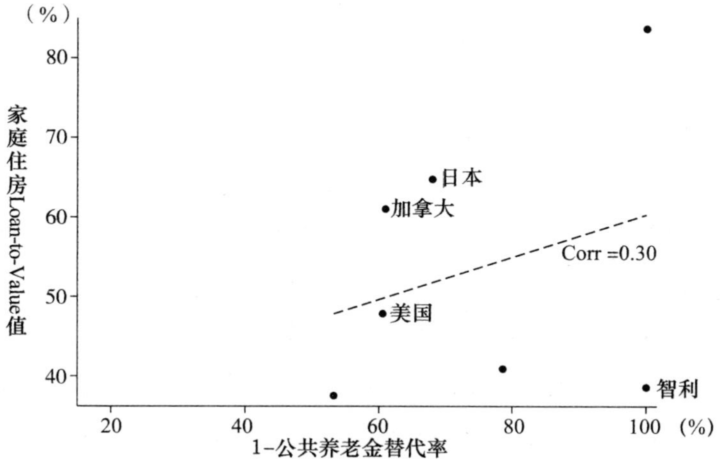

（b）家庭住房资产对债务的支持性

图 5-9　商业养老金发展空间与家庭住房资产（2013 年）

资料来源：Households' Financial and Non-financial Assets and Liabilities，OECD。

2. 企业融资和成长

发展商业养老金促进了长期资金的供给，便利企业长期融资。企业可以进行股权融资，也可以进行债券融资。图 5-10 显示，其非金融企业的“负债/权益”之比与发展商业养老金呈负相关，但相关性不大。

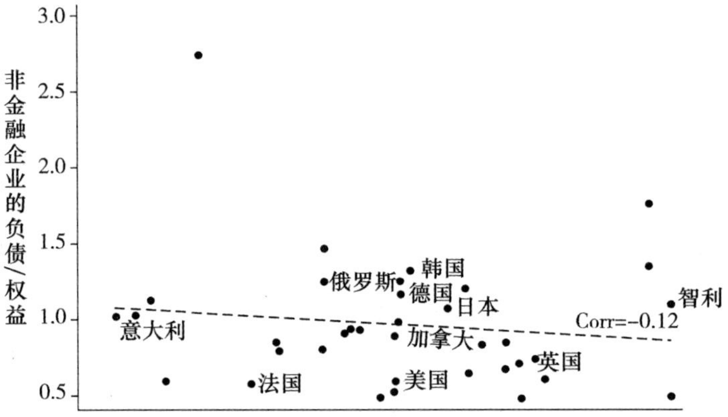

图5－10　商业养老金发展空间与企业资本结构1

资料来源：Financial Indicators-Stock，OECD。

在商业养老金不发达的经济体，资本市场规模较小，企业的债务融资将更多地通过依靠银行贷款，而不是公司债券。图5－11（a）中的纵轴是非金融企业的“银行贷款”在“债务”中的占比，二者相关系数为－0.25，所以，商业养老金发展空间越大，企业的债务融资将越少依赖于银行贷款。如果从“债务”中去除“应付贷款”，那么，剩余部分更有长期借入资本的含义，图5－11（b）中的相关系数变为－0.50。这进一步说明，商业养老金发展空间越大，企业的债务融资对银行贷款的依赖性将越小。

在商业养老金发展好的地区，企业的平均规模较大①。这可能主要是由于，商业养老金发展较好的地区的资本市场较银行系统更发达，造成了如下的前3个因素。（1）银行系统给予银行相对于借款人的市场势力，提升了企业的融资成本，阻碍了企业成长，而资本市场上，企业的

① Scharfstein, D. S., 2018, "Presidential Address: Pension Policy and the Financial System", *Journal of Finance*, 73 (4): 1463－1512.

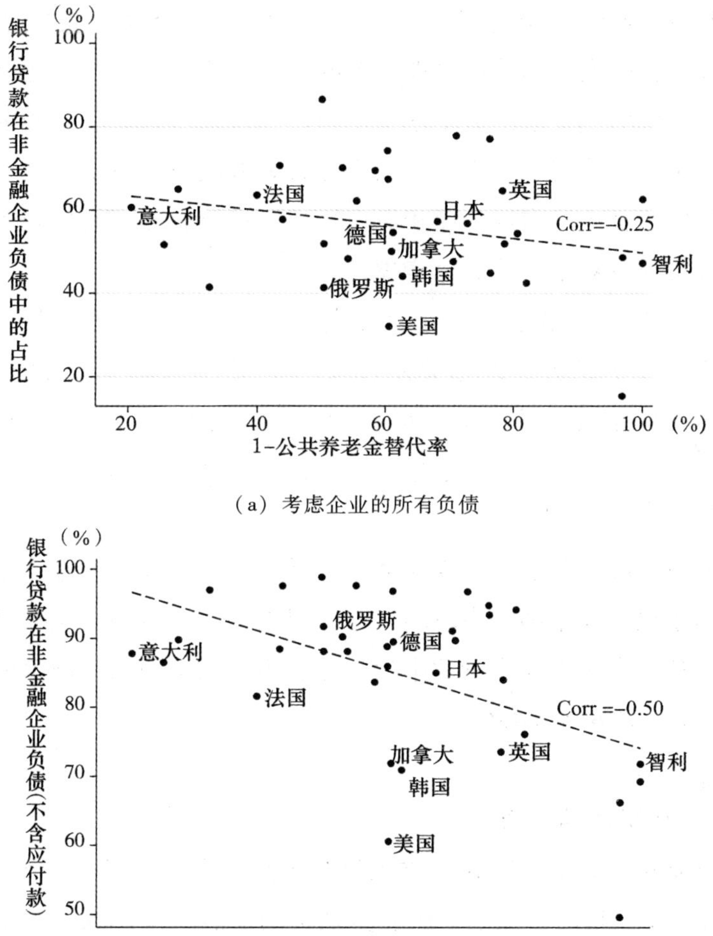

图5-11 商业养老金发展空间与企业资本结构2

资料来源：Financing SMEs and Entrepreneurs，OECD。

融资成本更低，其成长更快①。(2) 银行受到较多的监管，如风险管理和资本约束，这让银行会限制对某些企业、产业或地区的信贷，而资本

① Rajan, R. G., 1992, "Insiders and Outsiders: The Choice between Informed and Arm's Length Debt", *Journal of Finance*, 47 (4): 1367-1400.

市场受到审慎监管更少。（3）由于风险管理和资本方面的要求，银行系统更多地支持安全但价格可能较低的项目，这些项目对企业做大规模的支持力度较弱①，资本市场则相反。此外，（4）随着家庭养老金储蓄的增加，家庭在购房和人力资本投资时会更多地通过借款，使得银行对家庭部门的信贷支持增加，而相应地减少了对企业部门的信贷供给，其中，更多是减少对小企业的信贷供给。

图 5－12（a）报告了中小企业在贷款存量中的占比，其与商业养老金发展空间负相关，但相关系数较小。图 5－12（b）报告了小企业就业占比的情况，该比例与预期一致，商业养老金发展空间越大的经济体，小企业就业占比越高，换句话说，大量企业走向了“规模经济”。

从原理上讲，上述商业养老金的发展对企业做大的促进作用是存在的，但作用程度在中国应当较弱。这是因为，中国金融系统非常注重发展普惠业务，中小企业在贷款中的占比已明显高于 OECD 国家的平均值了，后者在 2019 年为 48%。

（四）金融活动规模

采用金融业增加值与 GDP 之比度量金融的发展规模。图 5－13（a）报告了该比重的情况，显示，商业养老金的发展空间越大，金融活动规模越大。图 5－13（b）中的横轴是养老金资产与 GDP 之比，显示，其与金融活动规模之间的简单相关系数达到了 0.55。在发展商业养老金过程中，金融业增加值主要来自资产管理费收入，少量来自于投行业务。

---

① Scharfstein, D. S., 2018, “Presidential Address: Pension Policy and the Financial System”, *Journal of Finance*, 73 (4): 1463－1512.

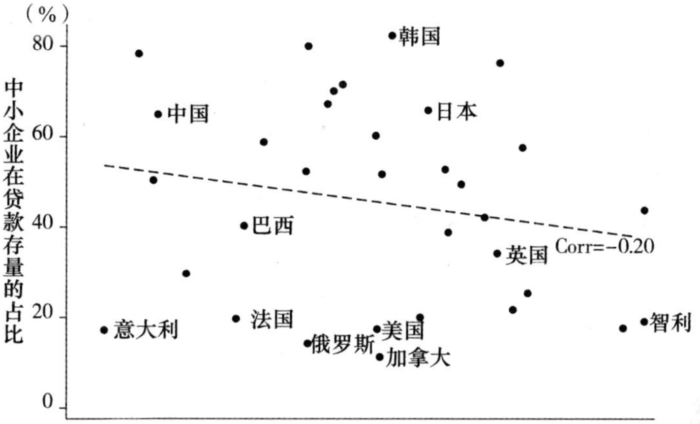

（a）中小企业贷款占比

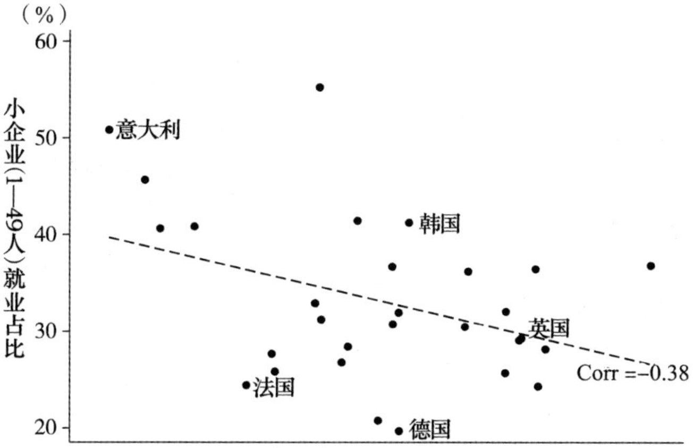

（b）小企业就业占比

图 5－12　商业养老金发展空间与小企业情况

资料来源：Financial Accounts，OECD；Structural and Demographic Business Statistics（SDBS），OECD。

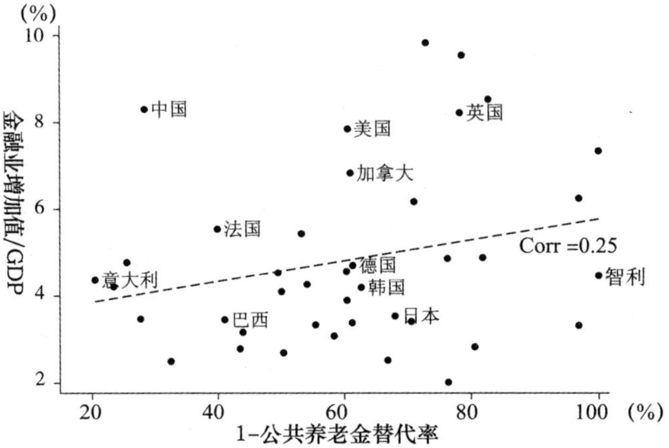

（a）考虑商业养老金发展空间

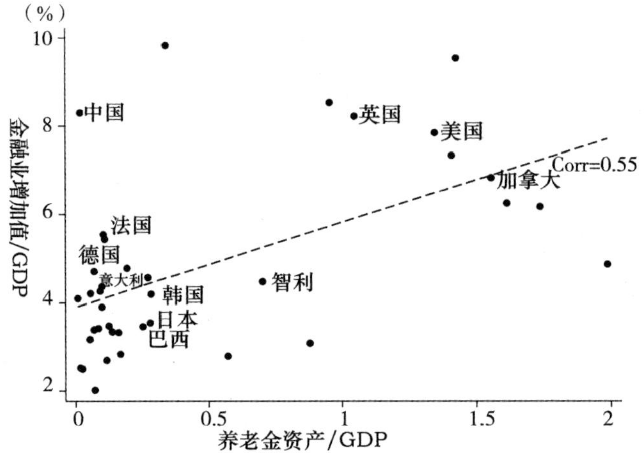

（b）考虑商业养老金积累率

图 5 – 13　商业养老金发展空间与金融业规模（2000—2019 年）

资料来源：OECD。

在过去二十年中，中国的“金融业增加值/GDP”较高，低于爱尔兰和瑞士（卢森堡多个指标的数值较极端，所以本节分析时未使用），与英国和美国接近，或有金融过度发展之嫌。对此，至少在养老金问题上，没必要多担心，因为：中国金融机构的国有股权占比高，其盈利可用于充实社保基金；用于资产管理的资金增加，商业银行原有的低成本的存款资金会减少，中国金融部门的整体资金成本会上升；随着管理资产量的增加和市场竞争的加剧，单位资产的管理费会下降；金融业可以通过各项改革来降低利差，并通过一次分配将盈利向实体部门转移。

（五）部门杠杆率

防控风险是金融工作的永恒主题。而反映潜在风险的基本指标之一是杠杆率。杠杆率可以从政府部门、家庭部门和非金融企业部门三个方面进行分析。

政府部门。发展商业养老金减轻了政府的显性或隐性债务，降低了政府部门的杠杆率。图 5 - 14 （a） 显示，发展商业养老金与政府部门杠杆率（债务/GDP）的简单相关系数为 - 0. 36。中国经济进入新常态后，财政收支压力逐渐加大，快速推进的人口老龄化又会增大基本养老保险的支出需要，因此，可以通过发展商业养老金来减轻这部分债务压力。

家庭部门。采用家庭部门“债务/可支配收入”度量杠杆率时，图 5 - 14 （b） 显示，其与商业养老金发展的简单相关系数达到了 0. 36。采用家庭部门“债务/（净财富 + 债务）”度量杠杆率时，图 5 - 14 （c）显示，其与商业养老金发展的简单相关系数有所减小，但也达到了 0. 25。相关系数减小的部分原因是，家庭增加了养老金储蓄，金融资产增加了。发展商业养老金会提高家庭部门的杠杆率，主要原因是，家庭在养老金上积累会减少可用资金，所以在购房时，更多进行按揭贷款（特别是在一些税优设计下），而家庭使用养老金账户进行质押贷款的情况也会增加。前者起主要作用。对此，我们不用太担心的两个理由是：中国各年龄段家庭的住房自有率很高；中国家庭部门债务过快增长的态势已经得到有效遏制①。对此，我们不能轻视的一个理由是，虽然中国家庭部门的杠杆率还较低，但增长较快，如宏观杠杆率（家庭部门负债/GDP）已经从 2008 年的 17.9% 上升到 2020 年年底和 2021 年年底的 62.2%②。

非金融企业部门。非金融企业部门的杠杆率采用“债务与盈余比”（Debt-to-Surplus）来度量，反映的是其偿债能力。该指标与发展商业养老金之间基本没有关系［见图 5－14（d）］。虽然发展商业养老金在一定程度上有助于企业通过权益融资，然而，结合权益和债务的价格因素的变化，发展商业养老金对非金融企业部门的偿债能力可能不会有明显影响③。

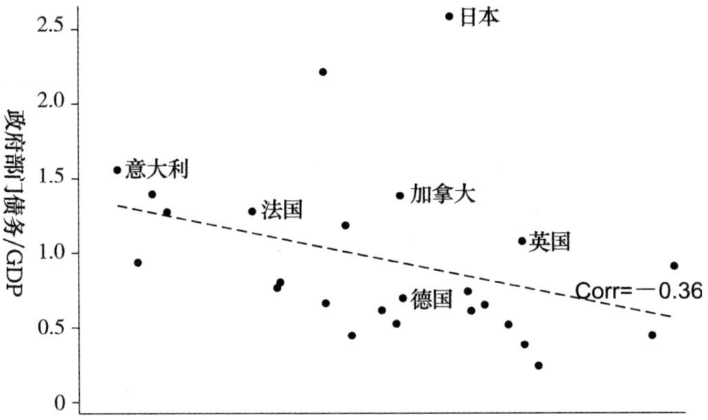

（a）政府部门

① 中国人民银行金融稳定分析小组：《中国金融稳定报告 2021》，中国金融出版社 2021 年版。

② 国家金融与发展实验室的中国宏观杠杆率数据库（China's Macro Leverage Ratio Database）参见 http：//114.115.232.154：8080。

③ 职业养老金对企业来说也是一种负债，其与一般负债存在区别：养老金责任可能由养老金利益保险机构承保，而一般负债没有这种担保；企业在养老金交费有时间上一定自由度；养老金计划的外部交费给企业一定的财务松弛空间；养老金负债不在资产负债表上反映。

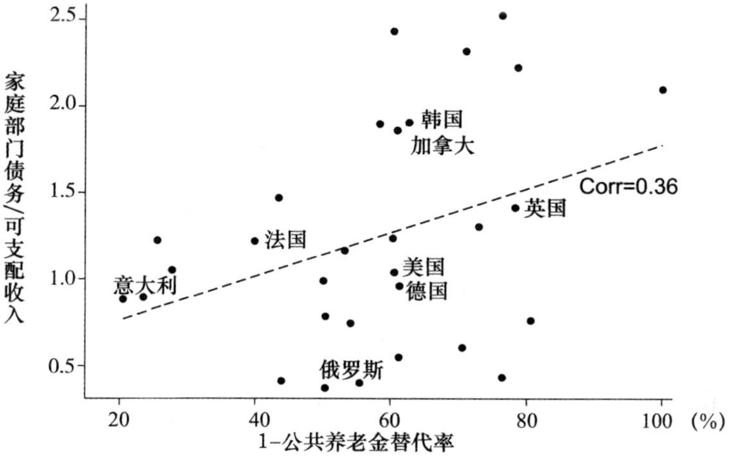

（b）家庭部门 1

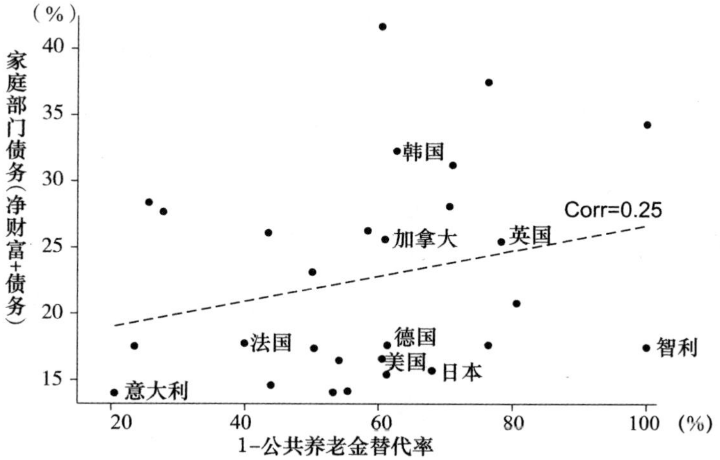

（c）家庭部门 2（2013 年）

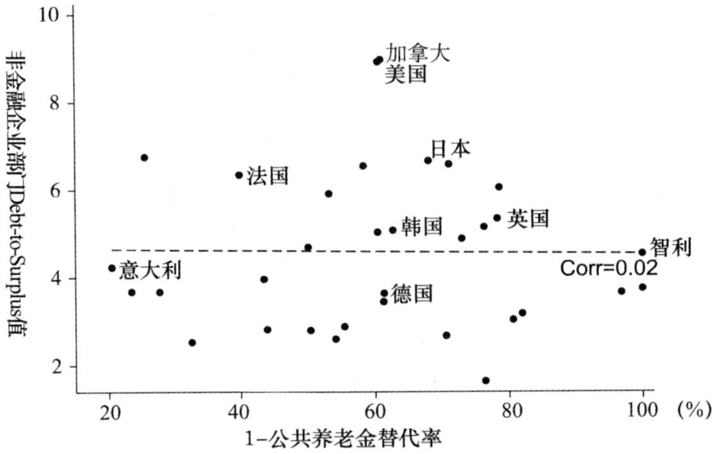

(d) 非金融企业部门

图 5-14　商业养老金发展空间与部门杠杆率

资料来源：OECD 的多个数据系列。

总之，发展商业养老金是应对人口老龄化的重要内容。金融系统应当从设计财务激励机制、发展产品服务、提升居民金融素养、完善投资监管等方面积极作为。这一过程与金融系统自身的转型发展是相辅相成的。

（执笔人：王向楠）

第六章

金融杠杆率与住房不平等
——来自 CHFS 的经验证据

党的十八大以来，党中央把握发展阶段新变化，把逐步实现全体人民共同富裕摆在更加重要的位置上，推动区域协调发展，采取有力措施保障和改善民生，打赢脱贫攻坚战，全面建成小康社会，为促进共同富裕创造了良好条件。现在，已经到了扎实推动共同富裕的历史阶段①。推进共同富裕一方面要做大经济增长蛋糕，另一方面也应关注分配公平问题。对于分配问题人们关注较多的是收入分配，但皮凯蒂对主要发达国家长周期的研究表明，财富分配导致的贫富差距远比收入分配产生的影响要大②。导致这一现象的原因是，资本回报率超过经济增长率，也即资本在增长份额中占据的比例更大。中国同样面临着财富分配不均的问题。根据中国人民银行的统计，2019 年中国居民总资产最低 20% 家庭拥有的资产占全部样本家庭资产的 2.6%，而最高 20% 家庭拥有的资产占比高达 63.0%③。

---

① 习近平：《扎实推进共同富裕》，《求是》2021 年第 20 期。

② Piketty, Thomas, 2014, *Capital In the Twenty-First Century*, Cambridge Massachusetts: The Belknap Press of Harvard University Press.

③ 《2019 年中国城镇居民家庭资产负债情况调查》，https://baijiahao.baidu.com/s?id=1664830535681198027&wfr=spider&for=pc。

对于中国的财富不平等问题应尤其关注住房不平等，因为房产在居民家庭财产中的比重远超其他国家。以中美对比为例，2019 年中国居民房产占总资产比例达到 40.4%，金融资产占比达到 56.5%，而同期美国居民房产占比仅为 25.2%，金融资产占比搞到 70.0%①。从动态的视角看，住房货币化改革以及城镇化进程的推进使得住房市场得到迅猛发展，伴随着房价持续上涨，不同收入群体之间的住房财富差距愈加明显，住房财富成为造成社会分层的重要原因和表现形式②。我们以 CHFS 数据为基础计算了家庭住房财富的基尼系数，各年分值都在 0.6 以上，且 2017 年大幅上升至 0.69（见图 6－1）。通常从收入分配的角度看，超过 0.4 表示收入差距较大，超过 0.6 表示收入分配悬殊，以此标准衡量住房财富分配的不公平程度已然很大。由于房产的财富效应和门槛效应，富裕阶层的购房意愿更高，这会进一步强化了住房不平等的趋势。西南财经大学中国家庭金融调查与研究中心的报告显示，在新冠肺炎疫情背景下，金融资产 100 万家庭和 3 套房以上家庭的购房意愿远超其他组别且大幅增加③。

导致住房不平等的一个重要推手是金融杠杆。根据中国人民银行的统计，房贷是中国家庭负债的主体，房贷占家庭总负债的比重为 75.9%；从债务分组情况可以看出金融杠杆对住房不平等的作用，2019 年中国居民债务余额最低 20% 家庭的债务占总资产的比重仅为 1.3%，而最高 20% 家庭的债务占总资产的比重 61.4%④。除了来自正规金融体

① 中国数据源自中国社会科学院国家资产负债表课题组，美国数据源自美国经济分析局。

② Huang，Youqin，2014，"Housing Consumption and Housing Inequality in Chinese Cities during the First Decade of the Twenty-first Century"，*Housing Studies*，29（2）：291－311.

③ 西南财经大学中国家庭金融调查与研究中心、蚂蚁金服集团研究院：《疫情下中国家庭的财富变动趋势》，https：//chfs. swufe. edu. cn/uploads/20210205/e2140e43e84115336fdc10e7bcc60d4c. pdf。

④ 《2019 年中国城镇居民家庭资产负债情况调查》，https：//baijiahao. baidu. com/s? id＝1664830535681198027&wfr＝spider&for＝pc。

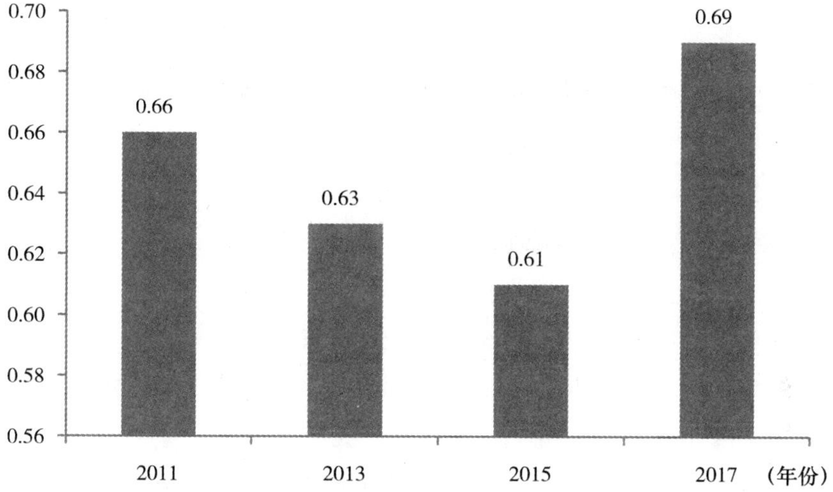

图 6－1　家庭住房财富基尼系数

资料来源：根据 CHFS 历年数据计算。

系的杠杆支持，也有来自家庭内部以及非正规金融体系的。来自家庭内部的支持最主要的表现为来自配偶双方的父辈和祖辈对购房首付的支持，可通俗地概括为“六个钱包”[①]。来自非正规金融体系的支持主要表现为民间借贷或以虚假材料骗取银行经营贷和消费贷，其目的是通过加杠杆方式炒房，近期最为典型的事件是“深房理”案件[②]。

现有文献探讨住房不平等的原因主要从住房制度改革、权力寻租、群体特征（世代差异、单位、职业性质等）、个体特征（收入差距、婚姻状况等）展开，较少文献从金融视角探讨住房不平等的原因，从金融

① “六个钱包”的观点由央行货币政策委员会委员樊纲在 2018 年 4 月 19 日 CCTV2《中国经济大讲堂》节目中提出。“六个钱包”指代的是男方的父母、祖父母、外祖父母加上女方的父母、祖父母、外祖父母的钱包。参见 http：//tv. cctv. com/2018/05/11/VIDEDQAcdJNf5qYcQ5yJOqSH180511. shtml。

② 关于“深房理”案件的最新进展，参见深圳政府在线，http：//www. sz. gov. cn/cn/xxgk/zfxxgj/zwdt/content/post_ 9047530. html。

杠杆展开分析的文献更是鲜见。本章重点研究金融杠杆对住房不平等的影响，包括正规金融体系的银行贷款、非正规金融体系的民间借贷以及来自家庭内部的亲友借款，此外我们还将分析群体及个体特征在金融杠杆应用上是否存在异质性。

一　文献回顾及研究假设

传统意义上研究者更关注收入不平等，住房不平等只是作为收入不平等的结果出现的，这是因为收入①和家庭生命周期②是决定人们住房消费的主要变量。近期研究表明，住房不平等可以独立于劳动力市场作用于社会分层。对此 Kurz 和 Peter 总结了两个理由③：第一，住房作为家庭财产可以在代际之间进行传递，因而财富并不单单是收入积累的结果；第二，住房价值的变动本身独立于劳动力市场，因而住房不平等可独立于收入不平等。张海东和杨城晨的研究表明，中国一线城市出现了基于住房而形成的财富分层④。

对于住房不平等的原因研究主要包括三个方面：第一，个体特征导致住房不平等。收入是最基本的考量因素，徐舒和陈珣从理论上证明了收入扩大导致市场将低收入家庭排除出住房市场，而高收入家庭在住房市场的比重上升，实证研究与理论模型表现出高度一致性⑤；周京奎的研究表明收入不确定性也可导致住房不平等，收入确定性高的人更倾向

① Clark, W. A. V., M. C. Deurloo and F. M. Dieleman, 1994, "Tenure Changes in the Context of Micro-level Family and Macro-level Economic Shifts", *Urban Studies*, 31 (1).

② Clark, W. A. V. and Jun L. Onaka, 1983, "Life Cycle and Housing Adjustment as Explanations of Residential Mobility", *Urban Studies*, 20 (1).

③ Kurz, K. and B. H. Peter, 2004, *Home Ownership and Social Inequality in Comparative Perspective*, California: Stanford University Press.

④ 张海东、杨城晨：《住房与城市居民的阶层认同——基于北京、上海、广州的研究》，《社会学研究》2017 年第 5 期。

⑤ 徐舒、陈珣：《收入差距会推高住房价格吗?》，《经济学》（季刊）2016 年第 1 期。

拥有住宅[①]。此外，教育与家庭背景[②]、职位变化[③]等个体因素也会影响居民住房获得与住房不平等。第二，群体特征导致住房不平等。国外文献比较关注种族差异导致的住房不平等[④]。中国住房不平等的一个重要影响因素是户籍，潘静和杨扬估计了户籍、人力资本、人口学特征等因素对住房不平等的影响，结果表明户籍的贡献度最高[⑤]；原鹏飞和王磊直接针对户籍分组对住房基尼系数进行了分解，结果表明夫妻双方均为城镇户籍的分组贡献度最高，即住房不平等主要表现在城镇家庭组内，而非组间差异[⑥]。中国住房不平等的另一个重要影响因素是单位制，对城镇居民来说，单位是获取收入、福利的重要中介，当然也包括住房。这在计划时期和福利住房产权化的过程中表现尤为明显。边燕杰等的研究表明单位规模越大、单位级别越高，则这些单位拥有的住房资源越多，单位性质对住房资源的多寡也存在显著影响[⑦]。吴开泽的实证研究表明，在单位内部住房分配存在差序格局，党员和行政精英更容易获得住房[⑧]。第三，住房市场化改革带来住房不平等原因的转变。吴开泽将

① 周京奎：《收入不确定性、住宅权属选择与住宅特征需求》，《经济学》（季刊）2011年第7期。

② 谌鸿燕：《代际累积与子代住房资源获得的不平等——基于广州的个案分析》，《社会》2017年第4期。

③ Li, Si-Ming and Limei Li, 2006, "Life Course and Housing Tenure Change in Urban China: A Study of Guangzhou", *Housing Studies*, 21 (5).

④ Flippen, C. A., 2001, "Racial and Ethnic Inequality in Homeownership and Housing Equity", *Sociological Quarterly*, 42 (2); Friedman, S. and E. Rosenbaum, 2004, "Nativity Status and Racial / Ethnic Differences in Access to Quality Housing: Does Homeownership Bring Greater Parity?", *Housing Policy Debate*, 115 (4).

⑤ 潘静、杨扬：《城市家庭住房不平等：户籍、禀赋还是城市特征？》，《贵州财经大学学报》2020年第6期。

⑥ 原鹏飞、王磊：《我国城镇居民住房财富分配不平等及贡献率分解研究》，《统计研究》2013年第12期。

⑦ 边燕杰、罗根、卢汉龙、潘允康、关颖：《"单位制"与住房商品化》，《社会学研究》1996年第1期。

⑧ 吴开泽：《房改进程、生命历程与城市住房产权获得（1980—2010年）》，《社会学研究》2017年第5期。

住房市场化进程分为住房产权化（1980—1998 年）、住房产业化（1999—2008 年）和住房金融化（2009 年后）三个阶段①。住房市场化进程尽管改善了城市家庭的住房条件，但住房分化的因素由体制内逐步转向体制外。从住房套数不平等来看，在住房产权化和产业化早期阶段，拥有体制资本的家庭（如管理精英和专业精英）是赢家；在住房金融化阶段，高学历、高收入、高职业地位群体在住房套数上具有优势。从住房面积不平等来看，在住房金融化阶段，单位间的住房面积差异在减少，但不同学历、世代、收入和职业群体的住房面积不平等持续扩大。

在住房金融化阶段，城市化进程推动房价快速上涨，这时居民购房高度依赖借贷杠杆。2008—2017 年，全国个人住房贷款余额从 3 万亿元增至 21.9 万亿元，其中 2009 年增长 47.9%，住户部门杠杆率从 17.9% 上升至 49.0%②。蔡真的研究表明信贷数量与房价上涨存在正向相关关系③。易成栋和黄有琴认为房价上涨激发了居民对未来房价持续上涨的预期，居民将拥有多套住房作为家庭财富投资的重要部分④。吴卫星等证明了家庭财务杠杆会导致家庭财富不平等的自我放大，其作用原理是资产收益率远高于负债成本，杠杆发挥着正向作用⑤。对此我们认为来自非正规金融体系的借款（即民间借贷）以及亲友的借款（也即“六个钱包”）发挥着同样作用。鉴于此，本章提出以下研究假设：

H1：银行信贷会显著增加购房套数、提升住房市值，导致住房不

① 吴开泽：《住房市场化与住房不平等》，《社会学研究》2019 年第 6 期。

② 中国人民银行金融稳定分析小组：《中国金融稳定报告（2018）》，中国金融出版社 2018 年版。

③ 蔡真：《房价与信贷关系研究——兼论当前房价调控政策的有效性》，《金融评论》2011 年第 1 期。

④ 易成栋、黄有琴：《家有外宅：北京市家庭多套住宅的空间关系研究》，《经济地理》2011 年第 3 期。

⑤ 吴卫星、吴锟、王琎：《金融素养与家庭负债——基于中国居民家庭微观调查数据的分析》，《经济研究》2018 年第 1 期。

平等。

H1a：民间借贷会显著增加购房套数、提升住房市值，导致住房不平等。

H1b：亲友借款会显著增加购房套数、提升住房市值，导致住房不平等。

住房不平等存在个体和群体特征差异，信贷可得性同样存在歧视现象。现代抵押融资是美国在20世纪三四十年代发展起来的，它的风险评估系统渗透着时代的种族和经济阶层偏见①。少数族裔受居住隔离影响很难获得优质贷款，这将他们推向次级抵押贷款市场，而次级抵押贷款具有典型的剥削性质②。中国的住房抵押贷款要求拥有稳定的收入、良好的信用和被认可的抵押资产，住房融资能力与个体的户籍、就业单位和职业密接相关③。鉴于此，本章提出以下研究假设：

H2a：家庭收入会影响到融资能力，从而影响住房不平等。

H2b：户籍会影响到融资能力（城镇户籍融资能力更强），从而影响到住房不平等。

H2c：单位性质会影响到融资能力，从而影响到住房不平等。

H2d：学历会影响到融资能力，从而影响到住房不平等。

金融素养近年来成为金融领域的研究热点，OECD INFE 提出：金融素养是做出合理金融决策并最终实现金融福利的必要意识、知识、技术、态度和行为的结合④。知识被当成个人理解金融问题的能力，技术

---

① Stuart, G., 2003, *Discriminating Risk: The U. S. Mortgage Lending Industry in the Twentieth Century*, NY: Cornell University Press.

② Rugh, J. S. and D. S. Massey, 2006, "Racial Segregation and the American Foreclosure Crisis", *American Sociological Review*, 75 (5).

③ 王宁、张杨波：《住房获得与融资方式》，《广东社会科学》2008年第1期。

④ OECD INFE, 2011, "Measuring Financial Literacy: Core Questionnaire in Measuring Financial Literacy: Questionnaire and Guidance Notes for Conducting an Internationally Comparable Survey of Financial Literacy", Organization for Economic Co-Operation and Development (Paris).

则是日常生活中应用金融知识的能力，而态度和行为涉及作出合理金融决策的信心。从这个定义出发，金融素养会影响到家庭购房杠杆的应用，但这一要素显然与上述由个体或群体客观特征导致的杠杆差异不同，它反映的个人应用金融杠杆的经验、时机和能力。吴卫星等的研究表明，金融素养的提高会促进家庭负债且偏好通过银行等正规渠道负债，同时抑制过度负债①。李波和朱太辉则考察了债务杠杆、金融素养对家庭脆弱性的影响，结果显示家庭债务杠杆率的上升增加了家庭金融脆弱性，但较高的金融素养能有显著缓解债务杠杆率对家庭金融脆弱性的负面影响②。这些研究都反映了一个重要事实：杠杆的使用要适度，不同渠道的杠杆存在差异，对金融投资产生的影响可能不同。正规渠道的杠杆（银行信贷）相对于非正规渠道的杠杆（民间借贷）具有如下优势：第一，前者要求借贷双方签署正规合同，受到法律保护；后者要么基于人际关系或地缘关系，要么基于高利贷，往往不签订正规合同或不受法律保护，因此前者相对于后者不确定要小。第二，前者相对于后者期限较长，当金融资产价格波动时前者可以帮助债务人避免流动性问题。第三，前者相对于后者利率较低，当金融资产回报率位于二者之间时，应用后者显然是错误的。对应到住房市场时，我们可以看到一些不合规杠杆的应用产生的不利效果：当前监管层严查房抵经营贷、消费贷违规进入楼市，导致炒房人资金周转困难从而面临违约风险。此外，亲友借款可能产生比正规渠道产生更有利的效果：因为亲友借款的基本逻辑要么是父母的无偿资助，要么是基于人情保险机制，因而往往期限较长且是无息的。鉴于此，本章提出以下研究假设：

H3：金融素养的提升会影响到正规渠道的融资能力，从而影响住

① 吴卫星、吴锟、王琎：《金融素养与家庭负债——基于中国居民家庭微观调查数据的分析》，《经济研究》2018 年第 1 期。

② 李波、朱太辉：《债务杠杆、金融素养与家庭金融脆弱性——基于中国家庭追踪调查 CFPS2014 的实证分析》，《国际金融研究》2020 年第 7 期。

房不平等。

H3a：金融素养的提升会抑制非正规渠道的融资能力，相对于正规渠道对住房不平等的影响要小，甚是至负向的。

H3b：金融素养的提升会增加对亲友借款的力度，相对于正规渠道对住房不平等的影响要大。

二　模型与数据

（一）计量模型

为了考察居民购房杠杆率对住房不平等的影响，本章构建如下模型：

$$inequality_{ipt} = \alpha + \beta leverage_{ipt} + \gamma X_{ipt} + \rho V_{pt} + \mu_p + \delta_t + \varepsilon_{ipt} \quad (6-1)$$

其中，下标 i，p，t 分别表示家庭、省份和年份。$performance_{ijkt}$ $inequality_{ipt}$ 表示居民住房不平等，核心解释变量 $leverage_{ipt}$ 为居民购房杠杆率，X_{ipt} 为家庭层面的控制变量，包括家庭总收入和家庭规模，由于 CHFS 区域数据只公布到省级，因此只能匹配家庭和家庭所在省份的控制变量（V_{pt}），包括人均 GDP 和房价。此外，本章还控制了省份固定效应（μ_p）和年份固定效应（δ_t），以避免地区发展不平衡的影响。ε_{ipt} 为随机误差项。

（二）变量设置

1. 居民住房不平等

已有文献对住房不平等的测度主要包括住房产权、住房数量、住房面积、住房价值、住房质量等方面，本章选取住房数量和住房价值衡量住房水平，以住房套数和住房市值（取对数）作为被解释变量。

2. 居民购房杠杆率

居民购房资金主要来自银行贷款、民间借贷和亲友借款。CHFS 数据针对每个家庭都详细询问了“住房获得时的价格”和“购买住房的借款总额”，针对除银行贷款外还有其他借款渠道的家庭，又进一步询问了借款来源，为本章准确识别家庭购房杠杆率类别提供了数据支撑。本章重点关注三类购房杠杆率：第一类，来自银行贷款的购房杠杆率，主要反映了正规信贷渠道对住房不平等的影响，使用银行住房贷款与住房购入价格之比衡量；第二类，来自民间借贷的购房杠杆率，主要反映了非正规信贷渠道对住房不平等的影响，使用购房民间借贷与住房购入价格之比衡量，民间借贷途径包括民间金融组织或职业借贷人（含高利贷）、小额贷款公司和网络借贷平台；第三类，来自亲友借款的购房杠杆率，亲友借款途径包括父母、公婆、岳父母、兄弟姐妹、其他亲属、朋友和同事，主要反映了“六个钱包”对住房不平等的影响，使用购房亲友借款与住房购入价格之比衡量。

这里对内生性问题做一特别说明：核心解释变量——购房杠杆率，无论使用的上述三种中的哪一种，其分母部分都为“住房获得时的价格”，也即住房原值，在购房的时点住房原值与贷款额度存在较高相关性；然而，被解释变量——住房市值，反映的是当下时点住房的价值，它主要是由市场走势决定，因此两者之间的内生性并不强。

3. 控制变量

家庭层面控制变量包括：①家庭总收入（取对数），包括家庭的工资性收入、资产收入、转移性收入和其他收入。工资性收入主要由家庭成员去年实收税后货币工资、税后奖金、税后补贴或实物收入、第二职业的税后收入累加得出。资产收入主要包括经营性资产收入和金融资产收入，经营性资产收入主要由项目的生产经营收入、出租房屋和土地租金所得收入等加总得出，金融资产收入主要由定期存款收入、股票、债券和基金买卖或分红、金融衍生品和金融理财产品获利、非人民币资产和贵金属等其他金融资产所得收入加总得出。转移性收入主要由因节假日、红白喜事、教育、医疗、生活费、继承遗产、捐赠或资助等转移性支付加总得出。其他收入对应 CHFS 调查问卷中的其他收入项。②家庭规模，即家庭人口数。

省份层面控制变量包括：①人均 GDP（取对数），反映当地的经济发展水平；②住宅房屋平均销售价格（取对数），反映当地的房价水平。

（三）数据说明

本章使用中国家庭金融调查（China Household Finance Survey，CHFS）2015 年和 2017 年两轮的混合截面数据，检验居民购房杠杆率对住房不平等的影响。CHFS 是由西南财经大学中国家庭金融调查与研究中心在全国范围内开展的家庭抽样入户调查，分别于 2011 年、2013 年、2015 年、2017 年完成四轮追踪调查。该项调查主要包括家庭和个人问卷两部分，涵盖了家庭的人口基本特征、资产与负债、收入与支出、保险与保障、金融知识与主观态度等家庭微观信息。在家庭资产方面，CHFS 详细询问了家庭的住房资产情况，包括家庭住房的购买意愿、拥有数量、购买年份、购买价格、购买面积、银行贷款或其他借款渠道情况、房屋市值等信息，为本章研究提供了宝贵的数据支持。由于 2011 年和 2013 年的调查问卷缺乏银行贷款信息，因而本章仅选取 2015 年和 2017 年的数据展开研究。为了确保分析结果的准确性，本章在实证分析前对数据进行了初步清理，剔除了家庭总收入小于 0 的异常样本和住房市值、购房杠杆率等关键变量缺失的样本，最终获得有效样本 3586 个。省份层面的控制变量来自各省统计年鉴。为缓解异常值对实证结果的潜在影响，本章对连续变量进行上下限各 0.5% 的缩尾处理（Winsorize）。主要变量的描述性统计如表 6－1 所示。

表 6－1　　主要变量的描述性统计

变量	观测值	均值	标准差	最小值	最大值
ln（住房市值）	1835	13.3860	1.2009	7.8240	15.8950
住房套数	3586	1.3843	0.6317	1.0000	9.0000
购房杠杆率（银行贷款）	3586	0.5405	0.1475	0.0005	0.7500
ln（家庭总收入）	3586	11.2309	1.3865	3.5553	14.2361
家庭规模	3586	3.4002	1.2504	1.0000	10.0000
ln（人均 GDP）	3586	11.0203	0.3845	10.1722	11.7675
ln（房价）	3586	8.9292	0.5035	8.1967	10.4376

三　估计结果

（一）基本估计结果

首先考虑购房杠杆率对住房套数的影响，由于住房套数是离散变量，因而使用有序 Probit 模型估计，实证结果如表 6－2 所示。第（1）列和第（2）列分别使用银行住房贷款和民间借贷计算购房杠杆率，结果显示购房杠杆率显著提高了住房套数，假设 H1 和假设 H1a 得到验证。第（3）列和第（4）列进一步考虑亲友借款，购房杠杆率对住房套数无显著正向影响，表明通过亲友借款加杠杆并未提高新增购房数量。假设 H1b 未得到验证，可能的原因是：亲友借款主要来自于上一代，而上一代本身并不富裕，对子女的购房支持主要限于首套，很难在多套房购买上再进行支持。

表 6－2 还报告了购房杠杆率对住房套数 8 种观测值的边际概率效应，两者表现出典型的倒“U”形关系。以第（1）列为例，银行贷款购房杠杆率每提高 1%，购买首套房的概率下降 0.0901%，这是因为首套房基本用作自住（消费用途），许多家庭针对自住并不希望背负较多债务；银行贷款购房杠杆率每提高 1%，购买 2 套的概率提高 0.0664% 且达到峰值，这说明正规渠道的杠杆对改善性住房或投资性住房有显著

影响；购买3套和4套房的概率分别提高0.0173%和0.0048%加杠杆对购买5套及以上住房无显著正向影响，这实际上反映了当前“限贷”政策的效果，大部分城市都不支持两套房以上的贷款，除了一些城市不考虑异地贷款的情况。

表6-2　**购房杠杆率对住房套数的影响**

	被解释变量：住房套数			
	（1）银行贷款	（2）银行贷款+民间借贷	（3）银行贷款+亲友借款	（4）银行贷款+民间借贷+亲友借款
购房杠杆率	0.2693*	0.2685*	0.0126	0.0119
	(0.1510)	(0.1510)	(0.1425)	(0.1425)
ln（家庭总收入）	0.1752***	0.1752***	0.1758***	0.1758***
	(0.0221)	(0.0221)	(0.0222)	(0.0222)
家庭规模	0.1059***	0.1059***	0.1050***	0.1050***
	(0.0178)	(0.0178)	(0.0178)	(0.0178)
ln（人均GDP）	0.0229	0.0228	0.0143	0.0143
	(0.4485)	(0.4485)	(0.4478)	(0.4478)
ln（房价）	0.1858	0.1859	0.1932	0.1933
	(0.5270)	(0.5270)	(0.5270)	(0.5270)
省份固定效应	控制	控制	控制	控制
年份固定效应	控制	控制	控制	控制
观测值	3586	3586	3586	3586
购房杠杆率的边际概率效应				
1套	-0.0901*	-0.0899*	-0.0042	-0.0040
2套	0.0664*	0.0662*	0.0031	0.0029
3套	0.0173*	0.0172*	0.0008	0.0008
4套	0.0048*	0.0048*	0.0002	0.0002
5套	0.0009	0.0009	0.0000	0.0000
6套	0.0002	0.0002	0.0000	0.0000

续表

	购房杠杆率的边际概率效应			
	（1）银行贷款	（2）银行贷款＋民间借贷	（3）银行贷款＋亲友借款	（4）银行贷款＋民间借贷＋亲友借款
8 套	0.0002	0.0002	0.0000	0.0000
9 套	0.0003	0.0003	0.0000	0.0000

注：*、** 和 *** 分别为 10%、5% 和 1% 的显著性水平，括号中报告的是聚类至家庭的标准误。

其次本章使用固定效应模型估计购房杠杆率对住房市值的影响，这也是我们更为关注的结果，下文的异质性分析也只考虑对住房市值的影响。因为住房不平等更多地体现为财富水平的差异，而不是数量的多寡。表 6－3 第（1）列使用银行住房贷款计算购房杠杆率，结果显示购房杠杆率对住房市值具有显著正向影响，购房杠杆率每提高 1%，住房市值增加 0.6971%，表明购房杠杆率加剧了住房不平等，假设 H1 得到验证。第（2）—（4）列分别考虑民间借贷和亲友借款等其他购房借款途径，购房杠杆率对住房市值的提高作用依然稳健，假设 H1a 和假设 H1b 得到验证。控制变量的回归结果基本符合预期：从家庭特征看，高收入、小规模家庭的住房市值较高；从地域特征看，高房价地区的住房市值较高。比较 4 个模型的购房杠杆率系数可以发现一个有意思的现象，即亲友借款对住房市值的影响不如银行贷款和民间借贷，这一方面是由于亲友借款主要用于支持首套房，首套房的负债并不高；另一方面大部分人购买首套房主要考虑居住的空间要求，而较少考虑商业、学区等因素，而后者是导致住房市值增加的主要原因。

表 6－3　　　　　　　购房杠杆率对住房市值的影响

	被解释变量：ln（住房市值）			
	（1）银行贷款	（2）银行贷款＋民间借贷	（3）银行贷款＋亲友借款	（4）银行贷款＋民间借贷＋亲友借款
购房杠杆率	0.6971*** （0.1809）	0.7009*** （0.1809）	0.3547** （0.1680）	0.3582** （0.1679）
ln（家庭总收入）	0.1855*** （0.0197）	0.1854*** （0.0197）	0.1909*** （0.0199）	0.1908*** （0.0199）
家庭规模	－0.0753*** （0.0231）	－0.0753*** （0.0231）	－0.0801*** （0.0232）	－0.0801*** （0.0232）
ln（人均 GDP）	0.1983 （0.4487）	0.1982 （0.4487）	0.1642 （0.4457）	0.1639 （0.4457）
ln（房价）	0.8731* （0.4861）	0.8736* （0.4861）	0.8651* （0.4898）	0.8659* （0.4898）
省份固定效应	控制	控制	控制	控制
年份固定效应	控制	控制	控制	控制
观测值	1835	1835	1835	1835
R^2	0.3799	0.3800	0.3745	0.3746

注：*、** 和 *** 分别为 10%、5% 和 1% 的显著性水平，括号中报告的是聚类至家庭的标准误。

（二）异质性分析

1. 收入水平

为进一步考察购房杠杆率对不同收入家庭住房市值的异质性影响，本章根据家庭总收入将样本家庭 5 等分，比较各收入分组下购房杠杆率与住房市值之间的关系。表 6－4 报告的估计结果表明，相对于中高收入家庭，购房杠杆率更加促进低收入家庭的住房市值提高，或者说低收入家庭住房市值对购房杠杆率更敏感，这一结论与尹志超等①的研究一致；对于收入前 20% 的家庭而言，购房杠杆率甚至对住房市值产生负向影响，这可能是因为高收入家庭将财富更多地配置到金融资产上。以上结果意味着购房杠杆率对住房不平等的影响随收入分层而变化，假设 H2a 得到验证。

表 6-4　　**异质性分析（收入水平）**

	被解释变量：ln（住房市值）				
	(1) [0, 20%]	(2) [20, 40%]	(3) [40, 60%]	(4) [60, 80%]	(5) [80, 100%]
购房杠杆率	1.6015*** (0.4397)	1.2815*** (0.4307)	0.1738 (0.3536)	0.0231 (0.3308)	-0.5474** (0.2408)
控制变量	控制	控制	控制	控制	控制
省份固定效应	控制	控制	控制	控制	控制
年份固定效应	控制	控制	控制	控制	控制
观测值	367	367	367	367	367
R^2	0.3171	0.2945	0.2690	0.3588	0.5181

注：*、** 和 *** 分别为 10%、5% 和 1% 的显著性水平，括号中报告的是聚类至家庭的标准误。控制变量包括家庭总收入、家庭规模、人均 GDP 和房价。

2. 户籍

为进一步考察购房杠杆率对不同户籍家庭住房市值的异质性影响，本章定义非农业户籍虚拟变量，赋值为 1 代表户主的户籍类型属于非农业，将其与银行贷款购房杠杆率做交互后，加入计量模型（2）中重复基准回归。表 6-5 第（1）列报告的估计结果显示，对于非农业户籍的

① 尹志超、李青蔚、张诚：《收入不平等对家庭杠杆率的影响》，《财贸经济》2021 年第 1 期。

家庭，购房杠杆率对住房市值的正向影响更大，说明非农业户籍家庭加杠杆购房后会产生更大的住房不平等效应，假设 H2b 得到验证。

表 6－5　　　　异质性分析（户籍、工作单位性质和学历）

	被解释变量：ln（住房市值）		
	（1）户籍	（2）工作单位性质	（3）学历
购房杠杆率×非农业户籍	0.8213*** （0.0880）	—	—
购房杠杆率×机关事业单位	—	0.3189*** （0.1144）	—
购房杠杆率×国有和集体企业	—	0.0779 （0.1312）	—
购房杠杆率×个体工商户和私营企业	—	0.2000** （0.1016）	—
购房杠杆率×本科及以上学历	—	—	0.5541*** （0.0800）
购房杠杆率	0.3067 （0.1998）	0.5490*** （0.1975）	0.5215*** （0.1836）
控制变量	控制	控制	控制
省份固定效应	控制	控制	控制
年份固定效应	控制	控制	控制
观测值	1632	1835	1835
R^2	0.3995	0.3824	0.3915

注：*、** 和 *** 分别为 10%、5% 和 1% 的显著性水平，括号中报告的是聚类至家庭的标准误。控制变量包括家庭总收入、家庭规模、人均 GDP 和房价。

3. 工作单位性质

为进一步考察购房杠杆率对不同职业家庭住房市值的异质性影响，本章根据户主工作单位生成机关事业单位、国有和集体企业、个体工商户和私营企业、外资企业 4 个家庭职业虚拟变量，以外资企业为基准组，将其余 3 个工作单位虚拟变量与银行贷款购房杠杆率做交互后，加入计量模型（2）中重复基准回归。表 6 – 5 第（2）列报告的估计结果表明，购房杠杆率对户主在机关事业单位工作的家庭住房市值的正向影响最大，个体工商户和私营企业次之，国有和集体企业与外资企业相比无显著差异。主要原因是在机关事业单位工作有利于提高银行贷款可获得性，机关事业单位职工成为加杠杆买房的主力，从而扩大不同职业类别间的住房不平等，假设 H2c 得到验证。

4. 学历

为进一步考察购房杠杆率对不同学历家庭住房市值的异质性影响，本章定义本科及以上学历虚拟变量代表户主的教育水平为大学本科、硕士或博士研究生，将其与银行贷款购房杠杆率做交互后，加入计量模型（2）中重复基准回归。表 6 – 5 第（3）列报告的估计结果显示，对于本科及以上学历的家庭，购房杠杆率对住房市值的正向影响更大，说明高学历家庭加杠杆购房后会产生更大的住房不平等效应，假设 H2d 得到验证。

5. 金融素养

为进一步考察购房杠杆率对不同金融素养家庭住房市值的异质性影响，本章生成银行贷款购房杠杆率与金融素养指数的交互项后，加入计量模型（2）中重复基准回归。借鉴尹志超等[①]对金融知识指标的构建方法，本章根据实际需要和 CHFS 调研问卷内容，选取包含金融知识和投资经验在内的 6 个问题，采用因子分析法中的迭代主因子法将因子旋转后的方差贡献率作为权重，构建金融素养指数。详细赋值情况如下：（1）您平时对经济、金融方面的信息关注程度如何？回答从不关注赋值 1，很少关注赋值 2，一般赋值 3，很关注赋值 4，非常关注赋值 5。（2）目前，您

① 尹志超、宋全云、吴雨：《金融知识、投资经验与家庭资产选择》，《经济研究》2014 年第 4 期。

家是否有股票账户？回答是赋值 1，否为 0。(3) 目前，您家是否持有基金？回答是赋值 1，否为 0。(4) 您认为一般而言，股票和基金哪个风险更大？回答正确赋值 1，错误为 0。(5) 假设银行的年利率是 4%，如果把 100 元钱存 1 年定期，1 年后获得的本金和利息是多少？回答正确赋值 1，错误为 0。(6) 假设银行的年利率是 5%，通货膨胀率每年是 3%，把 100 元钱存银行一年之后能够买到的东西将如何变化？回答正确赋值 1，错误为 0。同时，针对问题（4）、问题（5）、问题（6），尹志超等指出回答错误和回答不知道所代表的金融知识水平不一样①，因此本章对上述三个问题再分别构建一个虚拟变量。问题（4）将回答“一样大”和“没听说过”的对象理解为不知道，问题（5）和问题（6）将回答“算不出来”的对象理解为不知道，总共构建了 9 个变量。

表 6－6 报告的估计结果显示，对于高金融素养的家庭，购房杠杆率对住房市值的正向影响更大，表明金融素养放大了杠杆率产生的住房不平等效应。原因在于高金融素养的家庭更能敏锐地捕捉到房产投资机遇，通过加杠杆买房获得住房升值的红利，假设 H3 得到验证。区分杠杆率资金来源看，使用银行贷款和民间借贷计算的杠杆率，与仅使用银行贷款计算的杠杆率相比其系数完全一样，查找原因后发现：回答金融素养问题的样本对应的民间借贷变量值缺失，这意味着假设 H3a 因数据条件限制未能检验。使用银行贷款和亲友借款计算购房杠杆率，与仅使用银行贷款计算的杠杆率相比其对住房市值的正向影响要大，表明高金融素养的家庭更倾向于借助亲友借款这一低成本融资渠道加杠杆购房，然而由于亲友借款的杠杆力度有限，其影响程度仅比正规渠道大一点，假设 H3b 得到验证。

① 尹志超、宋全云、吴雨：《金融知识、投资经验与家庭资产选择》，《经济研究》2014 年第 4 期。

表 6－6　　　　异质性分析（金融素养）

	被解释变量：ln（住房市值）		
	（1）银行贷款	（2）银行贷款＋民间借贷	（3）银行贷款＋亲友借款
购房杠杆率×金融素养指数	0.5144 *** (0.0966)	0.5144 *** (0.0966)	0.5165 *** (0.0956)
购房杠杆率	0.6730 *** (0.2445)	0.6730 *** (0.2445)	0.4900 ** (0.2246)
控制变量	控制	控制	控制
省份固定效应	控制	控制	控制
年份固定效应	控制	控制	控制
观测值	1074	1074	1074
R^2	0.3613	0.3613	0.3592

注：*、** 和 *** 分别为 10%、5% 和 1% 的显著性水平，括号中报告的是聚类至家庭的标准误。控制变量包括家庭总收入、家庭规模、人均 GDP 和房价。

四　结论与政策建议

本章基于 2015 年和 2017 年 CHFS 的混合截面数据，从微观层面研究了金融杠杆率对住房不平等的影响。在控制家庭特征和地区特征之后，正规渠道的银行杠杆率以及非正规渠道的民间借贷杠杆率对住房套数存在显著的正向影响；进一步地，所有渠道的金融杠杆率（除上述两种渠道外还包括亲友借款）对住房市值均存在显著的正向影响。这表明金融杠杆率扩大了住房不平等。在异质性分析中，低收入组的购房杠杆率系数为正，且收入组别越低住房市值对购房杠杆率越敏感，最高收入组的购房杠杆率系数为负；城镇户籍、机关事业单位以及本科以上学历的家庭在加杠杆后会产生更大的住房不平等效应。金融素养方面，高金融素养的家庭加杠杆后对住房市值影响显著为正，表明他们更能敏锐地捕捉到房产投资机遇，通过加杠杆买房获得住房升值的红利；考虑亲友借款后这一系数变大，但增加幅度较小，这是因为亲友借款的杠杆力度有限。

本章研究结果表明，金融杠杆率显著扩大了住房不平等程度。现阶段中国居民债务率居高不下，这不仅导致银行系统的风险问题，也扩大了居民财富不平等，影响共同富裕目标的实现，是政策当局应该重视的问题。在总量政策上，一方面，控制个人按揭贷款增速有利于抑制住房不平等，因此政策上应坚持贯彻房地产金融审慎管理制度；另一方面，中央经济工作会议提出“稳字当头、稳中求进”的工作思路，在房地产方面提出“支持商品房市场更好满足购房者的合理住房需求”的要求，因此信贷政策应保持连贯性、一致性，防止出现按揭贷款断崖式下降所产生的风险。此外，本章的异质性分析提供了结构性的应对思路：针对低收入人群可适当提高他们的杠杆率水平，通过加强金融教育使之明白适当应用金融杠杆的好处，因为这部分人群住房市值的提升对杠杆率更敏感；针对高收入人群应严格执行二套房及以上限贷措施，并严查房抵经营贷、消费贷违规入市的情况，防止因违规加杠杆导致住房不平等扩大。在个人按揭贷款发放过程中，除按评估模型审核外还应加强人工复核，减少因户籍、单位性质、学历差异导致的歧视。此外，对于“六个钱包”是否导致住房不平等的扩大，也不宜过度担心，毕竟“六个钱包”的杠杆支持力度有限。

（执笔人：蔡　真）

第七章

加强财政政策与货币政策的协调配合

财政政策和货币政策是宏观经济管理的主要手段，加强二者之间的协调配合是健全宏观经济治理体系的关键环节。从全球视角看，自希克斯创立 IS – LM 模型之后，宏观经济学界就已开启对财政政策与货币政策协调配合问题的系统化理论探讨。2008 年国际金融危机爆发后，发达经济体的宏观政策实践活动日渐丰富，推动了理论研究的进一步发展。国际学界普遍认为，现实经济问题的复杂性和系统性要求央行与财政部更加密切地合作，以应对各种风险挑战。从国内视角看，伴随经济体制改革的深化，央行的独立性不断增加，中国财政与货币两大部门协调配合的重要性日益凸显。本章拟在简要回顾全球财政政策与货币政策协调配合的理论与政策演进脉络基础之上，着力梳理中国财政与货币金融两大部门关系的演进脉络，分析当前这两大政策体系协调配合中出现的主要问题，并围绕“十四五”规划提出的“健全宏观经济治理体系”这一总目标，提出加强中国财政政策与货币政策协调配合的若干政策建议。

一　加强财政政策与货币政策协调配合的战略意义

宏观经济治理体系是国家治理体系的重要组成部分，在熨平经济波动和推动经济增长等方面发挥着至关重要的作用。改革开放时期，中国决策者和学术界使用“宏观调控”来指代政府的宏观经济管理活动。[①] 40多年来，中国共产党领导中国人民创造了世所罕见的经济快速发展和社会长期稳定两大奇迹，在保持持续高速增长态势的同时，经济波动趋于平稳化，呈现出“高位—平稳”的总体形态。这一基本事实雄辩地说明，中国的宏观调控政策成就斐然，宏观经济治理实践当中呈现的中国特色值得理论界系统总结。

当前，世界面临百年未有之大变局，中国进入新发展阶段；新时代、新形势对中国的宏观调控和宏观经济治理体系建设提出了新挑战、新要求。行百里者半九十，完善中国特色宏观经济治理体系的任务依然繁重。2021年发布的《中华人民共和国国民经济和社会发展第十四个五年规划和2035年远景目标纲要》提出，要“健全以国家发展规划为战略导向，以财政政策和货币政策为主要手段，就业、产业、投资、消费、环保、区域等政策紧密配合，目标优化、分工合理、高效协同的宏观经济治理体系”。从中可以发现，中国特色宏观经济治理体系是一套由“1+2+N”构成的三层架构：所谓“1”，就是作为战略导向的国家发展规划，起到的是引领各类宏观政策工具中长期取向的作用，位于宏观经济治理体系的顶端；所谓“2”，就是作为主要手段的财政政策和货币政策，它们通过调控全社会的货币资金流动来影响国民经济运行态势，是稳定经济运行的主要抓手，位于宏观经济治理体系的核心层；所谓“N”，就是作为政策工具的就业、产业、投资、消费、环保、区域等政策，是宏观经济治理体系的必要组成部分。

由此可见，“1+2+N”的宏观经济治理体系中包含着多种多样的宏观政策工具。作为一个发展任务繁重，结构变迁剧烈的发展中经济

① 对“宏观调控”提法形成过程的分析，参见董昀《中国特色社会主义宏观调控的实践探索与理论创新》，《马克思主义研究》2020年第8期。

体，中国在体制改革、结构调整、系统性风险防范化解等方面面临许多冲击与挑战，多一些备用的、可供选择的政策工具对于我们而言确有必要。但同时也要看到，多样化的工具体系也潜藏着政策冲突掣肘的隐患，凸显加强各种政策工具之间协调配合的极端重要性。如果缺乏有效的协调配合机制，面对经济波动，就可能眉毛胡子一把抓，各种政策频频出台，各个部门一起来，各类工具一起上，甚至会以情况特殊为借口，突破常规限制。这样一来，不仅导致调控效果不佳，影响经济平稳运行，而且可能导致宏观经济治理体系的现代化、法治化进程停滞，宏观调控的相机抉择色彩过重，随意性过强。因此，加强宏观政策工具之间的协调配合，应当成为当前健全宏观经济治理体系的关键环节。

财政政策和货币政策是中国宏观调控的主要工具，两者收支规模极其庞大，全面而深刻地影响国民经济运行的方方面面，其影响力之大绝非其他政策工具可以比拟。况且，产业、投资、消费、环保、区域等政策工具的运用，也离不开财政资金和金融资源的支持。无论是产业发展、生态环保，还是区域协调、消费扩张，都要通过具体项目来推进，而项目的落地实施往往是与预算安排、信贷支持直接挂钩的。因此，加强财政政策和货币政策的协调配合，自然成为健全宏观经济治理体系，实现政策体系高效协同的枢纽环节。

当前，在新冠肺炎疫情冲击之下，外部环境更趋复杂严峻和不确定，加强中国财政与货币两大政策体系的协调配合之现实意义进一步凸显。2021 年中央经济工作会议指出，中国经济发展面临需求收缩、供给冲击、预期转弱三重压力。在多重冲击下，市场主体的投资意愿不足，且资金供给匮乏，政府的宏观经济政策在稳增长中的作用至关重要。若单靠货币政策，难以破解人们心理预期转弱带来的流动性陷阱、动物精神等困局，货币供给的增加和利率的降低未必带来投资与就业的增长。而若要在经济放缓和税收增长乏力的现实背景之下实施积极的财政政策，则必然导致财政收支矛盾更加突出，财政收支缺口持续扩大。

因此，财政政策和货币政策要协调联动，在确保金融稳定大局的前提下建立为赤字融资的可持续机制，从而形成稳增长合力，推动总需求的扩张和预期的稳定，保持经济运行在合理区间。

二 全球视野中财政政策与货币政策协调配合：文献概览

如果仔细观察现实当中的政策操作与经济运行，我们不难发现财政政策与货币政策的差异和关联。一方面，两者的特性的确存在诸多重要差别：财政政策通过调节政府收支规模和结构直接影响实体经济运行，政策时滞较短，既影响总量，又影响结构；货币政策通过影响经济主体的资金可得性和资金成本间接影响实体经济运行，政策时滞较长，主要影响总量。另一方面，财政政策与货币政策之间又存在众多犬牙交错的结合部，如国库现金管理、国债收益率曲线编制、外汇储备管理等。两大政策手段之间的功能差异和千丝万缕的联系表明，央行与财政需要更加紧密地合作，发挥各自比较优势，形成“1 + 1 > 2”的政策合力，以应对现实中的各种挑战。

为了解释财政政策和货币政策协调配合进程中出现的上述林林总总的现象，国际宏观经济学界进行了长期理论探索。由希克斯创立的 IS – LM 模型是分析财政政策与货币政策协调配合问题的早期经典框架。正如李扬所言，IS – LM 模型将边际消费倾向、资本边际效率、货币需求和货币供给四个变量置于同一框架之内，用 IS 曲线刻画财政政策对产品市场运行的影响，用 LM 曲线刻画货币政策对货币市场运行的影响①。因为产品市场和货币市场是紧密相连、相互影响的——均衡利率影响投资和收入，均衡收入

① 李扬：《财政政策和货币政策协调配合：一个研究提纲》，《金融评论》2021 年第 2 期。

影响货币需求和利率，故而财政政策与货币政策相互关联。Sargent 和 Wallace 利用 IS－LM 模型对财政政策与货币政策关系进行了开创性研究①。

虽然财政政策与货币政策的协调配合是一个老问题，但是从 20 世纪 80 年代直至 2008 年国际金融危机爆发之前，在经典的宏观经济理论和发达经济体的早期实践当中，财政政策与货币政策的协调配合并非一个最为重要的核心问题。这是因为，这两大工具体系有着明确的分工和清晰的政策目标，彼此之间没有太多相互冲突之处。货币政策主要被用于调节物价水平，保持通胀率的温和与稳定；财政政策则被用于稳定债务规模，维护财政可持续性，在此前提下发挥稳增长作用，弥合产出缺口。20 世纪 90 年代以来，许多西方发达经济体实施通货膨胀目标制，同时赋予中央银行更大的独立性来实现通胀目标，货币政策在宏观经济管理活动中居于主导地位。而财政部门则在财政可持续的框架之下配合货币政策的实施，确定财政收支水平。这种宏观政策框架的特点是集中实施一种以灵活通货膨胀目标为主的货币政策框架，并忽视财政政策稳定经济的作用。在这种状况之下，中央银行和财政部相对独立地各自盯住自身政策目标，央行的货币政策足以处理较小的经济波动，财政政策与货币政策之间的协调配合并不会太多的冲突。无怪乎有文献明确指出，从长期看，几乎没有必要研究财政政策与货币政策的协调问题②。

当然，这一时期也有学者意识到，虽然宏观经济学界的思潮倾向于强调中央银行的独立性，由此导致货币管理和债务管理两大职能分离，但是这并不意味着财政政策与货币政策协调配合的必要性有所降低③。Leep 较早地基于新凯恩斯框架，从货币政策盯住通胀、财政政策盯住

① Sargent, T. and N. Wallace, 1981, "Some Unpleasant Monetarist Arithmetic", *Quarterly Review*, Federal Reserve Bank of Minneapolis, 1－17.

② Hagen, V. and S. Mundschenk, 2003, "Fiscal and Monetary Policy Coordination in EMU", *International Journal of Finance & Economics*, 8: 279－295.

③ Laurens, J. and E. Piedra, 1998, "Coordination on Monetary and Fiscal Policies", IMF Working Paper, 1－32.

债务的假定出发，探讨四种不同的财政政策与货币政策组合（主动型财政政策＋主动型货币政策、主动型财政政策＋被动型货币政策、被动型财政政策＋主动型货币政策、被动型财政政策＋被动型货币政策）对总产出的影响[①]。以 Leep 为开端，后续文献力图揭示，在财政与货币这两大经济政策的决策力量之间，何时不可能出现协调配合，何时有实现协调配合的可能性，何时实现了真正的协调配合；并在此基础上发展出财政物价决定理论（Fiscal Theory of the Price Level，FTPL）。Dixit 和 Lambertini 的理论分析则运用博弈论方法进一步揭示，当财政部和央行相对独立，而且对于通货膨胀和产出也有着各不相同的政策目标的时候，就会导致纳什均衡之下的产出水平和通货膨胀率均无法达到最优[②]。因此，加强两大政策体系之间的协调配合将有利于改进效率和社会福利。

形势比人强。财政政策与货币政策协调配合问题重要性的真正显现，还是 2008 年国际金融危机爆发之后的事情。彼时，全球经济形势发生根本性转折，陷入长期停滞泥潭难以自拔，扩张总需求随即成为宏观政策的当务之急。在流动性陷阱和零利率下限的约束之下，发达经济体传统货币政策的局限性骤然显现，货币政策无法产生足够的总需求，以填补产出缺口，政府不得不转向相机抉择的财政政策。如 Feldstein 所言，“在正常情况下，我反对增加预算赤字、提高政府支出水平……尽管如此，我支持美国的财政刺激政策，因为当前的经济衰退比之前的经济衰退更严重和不同”[③]。在 IMF 召开的“反思宏观经济政策”学术研讨会上，布兰查德等也提议，应通过提高通胀目标（或是创造更大的货

---

① Leeper, M. , 1991, “Equilibria under ‘Active’ and ‘Passive’ Monetary and Fiscal Policies”, *Journal of Monetary Economics*, 1: 129 – 147.

② Dixit, A. and L. Lambertini, 2001, “Monetary-Fiscal Policy Interactions and Commitment versus Discretion in a Monetary Union”, *European Economics Reviews*, 4: 977 – 987; Dixit, A. and L. Lambertini, 2003, “Interactions on Commitment and Discretion in Monetary and Fiscal Policies”, *American Economic Reviews*, 5: 1522 – 1542.

③ Feldstein, M. , 2009, “The Case for Fiscal Stimulus”, Project Syndicate.

币政策空间），引入更强劲的、非线性自动稳定器（让财政政策更灵活），来加强宏观经济政策应对危机的能力①。总体而言，在新的形势下，财政政策在宏观经济管理中的地位急速上升，财政政策与货币政策的协调配合问题旋即变得至关重要。新冠肺炎疫情暴发之后，发达经济体的财政政策与货币政策更加密切地合作，努力扩大总需求，在经历了持续的低增长与低通胀之后，经济增速和物价涨幅都在回升。如果要彻底摆脱流动性陷阱的困扰，财政政策与货币政策协调配合的政策力度在短期内就不会减弱②。

于是，大量晚近文献对于零利率下限约束之下的财政政策与货币政策协调配合问题进行了理论与实证研究。研究的一个重点领域是论证两大政策体系协调配合的必要性和内在机理。国际清算银行经济学家 Hofmann 等细致分析论证了零利率下限约束之下加强财政政策与货币政策协调配合的必要性③。该文认为，量化宽松政策压低了长期利率的期限溢价，从而创造出有利于实施扩张性财政政策和降低“债务—通缩”风险的政策空间，扩张性的财政政策可以刺激经济增长，帮助全球经济摆脱通缩阴影。如果在实施量化宽松政策时游移不定，或者极度厌恶扩张性财政政策，则将导致经济陷入流动性陷阱无法自拔。Calvo 和 Velasco 强调，我们已经进入了一个高度依赖流动性的世界；在其中，财政政策与货币政策是紧密相连，相互支撑的④。例如，由债券融资所推动的财政扩张可能具有收缩性，容易招致通货紧缩和暂时性衰退。为了避免

---

① Blanchard, Olivier, Giovanni Dell'Ariccia and Paolo Mauro, 2010, “Rethinking Macroeconomic Policy”, IMF Staff Position Note, SPN/10/03.

② Panetta, F., 2021, Monetary-Fiscal Interactions on the Way out of the Crisis, Keynote Speech at the Conference of the Governors of Mediterranean Central Banks on “Central Banks at the Frontline of the COVID－19 Crisis: Weathering the Storm, Spurring the Recovery”.

③ Hofmann, B., M. Lombardi and B. Mojon, 2021, “Fiscal and Monetary Policy Interactions in A Low Interest Rate World”, BIS Working Papers, No. 954.

④ Calvo, G. and A. Velasco, 2021, “Joined at the Hip: Monetary and Fiscal Policy in a Liquidity-dependent World”, BIS Working Papers, No. 967.

出现这种负面影响，财政政策和债券供给的变化应当与货币供应量和利率的变化相匹配。

此外，还有一些文献分析了财政政策与货币政策在宏观政策体系中的主导权问题，总体倾向于支持财政政策发挥主导作用。例如，布兰查德从多个角度研究了后危机时代主要发达经济体财政政策与货币政策的内在关联机制①。他指出，在零利率下限约束之下，应当让财政政策发挥主导作用，货币政策作出反应，从而使得经济在潜在产出水平附近运行，或者加强二者的协调配合，以应对总需求的变化。布兰查德还特别指出，美国财政政策与货币政策协调配合的难点之一是处理好量化宽松政策与国债管理政策之间的冲突。

在协调配合的进程中，如何划分财政政策与货币政策的边界，也是研究的热点之一。例如，白川方明对零利率约束下的财政政策与货币政策边界问题进行了详尽探讨，认为在零利率约束下，中央银行要想追求货币宽松效果，仅仅降低无风险利率还不够，同时应设法降低信用风险溢价②。这表明，中央银行必须通过购买私人部门风险资产等方式干预微观领域的资源配置。白川方明指出，在西方发达国家，政府对微观领域资金配置的干预，通常是要经国会表决通过，由财政部以财政政策的方式来具体实施的。如果中央银行购买个别企业的风险资产，其采取的货币政策就会近似于财政政策。如何划清财政政策与货币政策的边界，明确二者各自的分工职责，确保央行的独立性不受影响，这是一个没有最优解的难题。与之类似，Weidmann 对后危机时代各国央行大规模购买政府债券的操作手段也持批评态度③。虽然这种工具可以成为合法的

① Blanchard, O. , 2021, "Fiscal Policy Under Low Interest Rates", https: //creativecommons. org/licenses/by/4. 0/.

② ［日］白川方明：《动荡时代：白川方明亲历日本经济繁荣与衰退的 39 年》，裴桂芳、尹凤宝译，中信出版集团 2021 年版。

③ Weidmann, J. , 2020, "Monetary Policy and the Role of Central Banks-An Outlook", Speech delivered to the Freundeskreis of the Ludwig-Erhard-Stiftung.

货币政策手段，但它们带来的最大风险是模糊财政政策与货币政策的界限。因此，除了类似于新冠肺炎疫情冲击这样的特殊情况，面对一般性的经济波动，不应采取央行购买政府债券的政策加以应对。

近年来，随着宏观审慎政策实践不断丰富，也有不少文献从宏观审慎框架入手，讨论财政政策与货币政策的协调配合问题。其中的一个研究焦点是探讨金融摩擦、主权风险和财政政策之间的互动关系。一些文献认为，金融摩擦的存在将提升财政政策的有效性①；还有一些文献则持完全相反的看法，认为金融摩擦将削弱财政政策的有效性②。

总体而言，在后危机时代的各种新实践和新思潮的冲击之下，财政政策在宏观政策体系中的地位不断提升，甚至在一些情况下占据主导地位。与之相呼应，一种极端的理论主张受到广泛关注，这就是在20世纪90年代便已经发端的现代货币理论（Modern Money Theory，MMT）。它对中央银行的独立性和量入为出的古典财政理论发起了根本性挑战。MMT理论认为，政府具有发行货币的能力，不会像家庭那样面临严格的预算约束，因此应秉持功能性财政（Functional Finance）原则，致力于实现物价稳定、充分就业等政策目标，而不必拘泥于财政赤字率的高低。其主要政策工具就是通过债务和货币进行融资，税收并非唯一手段。如果央行具有充分的独立性，那么财政部门就不能无限制地发行国债，也就依然面临明显的融资约束。因此，现代货币理论主张货币政策应从属于财政政策，并提出了合并货币与财政两大部门、成立大政府的政策主张。究其根本，这种观点以一种极端的方式，凸显了财政政策与货币政策、财政部与中央银行之间犬牙交错的复杂关联，进而强调了两

---

① Carrillo, J. A. and C. Poilly, 2013, "How do Financial Frictions Affect the Spending Multiplier during a Liquidity Trap?", *Review of Economic Dynamics*, 16 (2): 296-311.

② Abo-Zaid, S. and A. H. Kamara., 2020, "Credit Constraint and the Government Spending Multiplier", *Journal of Economic Dynamics and Control*, 116: 103901；王立勇、徐晓莉：《纳入企业异质性与金融摩擦特征的政府支出乘数研究》，《经济研究》2018年第8期。

者协同发力的重要性[①]。

虽然财政主导的思潮在危机后占据了上风，但也有不少学者和决策者关注到，较高的财政赤字和缺乏独立性的货币政策隐含着较大的通胀风险，由财政主导的政策框架往往有推升通胀的倾向，从而导致经济剧烈波动[②]。历史经验可以充分证明这一点。Blanchard 对巴西的分析显示，财政主导理论可较好地描述巴西 2003 年之前的经济环境，当时该国实施主动的财政政策，从而制造了高额赤字，但该国的央行完全没有通过提升利率来应对 2002 年出现的通胀压力，导致经济剧烈波动[③]。György 和 Palotai 对匈牙利财政政策和货币政策的协调和改革问题的经验分析表明，2002—2010 年过度的财政主导使得匈牙利未能实现财政收支平衡与经济增长，经济增速低于潜在水平，政府杠杆率继续攀升[④]。2010 年之后，这种损害实体经济发展的财政主导局面宣告结束，财政部与央行彼此尊重对方的独立，为两大政策体系的合作创造了适当的机遇。宏观政策体系协同性的增强推动着 2013—2016 年的匈牙利经济逐渐步入物价稳定、增速上升和财政平衡的新轨道。Weidmann 对于财政主导型政策操作也持有批评态度，认为财政政策制定者必须约束自己，建立可信的财政规则；归根到底，货币政策的实施有赖于健全稳固的政府财政[⑤]。如若不然，财政政策制定者相信货币政策总是能够拯救他们，那么公共财政就会被想当然地认为具备可持续性，再高的负债率也

---

① 张晓晶、刘磊：《现代货币理论及其批评——兼论主流与非主流经济学的融合与发展》，《经济学动态》2019 年第 7 期。

② ［日］白川方明：《动荡时代：白川方明亲历日本经济繁荣与衰退的 39 年》，裴桂芳、尹凤宝译，中信出版集团 2021 年版。

③ Blanchard, O., 2004, "Fiscal Dominance and Inflation Targeting: Lessons from Brazil", NBER Working Paper, No. 10389.

④ György Matolcsy and Dániel Palotai, 2016, "The Interaction between Fiscal and Monetary Policy in Hungary Over the Past Decade and a Half", *Financial and Economic Reveiw*, 15 (2): 5 – 32.

⑤ Weidmann, J., 2020, "Monetary Policy and the Role of Central Banks-An Outlook", Speech delivered to the Freundeskreis of the Ludwig-Erhard-Stiftung.

不必担忧，这势必给央行带来更大的压力，对物价稳定也构成严峻挑战。

通过以上文献梳理我们发现，加强财政政策和货币政策的协调配合，已成为当前国际宏观经济学界的基本共识。尽管现代货币理论的政策主张过于极端，在现实中政府债务不可能没有边界，而且中央银行也不可能完全服从于财政部，但是它却提醒我们，像二三十年前的主流理论那样仅仅强调央行的独立性是远远不够的，现实经济问题的复杂性和系统性要求央行与财政部更加密切、有序地合作，以有效化解经济运行中的各种风险挑战。

三　中国财政政策与货币政策协调配合的演进与问题

（一）中国财政与金融两大部门关系的演进

对于中国计划经济年代财政政策与货币政策的关系，黄达①、李扬②等学者进行了精当的概括。其关键要点可以用“财政出赤字，银行发票子”“财政和银行穿连裆裤”“财政和银行是国家的两个钱口袋”“大财政、小银行”等生动的比喻来刻画。“连裆裤”之类的比喻表明，财政与货币金融是密不可分的，这是现代经济中的必然现象。国内学术界一度认为，财政与货币金融之间的紧密联系源于计划经济体制，但无论从哪种类型的经济体制来看，当代货币供给形成机制及货币运动规律都有超越体制差异的共同的特点③。只不过随着发展阶段的演进和制度结构的变化，不同历史时期两大政策体系的联结方式和互动机制有所不同，体现不同的历史特点。

---

① 黄达：《财政信贷综合平衡导论》，中国人民大学出版社 1984 年版。

② 李扬：《货币政策与财政政策的配合：理论与实践》，《财贸经济》1999 年第 11 期。

③ 黄达：《金融学》，中国人民大学出版社 2008 年版。

如果说计划经济时期中国中央银行和金融体系从属于财政，只是国家财政的另一只“钱口袋”的话，那么体制转轨的推进使得财政与货币的关系发生了重大变化，社会主义市场经济体制下的中央银行和金融体系逐渐具备了较为明显的独立性。

在改革刚刚启动的20世纪80年代，相对独立的财政与银行体系均以本部门的收支平衡为目标，较少考虑彼此的协调配合以及全社会的资金综合平衡。在资金需求旺盛且资金供给不足的现实情况下，财政与银行均入不敷出，难以维持自身的收支平衡，倾向于转嫁困难以谋求出路①。这就导致了财政与银行资金相互挤占，财经纪律松弛局面的出现。一方面，财政向银行的透支和借款呈现出长期扩大化趋势，给信贷平衡增加了巨大压力；另一方面，银行利用代办金库业务的权力，常年无偿支配财政金库资金，出现财政资金使用无偿化和银行信贷化倾向②。

20世纪90年代中期，中国经济体制改革实现根本性转折，社会主义市场经济体制的基本框架开始确立。1994年之后，《中华人民共和国预算法》和《中华人民共和国中国人民银行法》相继颁布实施，明确规定中国人民银行不得对政府财政透支，不得直接认购、包销国债和其他政府债券，以立法的形式正式切断了财政向央行透支的渠道。2002年年底，财政部与中国人民银行联合发布《国库存款计付利息管理暂行办法》，开始实行国库存款计息制度，这是中华人民共和国成立后财政资金首次按照市场化机制对货币进行计价③。制度的变革使得财政与银行之间的直接资金往来渠道被切断，货币金融体系运行的市场化程度显著提升，财政政策与货币政策协调配合的主要领域和主要问题也随之发

① 柴金：《关于从根本上理顺财政和银行关系的初步探讨》，《计划经济研究》1990年第7期。

② 陈雨露、郭庆旺主编：《新中国财政金融制度变迁事件解读》，中国人民大学出版社2013年版。

③ 谢旭人：《中国财政与改革开放三十年》，经济科学出版社2009年版。

生了深刻变化。20 世纪 90 年代中期之后，财政政策与货币政策在宏观调控中的目标、方向、节奏与力度不一致，以及财政风险金融化和金融风险财政化等问题成为关注的焦点①。

党的十八大以来，中国特色社会主义进入新时代，中国经济发展也进入了新时代。以习近平同志为核心的党中央对财政和金融问题进行了一系列深刻的阐述，标志着我们党对财政和金融在社会主义市场经济中地位与作用的认识达到新高度。对于财政的地位和作用，2013 年党的十八届三中全会做了精辟论述："财政是国家治理的基础和重要支柱"，"科学的财税体制是优化资源配置维护市场统一、促进社会公平、实现国家长治久安的制度保障"。而对于金融的地位和作用，习近平总书记在 2019 年 2 月 22 日的中央政治局集体学习中用三句话进行了概括："金融是国家重要的核心竞争力"，"金融安全是国家安全的重要组成部分"，"金融制度是经济社会发展中重要的基础性制度"②。

把这两类分别针对财政和金融在国民经济中地位和作用的论断放在一起讨论，就可以形成如下两点共识：其一，以重要性来考量，金融和财政构成国家两大经济支柱、两大发展基础，同为国家治理之"四梁八柱"的组成部分，缺一不可。其二，以关联性来考量，金融和财政共同作用于同一个国民经济，而且它们之间存在大量如同黄达③所说的"犬牙交错的结合部"。于是，这两大政策体系之间应当合理分工、相互协调、彼此配合。这是推进中国国家治理体系和治理能力现代化的题中应有之义。

围绕党中央对财政金融制度建设的总体谋划，已有学者从不同视角

---

① 陈雨露、郭庆旺主编：《新中国财政金融制度变迁事件解读》，中国人民大学出版社 2013 年版。

② 《习近平在中共中央政治局第十三次集体学习时强调，深化金融供给侧结构性改革 增强金融服务实体经济能力》，《人民日报》2019 年 2 月 23 日。

③ 黄达：《财政信贷综合平衡导论》，中国人民大学出版社 1984 年版。

对新时代中国财政与货币金融关系中存在的问题进行了学理概括。例如，李扬指出，在经济下行压力加大，财政收支缺口增加的现实背景下，政府赤字和国债管理，是财政货币两大部门协调配合的关键所在①。又例如，徐忠强调，从体制转型的视角看，中国财政与金融关系存在多个方面的失衡：一是政府在资源配置中的比重上升，但财政责任转嫁现象严重，财政风险有可能直接转化为金融风险；二是“财政政策缺位、货币政策被迫补位”现象突出，两大政策的冲突较多；三是财政作为国有金融资产所有者，越位和缺位并存②。

（二）当前中国财政政策与货币政策协调配合的主要问题

当前和今后一个时期，中国经济下行压力持续加大。宏观政策的重中之重是稳定宏观经济大盘。2021 年 12 月召开的中央经济工作会议明确指出，财政政策和货币政策要协调联动。值得注意的是，在政策实施过程中，这两大主要手段的协调联动存在一些中梗阻环节，阻碍了政策效能的充分发挥。

概括起来说，近年来中国财政政策和货币政策的协调配合存在的中梗阻问题集中表现在以下几个方面。

第一，从宏观层面看，调控部门之间的政策沟通协调机制尚不健全。在稳增长、扩内需进程中，存在由于财政支出强度不足导致的“一脚踩刹车，一脚踩油门”现象，使得宏观调控的整体合力不够强大，经济恢复尚不稳定。

众所周知，财政政策和货币政策自身都有多种政策工具，它们也各自都有松、紧、中性之别，形成了高度多样化的政策体系。如何在保持“积极”“稳健”等概括性表述的同时，在总体宏观调控中加强货币政

① 李扬：《财政政策和货币政策协调配合：一个研究提纲》，《金融评论》2021 年第 2 期。

② 徐忠：《新时代中国金融体系与国家治理现代化》，《经济研究》2018 年第 7 期。

策与财政政策的协调配合，以期形成合力，避免相互掣肘，从而清晰、准确地形成宏观政策的真正指向，并标示出其调控力度，努力在经济社会中形成决策者希望形成的市场预期，这是当前中国宏观调控面临的一个重大挑战。

新冠肺炎疫情暴发之后，这一挑战进一步显现出来。2020 年以来，中国致力于强化财政政策和货币政策的逆周期调节作用，统筹推进复工复产和内需扩张。在货币投放持续适度扩张（“踩油门”）的同时，财政支出的进度相对较慢。2021 年开展的国务院第八次大督查结果显示，多个省份存在财政资金和专项债券资金闲置、被挤占挪用现象。这表明一些地区财政资金分配不够科学精准，“钱等项目”情况依然存在，资金下达支付不及时（“踩刹车”）。这使得积极财政政策的扩内需、调结构效应未能充分发挥，导致由财政政策与货币政策汇集而成的宏观调控整体合力不够强大，对于稳投资的支撑力度不及预期，难以完全对冲经济下行压力。

透过上述现象，我们可以作进一步机理分析。目前，中国宏观调控以财政政策、货币政策、产业政策为主，涉及国家发展和改革委员会、财政部、中国人民银行等多个部门。虽然宏观调控部门及政策之间有一些协调，但总体上以部门自主协调为主，机制化安排有待加强，协调的力度、效率与效果有待提升。因此，中国财政与货币两大部门之间、各宏观调控部门之间、宏观调控部门与其他有关部门之间、宏观调控部门与地方政府之间亟待建立健全多层面的政策沟通协调机制，统筹进行政策特别是重大政策调整的综合评估和协调，避免单项政策各自为政，政策之间效力相互抵消或过度叠加。同时，为防止协调过程中出现某些部门或地方不配合从而延误政策出台或落地的情况，应由具有足够权威和拍板能力的机构来负责协调沟通，提高决策的效率。

第二，从国债管理领域看，中国国债管理制度尚需健全，国债市场发育不足，阻碍了财政政策与货币政策的有效联动。

从财政角度看，经济减速导致财政收支矛盾加剧，意味着亟须建立统一规范的国债管理制度来为预算赤字融资。从货币角度看，在中国人民银行的资产中，对商业银行贷款占比过高，货币供给易受若干具体经济部门的影响，不利于央行履行逆周期调控职能。Yi 的比较研究发现，以国债为标的的公开操作在为政府短期融资和为央行调节市场流动性方面具有优势，而央行票据主要在政府债券不足的经济体作为货币工具使用，功能较为有限①。

从建立现代中央银行制度的长远战略考虑，要逐步将国债作为中国人民银行的最主要资产，将国债市场与货币发行紧密联系起来。更具体地说，就是要将外汇储备的增减与货币发行分离，同时积极发展国债市场，将其建设成为“核心金融市场”，在此基础上建立以国债作为准备资产的货币发行机制。这既可以使货币政策摆脱各类资产的微观束缚，聚焦于调节货币、利率与经济运行的关系，又可以使政府通过发债为财政支出融资，减少对税收的依赖。

目前在国债管理领域阻碍两大政策体系联动的梗阻有二：一是在国债管理制度方面，缺乏顶层总体设计和综合协调机制，国债政策的制定较多考虑政府赤字融资的需要，对中央银行和金融部门运行调控的需要考虑不足，缺少为支持金融市场运行发行的国债，国债发行节奏亦与货币金融市场需要不匹配。二是在国债市场发育方面，目前的国债市场规模和结构无法适应货币发行的需要。从规模看，中国国债只相当于基础货币的 0.5 倍左右，而采用主权信用模式的美国、英国、日本和加拿大为 5—7 倍；从结构看，中国国债的品种结构、期限结构和持有者结构仍较为单一，国债收益率曲线尚不能充分反映市场供求关系。

第三，从国库现金管理领域看，财政与货币金融部门在国库现金管

① Yi, J. , 2013, “Tmasum Bilis and Centrai Bank Bilis for Monetam Policy”, *Procebio-Social and Behavioral Sciences*, 109: 1256 – 1260.

理方面的协调联动机制尚不健全，管理效率有待进一步提升。

Pessoa 和 Williams 的观察表明，各国财政部门与中央银行在国库现金管理方面极易发生冲突，应通过建立高层会晤机制、专门委员会、工作组等不同层面的协调机制来减少政策之间的摩擦冲突，提高宏观调控效力①。中国实行中国人民银行经理国库制度，政府收支、国库运行与货币金融运行之间存在紧密联系，财政与货币之间的冲突难以避免。

目前，财政与央行之间的国库现金管理跨部门协调机制尚不健全，国库现金管理与债务管理政策、货币政策之间缺少常态化协调配合机制，国库库存现金余额波动对货币政策的外部冲击效应仍较为明显，尚未建立起发达国家通行的财政库底余额目标管理制度，国库资金的投资收益还比较低。

第四，从重大风险的防范和处置角度看，虽然地方政府债务管理制度改革取得新进展，但当前中国财政风险与金融风险互溢的隐忧仍存，重大风险的化解和处置进程中的财政与货币协调配合机制也还有待进一步健全。

近年来，中央严格禁止地方政府向金融机构借款，并且通过发行政府债券逐步替换早期的直接借款。这样既规范了地方政府的借贷行为，又降低了它们的借款成本。但需要注意，地方政府发行的债券，90% 以上仍由金融机构购买并持有。这表明虽然地方政府借款的路径和机制发生了变化，但资金供给者依然是金融机构，财政风险金融化的隐患并未根除。如何建立有效的地方政府赤字融资机制和债务约束机制，阻断财政风险金融化的渠道，是加强财政与货币金融两大部门协调配合的一个重点领域。

20 世纪 90 年代中期至今，在中国重大经济风险，特别是系统性金

① Pessoa, M. and M. Williams, 2012, "Government Cash Management: Relationship between the Treasure and the Central Bank", IMF Technical Notes and Manuals.

融风险的化解处置过程中，基本的模式是中国人民银行主导，财政居于辅助地位，两大部门的协调模式是一事一议，缺乏机制化的制度安排。2017 年国务院金融委成立后，其主要职责是议事协调，在有效处置突发系统性金融风险方面的权力并未完全明晰。

第五，在经济结构调整领域中，财政政策金融化和金融政策财政化现象日益突出，表明市场与政府的边界尚未厘清。

在经济下行压力加大的背景下，财政资金集中用于基础设施、小微企业、科技创新、绿色发展等领域，同时也有部分资金用于教育、医疗、社保、三农等领域，这些领域既有很强的政策性、战略性，又缺乏商业可持续性，而且历史欠账较多。这就使得财政政策越来越依赖其在金融市场中的运行来支持结构调整，而由于财政资金总量不足，货币政策也不得不承担结构调整职能，越来越多的货币金融支持政策不具备商业可持续性。这就是财政政策金融化和金融政策财政化现象。

究其根本，财政资金和信贷资金在经济结构调整中的功能和职责未能得到清晰界定，导致政府与市场边界模糊。从政策特性上看，货币政策属于短期总需求调节政策，能够为结构调整创造适宜的货币金融总体环境，但不宜全面深入地支持结构调整的各个环节。

四 进一步加强财政政策与货币政策的协调配合

针对上一节提及的诸多问题与挑战，我们认为应从加强和改善党对宏观调控等重大经济工作的领导，以及推进宏观调控法治化这两大关键性、基础性环节入手，着力加强顶层设计，为加强财政与货币金融两大政策体系之间的协调配合提供制度保障。以此为前提，下一步还应重点围绕稳定经济运行、国债管理制度、国库现金管理、重大风险防范化解和经济结构调整等领域，优化体制、机制、战略和政策，打通阻碍财政与货币协调配合的中梗阻，切实提高中国宏观经济政策总体效能。

（一）关于加强顶层设计的两条建议

第一，坚持党的集中统一领导，建立健全“1+1+3”宏观调控协调机制，为突破中梗阻提供根本制度保障。

建议以“中央财经委员会+国务院金融稳定发展委员会+三部门（发展改革委、财政部、中国人民银行）”为基础架构，建立健全“1+1+3”的宏观调控协调机制，必要时邀请其他部门参与。

一要发挥中央财经委员会的高层决策协调作用。党的十九大之后，根据党中央统一部署，为加强党中央对涉及党和国家事业全局的重大工作的集中统一领导，强化决策和统筹协调职责，由中央财经委员会负责财经领域重大工作的顶层设计、总体布局、统筹协调、整体推进、督促落实。鉴于宏观调控政策协调机制的极端重要性，建议将宏观调控政策协调作为中央财经委员会协调的重要议题，适时听取宏观调控部门的汇报，研究解决宏观调控政策出台和执行过程中的重大问题。

二要发挥国务院金融稳定发展委员会在货币金融领域的统筹协调作用。依托现有的国务院金融稳定发展委员会，以货币政策与金融政策为主要切入点，在国务院层面统筹协调货币政策与金融政策重大事项，以及货币政策、金融政策与相关财政政策、产业政策等宏观政策相关事项。宏观调控协调部际联席会议研究的重大事项涉及货币政策与金融政策的，可提请国务院金融稳定发展委员会研究，重大事项按程序报党中央、国务院。

三要建立发挥基础性作用的宏观调控协调部际联席会议机制。该机制主要负责对财政政策、货币政策以及产业政策、区域政策、就业政策、贸易政策、价格政策、土地政策等各类宏观调控政策之间的日常协调工作，研究分析国内外经济形势，评估宏观调控政策效应，提出宏观调控政策建议，协调解决经济运行中的重大问题。成员单位为发展改革委、财政部、人民银行，必要时邀请其他部门参与，召集人为发展改革委负责人，三部门相关司局为联络员单位。该机制作为议事协调机制，不取代部门职责，重大事项按规定履行程序。联席会议采取季度例会、月度碰头会和专题会议机制。季度例会着重分析经济形势、研究协调问题；月度碰头会可作为联络员会议，着重通报宏观调控政策信息，加强工作衔接配合；必要时召开专题会议。通过上述机制，加强宏观调控政策出台前和执行中的协调配合。

第二，加快宏观调控立法，推动宏观经济政策协调配合机制法治化。

《中华人民共和国宪法》第十五条明确规定："国家实行社会主义市场经济。国家加强经济立法，完善宏观调控。"据此，推进政府宏观经济管理活动的法治化，依法实施宏观调控，健全宏观经济治理体系，是我们坚持依法治国，推进国家治理体系与治理能力现代化的必然要求。当前，中国财政政策与货币政策协调配合进程中出现的种种问题，大多与宏观调控法治化、规范化程度不高有关，主要表现为各宏观调控部门及地方政府相机抉择的权力过大，而部门间、政策间协调配合的机制和程序也不够稳定、连贯、畅通，尚未上升为国家法律制度。

纵观发达国家的宏观经济管理体系的规范化、制度化进程，宏观调控领域的立法工作起在其中到了决定性作用。此处仅以美国、德国和日本为例。

美国《1946 年就业法》（*Employment Act of* 1946）用法律的形式明确了联邦政府宏观经济政策的三个主要目标，即"促进最大限度的就业、生产和购买力"。《1978 年充分就业和平衡增长法》（*Full Employment and Balanced Growth Act of* 1978）进一步明确了政府经济政策的重大优先领域和具体定量目标制订方法，并提出了总统、国会与美联储之间开展经济政策协调沟通的新机制、新程序。一是规定国会要对《总统经济报告》《联邦政府预算》和美联储《货币政策报告》的审议程序进行有效衔接；二是规定美联储在提交给国会的《货币政策报告》中阐明货币信贷总量目标与货币政策取向同《总统经济报告》中各项政策目标之间的关系①。

德国 1967 年颁布的《经济稳定与增长促进法》围绕经济稳定增长、物价稳定、充分就业等政策目标，规定了各级政府的职责、权利与义务，规定了财政、货币等各类经济政策协调配合的机制，并设立国家经济平衡发展委员会来统筹协调宏观经济管理活动。

日本银行是独立于政府的中央银行，只对国会负责；但在法律框架内也受到政府的监督制约，并有与政府部门沟通协调的责任。《日本银行法》第 4 条规定，货币政策事关经济政策全局，因此央行货币政策与政府部门的经济政策应保持协调；第 57 条规定，财政部有权要求中央银行遵守法律和规则，拥有对央行的监督权。

基于上述国际经验，加强法治建设、推进经济立法应当成为加强中国财政与货币两大政策体系协调配合的一项基础性工作。具体地说，就是要明确时间表和路线图，制定一部既符合中国国情，又充分借鉴有益国际经验的宏观调控法，用法治化的办法确立一套稳定高效的宏观政策协调配合机制。

从目前情况看，中国在宏观调控立法方面还有很长一段路要走。要在坚持实事求是、一切从实际出发的前提下，充分借鉴国际经验，科学界定中国宏观调控政策的内涵与外延，明确宏观经济治理在国家治理体系中的战略定位，加快推进宏观调控法治化进程，积极探索制定一部符合中国国情的综合性、全局性宏观调控法的基本原则和可行路径。这是依法治国、依法行政的必然要求，是推进中国宏观经济治理体系现代化的题中应有之义，也是推动财政政策和货币政策高效协同的根本举措。

---

① 刘树成：《〈美国总统经济报告〉法制化研究》，《经济学动态》2017 年第 3 期。

（二）在若干具体领域加强政策协调配合的六条建议

第一，加强财政部与央行在财政资金投放和使用过程中的协调配合，加快支出进度，确保稳增长措施落地生效。针对财政资金和专项债券资金闲置、被挤占挪用、分配不够科学精准等问题，一要加强财政部与中国人民银行之间的信息共享与沟通，建立国库现金流量预测机制，动态跟踪财政资金的分配、拨付和使用情况。二要发挥中国人民银行直达基层、数据丰富、技术完善等优势，利用数字化手段，通过央行的国库和支付系统投放财政资金，提升财政资金投放精准度，把财政资金投到那些最需要的部门、机构和市场主体手里①。三要对财政资金挤占挪用、沉淀闲置等问题进行全过程监督，对财政资金的投入产出效果进行评估，建立重大问题通报约谈制度，提高财政政策的针对性和有效性。

第二，加强财政部与央行在国债管理中的协调配合，促进国债市场发育，建立统一规范的国债管理制度。在国债管理方面，一要在“1+1+3”宏观调控协调机制框架下确定国债发行规模、品种结构，增强财政和货币政策的协同效应。二要完善发行机制建设，改善国债现有的期限结构不平衡局面，增加较短期限、超长期限等品种国债的发行规模和频率，进一步增强二级市场流通水平与价格发现功能，为建立以国债作为准备资产的货币发行机制创造条件。三要加强基准利率培育，发挥国债收益率曲线的定价基准作用，加快促进信贷、债券及其他金融体系各类产品定价机制融合，推动形成统一的市场价格和传导机制。

第三，积极稳妥完善国库现金管理制度。在国库现金管理方面，一要根据货币政策和财政政策的需要，在“1+1+3”宏观调控协调机制框架下相机确定国库现金管理的目标规模，然后结合具体市场环境确定国库现金管理的具体操作事宜，熨平国库库存现金余额波动对货币政策

① 周诚君：《关于加强财政政策和货币政策配合问题的思考》，《比较》2021 年第 2 期。

的外部冲击。二要探索建立财政库底目标余额管理制度，从制度机制上全面盘活财政库款存量资金，充分发挥财政资金效益。

第四，明确金融体系在地方政府融资中的定位，为地方政府提供稳定、透明、可持续的资金支持。中国的金融体系以银行间接融资为主，因此，不可能离开银行及各类金融机构来安排地方政府的债务融资。关键在于科学厘定地方政府所应承担的事权，在此基础上为地方政府提供稳定、透明、可持续的资金支持。一要在制度上明确规定银行等金融机构可以为地方政府融资，同时，借助银行严格且可控度高的风险管理框架，对地方政府债务实施严格监管。二要借鉴日本经验，新建金融机构或改造现有金融机构专事地方政府融资，通过公开透明的融资机制，为地方政府提供长期稳定廉价的资金，提高地方政府的资金可得性和可负担性。

第五，加强财政政策与货币政策在重大风险处置中的协调配合，坚持市场化法治化原则，发挥好政府作用。在重大金融风险处置中，一要尊重市场规律，尊重各方权益，明确风险处置责任，防范道德风险。市场机制自身能够解决的，政府可不必过多介入。二要注重发挥政府在防范系统性风险中的重要作用，对出现系统性风险隐患的机构进行清产核资，摸清底数，测算风险处置所需资金规模；然后通过发行政府债券、变现资产、申请中央政府专项借款等多种方式筹集资金，组织实施风险处置。三要发挥央行的最后贷款人作用，为风险处置提供必要的流动性支持，并在风险迅速蔓延等极端情况下直接参与风险处置。四要在党中央集中统一领导下，以“1 + 1 + 3”宏观调控协调机制框架为支撑，对突发系统性金融风险的处置机制进行整体研究和设计，并以法律法规形式加以制度化。特别要授予国务院金融委以明确的信息上报、紧急处置、资金筹措、问责监督等方面的决策权力和责任

第六，加强财政资金与信贷资金的联动，为结构调整提供可持续资金支持。在经济结构调整过程中，一要发挥好财政政策在经济结构调整方面的比较优势，在结构调整中体现财政政策为主、货币政策为辅的特

点。中央银行在支持财政的过程中要遵循市场原则，事先明确机制，明确责权边界，明确事后退出机制。二要提高财政资金的灵活度和使用效率，鼓励地方政府在推动结构调整过程中创新财政资金使用方式，利用财政资金无偿支持科技创新前端研究，对后端成果转化主体进行股权投资。三要运用财政资金帮助企业增信，提高金融机构支持实体经济的积极性，引导金融机构放大财政资金规模，加大金融机构对企业创新的信贷支持力度。

（执笔人：董　昀）

第八章

共同富裕下的普惠金融发展

2021 年以来，党中央针对经济社会进入新阶段以来遇到的新问题、新矛盾，提出要“持续增进民生福祉，扎实推动共同富裕”，并正式写入《中华人民共和国国民经济和社会发展第十四个五年规划和 2035 年远景目标纲要》。缩小收入分配差距、遏制贫富两极分化、实现共同富裕是社会主义的本质要求，是中国式现代化的重要特征，是人民群众的共同期盼。2021 年，习近平总书记在中央财经委员会第十次会议上对共同富裕做了详细阐述，随后的中央经济工作会议上又再次强调要正确认识和把握实现共同富裕的战略目标和实践途径。扎实推进共同富裕已成为当前和未来很长一段时间中国经济社会发展的一大重要议题。作为经济增长的血脉，金融的任务在于增强服务实体经济、推动经济迈向高质量发展。在金融发展过程中，普惠金融应运而生，其目标是以服务亿万人民群众为己任，提高金融服务的可得性和覆盖面，让每一个有融资需求且符合条件的小微企业和微弱经济个体能以可负担的成本，以公平、透明的方式享受到金融服务，这一目标与共同富裕体现的对社会公平的追求高度一致①。因此，探究中国普惠金融发展的动态变化、把握

① Sarma, M. and J. Pais., 2011, “Financial Inclusion and Development”, *Journal of International Development*, 23 (4): 613 – 628.

其发展水平和发展方向，构建高效服务共同富裕的普惠金融体系、解决好弱势群体在金融服务方面的不平衡不充分问题，既是从金融层面推进共同富裕的重要手段，也对践行人民至上发展思想、实现“两个一百年”奋斗目标具有重要时代意义。

一 中国普惠金融发展的现实描述

2005年，在国际小额信贷年年会上，联合国和世界银行首次提出“普惠金融”这一新的金融发展理念后，普惠金融就得到G20、国际货币基金和世界银行等国际组织的大力推广，成为世界各国共同研究的一大议题。党的十八届三中全会首次将“普惠金融”纳入党的决议。2016年1月，国务院颁布了推进普惠金融发展的五年规划，标志着我国初步形成了国家层面的普惠金融发展战略。根据《推进普惠金融发展规划（2016—2020）》的定义，普惠金融是指立足机会平等要求和商业可持续原则，以可负担的成本为有金融服务需求的社会各阶层和群体提供适当、有效的金融服务，小微企业、农民、城镇低收入人群、贫困人群和残疾人、老年人等特殊群体是我国当前和未来普惠金融的重点服务对象。基于上述定义，可以发现普惠金融既不是“只普不惠”也不是“只惠不普”，而是在做到又“普”又“惠”的同时，还兼顾商业可持续性。但由于普惠金融业务成本高、效率低、盈利小，导致商业可持续性与大众可获得性存在一定的内在矛盾，成为制约普惠金融发展的主要因素。本章将基于省级层面的数据来测算和分析中国普惠金融发展水平及其动态变化。总体来看，中国普惠金融发展水平不高，还有很大的进步空间，并且三大区域之间仍存在着极不平衡的现象，这种现象可能与其经济发展水平和市场化程度有关。

（一）普惠金融发展水平的指标评价体系构建

普惠金融最关键的环节在于其发展水平的测算。如何构建合理、有效的普惠金融指标体系对测算其发展水平至关重要。当前，世界银行和国际货币基金组织等国际权威机构都构建了相应的普惠金融指标评价体系，例如，普惠金融联盟（AFI）从金融服务的可获得性和使用情况两个维度构建了普惠金融指标评价体系①，普惠金融全球合作伙伴（GPFI）从金融服务使用情况、金融服务可获得性、金融产品与服务的质量等维度构建了普惠金融指标评价体系②，由于这些指标评价体系跟不上普惠金融的发展，且没有分析每个维度对普惠金融总体发展水平的贡献。鉴于此，我们借鉴现有研究，并结合我国当前实际发展情况以及中国人民银行金融消费权益保护局和中国银行保险监督管理委员会等权威机构提出的普惠金融指标评价体系，在遵循系统性、层次性和导向性等原则的基础上，基于供给侧维度从普惠金融的渗透度、使用度、效用度和可负担度四个方面选取指标并构建中国普惠金融的指标评价体系。由于个人和企业在日常金融活动中不仅需要存贷汇等银行服务，还需要类似证券、保险等金融服务。鉴于此，为了能更全面地反映普惠金融，在构建普惠金融发展水平指标体系时，我们加入了证券行业和保险行业的相关指标，以反映当前出现的多层次和多元化的普惠金融服务。需要说明的是，我们没有考虑北京大学数字金融研究中心发布的数字普惠金融指数，其主要原因是该指数更多是基于需求侧角度构建的指标体系，而本章的普惠金融指数则是延续已有研究，从供给侧角度构建的指标体系。表 8－1 给出了普惠金融发展水平指标评价体系。

---

① Alliance for Financial Inclusion, "Measuring Financial Inclusion Core Set of Financial Inclusion Indicators".

② www.gpfi.org/sites/default/files/G20%20Set%20of%20Financial%20Inclusion%20Indicators.pdf.

表 8－1　　　　**普惠金融发展水平指标评价体系**

维度		统计指标	方向
普惠金融发展水平	普惠渗透度	每百万平方公里所包含的金融机构网点数量（个）	正向
		每百万平方公里所包含的从业人员数量（人）	正向
		每万人拥有的金融机构网点数量（个）	正向
		每万人拥有的金融机构从业人员数量（人）	正向
	普惠使用度	金融机构人均各项存款余额（万元）	正向
		金融机构人均各项贷款余额（万元）	正向
		证券市场人均交易金额（万元）	正向
		保险密度：人均保费（元/人）	正向
	普惠效用度	各项贷款余额与当地生产总值之比	正向
		各项存款余额与当地生产总值之比	正向
		保险深度：保费收入与当地生产总值之比（%）	正向
	普惠可负担度	金融机构贷款利率上浮占比（%）	负向

资料来源：《区域金融运行报告》（2008—2021）、《中国统计年鉴》以及 Wind 资讯。

一是普惠金融的渗透度，代表金融产品与服务的覆盖程度。理论上讲，增加金融机构营业网点可节约普惠群体获得金融服务的成本，但并不能完全提高金融服务覆盖率。普惠群体拥有的金融机构从业人员数量，可以代表金融机构给普惠群体提供金融产品与服务的重视程度。因此，我们选择每百万平方公里所包含的金融机构网点数量、每百万平方公里所包含的从业人员数量、每万人拥有的金融机构网点数量和每万人拥有的金融机构从业人员数量来反映普惠渗透度。二是普惠金融的使用度，代表金融产品与服务的使用程度。目前，普惠金融群体享受到的是金融机构提供的存、贷款等基础性业务，我们采用金融机构人均各项存款余额人和人均贷款余额两个指标反映银行普惠使用度。另外，由于中国普惠金融体系是以银行、证券、保险等多元金融主体为主，所以我们也加入证券市场人均交易金额和保险密度两个指标分别反映证券层面和保险层面的普惠使用度。三是普惠金融的效用度，代表金融业对经济发展的贡献程度。随着环境污染、全球气候变化、恐怖主义袭击和人口老龄化等新型风险不断涌现，保险在普惠金融领域的作用越发凸显。因此，除了采用金融机构各项存、贷款余额与当地生产总值之比作为指标外，我们还选择保费收入与当地生产总值之比（保险深度）来反映普惠效用度。四是普惠承受度，代表普惠金融群体对金融产品与服务价格的接受程度。利率作为金融机构金融产品与服务的真实价格，其水平高低直接影响普惠群体的价格承受能力。随着利率市场化的推进，金融机构可在规定范围内浮动贷款利率，上浮幅度越高，普惠群体需要偿还的贷款利息就越多，普惠的承受度就越低。本章选取用金融机构贷款利率上浮占比来反映普惠承受度。

（二）普惠金融发展水平的分析

1. 普惠金融的总体水平分析

按照上述指标，借鉴谢忠秋提出的 Cov-AHP 方法①和张珩等的研究思路②，我们计算了 2007—2020 年中国 31 个省份（不包括台湾、香港和澳门）的普惠金融发展水平，其变化趋势如图 8－1 所示。目前，中国普惠金融从 2007 年的 0. 1864 上升至 2020 年的 0. 2763，其年均值为 0. 2257，年均值增长率为 3. 55%。进一步来看，2007—2011 年，中国普惠金融发展平缓，甚至出现了负增长（平均增长率为－0. 70%），2011 年之后，普惠金融呈直线上升，平均增长率为 5. 44%，这与国家开始普惠金融工作密切相关。但从 2020 年的数值来看，其仅为 0. 2763，说明中国普惠金融的发展还有很大进步空间。不同区域的普惠

① 谢忠秋：《Cov-AHP：层次分析法的一种改进》，《数量经济技术经济研究》2015 年第 8 期。

② 张珩、罗剑朝、郝一帆：《农村普惠金融发展水平及影响因素分析——基于陕西省 107 家农村信用社全机构数据的经验考察》，《中国农村经济》2017 年第 1 期。

金融呈现出由东向西逐级递减趋势①。具体而言，东部普惠金融均值为 0.2885，分别是中、西部的 1.43 倍和 1.62 倍，说明普惠金融发展程度较高的省份主要集中在东部沿海地区，这与王修华和赵亚雄②以及沈丽等③的结论保持一致。从变化情况看，东部普惠金融从 2007 年的 0.1864 变化至 2020 年的 0.2763，平均增长率为 3.73%；中部从 2007 年的 0.1640 变化至 2020 年的 0.2317，平均增长率为 3.26%；西部从 2007 年的 0.1557 变化至 2020 年的 0.2268，平均增长率为 3.76%。可以看出，虽然中西部普惠金融较以往有所提高，但与东部仍有较大差距，说明普惠金融在区域之间的不平衡依然存在。

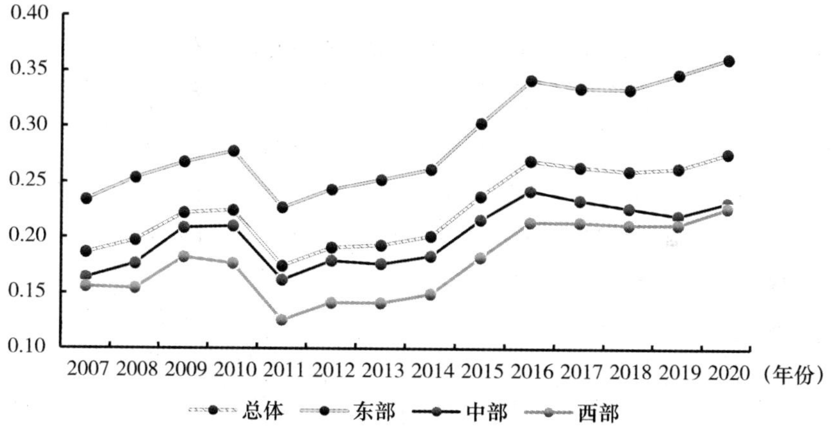

图 8－1　中国及各区域普惠金融发展水平及变化趋势

资料来源：《区域金融运行报告》（2008—2021）、《中国统计年鉴》以及 Wind 资讯。

① 东部包括北京、天津、河北、辽宁、上海、江苏、浙江、福建、山东、广东和海南 11 个省份；中部包括山西、内蒙古、吉林、黑龙江、安徽、江西、河南、湖北和湖南 9 个省份；西部地区包括广西、重庆、四川、贵州、云南、西藏、陕西、甘肃、青海、宁夏和新疆 11 个省份。

② 王修华、赵亚雄：《中国金融包容的增长效应与实现机制》，《数量经济技术经济研究》2019 年第 1 期。

③ 沈丽、张好圆、李文君：《中国普惠金融的区域差异及分布动态演进》，《数量经济技术经济研究》2019 年第 7 期。

不同省份的变动幅度也存在明显差异。从表8－2来看，与2007年相比，仅有西部的云南省普惠金融出现了下降，下降幅度为4.12个百分点，而其他省份均出现了上升，其中东部的北京上升幅度最大，达到了24.03个百分点，但与其相邻的河北和天津等省份却未表现出同样的上升幅度，说明这些地区的普惠金融发展不协调；上海及其相邻省份也存在类似情况。中部的黑龙江、内蒙古和山西等省份的普惠金融有较大提高，而其他省份上升幅度较小。此外，位于西部的西藏、宁夏、陕西等省份的普惠金融有较大提升，而处于经济发展水平较好的重庆却未受到周围的带动，其上升幅度较小。

表8－2　**不同省份普惠金融发展水平的变动**

省份	2007年	2020年	变动（%）	省份	2007年	2020年	变动（%）
安徽	0.1737	0.1776	0.39	辽宁	0.2112	0.3043	9.32
北京	0.4705	0.7107	24.03	内蒙古	0.1460	0.2729	12.69
福建	0.1636	0.2228	5.92	宁夏	0.1697	0.2577	8.80
甘肃	0.1565	0.2634	10.69	青海	0.1390	0.2216	8.27
广东	0.1965	0.2925	9.59	山东	0.1258	0.2537	12.79
广西	0.1109	0.1770	6.61	山西	0.1479	0.2765	12.85
贵州	0.1312	0.1629	3.17	陕西	0.1663	0.2512	8.49
海南	0.1853	0.2734	8.80	上海	0.4270	0.6608	23.37
河北	0.1203	0.2502	12.99	四川	0.1634	0.2597	9.62
河南	0.1382	0.1669	2.87	天津	0.3088	0.4178	10.90
黑龙江	0.1395	0.2773	13.78	西藏	0.2453	0.3939	14.86
湖北	0.1762	0.1886	1.24	新疆	0.1553	0.2260	7.07
湖南	0.1417	0.2048	6.30	云南	0.1710	0.1298	－4.12
吉林	0.2050	0.2853	8.03	浙江	0.1961	0.3245	12.85
江苏	0.1669	0.2643	9.74	重庆	0.1956	0.2051	0.95
江西	0.1327	0.1909	5.82				

资料来源：《区域金融运行报告》（2008—2021）、《中国统计年鉴》以及Wind资讯。

2. 普惠金融的各维度比较

第一，从渗透度看（见图 8 - 2），其从 2007 年的 0. 1562 上升至 2020 年的 0. 2172，年均值为 0. 1905。进一步看，东中部的渗透度基本呈上升趋势，西部在 2018 年之后略有下降；东部的渗透度（均值为 0. 2766）明显高于中部（均值为 0. 1529）和西部（均值为 0. 1352），西部的普惠金融渗透度最小；东部 2020 年比 2007 年提高了 8. 58%，中部提高了 6. 95%，西部提高了 2. 93%。自普惠金融工作以来，我国金融服务网点和从业人员的覆盖率均有明显提高，特别是作为国家重点扶持的西部地区，尽可能支持那些具有金融需求的弱势群体，使其金融需求能够得到满足，这在一定程度上使居民获得金融的便利度有较大提升。但总体来看，目前的金融资源还是聚集在东部。

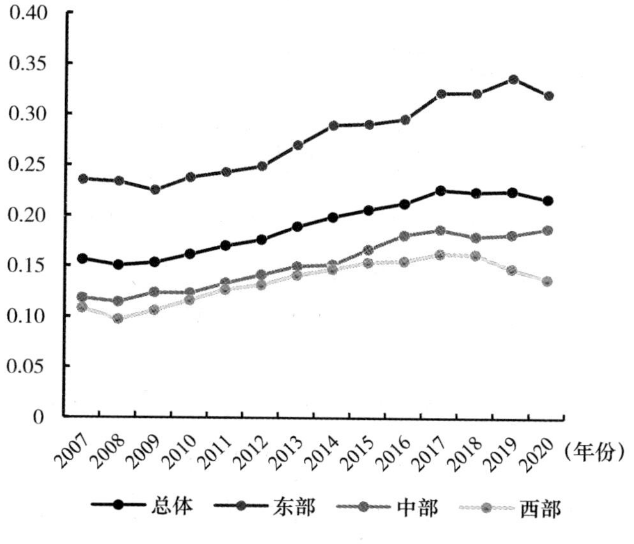

图 8 - 2　普惠金融渗透度及变化趋势

资料来源：《区域金融运行报告》（2008—2021）、《中国统计年鉴》以及 Wind 资讯。

第二，从使用度看（见图 8 - 3），其均值从 2007 年的 0. 0307 上升至 2020 年的 0. 2129，年均值为 0. 1099。进一步看，东中西部的使用度基本呈上升趋势，且中西部发展路径相似；东部的使用度（均值为0.1890）明显高于中部（均值为0.0662）和西部（均值为0.0667），说明东部金融服务使用程度优于中、西部地区；东部2020年比2007年提高了27.88%，中部和西部分别提高了12.83%和12.96%，说明使用度存在明显的地区“鸿沟”。

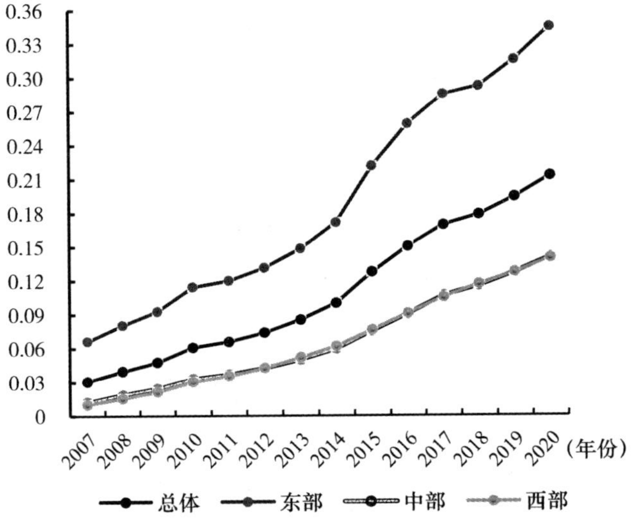

图8-3　普惠金融使用度及变化趋势

资料来源：《区域金融运行报告》（2008—2021）、《中国统计年鉴》以及Wind资讯。

第三，从效用度看（见图8-4），其均值从2007年的0.1869上升至2020年的0.4385，年均值为0.3068。进一步看，东中西部的效用度呈现出一致的上升趋势；东部的使用度（均值为0.3627）明显高于中部（均值为0.3010）和西部地区（均值为0.2454）；东中西部2020年比2007年分别提高了25.81%、23.66%和26.19%，西部普惠效用度的提升程度最大，说明普惠金融会因经济发展水平、市场化程度以及地区资源禀赋的差异而产生不同的影响，经济发展水平越低、市场化程度越低的地区，其效用度的提升幅度更明显。

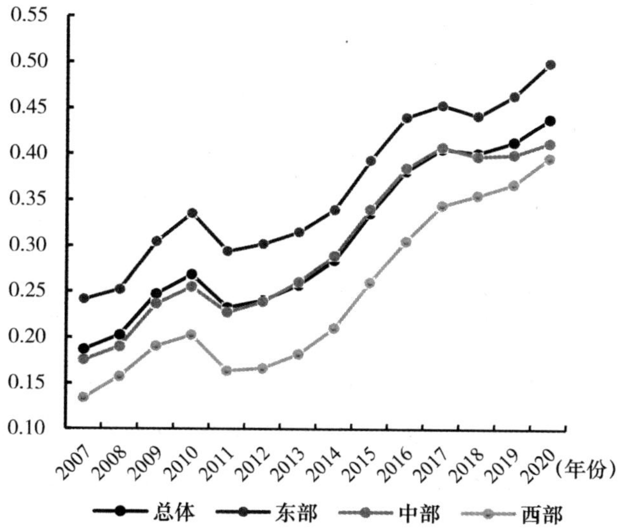

图 8－4　普惠金融效用度及变化趋势

资料来源：《区域金融运行报告》（2008—2021）、《中国统计年鉴》以及 Wind 资讯。

第四，从可负担度看（见图 8－5），其均值从 2007 年的 0.5003 变化至 2020 年的 0.2489，年均值为 0.3632。从不同区域来看，东中西部的承受度均呈现“波动”下降趋势，东部的使用度（均值为 0.3675）明显高于中部（均值为 0.4040）和西部（均值为 0.3080）；东中西部 2020 年比 2007 年分别下降了 24.40%、21.68% 和 30.27%，说明可负担度在大幅下降，这主要是由于一些金融机构已利用金融科技等手段，探索建立起具有商业可持续性的普惠金融发展模式。事实上，由于弱势群体的抗风险能力普遍较差且金融需求小而分散，金融机构须在可负担的前提下通过提供一定的金融服务来获取较低收益，不然其风险成本与运营成本将会上升。

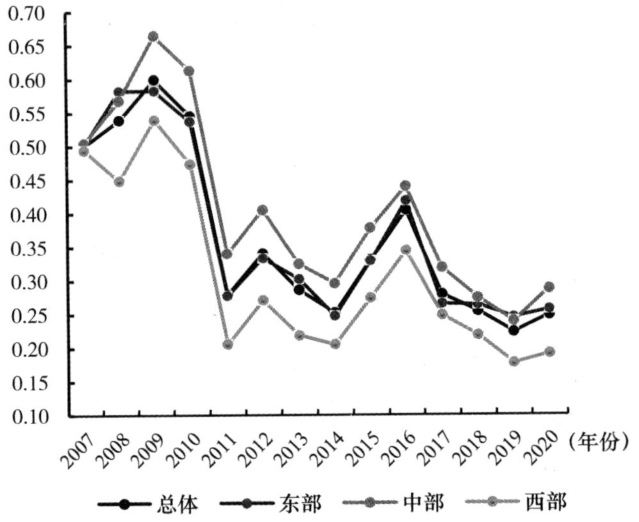

图8-5　普惠金融可负担度及变化趋势

资料来源：《区域金融运行报告》（2008—2021）、《中国统计年鉴》以及Wind资讯。

二　普惠金融的影响因素

国际经验表明，普惠金融有利于金融资源的合理配置、贫富两极分化的缩小和贫困发生概率的减少。关于普惠金融，可以从供给端和需求端两个维度来理解：一是“普及”，指的是金融服务的覆盖面，即金融供给端要尽可能通过提高金融服务覆盖面来满足那些有金融需求的弱势群体；二是“惠及”，指的是金融服务的价格，即金融需求端能以可负担的成本从金融供给端处获得金融服务。除了需要考虑供给端和需求端两方面外，还要把可持续考虑进来。不同于公益或慈善机构，普惠金融并非全部普惠，如果一味地扩大对穷人的金融覆盖面和金融能力，可能有悖商业可持续和利润最大化原则，因此需要外部力量才能实现普惠金融的可持续发展，进而解决金融发展中的不平衡与不充分问题，推进实现共同富裕。本章将分别从普惠金融需求端、普惠金融供给端以及普惠金融的外部环境等不同角度来讨论其影响因素。

（一）普惠金融需求端

一是个体特征。相对于女性来讲，男性迫于家庭生计压力，会拥有更强的金融需求，因而参与普惠金融的意愿就强[①]。年龄对需求端参与金融活动的影响会通过其自身的财富、收入和生活需求等产生不同的影响。一般来讲，随着年龄增长，金融需求主体从事生产经营和其他投资活动的精力较为有限，参与贷款、理财、保险等金融活动的积极性较低[②]。文化程度越高，普惠金融需求方学习和接受金融知识的能力就越强，对涉及普惠金融业务（如贷款、理财、保险等）的理解就越深入，其参与普惠金融的积极性就越高[③]。婚姻为普惠金融需求方提供了抵御外部风险的条件，其能通过提高风险承受能力和财富水平，来影响参与普惠金融业务的积极性[④]。

二是家庭特征。家庭供养率反映了家庭负担。一般而言，供养率高的家庭不仅用于支付日常生产生活开支较大，而且风险抵抗性也弱，因而面临的生活压力较大，对普惠金融贷款的需求也较大。家庭财富和收入是需求方参与普惠金融活动的前提，也是风险承受能力大小的重要体现，决定了其是否能参与金融市场以及参与金融市场的程度。一般来讲，经济收入和财富水平越高，需求方参与普惠金融产品

---

① 黎翠梅、陈巧玲：《传统农区农户借贷行为影响因素的实证分析——基于湖南省华容县和安乡县农户借贷行为的调查》，《农业技术经济》2007 年第 5 期。

② 贺莎莎：《农户借贷行为及其影响因素分析——以湖南省花岩溪村为例》，《中国农村观察》2008 年第 1 期。

③ Kochar, A., 1997, "An Empirical Investigation of Rationing Constraints in Rural Credit Markets in India", *Journal of Development Economics*, 53 (2): 339 – 371.

④ Christiansen, C., Rangvid, J. and Joensen, J. S., 2010, "Fiction or Fact: Systematic Gender Differences in Financial Investments?", *SSRN Electronic Journal*.

购买与使用金融服务的资源就越多[①]，获得金融机构提供的金融服务的概率就越大[②]。

三是社会网络。作为一个典型的关系本位社会，社会网络决定了普惠金融需求方是否能够顺利获得金融服务。一方面，社会网络具有信息传递功能。普惠金融需求方可以通过社会网络认识到更多政府、金融部门的工作人员，并借助其社会网络充分了解现有政策，促进普惠群体与金融机构之间的业务往来，可以让金融机构更充分地了解其还款评估能力[③]，进而决定是否放贷[④]。另一方面，社会网络具有隐形担保功能。因难以提供合法、有效的抵押品，大多数普惠群体不能满足正规金融机构设定的服务门槛，常常受到严重的金融排斥；借助社会网络积累的政府或银行资本，可以增强金融机构对普惠群体的信任，可充当隐形的担保，这在一定程度会促进普惠金融的发展[⑤]。

四是金融素养。大量研究发现，金融素养的缺乏是制约普惠金融的一个重要因素，特别是居住在偏远地区的农村群体，会因金融素养的缺乏而抑制其有效的金融需求。已有研究发现，普惠金融与金融素养呈正向相关关系，通过提高需求群体对金融概念、产品服务、风险收益的认知程度等方面的金融素养，可以促使其作出合理的决策。作为推进普惠金融工作的关键内容，提高金融素养一方面有利于改善这些需求群体的

---

① 吴卫星、齐天翔：《流动性、生命周期与投资组合相异性—中国投资者行为调查实证分析》，《经济研究》2007 年第 2 期。

② 何兴强、史卫、周开国：《背景风险与居民风险金融资产投资》，《经济研究》2009 年第 12 期。

③ 许月丽、张忠根、战明华：《社会资本视角下的利率市场化与农村正规金融的经济绩效》，《世界经济》2013 年第 5 期。

④ 张龙耀、江春：《中国农村金融市场中非价格信贷配给的理论和实证分析》，《金融研究》，2011 年第 7 期。

⑤ Biggart, N. W. and R. P. , Castanias, 2001 , "Collateralized Social Relations: The Social in Economic Calculation" , *The American Journal of Economics and Sociology*, 60.

投资策略与负债决策①，促进其积极参与普惠金融业务②；另一方面，提升金融素养可以增加普惠金融群体参与金融市场的概率③，优化家庭资产配置④，增加财产性收入⑤。

五是需求端住所的金融条件。已有研究表明，普惠需求主体所居住地方的金融环境直接影响着其是否能享受到普惠金融服务以及享受效果。金融机构数量会影响普惠金融群体办理金融业务的交易成本，进而对参与普惠金融业务的积极性产生相应影响。金融机构办理普惠金融业务的态度和员工服务满意度是吸引普惠金融群体办理该项业务的条件。普惠金融具有较强的政策性，其业务开展是靠当地政府和金融机构的共同推动，因此，普惠金融群体对存贷款、理财、保险等业务越了解、机构开展的积极性越高，员工服务态度越好，普惠金融群体参与的积极性就越高。因此，政府和金融机构对普惠金融业务宣传到位与否和业务开展积极性也会影响其参与意愿和参与效果⑥。

（二）普惠金融供给端

一是银行内部治理。从金融机构角度看，不同银行内部治理会通过绩效对普惠金融产生影响。绩效水平的高低决定着银行能否长久经营发

---

① Daud, S. N. M., Marzuki A., Ahmad N. and Z. Kefeli, 2019, "Financial Vulnerability and Its Determinants: Survey Evidence from Malaysian Households", *Emerging Markets Finance and Trade*, 55 (9): 1991 – 2003.

② 孟德锋、严伟祥、刘志友：《金融素养与家庭金融脆弱性》，《上海金融》2018 年第 8 期。

③ 尹志超、宋全云、吴雨：《金融知识、投资经验与家庭资产选择》，《经济研究》，2014 年第 4 期。

④ 胡振：《金融素养与家庭财富积累——基于中国城镇家庭微观数据》，《中南财经政法大学学报》2018 年第 4 期。

⑤ 李庆海、张锐、孟凡强：《金融知识与中国城镇居民财产性收入》，《金融经济学研究》2018 年第 3 期。

⑥ 罗剑朝、曹瓅、罗博文：《西部地区农村普惠金融发展困境、障碍与建议》，《农业经济问题》2019 年第 8 期。

展，而普惠金融的可持续性则是在银行绩效水平上开展的。作为内部治理的核心，股权结构会对银行绩效具有重要影响，合理的股权结构能提高银行绩效。周月书和韩乔发现，对于股权较为分散的银行，小股东虽然在监管经理层时要付出更多的监督成本，但有利于普惠金融等支农性业务开展的稳定性①。另外，股权构成属性、股权集中度等其他反映银行内部治理水平的因素也会对银行普惠金融产生一定的影响。

二是金融创新。目前，关于金融创新与普惠金融的关系有两类观点。一方面，主流的创新增长论认为，金融机构通过经营机制的创新、金融服务模式和金融业务的创新，有助于银行降低交易成本、搜寻成本和市场成本②，提高对“长尾群体”的服务质量和服务数量，进而提高盈利能力和信贷资源配置效率，实现包容性增长③。另一方面，创新脆弱论认为，金融创新虽然能在一定程度上分散银行的经营风险④，却也会相应地拉高银行的杠杆率，进而加重银行盈利风险，拉近银行与金融危机之间的距离⑤。

三是银行业竞争。普惠金融发展主要依托银行完成，不同银行之间开展竞争，有利于普惠金融发展，可以推动金融体系的变革和金融效率的提升。尽管大型商业银行和金融科技公司参与普惠金融后会削弱中小银行对普惠金融业务的垄断能力、降低其边际利润率，但可以更大范围增加金融供给，解决“长尾群体”融资难融资贵问题。张正平和杨丹

---

① 周月书、韩乔：《农村商业银行股权结构、信贷行为与经营绩效——以江苏省为例》，《中国农村观察》2016 年第 1 期。

② Houston, J. F. , Chen, L. , Ping, L. and Yue, M. , 2010, “Creditor Rights, Information Sharing, and Bank Risk Taking”, *Journal of Financial Economics*, 96 (3): 485 – 512.

③ 顾海峰、张亚楠：《金融创新、信贷环境与银行风险承担——来自 2006—2016 年中国银行业的证据》，《国际金融研究》2018 年第 9 期。

④ Suarez, S. G. , 2013, “Securitization Without Risk Transfer”, *Journal of Financial Economics*, 107 (3): 515 – 536.

⑤ 权飞过、王晓芳：《金融创新对商业银行风险承担的影响——基于金融创新的分类研究》，《财经论丛》2016 年第 9 期。

丹发现，竞争能力越强的金融机构，其挖掘潜在的弱势群体客户的能力就越强，向弱势群体提供服务的能力越强，越有利于普惠金融的可持续发展①。

四是金融科技。近年来金融与科技的融合程度不断加深，越来越多的金融机构利用科技手段来开展普惠金融工作。科技对金融机构开展普惠金融的影响主要体现在几个方面：首先，借助金融科技手段，金融机构通过整合大量碎片化和非结构化的网络用户信息，来搜集弱势群体的海量信息，可以减少供需两端之间存在的信息不对称和逆向选择风险，继而减轻传统金融中超常态的信贷错配状况②；其次，金融机构借助技术手段可向更多生存在偏远地区的客户开展成本低、时效快的金融业务，降低这些客户的借贷成本，使金融服务更为普惠③；最后，借助技术，金融机构不仅可以降低运行成本，还可以对普惠群体的这些信息进行分析加工，并细分客户需求，为开发出与客户需求高度匹配的金融产品和服务提供了可能。

（三）外部环境

一是经济发展水平。经济发展水平是影响普惠金融发展的一个重要因素。作为一种特殊的金融发展，普惠金融会受到当地经济发展的影响。一般而言，在经济发展速度快，产出贡献率和第二、第三产业比重高的地区，金融机构识别和监督普惠群体的能力较强④，并且有更多的金融资源会流入进来，为普惠群体提供高效率的金融服务，这能使普惠

---

① 张正平、杨丹丹：《市场竞争、新型农村金融机构扩张与普惠金融发展——基于省级面板数据的检验与比较》，《中国农村经》2017 年第 1 期。

② 安宝洋：《互联网金融下科技型小微企业的融资创新》，《财经科学》2014 年第 10 期。

③ 杨伊、高彪：《互联网金融推动农村普惠金融发展实证研究——以江西省为例》，《武汉金融》2017 年第 8 期。

④ 陆凤、黄永兴、徐鹏：《中国普惠金融的省域差异及影响因素》，《金融经济学研究》2017 年第 1 期。

金融市场形成稳定的交易数量和交易主体，进而形成明显的规模经济和范围经济[①]，促进普惠金融的可持续发展；而在经济发展速度慢，产出贡献率和第二、第三产业比重低的地区，不仅普惠金融群体的需求少，金融机构供给的数量和质量也不得到质的提升，从而抑制了普惠金融的发展[②]。

二是政府的作用。由于中国金融市场中存在着普遍的市场失灵和金融排斥问题，普惠金融政策在实施过程很难完全实现共享与普惠，必须依靠政府的行政和制度等手段才能有效完善和构建多层次的普惠金融体系，解决好金融服务的"最后一公里"。郭新明认为，政府通过制定一些财政措施，可以降低低收入群体的金融风险，提高金融机构参与普惠金融的积极性[③]。王婧和胡国晖从政府金融调控的视角分析了影响普惠金融发展的因素。他们发现，政府对金融调控的加强（如存款准备金、公开市场业务和再贴现）会使金融机构服务弱势群体的成本上升，影响"惠"的问题[④]。

三是基础设施。基础设施的建设对于普惠金融发展至关重要，出行便利程度、通信等基础设施越健全，越有利于普惠金融的可持续发展。另外，随着计算机的普及，通信技术在提高金融普惠程度中发挥着不可忽视的作用。张宇、赵敏的研究发现，需求群体到距离越远的金融机构网点办理金融业务，越影响其参与普惠金融的积极性，而通过增加交通、通信等基础设施可以提高普惠金融群体与银行网点之间的接触性，降低金融机构增设物理网点的成本，减少弱势群体的金融排斥，解决好

---

① 张珩、罗博文、程名望、叶俊焘、张家平：《"赐福"抑或"诅咒"：农信社发展对县域经济增长的影响》，《中国农村经济》2021 年第 3 期。

② 张宇、赵敏：《农村普惠金融发展水平与影响因素研究——基于西部六省的实证分析》，《华东经济管理》2017 年第 3 期。

③ 郭新明：《政府在普惠金融中的作用》，《中国金融》2015 年第 16 期。

④ 王婧、胡国晖：《中国普惠金融的发展评价及影响因素分析》，《金融论坛》2013 年第 6 期。

“普”的问题[①]。

四是金融生态环境。金融生态环境不仅是影响金融机构发展的重要因素，也会对普惠金融发展产生影响。一般而言，在与金融市场相互配合并协调发展的完整政策法规及制度、监管体系和信用环境的地区，金融机构不仅能快速准确地搜集到普惠群体的“硬信息”，还可以利用各种“软信息”甄别和规避其潜在风险，从而有效地将金融服务配给给那些真正有金融需求的群体，提高其参与金融市场的信心。姚耀军发现，良好的金融生态环境不仅能降低金融机构带来的信贷风险[②]，为其获得信贷资源提供可能，还能吸引更多经济主体参与投资活动，进而促进普惠金融的商业可持续性。

三　普惠金融发展面临的主要问题

结合上文的分析，本节进一步从需求端、供给端和外部环境等方面对现阶段普惠金融发展所面临的主要问题进行如下梳理。

第一，普惠群体的金融素养亟待加强。尽管党和国家在推动消费者金融素养方面做了积极尝试并取得一定成效[③]，但仍面临着许多挑战。一是对多数金融产品缺乏认识。除存贷款外，多数普惠群体对理财、信用卡、网上银行、手机银行等现代化金融服务有认知障碍，他们不仅不会主动享受这些服务，甚至还会产生心理排斥。二是多数群体对金融基础知识存在盲区。中国人民银行发布的《消费者金融素养调查分析报告(2021)》指出，多数普惠群体在选择金融产品和服务时，基本是盲目

---

① 张宇、赵敏：《农村普惠金融发展水平与影响因素研究——基于西部六省的实证分析》，《华东经济管理》2017 年第 3 期。

② 姚耀军：《金融发展与全要素生产率增长：区域差异重要吗？——来自中国省级面板数据的经验证据》，《当代财经》2012 年第 3 期。

③ 根据央行发布的《消费者金融素养调查分析报告（2021）》显示，虽然全国消费者的金融素养指数为 66. 81，与 2019 年相比提高了 2. 04，在全球处于中等偏上水平。

跟风，对复利和贷款知识、投资风险组合、金融产品的风险和收益之间的关系等最为基础的金融问题几乎不了解。三是普惠群体自我保护和维权意识淡薄。由于普惠群体的教育程度较低，参与金融市场的经验不足，一些金融机构会利用心理账户效应向普惠群体宣传金融产品所给予的便利之处，但不向其揭示存在的风险隐患，这会使普惠群体做出一些使自身收益减少或受损的金融决策，基本权益受到侵害。

第二，普惠金融供需存在结构性失衡。尽管信息不对称和交易成本是金融市场与生俱来的特质，但新时代下普惠金融供需结构性失衡出现了新的表现，主要有三点：一是目前普惠金融市场存在明显的结构性失衡，服务主体多以银行为主，涉及债券、股票和期货、保险等领域的证券和保险行业的支持力度远远不够，层次多样、竞争有序的市场体系尚未形成。二是由于不同地区经济发展、市场潜能等存在较大差异，导致不同类型金融机构在机构数量、服务人员、网点覆盖率等方面的资源配置存在结构性失衡，这会使金融资源配置效率低下。相较于城市地区、发达地区，脱贫地区、欠发达地区的金融服务仍然相对不足，金融支持农村地区的内生机制仍然有待完善。三是金融产品和服务的结构性失衡。现行的普惠金融的供给规模略有不足，已有普惠群体除在医疗、养老、教育等领域有所延伸，对互联网消费等新兴领域也产生巨大的信贷需求；同时，金融机构所提供的“小额、短期、分散”的金融产品和服务与新型农业联合体（如家庭农场等）“大额、长期、集中”的金融需求特点并不匹配，特别是随着农业产业链和价值链的拓展，新型农业联合还衍生了融资租赁、期货、保险等包含在内的其他金融服务。

第三，中小银行面临较大的经营压力。在推进形成“双循环”新发展格局的进程中，银行业的经济增长红利、利差红利和改革红利等已逐步消退，而作为普惠金融供给的主力军，城商行和农商行等中小银行绩效下滑较为明显，在实现普惠金融业务商业可持续方面仍面临着较大的压力，主要体现在三点：一是对普惠群体亟须精细化管理。中小银行与身俱来的普惠“基因”（机制灵活、决策链条短、地缘人缘优势）决定了其客户群体应锁定在“三农”、小微企业。但因资本实力有限、业务资质缺乏、科技赋能不足等因素，中小银行不可能惠及所有客户，需将自身经营优势与地方特色结合起来对客户细分并精细化管理，形成更具核心竞争力的发展模式。二是大银行的参与给市场带来了较大冲击。在党和国家的要求下，大银行近年来纷纷成立了普惠金融事业部，并利用低利率贷款优势与中小银行争夺优质客户，导致中小银行传统生存空间逐步被压缩，动摇了其客户基本盘。三是银行内部治理亟待提升。虽然中小银行按照公司章程建立起了形式完备的治理架构，但在实际运转中存在着明显的股权关系混乱、股东出资不实、利益输送等问题。另外，省联社这种“准政府 + 准行会 + 准金融企业”的管理体制，不仅会干预农信系统的人事权、主导高管任命，还遏制了农信机构利用产品研发和科技手段开展普惠业务创新的积极性。

第四，金融科技的作用有待充分挖掘。目前银行通过科技手段在“普”的方面取得了良好成效，但在“惠”和商业可持续性等方面仍有不足。表现在四个方面：一是银行对大数据的挖掘能力有待提升。虽然银行掌握了大量的信息，但这些信息非常分散、质量不高，并且没有涉及客户行为、交易、偏好等方面，银行并未充分挖掘出其所内含的价值，无法开发出高度匹配的金融产品。二是大数据整合能力有待加强。银行在大数据整合中存在着明显的瓶颈，既没有将通过物理网点和线上渠道获得的结构化数据进行整合，也未打通来自第三方平台（如蚂蚁金服、京东等）的非结构化大数据。三是缺乏专业技术人才。目前银行普遍缺乏精通物联网、云计算、大数据安全等信息技术方面的专业人才，有能力和经验规划金融科技建设和运营管理等的人才凤毛麟角，金融科技应用能力受阻明显。四是应用金融科技的风险亟待重视。目前，一些金融科技公司会对一些风险防范意识差的群体（如大学生）开展金融营销，使其陷入“过度消费”的陷阱，并背上沉重的债务负担，严重时还会造成社会不稳定。另外，科技手段本身的技术不完备性会使系统产生漏洞，偏离开展数字普惠金融的预期目标，严重时还会造成数据泄露、数据瘫痪等系统性风险。

第五，普惠金融基础设施建设有待加强。缺信息、缺信用、缺担保、缺法律是当前普惠金融工作中的痛点，具体而言：一是信用担保体系建设不健全。目前全国金融信用信息基础数据库虽收录了个人和企业法人信用数据，但信息并不全面，并且这些信息与蚂蚁金服、京东等第三方平台搜集的信用评分信息并未建立信息共享机制，信息孤岛、多头借贷等现象时有发生。二是信用担保体系不完善。虽然各地方政府陆续成立了省级农业信用担保公司并依托担保业务支持开展普惠金融工作，但由于其在担保范围、额度、费率等方面均有局限，且多数群体缺乏必要的担保要素，因而无法获得额度较大的信贷支持，只能缓解部分群体的金融约束问题，不能从根本上解决“惠”的问题。三是市场机制不健全。以农地抵押贷款为例，农地抵押贷款评估价值缺乏公信力、农村产权流转市场不完善，对已确权颁证的农地经营权和其他各类农村资产如何登记、交易尚不明确，导致农地抵押品并不能像正常商品在市场中进行流转、拍卖。四是法律环境欠缺。虽然普惠金融工作开展得颇有成效，但与普惠金融相关的金融消费权益保护机制、农地抵押贷款违约机制、农村信用担保机制等均没有设立对应的法律法规，一旦客户出现违约或发生抵押权纠纷，抵押权就面临着无法实现的法律风险。

第六，政府对普惠金融的支持存在“缺位”。普惠金融具有准公共物品特性，若完全依靠市场力量推进普惠金融工作，很难保证资源的优化配置，因此亟须政府来解决市场失灵问题，但当前政府的支持还存在明显“缺位”。表现为五点：一是政府数据开放和共享缺乏制度指引。目前政府在数据开放和共享方面缺乏统一的管理标准和指导原则，没有专门的部门进行统筹协调，也没有建立跨部门之间的数据开放和共享机制，导致各个部门之间存在很强的数据壁垒。二是政府对普惠金融政策的宣传不到位。虽然政府推出了大量的扶贫贷款和创业补贴贷款等普惠金融政策，但因宣传工作不到位、信息不对称等，普惠群体即使有需求也没有享受到政策带来的福利。三是普惠金融考核体系有待完善。政府当前制定的普惠金融考核指标并不合理，不仅没有根据银行类型和实际情况制定符合实际情况的考核机制，而且还对银行产生的不良贷款容忍度较低，这严重影响了银行开展普惠金融工作的积极性。四是地方财政存在“缺位”。地方政府出台的普惠金融政策多以财政补贴和税收优惠为主，其只针对特定的银行或特定的贷款业务，且在落实过程中并未及时减免银行发放给小微企业、扶贫助农领域的贷款利息的税收；同时，政府也未建立相应的风险补偿基金来帮助银行共担普惠金融贷款所产生的风险，这大大降低了银行开展普惠金融工作的积极性。五是政策性金融的功能发挥较弱。现有政策性金融机构过于注重对粮棉油等传统农产品产量的支持，忽视了对农村基础设施、公共服务等方面的金融支持。

四　共同富裕背景下推进普惠金融发展的对策建议

第一，持续深化金融教育和金融消费者保护权益。百年大计，教育为本。教育不仅是全面贯彻落实新发展理念的基本要求，也是提高国民素质、促进人的全面发展的根本途径。对于小微企业、低收入和微弱经济群体而言，获得支付、存款、贷款等基础金融服务只是“临门一脚”，不是长久之计，要持续围绕金融教育深化开展普惠金融工作，才能从根本上激发出普惠群体的内心认知和造血潜能，改善其生存能力、发展能力和自主创业能力，提高金融福祉。一是强化顶层设计。政府要加强对金融教育的顶层设计，应与社会主义核心价值观相结合，并努力将其纳入到国内教育体系中，同时借助新闻、报纸、短信、微信公众号等多种途径开展全方位、多角度、广覆盖的金融知识教育，从源头上鼓励和帮助广大市场主体和人民群众了解金融常识，实现金融教育的常态化。二是金融机构应通过线上线下方式定期开展金融讲座，普及基本的金融知识和识别金融风险的常识，提升广大人民群众对金融产品的理解，对强化收益与风险匹配的认知，营造诚实守信、履约尽责和普惠公平的金融环境。三是重点关注老年人、残疾人、青少年特殊群体的金融教育。把能力建设和权益保护等方面作为解决好特殊群体金融素养的重点，是深化推进实现共同富裕的试金石。要把握好重点群体在不同阶段的财富积累和资金使用特点，准确识别其金融诉求，为其量身定制与其收入水平和风险能力相匹配的金融产品与服务（如医疗、教育、养老），同时借助金融科技手段，创新推出互动体验宣传模式，对其精准的“滴灌”金融知识，实现金融教育的适老化、适少化、适残化，增强其“造血”功能，推动更多低收入人群迈入中等收入行列，实现共同富裕。

第二，构建高效服务共同富裕的普惠金融市场体系。一是加快普惠金融市场改革进程，增强商业性金融对普惠群体的“造血”功能，发挥政策性金融的“增血”功能，挖掘农村资金互助社、小额贷款公司等新型金融机构，多管齐下满足多元化融资需求，实现对微弱经济主体的“补血”功能，以此推进形成具有高度适应性和竞争力的普惠金融竞争体系。二是明确中小银行支农支小、立足普惠的发展定位，通过差异化监管政策等手段引导中小银行开展普惠金融业务；同时，通过窗口指导大型商业银行在县域开展普惠金融业务，防止其业务下沉挤占中小银行优质客户资源。三是针对不同类型银行的实际情况灵活设定不同的普惠金融考核标准，适当情况可将规模较大的中型企业纳为大型商业银行的普惠金融服务对象，实现大型商业银行与中小银行在普惠金融服务对象上的错位竞争。四是从供给、需求两侧同步发力，不断创新金融产品与服务，有条件地探索保单质押贷款、大型农机具和大棚设施抵押贷款业务，稳妥推进“两权”抵押贷款，加快支持场景金融发展，满足整个产业链条上所有客户的融资需求，做好金融支持脱贫攻坚与乡村振兴有效衔接，逐步带动低收入群体迈入共同富裕之路。五是鉴于当前的金融产品与服务已无法解决新时代下微弱经济群体日益出现的综合化、多元化的金融需求，必须将普惠金融服务从简单的支付、存款、贷款等初级阶段上升到保险和投资等更高级阶段，努力弥合不同区域、群体之间的金融鸿沟，切实解决普惠金融发展的不平衡不充分问题。

第三，优化中小银行普惠金融的服务能力。一是坚持普惠金融的发展战略，打造差异化竞争优势。面对大型银行业务下沉的现实压力，中小银行要坚持以普惠金融为主线，以促进共同富裕为出发点和落脚点，强化“软信息”优势对小微企业、低收入群体和微弱经济组织风险评估的价值和作用，做精做专，形成低成本、高效率、风险可控的业务发展模式，提升核心竞争力。同时，坚持稳健经营理念，强化存贷款利率定价机制，引入内部资金转移定价等市场工具来提高其对利率市场的敏感性，进而形成风险转移定价机制，从根本上扭转普惠金融贷款成本高、风险大的“倒挂”局面。另外，强化激励约束机制建设，制定与共同富裕、乡村振兴战略配套的绩效考核体系，全面落实绩效薪酬延期支付制度。二是完善中小银行公司治理水平。一方面，要结合公司治理指引已经明确的规范标准、治理框架和主要内容，进一步强化党的领导和党的建设在公司治理机制中的地位和作用，把党的领导融入公司治理各个环节，引导中小银行建立包含党委会、董事会、监事会、股东大会和经营层在内的“四会一层”治理体系。另一方面，切实规范和约束股东行为，做到股东决策的公平合理，严格控制关联交易，防止控股股东不当干预机构经营，侵犯中小股东利益。另外，强化外部力量对中小银行的监督机制，鼓励会计师事务所、律师事务所等机构指导、帮助、督促银行完善公司治理，提高信息披露质量。三是加快推进省联社改革。建议由国务院牵头制定省联社的整体改革方案，由各省根据实际发展特点因地制宜地制定具体的操作细则。但是，无论如何改革，都应坚持农信社和农商行服务“三农”、保持其县域法人地位稳定不变的原则，淡化省联社在人事任免、薪酬制定等方面行政管理职能，才能真正实现省联社的“脱胎换骨”。

第四，充分发挥金融科技的赋能作用。随着数字技术的发展，科技公司逐渐介入金融领域，给传统金融机构和金融监管带来了新的挑战。一是加快引导银行制定数字化转型规划，根据民生需求创新丰富金融服务场景，稳定现有客户，同时通过借助现有科技手段和信用信息资源对现有的普惠金融产品和服务模式、审批技术和风险管理模型等进行流程改造，解决现有开展普惠金融业务中存在的“卡脖子”问题，发挥“技术 + 数据”双轮驱动作用，实现银行对普惠金融市场的“能贷”“会贷”。二是在跨界合作、抱团取暖、客流共享等方式的基础上，加强大数据、云计算、人工智能、区块链和移动互联等对中小银行的技术输出，推进金融科技在金融市场交易、智慧银行建设、支付结算服务等领域的应用。同时充分运用物理网点的优势，挖掘分析本地市场可利用的信息，建立形成在获客、风控、增信和资金发放等不同节点上的信用风险识别和管理体系，进而形成节点型金融模式。三是规范金融科技公司发展，坚持金融业务持牌原则，为普惠金融市场营造公平公开的市场竞争环境。对于必须要求持牌的业务，金融科技公司必须在取得相关牌照后方可办理业务；对于未要求持牌的业务（如获客、信贷技术以及贷后管理等），可考虑在风险可控的前提下，适当放宽一些限制，设置一定容忍度，鼓励与持牌机构合作开展金融科技创新和业务合作。四是加快对金融科技公司监管的顶层设计，从数据搜集、交互、存储、自动化处理、管理等方面建立金融科技监管的基本规则和标准，同时围绕科技与监管深度融合的新特点，开展金融科技监管沙盒试点工作，全面提升金融科技应用和管理水平，以此强化监管科技与现有金融监管政策有效衔接。

第五，着力补齐普惠金融在基础设施方面存在的短板。一是根据各地特点和需求推进特色数据开放，推进建立数据开放共享，提升数据开放共享的标准、规范程度，并逐步将银行、保险公司搜集的客户信息与工商、司法、税务、行政、环保、质监等部门的业务数据以及金融科技公司搜集的信用评分信息进行有效融合，以此解决“数据孤岛”现象。二是推进现代化征信体系建设，全面推动信用镇、信用村、信用户建设，完善小微企业和重点关注群体的信用数据覆盖范围等基础工作，帮助金融机构全面准确判断市场主体信用，以此扩大投放规模，切实解决中小微企业融资难、融资贵的问题。同时建立完善守信联合激励和失信联合惩戒制度，并通过“信用身份证”来赋能基层社会治理，以此为普惠金融的可持续发展塑造诚实守信的契约文化，进而促进广大群众精神生活的共同富裕。三是建立复合型信用担保体系。由于农地抵押贷款本身与现行法律的冲突，导致银行决定是否会开展普惠金融业务更多取决于贷款群体的个人信用和担保偿还能力。因此，要根本性解决当前弱势群体的金融排斥问题，就必须建立从“人”担保为主的单一型信用担保体系向以“人”担保融合以“地”担保和“抵押品替代融合人地担保”的复合型信用担保体系逐步过渡，以此突破血缘、亲缘和地缘的限制，解决农村市场中抵押品不足和法律制度缺失问题，使其成为持续推动市场良性发展的有益补充。四是在现行法规和指导原则基础上，结合普惠金融群体的特点，尽快修订、完善《商业银行法》《贷款通则》《担保法》《物权法》《乡村振兴促进法》等法律法规，切实解决农村抵押物合法化问题，以此保证各类中小银行能规范开展普惠金融业务。同时，鉴于金融消费者权益保护的重要性，应尽快制定专门的《金融消费者权益保护法》，明确金融消费者和金融机构的权利和义务，保障金融消费者权益免受侵害。

第六，强化政府对普惠金融的支持作用。一是建立政银共担的风险补偿机制。根据不同类型的普惠金融贷款（如小微企业贷款、农地抵押贷款、助学贷款等），建立“政银”“政银保”“政银担”等多种风险分担机制，通过企业缴纳、本级财政预算安排、上级财政补助等渠道筹集风险补偿基金，并由政府对定向贷款损失和追偿费用进行分担，真正为其可持续地开展普惠金融提供风险保障。二是加强财政金融的协同作用。结合现有财政政策工具（财政补贴、税收优惠）和货币政策工具（定向降准、再贷款、再贴现），针对不同项目采用不同的政策支持，以此完善政策支撑下的普惠金融可持续发展模式。对不产生收益、依靠项目本身难以实现商业可持续的纯公益类项目，建议以财政政策工具为主；对可产生一定收益、但难以实现商业可持续的项目，建议以财政政策工具为主，货币政策工具为辅；对依靠自身收益且能实现商业可持续的项目，建议以货币政策工具为主。三是强化政策性金融在普惠金融中的作用。以国家粮食安全为抓手，认真贯彻落实国家“藏粮于地、藏粮于技”战略，支持智慧农业等快速发展，促进粮食生产提质增效。围绕乡村振兴的重点领域，加大对水利、交通、环境等农村基础设施建设的中长期信贷支持力度，助力建设生态宜居和生活富裕的美丽乡村。结合共同富裕重点关注群体，进一步扩大农业政策性保险体系和保障范围，增强微弱经济组织抗风险能力，实现农业产业提档升级。四是建立规范、完善的产权交易和流转市场。加快建立产权交易和流转服务平台，完善动产和权利担保统一登记制度，加强省、市、县、乡、村五级服务和管理网络，实时、动态关注各类动产和权力担保（如农村产权和农村集体“三资”）变动情况，为交易双方提供真实可靠的信息，充分发挥产权交易平台公平、公正、公开的作用，让低收入群体真正享受到改革的红利。

（执笔人：张　珩）

第九章

“双碳”目标下的绿色金融发展

党的十九大全面阐述了加快生态文明体制改革、推进绿色发展、建设美丽中国的战略部署。2020 年 9 月，习近平主席在第七十五届联合国大会一般性辩论上提出“中国二氧化碳排放力争于 2030 年前达到峰值，努力争取 2060 年前实现碳中和”的目标，宣布中国经济社会加快向绿色低碳转型。实现碳达峰、碳中和目标事关中华民族永续发展和构建人类命运共同体，是一场广泛而深刻的经济社会系统性变革。实现碳达峰、碳中和是中国统筹国内、国际两个大局作出的重大战略决策，党中央和国务院正在逐步完善“双碳”领域的顶层设计，陆续出台了《中共中央 国务院关于完整准确全面贯彻新发展理念做好碳达峰碳中和工作的意见》和《国务院关于印发 2030 年前碳达峰行动方案的通知》等指导意见，用于明确总体要求、主要目标、工作原则和行动方案，全方位、多层次地引导中国经济社会绿色转型发展。

绿色发展是新时代中国发展的主题，也是全球发展应选择的正确方向。绿色发展强调的是人与自然的和谐共处，实质上是把握好金山银山与绿水青山之间的平衡关系，以效率、协调、可持续为目标，让经济社会发展与资源节约、污染排放减少及环境改善之间形成相互促进关系。在碳达峰、碳中和目标实现的过程中，仅仅依靠政府投资和财政支出是不够的，难以弥补资金缺口，金融将在此过程中发挥重要作用。根据

G20 绿色金融工作组的定义，绿色金融是指能产生环境效益以支持可持续发展的投融资活动。绿色金融的产生不仅促进和鼓励了节能环保产业的兴起和发展，而且会对企业的环境污染行为予以经济惩罚和产生制约效应。党的十八大以来，中国绿色金融的制度框架和政策体系正在逐步完善，以绿色信贷为代表的资金规模持续增加，绿色产品和金融服务创新日益丰富，环境效益开始逐渐显现，但是随着经济高质量发展和新发展格局的提出，绿色金融明显滞后于实体经济发展需求，在标准制定、风险定价、信息披露、管理工具、机构建设、市场激励和监管机制等方面还存在诸多短板和问题，亟待针对性地进一步完善和解决。2021 年 12 月召开的中央经济工作会议专门提到“要正确认识和把握碳达峰碳中和，要坚定不移推进，但不可能毕其功于一役”，着重体现了稳字当头、稳中求进的原则和理念，并指出稳健的货币政策要灵活适度，引导金融机构加大对绿色发展的支持，利用金融资源重点支持煤炭清洁高效利用、绿色低碳技术和可再生能源发展。

一　绿色金融支持经济高质量发展和新发展格局

党的十九大报告指出，中国经济已由高速增长阶段转向高质量发展阶段，这是以习近平同志为核心的党中央根据国际国内环境变化，特别是中国发展条件和发展阶段变化而作出的重大判断。经济高质量发展的核心是质量第一、效益优先，其内涵在于经济结构和产业结构的调整优化升级，以高质量高效益的生产方式促进中国经济发展。2020 年 10 月，党的十九届五中全会提出要加快构建以国内大循环为主体、国内国际双循环相互促进的新发展格局。构建新发展格局，关键在于实现经济循环流转和产业关联畅通，实现行业、产业、企业的资源转移、结构调整和价值链跃迁。

由此可见，“双碳”目标与经济高质量发展、新发展格局之间存在内涵上的一致性，应充分发挥金融的力量，引导和带动更多生产要素流向绿色低碳发展领域。在市场不能有效配置绿色发展资源的情形下，绿色金融作为新发展理念在金融领域的生动实践，不仅要服务实体经济，也要引导实体经济，促进资金资本等各类生产要素自由流向环境友好、气候友好的商品市场、服务市场和技术创新市场，从而减少绿色投融资的成本，增加绿色资金的获得性，以提升环境质量、规避气候风险，实现绿色经济的市场化转型。当前，绿色金融的核心目标是实现碳中和，而碳中和的核心目标是处理好碳减排的外部性问题，即通过金融手段、市场手段和政府手段将外部性内部化。

绿色金融体系包括政策体系、支撑体系、中介体系、工具体系和市场体系等主要内容，在促进“双碳”目标实现和经济高质量发展的路径上发挥着重要作用。绿色金融体系作用于经济增长和经济发展的机理离不开金融功能的实现。金融功能是金融体系在不确定环境下对经济资源跨时空调度与配置的便利化媒介，进一步可以分为交易促进、资源配置、信息提供、风险管理和解决激励五个相对独立又有机联系的基本功能[①]。交易促进主要是指金融体系的交易、支付、结算、兑换、计价等基础功能，目标是交易实现和价值减缓。资源配置功能主要是指金融体系在储蓄者与投资者资金融通中的期限转换、信用转换和流动性转换等媒介功能，也是金融体系的核心功能，其目标是引导价值交换、要素流动和资源配置有序进行[②]。信息提供功能主要是指通过提供价格信号，如利率、汇率、收益率等，帮助协调不同经济部门的非集中化决策，价格信号是市场化配置资源的关键环节。风险管理功能是指金融体系通过储蓄投资风险转换以及金融机构风险管控、金融市场纪律约束以及金融

---

① Merton, R. C. and Bodie, Z. , 1995, “Financial Infrastructure and Public Policy: A Functional Perspective”, Harvard Business School Working Paper 95 – 064.

② 郑联盛：《深化金融供给侧结构性改革：金融功能视角的分析框架》，《财贸经济》2019 年第 11 期。

监管标准强化等来实现金融风险缓释与转移。风险管理功能一方面会影响市场主体的风险承担问题，另一方面也会导致经济利益的再分配。解决激励功能主要是帮助解决在金融交易双方拥有不对称信息以及委托代理行为中的激励问题，即通过成本收益分析框架来实现市场微观主体的内驱动力，促进市场的流动性和活跃度，将外部性内部化。

绿色金融体系主要通过四条路径影响经济高质量发展、新发展格局和“双碳”目标的实现，以及经济效益最大化和环境效益最大化之间的平衡，即市场路径、产业路径、成本路径和政府补充，其中市场路径、产业路径和成本路径是上述各种金融功能发挥作用的渠道①，而政府补充是在市场失灵或缺乏效率的条件下政府通过各种政策手段或方式来发挥补充作用，包括制度建设、财税政策、宏微观监管考核等等。下面将具体分析上述四条路径。

（一）绿色金融的市场路径实现

据中金公司测算，要实现碳中和目标，中国的绿色投资需求达到 139 万亿元，平均而言每年中国绿色投资需求约占 GDP 总量的 2%。其中，2021—2030 年，为达到碳达峰，中国绿色投资年化需求约为 2.2 万亿元/年；2031—2060 年，为了实现碳中和中国绿色投资年化需求约为 3.9 万亿元/年②。根据 GFMA 估算，为实现全人类碳中和全球绿色投资需求总量约 121.7 万亿美元，其中中国约占全球的 17%③。由此可知，如此庞大的资金需求难以全部依赖政府财政支出，大量的资金缺口需要市场发挥更多作用，市场力量是必须且主要的。

绿色金融市场路径的实现主要依靠资源配置、风险管理和交易促进

---

① 市场路径、产业路径和成本路径实现的基础是政府的支持和引导，离不开中央政府的顶层设计和各地方政府的支持政策。

② 中金研究部、中金研究院：《碳中和经济学：新约束下的宏观与行业分析》，2021 年。

③ GFMA，2020，“Climate Finance Markets and the Real Economy”.

的作用。从资源配置功能来看，主要涉及期限转换、信用转换和流动性转换。“双碳”目标和绿色转型的实现是一个长期的过程，但主要依靠政府财政支出是明显不合理的，因为财政支出是短期的，无法实现中长期可持续发展，所以需要依靠金融的期限转换、信用转换和流动性转换功能，尤其是银行的信贷功能，可以将短期和长期的利益联系在一起，使市场微观主体可以用短期资金去做长期的项目，而且可以合理利用资金流向，提高资源利用效率，使资金和资本退出污染行业，流入绿色行业。从风险管理功能来看，主要是通过气候风险压力测试、环境与气候风险分析和金融衍生工具发挥积极作用，利用远期、调期、互换、期货、期权等手段，以及结构性金融操作，使处在绿色转型中的经济社会和金融市场可以一定程度上规避和转移风险，增强金融体系管理气候变化相关风险的能力，在提高流动性的同时也大大提升了资源配置效率。而且参与绿色金融市场的微观主体也可以通过金融工具实现自身风险转移和风险承担的优化，降低微观企业的潜在风险，满足微观监管指标。从交易促进功能来看，主要是指交易、支付、结算、兑换、计价等基础性中介服务功能，绿色金融市场以及碳金融市场的建设，需要稳定且便捷的支付、结算、清算设施供给和金融账户供给，这关乎绿色金融服务可得性的实现，同样至关重要。金融机构需要推出面向企业和个人的立体式碳账户体系，这有别于传统账户的概念，一方面有助于识别企业和个人的碳排放情况，为所有减碳、固碳的企业个人提供差异化的快速结算、更低成本的资金、更灵活的服务；另一方面也有助于为企业和个人客户提供更多与绿色消费、信贷挂钩的权益，对所有微观主体的减碳行动进行倡导和鼓励。

（二）绿色金融的产业路径实现

目前中国产业结构的现状有以下三个特征：一是产业发展相对滞后，结构不合理；二是重工业比重过大，同构化问题明显；三是过度依赖高碳排放的资源，环境保护压力大。国家发改委和生态环境部等五部门在2021年11月15日发布的《高耗能行业重点领域能效标杆水平和基准水平（2021年版）》中，公布了高耗能行业，从国民经济行业分类的大类来看，主要有以下六类：石油、煤炭及其他燃料加工业；化学原料和化学制品制造业；非金融矿物制品业；黑色金融冶炼和压延加工业；有色金融冶炼和压延加工业。这意味着上述六大类高耗能产业是绿色低碳转型中的重点领域。

在传统金融体系下，投融资项目往往以盈利为准则，忽视资源、环境、生态等因素带来的约束条件，而绿色项目由于其期限长、高风险、低收益等特点，难以成为金融机构青睐的主流项目，因此一味逐利的金融体系仍在支持高污染项目，导致碳排放和环境污染问题进一步恶化，产业转型难题加剧。但是，中国的经济结构特点和政策取向意味着中国更有可能在绿色低碳转型之路中获得长期增长收益，一方面来自大量的绿色低碳投资和清洁能源技术的提升对于经济的拉动，另一方面来自巨大的市场规模和市场潜力带来的低碳制造的成本优势和规模经济。

在绿色金融驱动绿色低碳发展的战略背景下，必须认识到的是，中国以煤为主的能源格局和以煤电为主的电力结构短期内难以根本改变，实体经济向绿色低碳转型是一个动态优化的过程，金融既要支持经济高质量发展，又不能简单过快地退出传统能源领域，应通过金融的资源配置功能，逐步增加对清洁能源、低碳产业的支持，引导对传统落后产能的“减量替代”，从而实现产业转型和能源结构转型。

第一，金融系统融通资金的功能可以推动形成资金导向，改变传统的投融资结构，将碳排放要求纳入到金融机构投融资决策中，增加绿色资本投入，支持绿色产业的发展。中国的绿色信贷政策要求商业银行在发放贷款时要考虑企业和贷款项目的环境风险和气候相关风险，对一些能源消耗大、环境污染大的企业和项目不应予以贷款支持，而对于能源消耗小、环境污染和碳排放小的节能环保型绿色产业则应该给予低利率的优惠贷款支持，引导绿色产业资本由“两高”向“两低”产业调整。但在这个过程中要坚持稳中求进的原则，不搞“运动式”减碳，注重转型金融的培育和发展，确保正在转型中的企业也可以获得适当合理的融资，否则大范围的转型失败将会导致金融风险和社会风险的累积。具体而言，要明确转型技术路径并制订转型金融标准，为正在转型的产业企业，尤其是高碳依赖产业和重工业企业，建立转型认证和信息披露体系，提供过渡性金融服务，尽快创新转型金融产品，包括转型贷款、转型债券、转型基金、转型担保等。

第二，金融系统资源配置的功能有利于调节资金流向，有意识地将资金从污染行业逐步向绿色环保行业集中，推动产业链上中下游的整体绿色转型，促进产业整合，提高经济效率①。同时，商品市场、劳动力市场、技术市场等体系也会促进资本在不同区域间的流动和重新配置，带来商品、产品、劳动力和技术等资源的空间转移和区域资源禀赋的改变，促进绿色产业的有效整合，在一个更大的范围内实现各要素市场的资源有效配置，使市场体系更加完善和高效，提高绿色产业竞争力。

第三，金融系统提供信息的功能可以提高绿色投融资效率，并将环境风险和减排信息显性化、公开化，降低了绿色投融资成本、节能减排成本和环境项目评估成本，间接提高了高污染、高碳排放项目的融资成本，从而起到抑制污染性投资的目的。信息披露有助于投资者发现绿色转型和低碳发展过程中具有投资价值的行业和企业，同时也有助于帮助政府进行针对性地监管和规制，做好事前预防和事中监督。

第四，金融系统的风险管理功能在绿色低碳转型中至关重要，绿色金融在进行贷款和资产定价时，不仅面临着传统金融领域的风险，还面临着气候风险和相关环境领域的风险，此时仅仅依靠来自政府和监管机

---

① 中国银保监会政策研究局课题组：《绿色金融理论与实践研究》，《金融监管研究》2021 年第 3 期。

构的宏观调控是不够的，还需要引入市场的力量，包括资本市场、货币市场和碳排放交易市场等，通过金融产品和服务的创新，来达到降低和分散风险的目的。与此同时，那些清洁能源技术和低碳发展技术虽然风险较高，但生产率和回报率也较高，绿色金融体系的存在能够使这些技术开发获得足够的资本投入，从而推动产业技术进步和产业结构调整。

（三）绿色金融的成本路径实现

环境资源作为一种公共产品，其典型特征为非排他性和非竞争性，这种“无产权”的性质导致所有人都可以无偿且自由地享用环境资源，甚至无节制地争夺稀缺的环境资源，从而造成环境资源的过度开发利用，长期发展就会导致资源枯竭，并且排放出大量的二氧化碳气体，使气候相关风险（Climate-related Risk）加剧。可以确定的是，环境污染或气候变化的负外部性较强，市场机制对这类公共物品的配置在一定程度上是低效率的，仅仅依靠市场力量本身并不能有效解决环境和气候变化问题，甚至可能发生“公地悲剧”的现象，要解决环境与资源领域的外部性问题，需要政府更多的引导，以及政府和市场之间的密切配合。

众所周知，环境污染和环境破坏的负外部性极强，与此相对应的是绿色低碳产业的正外部性较强，那么就会衍生出两个问题：一是“搭便车”（Free-riding）的问题；二是如何将绿色低碳转型的外部性内部化，如何明确激励约束机制从而实现绿色转型的商业可持续，即使市场主体在进行成本收益分析后仍愿意参与到减排的过程中来。这两个问题在某种意义上是相互关联的。现在绿色低碳转型中的搭便车问题在国内外备受瞩目，因为这是一种非常明显的投机心理，其源自美国经济学家奥尔逊于1965年提出的公共利益和团体理论，核心观点是团体利益同分，但责任与成本由团体内每个成员承担。如果不采取措施，免费“搭便车”行为往往导致公共物品供应不足，进而导致市场失灵。“搭便车”

行为一方面表现在一个国家或经济体内部，另一方面表现在不同国家或经济体之间，所以这个问题密切关系到中国"双碳"目标乃至世界绿色转型能否实现。此外，环境外部性与资本市场失灵的问题在发展中国家尤为显著，在环境治理相对薄弱的发展中国家，环境资源政策的设计与执行难以有效地通过市场型政策工具将外部性纳入企业与个人决策之中，从而难以为企业与个人选择绿色生产与生活模式提供合理激励。只有为参与绿色低碳转型的市场主体明确了激励机制，才能将其内生的驱动力激发出来，进而实现商业可持续。也就是说，要明确个人成本与社会收益、个人收益与社会成本之间的关系，理顺投资回报机制。实现此目标，首当其冲的就是碳定价机制和技术进步①。碳定价机制属于经济刺激型政策，可以将商品市场不能解决的环境污染带来的外部性内部化到市场范围内，从而达到社会效益最大化，故而温室气体排放者应为排放权支付一定费用，从而补偿其他经济部门损失的福利②。而技术进步则是实现碳中和目标、降低成本、提高收益的关键路径。

国家和政府要制定相应的环境政策、监管政策和技术创新政策，将环境污染或气候变化的负外部性内部化，进而将负外部性纳入到市场微观主体的投融资决策等经济活动之中，使居民、企业等市场微观主体在做决策时要把对环境的影响纳入到成本收益分析的框架内，只有涉及切身利益时，市场微观主体才会考虑减少高碳排放能源的使用，增加绿色清洁能源的使用，进而将外部性控制在市场范畴之内。

首先来看碳交易市场机制。在碳排放权交易市场上，由政府来决定最终碳排放水平，由市场来决定碳价，因此碳价是不确定的。产业的减排份额是通过改变企业决策方式来落实的。政府须首先明确减排目标，

---

① Nordhaus W., 2007, "A Review of the Stern Review on the Economics of Climate Change", *Journal of Economic Literature*, 45 (3): 686 - 702.

② Baylis, K., D. Fullerton and D. H. Karney, 2013, "Leakage, Welfare, and Cost-Effectiveness of Carbon Policy", *American Economic Review*, 103 (2): 332 - 337.

在一级市场将初始碳排放权分配给纳入交易体系的产业，给予减排成本较低的企业以经济激励，这些企业会尝试减排并将多余的排放权出售给减排成本较高的企业，以便后者降低自身排放带来的成本，从而达到社会整体效益的最优。为使得碳交易制度行之有效，碳价应当处于缓慢影响企业微观决策的合理区间内，促使企业有动机规避超额排放的成本并追求减排收益。在碳中和概念推广早期，减排政策应从严为主，对拒不参与市场也未完成减排任务的企业处以高额惩罚，敦促市场形成习惯，将碳价和排放成本内化入企业决策，从而实现外部性内部化。

此外，碳排放权作为一种市场可交换产品，具有金融的天然属性，能够吸引银行、证券、基金等金融市场机构和市场微观主体更多参与，提高资源配置的效率。从国际比较视角来看，碳交易市场无疑是最直接有效地实现绿色低碳转型商业可持续性的激励约束机制，欧洲碳市场和美国区域性碳市场是应对气候变化的领导者和先锋，其市场价格在十几年的发展过程中由低到高，内在的激励机制和商业可持续性越来越强，关键一点在于碳交易市场中的碳金融产品越来越丰富，目前碳市场现货交易规模较小，衍生品交易已占到碳商品交易的90%以上。丰富的碳金额产品将有效提高排放权的流动性，碳期权、碳期货是碳交易市场的重要组成部分，有利于将更多市场主体纳入进来，增强其内驱动力，提高市场定价的有效性。如上所述，成本路径的实现主要发挥了绿色金融体系的资源配置功能、交易促进功能、风险管理功能和解决激励功能。此外，还有一点很重要，碳交易市场和碳价格也会起到信息提供的功能，提高碳价格可以实现三个目标：第一，它将向消费者提供信号，了解哪些商品和服务是碳密集型的，因此要谨慎使用；第二，它将向生产者提供有关哪些投入是碳密集型的（如煤炭和石油），以及哪些是低碳投入（如天然气和风能）的信号，从而促使企业转向低碳技术；第三，它将为发明家、创新者和投资银行家提供市场激励，以发明、自主、开发和商业化新的低碳产品和工艺技术；第四，碳价格将节省执行这些任务所需的信息①。

但是，碳的交易价格受多重因素的影响，包括经济周期、金融周期和技术进步等。在经济衰退时，碳排放需求下降，碳价格下降；在经济繁荣时，需求增加导致价格上升。碳交易市场的问题在于碳排放供给的总量缺少弹性，需求端的所有冲击在理论上都会反映在价格上，价格波动容易过大，而且一旦出现过度金融化的现象，就会出现新型套利行为，带来新型金融风险和监管挑战。

其次是技术进步。碳中和技术的主线是能源供给端的变革，要实现能源零排放技术的可行性和经济性。技术的主线可以通过综合考虑不同零碳能源供应技术的成本，寻找成本最低或次低值来获得一个最优或者次优的路线图。在“双碳”目标的实现过程中，不同的时期应当达到不同的技术进步。2021—2030 年是碳达峰阶段，节能技术主要是降低工业能耗和消费电耗，减排技术主要是大型火电厂降低煤耗，以及煤改气工程建设和电力能源碳中和技术。2030—2050 年是碳中和关键期，零碳技术主要包括光伏发电和储能、风能发电和储能、核能发电、水能发电、气改电以及灰氢技术。2050—2060 年是碳中和决胜期，零碳技术包括绿色氢能、化石能源碳捕捉和生物质燃料，负碳技术是生物质和碳捕捉。总体而言，技术进步带来的成本下降主要源于三方面效应：一是规模经济，在固定成本不增加的基础上，提升设备的单位产出或降低能耗，使单位产品成本下降，企业利润率上升；二是材料替换，通过减少原材料中重金属或稀有金属的使用，或实现材料的国产化，进而降低能源成本；三是效率提升带来明显的成本下降效率，降低整体生产成本。

应对气候变化和绿色转型，技术进步是关键，但是技术进步也有外

① Borenstein, S., J. Bushnell, F. A. Wolak and M. Z. Watkins, 2019, “Expecting the Unexpected: Emissions Uncertainty and Environmental Market Design”, *American Economic Review*, 109 (11): 3953 - 3977.

部性。研发投入和失败的风险由个体承担，成果可能使全社会受益，导致私人部门的研发投入低于社会福利要求的水平，这就涉及个人成本与社会收益之间的权衡问题。因此，政府需要加强技术研发保护，出台政策支持更清洁、更高效的能源技术，开放多种技术同台竞争，支持新技术产业化。强化知识产权保护和专利保护，将技术扩散的一部分收益分配给技术创新企业，使企业能够投入更多的人力、物力和财力，达到个人成本和社会收益的动态平衡。而且由于技术研发是个长期的过程，需要长期资本入场，因此，金融体系可以发挥资源配置、风险管理和解决激励的功能，支持技术研发产业稳定、有序、可持续发展。

（四）政府补充作用的实现

事实上，公共部门通常更有能力为具有不确定性和长期回报的事情提供支持和帮助。政府税收、补贴和其他补充政策等手段是在市场配置低效率或市场失灵时解决外部性的重要渠道。在绿色低碳转型的过程中，政府必须要发挥引导和补充的作用，低碳转型中的公共投资可能成为下一个重大的技术和市场机会，刺激和引领私人和公共投资①。

就碳税而言，碳税不需要太复杂的市场产品和交易规则设计，由政府制定碳价，由市场决定最终排放水平，因此，碳税的管理和运行成本相对碳交易要低很多。而且，碳税作为政府税种之一，对企业而言相对固定，便于做好减排安排，对政府而言可以增加收入，用于投资开发新减排技术②。碳税的优势是透明、价格可预期，有利于经济主体的长期规划，但缺点是与减排目标的关系不直接、不稳定，也就是减排量的可预期性较差，不仅国内层面较难确定最终的排放量，不易确定资源配置

---

① Heal, G. , 2017, "The Economics of the Climate", *Journal of Economic Literature*, 55 (3): 1046 - 1063.

② Marron, D. B. and E. J. Toder, 2014, "Tax Policy Issues in Designing a Carbon Tax", *American Economic Review*, 104 (5): 563 - 568.

是否高效和及时，国际层面也很难建立起跨国市场，反而可能鼓励贸易保护主义和产业外流。从应用场景来说，碳税政策更适用于管控小微排放端，碳排放权交易体系则适用于综合管控排放量较大的企业或行业，因此协同使用这两种政策，可在覆盖范围、价格机制等方面起到良好互补作用①。这种观点是有学术支撑的，一般而言，碳税起源于庇古税，碳排放权交易起源于科斯定理，Weitzman 将两者结合在一起研究②。当边际减排成本的斜率大于边际环境损害，即减排成本高时，应该选择碳税；当边际减排成本的斜率小于边际环境损害，即环境污染成本高时，应该选择碳排放权交易。而且 Pizer 也指出，两种机制混合使用的效果要超过仅实行碳交易机制的效果③。所以，碳税的征收较为明显地体现出政府路径对于市场路径的补充作用。从碳税的具体实施效果来看，碳税应当在价值链的前端较早征收，而不必面向所有家庭、企业和机构，而且碳税在促进消费者绿色减排的作用上，要好于碳价格④，原因在于居民家庭对自身绿色行动的未来成本和收益了解不多，因此很难通过碳价格的方式将减排纳入成本收益分析之中。

此外，政府公共财政部门还可通过以下方式发挥减缓气候变化和推动绿色转型的作用：一是实行补贴政策，包括研发补贴、缓解行动补贴、低碳投资补贴、利率补贴和税收减免等；二是来自国家开发银行和公共部门的优惠贷款投资基金；三是有助于确保私人部门更多参与公共投融资的公共担保政策，以及私人部门、政府、开发银行和长期机构投资者的合作。有些经济学家认为，在当前低利率的环境下，通过公共债

---

① 彭文生：《碳中和路径及其经济金融含义》，《中国经济报告》2021 年第 4 期。

② Weitzman, M. L., 1974, "Prices vs. Quantities", *The Review of Economic Studies*, 41 (4): 477 - 491.

③ Pizer, W. A., 2002, "Combining Price and Quantity Controls to Mitigate Global Climate Change", *Journal of Public Economics*, 85 (3): 409 - 434.

④ 奥利维尔·布兰查德、让·梯若尔：《应对未来的三大经济挑战》，《比较》2021 年第 5 辑。

务为低碳转型融资在经济上可能更可持续，也可能是发达经济体决策者解决现有难题的出路①。

除政府公共财政部门外，金融监管当局也应发挥其重要作用，从宏观审慎政策和微观审慎政策入手，支持和引导绿色金融的发展，才能在一定程度上保证金融功能的实现。第一，纠正气候风险中定价过低和缺乏透明度的现象。敦促金融机构收集气候相关的金融数据、披露气候相关风险信息，对绿色资产和棕色资产进行分类管理，进行气候相关压力测试。第二，减少短期偏见并改善金融机构治理框架。众所周知，金融周期通常短于经济周期，金融机构管理者和从业者大多是短视的，这就会导致逆向选择和道德风险的出现，因此应加强金融机构的公司治理。第三，将气候变化和低碳转型因素纳入宏观审慎政策之中，工具包括准备金、流动性、资本监管要求、贷款价值比、信贷增长上限等。

二　绿色金融发展面临的问题与挑战

（一）绿色发展战略的顶层设计亟待完善，未形成统一的标准体系

绿色金融标准是绿色金融体系发展的基石，也是核定绿色产业范围、支持绿色产业发展、监督绿色金融市场规范运行的先决条件。但目前中国在绿色金融标准方面缺乏系统性统筹，绿色信贷、绿色债券、绿色股权等产品的成熟度存在差异，对应标准的明晰程度不尽相同，从而导致各产品标准不统一、与国际标准兼容性差的问题。

一方面，国内标准制定不够统一。国内不同类金融产品之间，绿色标准统一性不足，部分绿色金融标准尚未和碳中和目标达成一致②。例如，《关于印发〈绿色债券支持项目目录（2020 年版）〉的通知（征求

---

① Kiley, M. T. and J. M. Roberts, 2017, "Monetary Policy in a Low Interest Rate World", Brookings Paper on Economic Activity, Brookings Institution Press, 317 - 396.

② 中金研究部、中金研究院：《碳中和经济学：新约束下的宏观与行业分析》，2021 年。

意见稿）》与《绿色产业指导目录（2019 年版）》关于煤炭清洁利用等与化石能源相关的项目存在认定分歧；核电被列入发改委《绿色产业指导目录（2019 年版）》和人民银行《绿色贷款专项统计制度》中，但是未被纳入因保监会《绿色融资专项统计制度》的绿色融资范畴；《绿色债券支持项目目录（2021 年版）》刚刚出台，其具体实施效果仍有待检验；绿色股权仍处于发展初期，尚未形成和出台明确的概念界定和管理办法。

另一方面，与国际标准相比仍有差距。在绿色信贷方面，国内绿色信贷范畴较为局限，这是由于国内出于“洗绿”和“漂绿”的风险，将绿色信贷的范围局限在用作绿色产业发展和降低碳排放的贷款中，而国外则是把转型金融中需要的信贷需求也纳入绿色信贷认定之中，特别是推动高排放行业绿色化或者将环境风险因素纳入授信流程的贷款。在绿色债券方面，国内项目认定标准、种类划分、募集资金使用流向、第三方评估、债券存续期管理等领域皆与国际标准存在一定距离。在绿色项目认定方面，中国绿色债券支持项目在气候变化适应和气候相关风险方面涉及的较少，市场深度有所不足，这也从侧面体现出国内外在气候变化领域发展的客观差距，国内对于气候变化的追踪研究较晚，故支持项目的设计略显落后。在募集资金用途方面，中国的标准是将募集资金专门用于支持符合规定条件的绿色产业、绿色项目或绿色经济活动，而国际上的绿色债券原则和气候债券原则则规定资金全部用于绿色项目；在第三方评估和存续期管理上，国外绿色债券发行前将由第三方环境评估机构首先判断项目是否符合绿色标准和碳减排要求，即绿色认证，并详细说明绿色债券募集资金的投向和用途，并且在绿色债券发行后，金融中介机构还将进一步对资金用途和节能减排效益进行事中监督、报告和评估，但中国在这方面并未给出细致的指导意见，此外也应在培育优质行业方面有所侧重，提供便利优惠条件。

（二）信息披露机制不完善，激励约束机制不完善

完善的绿色信息披露对于政府机关、监管机构及各方投资者支持可持续发展至关重要，是防范“洗绿”“漂绿”等信息不对称风险的重要支撑，具体操作应遵循真实、及时、一致和连贯四项原则。绿色信息披露包含两个维度，即企业自身的绿色信息披露和金融投资机构对其自身所持有绿色资产的披露。

1. 绿色信息披露强制性不足，标准不统一

对于上市企业而言，虽然其信息披露水平正在逐年提升，主动进行ESG信息披露的公司数量和比例逐年增加，但是仍然存在标准不明确、范围较窄、横向不可比、难以量化的问题，也为企业提供了数据操纵和选择性披露空间，难以为投资者提供全面、可靠的绿色信息，进而影响市场化定价、资源配置和风险防范。对于绿色债券发行企业而言，中国人民银行、沪深交易所以及银行间交易商协会先后公布了绿色债券信息披露相关标准，但不同类别绿色债券信息披露标准有所差异，具体监管和操作过程中如何执行亟待考察，有可能造成监管套利行为。对于金融机构而言，中国人民银行于2021年7月发布了《金融机构环境信息披露指南》（以下简称《指南》），明确了披露的框架结构，这意味着绿色金融标准体系建设的新突破。但是《指南》在披露频率（每年至少一次）和披露形式（由金融机构自行选择）等方面仍存在不足，这也说明金融机构与监管机构之间需要一段时间的磨合过渡期。

2. 绿色信息披露的激励约束机制不完善

绿色信息披露关乎市场主体的内在动力，如果缺乏激励约束机制，市场主体便可能落入“劣币驱逐良币”现象之中，使得整个绿色信息系统连锁失效。企业主动披露绿色信息的意识不足为监管层的披露机制设计带来挑战，监管层披露要求的不统一给金融机构的绿色评估增加了难度，而金融机构因信息不充分对绿色金融产品的投资积极性较低，不

利于企业的绿色转型，也可能增加金融机构的资产风险、信用风险和期限错配风险，进而影响金融稳定和实体经济稳定。此外，中国绿色信息网络各关联方的权责尚未明晰，一些金融机构承担了本该由企业负责的信息披露审核环节，使其投资绿色项目的前期成本变得很高、甄别流程变长，如果未来企业和第三方评估机构能够分担这一成本，整个绿色信息和投资流程将变得更加流畅①。而且，目前中国各级政府及相关部门、第三方机构和企业之间无法对所收集到的环境相关信息进行有效共享，同时中国环保部门与金融机构之间缺乏数据共享机制，不利于构建信息充分的绿色投资市场。

（三）绿色金融相关的市场和产品存在一定的缺陷

在投融资结构方面，中国当前的绿色项目投融资存在行业过于集中的问题。绿色信贷是中国目前最主要的绿色金融工具，占比超 90%，绿色债券和绿色股权的占比仅不到 10%。如图 9－1 所示，截至 2021 年第三季度末，主要金融机构所投放的绿色贷款余额约为 188800 亿元，其中以基础设施绿色升级产业所分配到的信贷资源最多，占比达到 37.02%；电力、热力、燃气及水生产和供应业，交通运输、仓储和邮政业等次之，分别占比 21.29% 和 21.61%；清洁能源产业所分配到的绿色信贷资源最少，为 20.07%。

这表明，目前中国绿色信贷资源更多分配到了转型升级产业，但是代表未来发展前景的清洁能源产业反而得到的信贷支持最少，交通运输和电力热力行业的融资需求也较难得到充分满足，也就是说，当前主要绿色融资工具覆盖的项目与具有较大融资需求的行业具有一定的差异，绿色资金的投放并不能完全匹配全社会绿色发展的需求，金融体系资源配置的效率较低，对于产业结构的调整升级起到了阻碍作用。除绿色融

① 中金研究部、中金研究院：《碳中和经济学：新约束下的宏观与行业分析》，2021 年。

资投向项目较为集中外，目前中国绿色金融工具的发展也呈现出“偏科”的问题。中国绿色信贷占据了绝对地位，而绿色债券和绿色股权的占比很低，这说明绿色金融支持仍然以间接融资为主，直接融资发挥的作用有限，部分绿色投融资需求存在被抑制的风险。

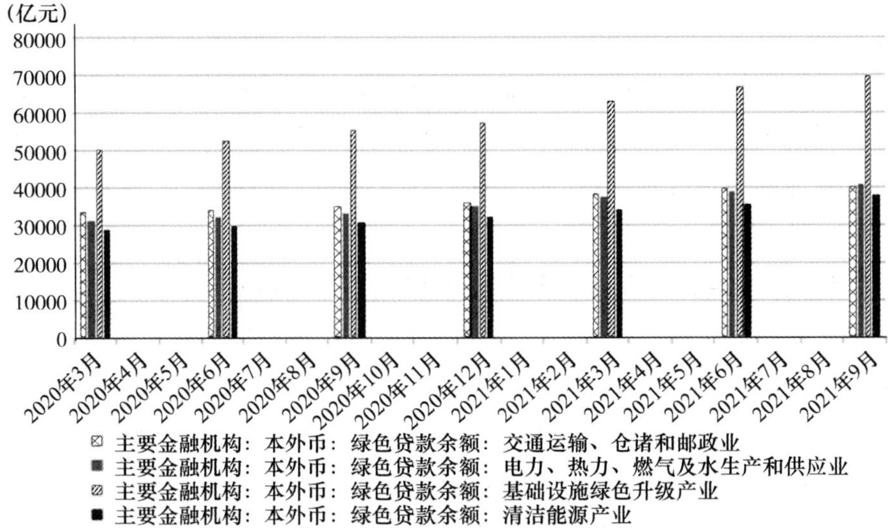

图 9－1　主要金融机构的绿色贷款余额

资料来源：Wind 数据库。

（四）中国碳市场发展存在不足

相较于欧美等发达国家和经济体，中国的碳市场发展起步较晚，相关政策框架还不够完善，并且中国金融市场结构性难题尚未解决，缺乏一定的广度和深度，也就间接性地说明碳市场金融化程度较低，支持绿色低碳转型的作用发挥不充分。具体而言，主要存在以下几方面问题。

第一，碳市场的整体发展处于初级阶段。截至 2021 年 6 月，7 个试点省市的碳市场累计配额成交量为 4.8 亿吨二氧化碳当量，成交额约 114 亿元，这与国际碳市场相比相距甚远，国际地位较低。而且，目前只有电力行业首批纳入全国碳市场，像石化、化工、建材、钢铁等重点行业尚未纳入。第二，中国碳市场的金融化发展程度较低。在欧美等发达国家，碳配额具有较强的金融属性，而中国目前的碳市场缺乏专业的机构投资者、缺乏做市商，碳金融衍生品发展不均衡，碳信贷和碳债券发展速度较快，碳期货、碳期权、碳基金等发展明显滞后，这也从侧面反映出中国金融体系的顽疾和结构性问题，导致中国碳交易市场活跃度低，缺乏流动性，控排单位的融资需求难以得到满足。第三，碳市场的价格信号功能有待加强。从全国7省市试点运行情况来看，近年来加权平均碳价在40元人民币左右，但不同区域之间的价格存在一定差异，反映出中央与地方政府利益关系偏差以及绿色发展的矛盾性。当价格不能真实反映控排单位的成本与收益时，就会使约束效力下降，部分政府在绿色发展、改善环境与维持经济增速之间犹豫不决，使全国范围内的碳价难以统一，那么金融系统的信号提供和资源配置功能便难以实现。第四，区域不平衡问题突出。从区域来看，发达地区和欠发达地区的优劣产业及分布各有区别，试点市场多数分布在东部沿海地区，但中西部才是中国重工业和高碳产业的聚集地所在，因此区域发展不平衡问题亟待解决。

三 完善绿色金融体系助力“双碳”目标实现

（一）完善绿色金融顶层设计，健全绿色金融政策支持体系

“双碳”目标关系到中国经济高质量发展和新发展格局的实现。碳中和的绿色发展路线，对中国而言，是一个新生的事物，是机遇也是挑战。中国二氧化碳排放量位居世界第一，但是相应的绿色发展和低碳转型程度却错位落后于欧美主要发达经济体，一方面是因为中国整体的工业发展阶段落后于西方主要国家，另一方面是因为中国金融体系发展程度较低，由于“双碳”目标属于“自上而下”推动的国家战略，因此应从顶层设计角度及早谋划中国的绿色金融发展战略，健全绿色金融政

策支持体系。第一，要制定统一的绿色标准，绿色金融的可持续发展离不开完善的绿色金融标准制定。特别是要促使绿色金融产品标准更加明晰和系统化，明确融资标准，降低绿色融资成本，促使资金真正流向资源节约和高效减排的绿色经济活动，真正弥合绿色产业投融资缺口。第二，在标准制定和项目认证上应逐步与国际标准接轨与兼容。目前，中国在绿色信贷、绿色债券上面的认定标准与国际通行标准存在差异，这也降低了国际投资机构的投资积极性，因此要将国际标准与中国特色相结合。第三，健全绿色金融法律法规体系、政策管理体系和技术标准体系。主要包括绿色金融基本法律法规、绿色金融业务实施制度、绿色金融监管制度等，还有将大量的绿色金融交易数据、支付数据、账户数据高效利用起来，推进标准的数字化、标准化和统一化。

（二）推动信息共享与协调，强化环境、气候信息披露

目前中国绿色信息披露的发展现状，在一定程度上抑制了绿色投融资的匹配效率，影响了金融系统功能的实现，使价格信号不准确、资源配置不合理。第一，监管部门要进一步完善强制性绿色信息披露机制，尽快推出上市公司和发债企业的环境、气候信息披露的指引，构建适应不同行业特征、可量化的披露指引体系，特别是ESG体系建设，并对“洗绿”、“漂绿”、刻意隐瞒和伪造环境信息等相关行为进行惩罚。第二，环保部门、相关部委、地方政府和企业之间应建立合理的数据共享机制，在保护数据隐私的前提下开放部分数据，为绿色投资者和相应市场机构制定决策提供信息依据和数据支撑，引导更多资金流向绿色产业，同时加强绿色金融环境效率测算方法和指标工具的技术研发。第三，对于金融机构而言，要强化环境、气候信息披露，并建立持续性考核体系，严格监督绿色资金使用方向，对绿色资产的分布、质量、风险、效益进行重点管控。

（三）加快绿色金融市场建设，设计绿色金融激励机制

绿色金融市场的健全完善是可持续发展由自上而下的政府驱动模式转变为市场内生化驱动模式的关键所在，要设计出正当合理的绿色金融激励机制，才能激发市场微观主体的内生驱动力，实现外部性内部化。第一，完善绿色金融产品服务体系，扩大资金来源，降低融资成本，较好解决期限错配、流动性错配和资产定价问题，探索各类资金合作的新模式、新路径与新机制，加大对清洁能源、可再生能源技术、项目和产业的支持力度。第二，绿色金融支持的产业结构应该更加均衡和多元化，避免整体市场发展的不平衡，影响产业结构的调整升级。第三，设计绿色金融激励机制，比如绿色债券可以作为抵押物，提高在贷款优先权排序；健全财税扶持体系，加强财政和税收政策对绿色信贷、绿色债券的税收优惠和信用担保；推进绿色金融风险补偿基金建立，规定相应的补偿比例及条件；优化监管考核要求，特别是风险权重、资本充足率、不良贷款率等重要监管指标；拓宽贷款融资抵押质押的范围，为聚焦绿色技术研发的企业提供知识产权质押等融资便利，同时鼓励金融机构探索环境权益质押融资的新模式。第四，以 ESG 理念打造中国绿色金融市场的核心竞争力。一方面引导金融机构在集团战略层面和业务全流程管理中践行 ESG 理念，将环境、气候、社会风险，以及由此产生的物理风险和转型风险纳入到业务范畴之中；另一方面发挥金融资本的引导作用，将 ESG 标准嵌入到产业活动和产业链之中，使金融与实体经济的相关主体之间建立起利益共享的信息关系，增加社会总体福利。

（四）推动形成更加有效的全国统一碳市场

加快全国性碳交易市场上线交易的步伐，提升中国碳交易市场在全球碳市场中的规模和影响力，主要有以下几个着力点：第一，加强碳金融市

场规则制度建设，尽快出台全国统一的碳排放权交易管理条例，对参与主体的资质条件、交易方式、履约行为的权责利作出明确规定；进行精细化管理和全流程监管，提高信息公开的透明度，加强信用体系建设，并发挥政府部门、交易所、第三方机构以及行业协会的自律监管和社会监督职能。第二，针对碳市场区域发展不平衡的问题，要逐步打破各类资源的时间和空间限制，适当向中西部地区倾斜，提高中西部地区的参与度，并拓展全国碳市场的行业覆盖范围，在电力行业的基础上，加快把化工、建筑、有色金融、航空等行业纳入进来。第三，大力推进碳金融创新产品和交易工具，为控排企业、投资者提供专业的碳金融投融资服务和风险管理工具，特别是绿色信贷和绿色债券资产证券化、环境权和排放权的抵押质押融资等，积极稳妥为全国统一碳市场提供综合性金融服务。第四，高度重视碳价格的作用，较低的碳价格难以起到减排的效果，较高的价格又会给控排企业增加成本和负担，所以在全国统一碳市场初始运行的阶段，可以考虑为碳排放价格设立上限和下限，实现某种程度的价格稳定，这有助于将碳价格纳入到私人投资决策之中。当价格到达下限时，政府可以通过购买配额来削减市场上的碳配额数量，当价格达到上限时，可以将额外的配额按照上限价格出售，维持碳市场的整体稳定。

四　未来发展趋势

随着“双碳”目标的提出和国家对于绿色金融顶层设计的完善，以及国际社会对于气候变化和碳减排的重视，展望 2022 年中国绿色金融发展，笔者认为有以下五大趋势值得高度关注：第一，绿色金融政策文件陆续出台，标准逐渐统一化。随着二十国集团《G20 可持续金融路线图》和《中共中央 国务院关于完整准确全面贯彻新发展理念做好碳达峰碳中和工作的意见》的发布，国内国际两个大局的步调一致性增强，这有助于金融产品服务标准的全面制定、更新和修订，也有助于提高中国绿色金融发展在国际社会标准制定的话语权。第二，新的金融工具和产品发展潜力较大，绿色金融激励约束机制不断完善。2021 年中国人民银行为了支持碳减排和绿色转型发展，正式推出了碳减排支持工具和支持煤炭清洁高效利用的专项再贷款。此外还包括对绿色信贷、绿色债券等提供贴息、补助、补贴等优惠政策，以及对于转型金融产品工具的设计研发等，都说明了绿色金融激励约束机制正在由导向化迈入实质化。第三，金融机构走向净零，重视环境与社会风险管理。未来将会有越来越多的商业银行、资产管理公司、证券公司、保险公司等金融机构作出净零承诺，通过调整自身产品和服务，有效减少自身运营排放，并将 ESG 纳入资本资产配置和长期规划之中，助力实体企业实现净零碳排放目标。第四，气候信息披露将日益强化。一方面可以帮助投资者准确评估企业价值，规避投资风险；另一方面为政府部门和金融监管机构防范化解气候相关风险提供决策基础和数据支持。目前，由金融稳定理事会发布的《TCFD 披露建议》受到各国的广泛支持和认可，更加细化的国际规则正在制定之中，与此同时，中国也可能会将碳排放纳入上市公司和金融机构的信息披露之中。第五，金融支持生物多样性保护。近年来，生物多样性问题开始受到社会各界的广泛关注，生物多样性丧失引发的连锁反应会对经济社会可持续发展和金融稳定造成负面影响。因此，金融管理部门要自上而下地推动金融机构提高生物多样性保护支持，促使金融机构将生物多样性保护因素纳入投融资决策之中，并传导至市场微观企业主体链条之中，以支持生态修复和可持续发展。

（执笔人：范云朋、郑联盛）

第十章

大型互联网平台的发展与治理

近年来，随着以互联网为基础的数字经济时代的来临，一大批大型互联网平台迅速崛起，给经济和社会发展带来深刻影响。大型互联网平台在促进产业优化升级，推动经济高质量发展，满足人民日益增长的美好生活需要等方面发挥了重要作用。但同时，大型互联网平台在一定程度上带来风险和挑战，已引起全球广泛关注。梳理大型互联网平台的发展历程，分析大型互联网平台带来的风险挑战，研究大型互联网平台的国际治理经验，对悟透以人民为中心的发展思想，进一步推动中国大型互联网平台的规范发展具有重要意义。

一　大型互联网平台的发展历程

（一）大型互联网平台的概念

随着信息技术的飞速发展和互联网、移动互联网的广泛应用，平台经济急剧发展，应用场景不断扩大。互联网平台已由过去信息交互的中介，发展成为集汇集数据、配置资源、满足生产生活应用、制定规则于一体的新型组织方式，推动经济高质量发展的新引擎，优化资源配置的新模式，促进跨界融通的新中枢。

一般来说，大型互联网平台是指拥有技术优势的全球技术平台型公司。它们依托特有的技术和用户优势，一方面直接面向普通零售用户（C端）提供搜索引擎、社交网络、电子商务以及其他特定产品及服务，另一方面为其他机构（B端）提供基础设施服务①。

（二）大型互联网平台的发展阶段

自20世纪90年代起，互联网启动商业化浪潮，互联网平台已经经历了起步发展、初步形成、全面发展以及整顿治理四个阶段。

1. 起步发展阶段（20世纪90年代）

20世纪90年代，互联网商业化浪潮启动，推动互联网走向大众，门户网站、电子商务平台、搜索引擎等应用迅速崛起，互联网平台进入爆发式增长阶段，很多今后三十年赫赫有名、与用户息息相关的互联网平台始建于这一阶段。

1989年，欧洲核研究组织CERN科学家蒂姆·伯纳斯·李（Tim Berners-Lee）成功开发出世界上第一个Web服务器和第一个Web客户机，命名为万维网（WWW），并于1991年8月6日正式推出。1990年第一个商业性质的互联网拨号服务商——The World诞生。1993年浏览器问世。同年9月，克林顿政府宣布了“国家信息基础结构的行动计划”，号召加快国家信息高速路建设。1994年Netscape诞生，同年，微软为Windows 95创建了一个Web浏览器。1995年3月，全球第一门户网站雅虎（Yahoo!）诞生。1997年，乔布斯创办的NeXT Computer公司被苹果公司收购，乔布斯再次回到苹果公司担任董事长。1998年，谷歌（Google）创立，其唯一的服务就是搜索引擎。2000年，亚马逊的前身卓越网诞生。

在中国，自1994年正式接入国际互联网后，互联网平台也进入爆

① 胡滨、郑联盛：《大型互联网平台的市场行为、监管挑战与政策应对》，《中国金融监管报告（2021）》，社会科学文献出版社2021年版，第1—26页。

发式增长阶段。1997—1998 年，网易、搜狐、腾讯、新浪四大门户网站相继成立；1999 年，马云正式成立阿里巴巴集团，中国很长一段时间内最大的电子商务平台开启；2000 年，李彦宏创建搜索引擎平台——百度搜索。

2. 初步形成阶段（2000—2006 年）

这一阶段，搜索引擎、博客、社交媒体兴起，网民成为互联网平台内容的生产主体，并登陆《时代》年度人物，大型互联网平台初步形成。2001 年"9·11"事件后，博客正式兴起，网民成为内容生产者。Myspace、Skype 和 Safari Web 等各种浏览器诞生，Myspace、Facebook、Twitter 相继推出，社交平台迅速崛起。2006 年，网民被评选为美国《时代》年度风云人物。在中国，这一阶段，淘宝网上线，支付宝推出，网游市场繁荣，博客蓬勃发展，电商服务业被确定为国家重要新兴产业。

在此阶段，互联网平台风险逐渐暴露，全球逐步强化网络治理。各国监管者一方面已经意识到互联网平台不断累积的风险，开始强化监管；另一方面担忧监管过严会扼杀市场创新，损害互联网平台发展，因此态度并不明朗。"9·11"事件后，联合国举办信息社会世界峰会，对网络治理的基本概念和框架进行了定义。美国发布《爱国者法案》，加强对个人信息的搜集和分析力度；随后又公布《国家网络安全战略》，将互联网安全提升至国家安全的高度。

3. 全面发展阶段（2007—2018 年）

2007 年第一代 iPhone 发布，正式开启移动互联网时代。随着智能手机的广泛应用于发展，全球进入移动互联网阶段，大型互联网平台进入全面发展期。这一阶段，以美国的 GAFA（谷歌、亚马逊、脸书与苹果）和中国的 ATBM（阿里巴巴、腾讯、百度、美团）为代表的大型互联网平台，依托互联网技术与数字经济，不断创新技术、服务、商业模式，逐步构建起多维度、全产业链、自我循环的生态圈。这一阶段，欧洲的互联网平台逐渐沉寂，在全球互联网产业中几乎不见踪影。但欧洲对互联网平台的监管以及制度建设却走在世界前列，欧盟及其成员国利用反垄断法对谷歌、Facebook 等开出巨额罚单，并相继出台多个监管规则。尤其是2018 年出台的《通用数据保护条例》（GDPR），成为世界各国数据保护立法的重要参照，对互联网平台和个人生活产生了深远影响。

4. 整顿治理阶段（2019 年至今）

2019 年，中国、美国和欧洲开启对大型互联网平台的强监管，全球进入对大型互联网平台的全面整顿治理阶段。2019 年 6 月，美国众议院司法委员会启动了对脸书、谷歌、亚马逊和苹果的调查，2020 年 10 月 6 日，委员会根据调查结果发布《数字市场调查报告》，认定这四大平台存在垄断，并直接建议拆分。2020 年 12 月 15 日，欧盟委员会公布了《数字服务法案》和《数字市场法案》，意在打破大型互联网平台的垄断，促进欧洲数字创新及经济发展。在中国监管层面，强化平台经济领域的反垄断早已有迹可循。2020 年 1 月 2 日，国家市场监督管理总局就《〈反垄断法〉修订草案（公开征求意见稿）》向社会公开征求意见，新增互联网领域经营者市场支配地位的认定标准。2020 年中央经济工作会议指出，要强化反垄断和防止资本无序扩张，将重点完善平台企业垄断认定、数据收集使用管理、消费者权益保护等方面的法律规范。2021 年 2 月 7 日，国务院反垄断委员会正式出台《关于平台经济领域的反垄断指南》，针对互联网平台经济领域的垄断行为做了规定。同年，国家监管总局对阿里巴巴集团、美团开出巨额罚单。2021 年中央经济工作会议强调，深入推进公平竞争政策措施，加强反垄断和反不正当竞争。要为资本设置“红绿灯”，依法加强对资本的有效监管，防止资本野蛮生长。这一系列组合拳，彰显了中国对大型互联网平台治理的决心。

综合分析可以看出，中国、美国、欧洲，平台治理的举措主要包括五个方面：一是出台监管规则及实施细则，二是对大型互联网平台开展调查，三是开出巨额罚单，四是提起诉讼，五是将反垄断问题作为这一阶段整顿治理的核心。

（三）中美大型互联网平台发展的比较

经过几十年发展，中美两国成为大型互联网平台最为发达的国家。美国互联网居于世界领先地位，中国虽然起步晚，但是迅速崛起。中美两国的大型互联网平台在不同方面各有千秋。

在关键领域，中美都有代表性的大型互联网平台，整体上势均力敌，各有特点。在部分领域，中国的互联网平台的产品、服务和业务更好、更新、更有吸引力，已经领先美国。在电子商务方面，中国有阿里巴巴，美国有亚马逊。前者是中国最大的电商平台，客户主要在国内；后者是全美最大的电商平台，覆盖全球60多个国家。在社交网络方面，中国有腾讯，美国有Facebook。Facebook在市值和营收方面占有优势；但是，腾讯的业务布局涉及社交网络、视频网站、网络游戏、移动支付等多个领域，略胜一筹。在搜索引擎方面，中国有百度，美国有谷歌。百度是全球最大的中文搜索引擎，并涉足移动生态、智能驾驶、智能交通、视频网站、地图、贴吧等多个领域，是掌握世界尖端科学核心技术的高科技企业；但与谷歌相比，无论是市值还是综合实力都还有一定差距。谷歌不仅是全球最大的搜索引擎公司，业务扩展到了各行各业，旗下有包括Android、Chrome、Gmail、Google Search、Google Drive、Google Maps、Google Photos、Google Play Store和YouTube在内的数十种产品。

在用户数量上，中国互联网用户数量最多。早在2008年，中国互联网用户数量达到2.53亿，成为全球互联网用户数量最多的国家。根据Quest Mobile数据显示，2021年6月中国移动互联网用户规模达到11.64亿，移动社交、移动视频、移动购物渗透率超过90%。

在科技创新上，美国的开拓性更强。美国的绝大多数大型互联网平台发端于硅谷，极具开拓精神，具有创新基因，在多个关键领域引领全球市场。近年来，中国大型互联网平台的科技创新也在逐渐变强，在大数据、云计算、区块链、人工智能等新兴技术应用方面取得了重要进步。

在全球化程度上，美国大型互联网平台的全球化程度更高。谷歌、亚马逊、Facebook、苹果等都是全球化公司，平台覆盖范围更广，客户群体更具国际性，市值和营收都是基于全球化市场获得。中国的大型互联网平台在全球化市场开拓方面略逊一筹，覆盖范围、客户群体、市值和营收等大多是依赖国内市场。

二 大型互联网平台的治理经验特征

对于大型互联网平台的发展是否会导致垄断，学界和业界争议非常大，至今没有定论。在大型互联网平台发展过程中，大致呈现出网络效应、规模经济、重数据要素、用户多宿性等特性。从经济学原理看，网络效应和规模经济会加剧平台的市场力量，增加平台的垄断风险。数据是中性的，但是，大数据强化了平台的网络效应、规模经济，导致平台的市场集中度变高，为平台垄断提供了基础。互联网平台逐渐趋于集中，形成“赢者通吃”的局面，在平台经济发展中非常普遍。普华永道根据全球上市公司2021年3月31日的股票市值排出“2021全球市值100强上市公司”排行榜，排名前十的企业中有7家是平台企业，包括苹果、微软、亚马逊、Alphabet Inc（谷歌母公司）、脸书、腾讯、阿里①。

（一）网络效应促使大型互联网平台更加集中

网络效应是大型互联网平台的重要属性。网络效应是平台自身以及

① 《2021年全球市值100强上市公司排行榜：苹果公司重返第一》，https：//www.chyxx.com/top/202108/966419.html。

平台所涉及的双方或多方主体通过网络接入的方式参与平台运营。一般来说，网络效应分为两种：直接网络效应（Direct Network Externalities）和间接网络效应（Indirect Network Externalities）①。在具有直接网络效应的互联网平台中，使用产品或服务的一方用户越多，产品或者服务对其他用户的价值就越高，就会对另一方用户越有吸引力。比如微信平台，如果使用微信的用户越多，那么微信平台的价值也就越高。在具有间接网络效应的互联网平台中，平台一方用户增加，能够吸引更多的另一方用户使用产品或服务，并使第三方参与进来开发更多产品或服务，又会反过来对第一方用户更具吸引力。比如苹果拥有 IOS 移动操作系统，使用苹果的用户越多，为苹果操作系统提供应用程序开发和服务的用户就越多，提供的软件就越多，这样反过来又能吸引更多用户加入进来。

根据梅特卡夫定律，一个网络的价值等于该网络内的节点数的平方，而且该网络的价值与联网的用户数的平方成正比。大型互联网平台给用户带来了极大便利，大型互联网平台提供的多种应用场景，使用户可以超越时空限制，享受互联网给日常生活带来的便利性。同时，这种便利性也为平台吸引来越来越多的用户。随着用户数量的增加，平台的价值呈指数级增长。

（二）极端规模经济是大型互联网平台的显著特征

大型互联网平台的另一个重要的属性是规模经济。规模经济一般指规模效应，是在特定时期内，企业的产量达到一定水平后，由于各生产要素的有机结合产生 1 +1 >2 的效应，单位产品的成本呈下降趋势，即扩大经营规模可以降低单位产品的成本，提高利润水平，这个成本下降曲线，一般呈线性。大型互联网平台具有明显的边际成本递减甚至为零的特点，

① David, S. Evans and Richard Schmalensee, 2012, "The Antitrust Analysis of Multi-Sided Platform Businesses", Coase-Sandor Institute for Law & Economics Working Paper No. 623.

在平台设立之初，所需的投入很大，维持平台的正常运行也需要较大的投入。但是，平台边际成本随着用户数量的增加、平台规模的扩大而逐渐变小，直至边际成本接近为零。尤其是平台依托技术创新，可以快速越过“阈值”并逼近极端规模收益率，使平台的成本变化远低于所服务的用户数量的变化。同时，网络外部性使平台收益逐渐提高，只要用户群足够大，节点链接足够多，平台的边际成本就会足够低，所产生的产品和服务效应倍增，甚至会形成所谓的“赢者通吃”局面。

（三）大数据进一步巩固平台的垄断特性

大数据作为重要生产要素，在大型互联网平台的发展过程中发挥了超乎寻常的作用，是大型互联网平台维持其市场地位的核心竞争要素。大数据本身是中性的，无所谓好坏。数据的可复制性、非排他性、易替代性以及时效性决定了大型互联网平台很难通过数据量实现市场垄断①。但是毋庸置疑，大型互联网平台在发展过程中，利用数据优势，通过数据采集、分析和应用，精准了解用户偏好，提供更高质量的产品和服务，更好地满足用户需求，给用户带来极大便利，得以迅速成长。在全球范围内，GAFA，以及中国的 ATBM 等大型互联网平台依靠数据优势迅速发展，并将某一领域的数据拓展应用于其他相关业务，成长为市场集中度高、影响力大的超级平台。

三 美国和欧盟的平台治理经验

近年来，大型互联网平台各类问题频发，引发全球关注，以美国和欧盟为代表的国家和地区采取一系列组合拳，对平台展开治理。

---

① 尹振涛：《理性看待平台经济模式的垄断特性——基于市场与数据视角》，《金融论坛》2021 年第 3 期。

（一）美国：审慎监管

1. 启动了对 GAFA 的调查

2019 年 6 月，美国众议院司法委员会启动对 GAFA 的调查，旨在向政策制定者、反垄断执法者、市场参与者和公众提供在线市场的竞争情况。2020 年 10 月 6 日发布《数字市场调查报告》，分析了这四大超级平台的市场力量和相关行为，并通过有关证据，指出它们存在的共同问题：每个平台都充当一个关键领域的守门人，且利用守门人地位来维持其市场力量，并滥用其中介地位，通过自我偏好、掠夺性定价，以及其他排他性行为，进一步巩固和扩大其主导地位。该报告认定，GAFA 存在利用其市场地位消灭竞争、扼杀创新，行使并滥用垄断权力的行为①。此外，该报告还提出了相关建议，包括促进数字市场公平竞争，加强并购和反垄断相关法律，恢复对反垄断法的有力监督和执行等，以应对数字市场中的市场力量和反竞争行为。

2. 对大型互联网平台提起诉讼

《数字市场调查报告》发布之后，美国联邦贸易委员会（FTC）于 2020 年 12 月 10 日向 Facebook 提起诉讼，指控该公司数年来通过反竞争性行为，非法维持其在个人社交网络领域的垄断地位。美国联邦贸易委员会向联邦法院寻求一项永久性禁令，其中可能包括：要求剥离包括 Instagram 和 WhatsApp 在内的资产；禁止 Facebook 对软件开发商施加反竞争性条件；并要求 Facebook 未来的合并和收购应事先通知并获得批准。

3. 加强反垄断立法

2021 年 6 月 11 日，美国众议院提出包括《终止平台垄断法案》《美国选择和创新在线法案》《通过启用服务交换（ACCESS）法案增强

① Jerrold Nadler and David N. Cicilline, 2020, "Investigation of Competition in Digital Markets", https://judiciary.house.gov/uploadedfiles/competition_in_digital_markets.pdf.

兼容性和竞争性》《2021平台竞争和机会法案》《2021收购兼并申请费的现代化》五项平台反垄断相关法案。这五项法案中有四项针对大型互联网平台，其中，《终止平台垄断法案》要求大型互联网平台进行结构性拆分，旨在阻止电商平台销售自营品牌和产品。《美国选择和创新在线法案》禁止占市场主导地位的平台通过操纵行为推广自营产品和服务，旨在打击守门人自我优待行为。《通过启用服务交换（ACCESS）法案增强兼容性和竞争性》要求占市场主导地位的平台引入符合一定标准的数据可迁移和互操作性功能，允许将某个平台的数据携带至另一平台。《2021平台竞争和机会法案》要求平台证明其收购合法。《2021收购兼并申请费的现代化》通过提高价值超过10亿美元的并购案申请审议的费用，为美国联邦贸易委员会和司法部反垄断司筹集资金。

（二）欧盟：严格监管

1. *以反垄断法作为主要法律依据*

在平台企业垄断方面，欧盟主要以反垄断法为主要法律依据进行监管。欧盟反垄断法，也称欧洲共同体竞争法，是欧盟反垄断立法的总称，包括反垄断方面的条约，欧盟部长理事会、欧盟委员会的规章、指令、通知，以及欧洲法院和欧盟委员会的判决和先行裁决等。欧盟反垄断法的立法目的是，禁止滥用市场支配地位，消除进入成员国市场障碍，推动市场竞争，建立由竞争引导的经济秩序。主要是维护消费者权利和中小企业竞争力。欧盟反垄断法规制十分严格，欧盟多次依据反垄断法对谷歌等大型互联网平台开出天价罚单。

2. *发布《数字服务法案》和《数字市场法案》*

2020年12月，欧盟发布《数字服务法案》和《数字市场法案》，这是欧盟近20年来在数字领域的首次重大立法。前者针对平台治理问题，旨在为内部市场提供创新性数字服务的最佳条件，以促进在线安全和保护基本权利，为有效监督中介服务提供商建立一个健全而持久的治理结构；后者针对的是平台竞争问题，旨在在欧盟单一市场和全球范围内创造公平的竞争环境，以促进创新、发展和竞争。

《数字服务法案》明确了平台在内容、商品和服务等方面的责任和义务，创设了平台监督、问责和透明框架，构建了保护消费者基本权利的机制。主要内容包括：法案规定的义务主体主要是指具有重要影响力的在线平台，并将其设置为所涉的服务对象始终相当于欧盟人口10%（现在4500万）的平台。法案要求平台采取广泛的透明度措施，包括广告来源、数据方案以及推荐算法的透明度。法案为平台创设了在线市场商家可追溯性的新义务，以便识别销售非法商品的商家。法案提出对包括商品和服务在内的网上非法内容进行打击，对于违规企业，欧盟有权处以最高达全球年营业额6%的罚款。

《数字市场法案》提出了守门人概念，通过客户数量、累计活动能力、市场估值等一系列客观标准将一些大型互联网平台认定为守门人。法案为被认定为守门人的平台施加了一系列具体义务，共有7项，包括：（a）不得将从核心平台服务获得的个人数据同其他业务获得的个人数据相结合，除非得到用户的同意；（b）允许商业用户通过第三方以不同于守门人的价格或条件向终端用户提供类似的产品或服务；（c）允许商业用户向通过核心平台服务所获得的终端用户推广要约，以及同该等终端用户签订合同；（d）不阻止和限制商业用户向监管部门反映守门人的问题；（e）在商业用户使用守门人的核心平台服务时，不得要求商业用户使用、提供或同守门人的身份认证服务互通；（f）不得将使用守门人的某项其他核心业务作为接入、注册或登记核心平台业务的条件；（g）向其提供广告服务的对象提供关于发布广告的价格信息。

3. 发布《数字时代的竞争政策报告》

2019年7月9日，欧盟发布《数字时代的竞争政策报告》，该报告提出，没有必要根据数字革命重新思考竞争法的基本目标，但针对平台、数字生态系统和数据经济的特点，仍需对数字时代竞争的相关问题进行调整和完善。该报告梳理了数字时代市场运作的主要方式，分析了数字时代欧盟竞争法的目标和应当采用的方法，探讨了竞争规则在平台和数据中的应用，讨论了欧盟并购控制规则是否需要更新的问题①。针对竞争政策对平台的影响，该报告认为这种影响是双重的，一方面，必须保护市场竞争，监管部门应当采取妥善措施应对拥有市场支配地位的平台的反竞争行为；另一方面，要保护拥有支配地位的平台上的竞争，平台作为管理者，应当确保平台上的竞争公平、公正并对消费者有利。

4. 对大型互联网平台实行严监管

一直以来，欧盟对平台反垄断实行严监管，多次对大型互联网平台展开调查，开出巨额罚单。受到调查和处罚的互联网平台涉及各行各业，包括谷歌、Facebook、苹果等巨头。其中，仅对谷歌的三次罚款，金额就达到82亿欧元。2017年6月，欧盟裁定谷歌滥用其在欧盟搜索引擎市场的支配地位非法操纵购物广告搜索，对其罚款24.2亿欧元。2018年7月，欧盟判定谷歌滥用安卓操作系统，对其处以43.4亿欧元罚款。2019年3月，欧盟以广告合约不公平为由，对谷歌处以17亿美元（14.9亿欧元）罚款。2020年6月，欧盟反垄断机构启动对苹果公司旗下的应用商店（Apple Store）和苹果支付（Apple Pay）的反垄断调查，以查明苹果是否存在利用市场力量排除竞争的行为。2020年11月，欧盟委员会对美国电子商务公司亚马逊提起反垄断指控，称亚马逊利用平台数据为旗下的自营品牌获取不公正的竞争优势，违反欧盟的反垄断规则。

欧盟国家的反垄断监管机构也对大型互联网平台采取严监管措施。2019年2月，德国卡特尔局裁决认定脸书滥用市场支配地位收集、融合、使用用户数据，是全球首例因数据收集及处理行为遭到反垄断行政

① Jacques Crémer, Yves-Alexandre de Montjoye and Heike Schweitzer, 2019, "Competition Policy for the Digital Era", Final Report by European Commission Directorate-General for Competition, Brussels, https: //ec. europa. eu/competition/publications/reports/kd0419345enn. pdf.

处罚的案例，开启了运用反垄断工具规制大数据的时代。2020 年 12 月，法国数据隐私监管机构 CNIL 因谷歌违反网络跟踪器（Cookies）规则，对其罚款 1 亿欧元。此外，该机构还因违反相关规定，对亚马逊罚款 3500 万欧元。

（三）美欧存在差异的原因分析

通过梳理分析欧盟和美国对大型互联网平台的监管举措可以看出，欧美采用的监管策略并不相同，欧盟一直以来采用严格监管策略，美国则采用审慎监管策略，究其原因，主要有以下两点。

1. 经济博弈的需要

万维网发端于欧洲，直至二十多年前，欧洲与美国的互联网平台还可相互竞争。但受限于人口、语言、融资、劳动力成本等因素，近年来欧洲几乎被美国的大型互联网平台垄断，其互联网平台在全球互联网产业中几乎不见踪影。为了限制大型互联网平台的超级市场力量，防止美国大型互联网平台过度侵入，保护市场竞争，欧盟对互联网平台一直采取严监管策略。

美国是全球互联网最发达的国家，芯片、软件和网络技术始终处于全球领先地位。美国市场、企业等的全球化优势、开放的创新制度体系、成熟的投融资环境、庞大的人口基数和互联网用户数以及通用的语言为互联网发展提供了重要基础，孕育了以 GAFA 为代表的一批大型互联网平台，因此，美国一直以来对互联网平台以审慎监管作为主要监管政策。近年来，超级平台的发展远超监管者预期，不仅拥有超级的市场力量，还拥有超级的政治力量，引起监管者重视，美国对互联网平台的监管政策趋严。

2. 法律规则的选择

在对互联网平台的法律规制上，美国国会、法院在很大程度上创造了相对自由宽松的法律环境，为审慎监管提供了法律基础。早在 1996

年，美国国会制定的《通讯规范法》第230条规定：互联网平台无须为第三方使用者张贴的言论内容负法律责任；同时，允许互联网平台基于善意原因封锁和屏蔽冒犯性内容。该条款为互联网平台提供了一道“免死金牌”。另外，对于互联网平台的个人隐私保护，美国并没有制定统一的法律，而是以行业自律为主，由互联网平台通知用户有关信息采集的相关内容。

相比较而言，欧盟立法则加重了互联网平台的责任。欧盟2000年制定的《电子商务法》则规定互联网平台具有检测、阻止特定违法活动的义务。对于互联网平台的个人隐私保护，欧盟采取强保护立场，1995年出台《数据保护指令》，2016年通过《通用数据保护条例》，对个人数据保护进行严格保护。

对于互联网平台的法律规则，全球都面临艰难的选择，一边是经济发展与互联网创新，另一边是促进竞争与消费者利益保护。美国相对宽松的法律制度，为审慎监管提供了法律基础，使互联网平台在更自由宽松的环境中加快创新，迅速发展。

四　大型互联网平台垄断治理面临的问题

十余年来，中国互联网平台飞速发展。最初，互联网平台主要依靠技术、产品、商业模式创新，以及平台之间的充分竞争而迅速崛起。目前，部分大型互联网平台凭借技术、资源和市场力量，依靠强烈的网络效应和极端规模效应，已经形成了全产业链的生态体系，成为该生态体系的准入决定者、规则制定者、资源分配者和最终支配者，呈现出赢者通吃的局面，在某个领域或行业形成单寡头竞争垄断格局[①]。我国大型

① 傅瑜、隋广军、赵子乐：《单寡头竞争性垄断：新型市场结构理论构建——基于互联网平台企业的考察》，《中国工业经济》2014年第1期。

互联网平台面临垄断问题凸显、监管手段匮乏、数据安全问题多发等问题。

（一）垄断问题凸显

随着大型互联网平台的不断发展，垄断问题凸显，这既是平台治理的重点，也是平台治理的难点。大型互联网平台更加关注跨界融合与集中，不再局限于运营一个平台，获取广告利益，而是在其平台上销售自己的商品与服务，直接下场参与竞争。大型互联网平台正在或已经发展成为兼具“裁判员”与“运动员”双重身份的超级经济体，显示出超强的市场力量。为了维护自身优势和市场地位，部分大型互联网平台甚至开始采用各种手段阻碍竞争、妨碍创新。比如，通过防御式并购，收购处于成长阶段的竞争对手，将其收归旗下或者消灭于萌芽状态，从而保证自己可以维持一家独大、赢者通吃的局面；滥用市场支配地位，进行自我优待、二选一、数据搭售、算法合谋，在数据、市场和客户等方面提高市场进入壁垒，排除或限制竞争；利用市场垄断地位进行掠夺性定价，获取超额利润。

平台垄断不仅涉及相关市场内的竞争问题，还涉及跨市场竞争、国内外平台竞争，国家之间的经济博弈，甚至政治、民主等经济之外的问题。

（二）监管手段匮乏

2019 年以来，全球主要国家和地区均对大型互联网平台展开调查、诉讼和处罚，并取得了一定成效。总的来说，现行反垄断的制度和规则依然基本适用于大型互联网平台。

然而，传统监管手段已无法应对大型互联网平台治理中出现的新情况，面临的新问题。大型互联网平台基于平台、数据和算法形成市场竞争新格局，叠加新兴的技术、复杂的市场与网络，给平台经济的反垄断规制与监管带来巨大冲击和挑战。传统观点认为，反垄断的立法初衷是提高经济效率，立法的最终目的是提高消费者福利。它们以经济目标和经济分析作为立法核心，将消费者福利、市场价格、产品质量、产品可选择性和创新等作为反垄断规制的核心要素①。在以平台经济为代表的数字经济时代，传统的监管理念、原则、规则以及方法已经不能完全适应促进大型互联网平台市场竞争的监管要求，传统的监管手段无法有效应对大型互联网平台垄断带来的问题与挑战，保护市场竞争应当考虑多种因素，一是消费者福利；二是有效竞争结构；三是效率与创新；四是公平；五是经济自由、多元化和民主；六是市场整合②。

（三）数据安全问题多发

数据作为大型互联网平台的核心要素，对于大型互联网平台至关重要。数据具有时效性、易替代性、非排他性、可复制性，这些特性一方面加快了市场的动态竞争，导致不断有新的市场竞争者出现，使平台很难长期保持优势地位，另一方面也极有可能引发数据安全问题以及个人隐私问题。

App 过度收集并滥用个人信息的情况屡见不鲜。互联网平台的用户数据包括用户的姓名、性别、年龄、学历、住址、联系方式等个人基本信息，指纹、虹膜、人脸、语音等生物识别信息，以及财产信息、交易数据、行为轨迹、征信信息、住宿数据、通信记录和内容等，涉及用户的方方面面。用户在安装 App 或进行注册登记时，App 会要求其填写个人信息、签订隐私协议、开通各类权限，其中很多个人信息以及权限跟 App 实现功能的需求并不匹配，隐私协议中相关条款会将收集的部分信

---

① 陈富良、郭建斌：《数字经济反垄断规制变革：理论、实践与反思》，《理论探讨》2020 年第 6 期。

② Ariel Ezrachi, 2018, "EU Competition Law Goals and the Digital Economy", Oxford Legal Studies Research Paper No. 17.

息用于商业用途。即使在个人信息是用户自己填写并提交，隐私协议、授权协议需要经过用户签订才能生效，但是与用户相比，平台处于优势地位，尤其是处于垄断地位的大型互联网平台，更是具有绝对优势地位，用户的个人信息条款、隐私协议、授权协议都是格式条款，在提交个人信息或签订协议时，用户并没有太多其他选择。

另外，互联网平台存储、分析、应用数据时，还极有可能引发包括数据泄露、数据污染、数据非法使用等数据安全问题。

五　规范大型互联网平台健康发展的政策建议

对大型互联网平台进行治理，并不是要限制平台企业发展，相反，是为了规范和引导其健康发展，鼓励创新，保护消费者利益，提高社会福利，促进平台有序竞争。作为平台经济较为发达的经济体，中国需要充分认识平台在资源配置中的优势和作用，推动大型互联网平台的规范发展。

（一）妥善处理监管与创新的关系

政策当局和监管当局要妥善处理监管与创新的关系。针对中国平台治理中的问题，如果简单采用禁止性措施，很容易出现“一管就死、一放就乱”的监管难题，因此，妥善处理监管与创新的关系是平台治理的重中之重。一方面，要继续维护和鼓励创新，不能因噎废食，阻碍大型互联网平台的创新与发展。要制定符合中国大型互联网平台发展情况的监管政策与制度，寻找合适的监管抓手，采用合乎互联网平台发展规律的监管举措，对大型互联网平台进行监管。另一方面，要实现平台治理、社会治理、经济发展和政府监管的协同发展。平台治理涉及信息保护、商品交易、社会治理等多个方面，涉及市场监管、金融监管等多个部门，因此要统筹协调，妥善处理监管与创新的关系，努力实现大型互联网平台健康有序发展。

（二）实施包容性监管政策框架

应当实施包容性监管框架，促进平台高质量发展。一方面，监管当局要充分认识以大型互联网平台为重要支撑的平台经济的重要性，构建与传统模式存在实质性差异的双边市场或多边市场体系，形成以平台为支撑的供求匹配和自我强化的生态体系，创造网络效应和规模经济，发挥市场在资源配置中的决定性作用。另一方面，强化大型互联网平台的监管规范，是有效防范重大风险特别是系统性风险、有效保护消费者权益以及有效促进平台经济长期可持续发展的基础。监管当局权衡效率和风险，应采用包容性监管政策框架，积极鼓励平台经济创新发展，有效防控平台经济潜在风险，实现创新与风险的有效平衡。美国、欧盟等均对包括平台经济在内的数字服务和数字市场发展进行了战略部署，在双循环新发展格局中，中国更应该强化平台经济以及更广泛的数字经济的“弯道超车”功能，防范运动式、一刀切或缺乏扎实法律基础的监管或治理，而以包容性监管框架来促进经济社会高效有序的数字化转型发展。还需要考虑到平台的差异性，在标准化、统一化的监管原则、逻辑和指标要求下，进一步考虑平台个性化的效率与风险，有效防控个性化大型互联网平台的潜在风险。

（三）平台反垄断规制目标应当多元化

当前需要结合大数据及大型互联网平台的实际情况，重新审视平台的反垄断问题，反垄断规制目标应当更加多元化。传统观点认为，反垄断的立法初衷是提高经济效率，立法的最终目的是提高消费者福利①。

① 陈富良、郭建斌：《数字经济反垄断规制变革：理论、实践与反思》，《理论探讨》2020 年第 6 期。

但是，自 1890 年《谢尔曼法》出台，反垄断法已有 130 余年的历史，而平台的崛起只是最近二十年的事情。在大数据驱动下，平台竞争出现了新的现象和特点，给传统反垄断带来一定冲击，因此，应当综合考虑平台发展过程中出现的垄断新形态、新特点、新问题，设置多元化的反垄断规制目标。

首先，需要明确的是，尽管大型互联网平台的市场集中度畸高对传统反垄断理论和制度带来一定影响，但提高消费者福利和促进经济发展仍然是反垄断必须坚持的目标。

其次，在大型互联网平台反垄断立法规制的目标设置中应更多关注竞争结构和竞争过程。与传统行业不同，大型互联网平台兼具管理者和经营者双重属性，既作为管理者，承担守门人的职责，为其他经营者提供基础设施；还作为经营者，亲自下场，在平台上开展自营业务。从短期看，这种竞争结构会提高经济效率，但是长此以往，平台的双重属性极可能导致市场结构恶化，破坏竞争秩序，扼杀创新。现行反垄断体系通过产量和价格来衡量竞争，难以有效应对数据驱动型大型互联网平台的反垄断问题。面对平台的双重属性，以及掠夺性定价和跨界经营、动态竞争等特征，特别是大数据对此进一步强化，在反垄断立法规制的目标设置中关注竞争结构和竞争过程就显得尤为重要。

最后，对于大型互联网平台，平台反垄断立法规制还要把创新作为重要目标。大数据不仅是平台的重要生产要素，也是平台进行创新和竞争的重要基础和决定因素。一方面，在大数据驱动下，平台往往会高度集中，出现一家独大或市场寡头的格局，并迅速获取超额利润。但这种类型的超额利润在某种程度上是对创新的激励，不同于滥用市场支配地位攫取的超额利润。另一方面，大数据的经济属性在加快创新速度的同时，也加剧了平台的动态竞争，因创新引起的市场集中和获取的超额利润往往不会持久，很快会被下一轮创新打破，经济在这种动态竞争中不断发展，大型互联网平台很有可能迅速被下一个平台赶超甚至取代。因此，反垄断立法规制目标的设置应当维护和鼓励创新，推动大型互联网平台良性竞争，使消费者从中获益。

（四）强化平台反垄断事前监管

近二十年以来，全球涌现出多个大型互联网平台，引发越来越多的关注。尽管不同国家和地区对大型互联网平台的反垄断问题态度不尽一致，但多倾向于事中事后监管。但是，大数据和大型互联网平台给反垄断带来新的挑战，事中事后监管已无法充分保障市场竞争。首先，大型互联网平台进一步强化市场地位，平台垄断行为新形态层出不穷。其次，尽管数据的时效性、易替代性、非排他性、可复制性加剧了市场的动态竞争，但正是基于此，部分大型互联网平台为了保持竞争优势，利用大数据和算法识别市场上的潜在竞争对手，采用防御性收购（Preemptive Merger）等方式，从而实现一家独大、赢者通吃，严重威胁了市场竞争。最后，数据作为平台的核心要素，使得在某个市场具有支配地位的平台利用自己的优势地位将市场力量进行跨市场传导成为可能，平台可以很快在多个市场占据主导地位，形成跨市场竞争。

《中华人民共和国反垄断法》第一条将“为了预防和制止平台经济领域垄断行为”设置为指南的目的，充分体现了中国反垄断监管机构对事前监管理念的重视，但这主要针对经营者集中，无法应对大型互联网平台的其他垄断问题。因此，亟须更新反垄断监管理念，强化事前监管理念，实现事前事中事后全链条监管。

一是修改经营者集中申报标准。中国立法关于事前监管主要用于经营者集中申报标准的判断，有利于防患于未然。但是，当前立法仅以经营者的营业额作为申报标准，相对比较单一。实践中，平台通过防御性收购的方式，对处于萌芽状态的初创型公司进行收购时，往往营业额达不到申报标准，无须进行申报，导致反垄断监管机构没有机会审查这类案件。因此，中国可以借鉴德国《反限制竞争法》最新修订的做法，增设交易价值作为申报标准，对平台的防御性收购进行有效判断，识别是否会破坏竞争，阻碍创新。

二是确立大型互联网平台的守门人地位。大型互联网平台具有管理者的属性，越来越多地在经营者和用户之间承担守门人的职责。为维护市场公平，保障市场竞争，鼓励创新，可以借鉴欧盟《数字市场法》草案，设置守门人制度，制定守门人合规指引，确定权利义务清单，由监管部门对触发合规风险的潜在垄断行为进行风险提示。

三是推动平台反垄断领域公平竞争审查制度的有效实施。进行平台反垄断，应当制度先行，通过事前介入，进行公平竞争制度审查，对不符合平台发展规律和平台反垄断特性的法律、法规、行政规章和其他规范性文件进行清理、修订，同时根据平台反垄断需要进行立法，从源头上对平台垄断行为进行规制。

（五）加强数据治理

大数据是平台的核心生产要素和最重要资产，大型互联网平台实际上是在数据驱动的经济发展模式下发展壮大的。但同时，大数据也加剧了大型互联网平台的垄断问题，这些平台通过限制竞争对手获得数据，提高市场进入壁垒，利用数据优势实施垄断行为，巩固市场地位，限制或排除竞争。因此，在平台反垄断问题中，应当强化数据治理，防止运用大数据实施垄断行为。

首先，加强数据共享。大数据强化了平台的网络效应、规模经济和锁定效应，加剧了平台的集中化，使得平台迅速做大做强。但平台在发展过程中形成了一个悖论，即尽管非排他性是大数据的重要特性，但平台利用大数据获取利润，往往是由于将自身收集、产生的数据进行排他性使用；数据的核心价值在于共享，但是当前不同的数据分散于不同的平台，数据孤岛现象严重。尽管数据共享能够实现 1 +1 >2 的效果，但为了维护自身优势地位，掌握数据优势的平台往往不会主动将数据共享，这实际上并不利于数据价值的最大化，会阻碍创新。因此应当加强平台的数据共享，对于不涉及国家安全、商业秘密、个人隐私的数据，进行开放共享，通过平台之间数据的共享与融合，进一步推动创新，提高效率，增加消费者福利。

其次，实现数据的可移植性和互操作性。平台的典型特征之一是用户多宿性，但大型互联网平台为了维护优势地位，常常采用各种方式阻碍数据移植和互操作，给用户多宿性设置障碍，使用户转换到生态体系外其他平台的成本越来越高，其他竞争对手的市场进入壁垒越来越高，大型互联网平台的市场地位得以维持并强化。比较典型的是社交平台，比如微信平台的用户，在使用过程中积累了大量的数据，由于用户无法通畅地与腾讯体系外的其他社交平台进行互操作，或者将其在微信中积累的数据全部移植到腾讯体系之外的其他社交平台，使用户使用其他社交平台的成本很高。因此，要构建数据的可移植和互操作体系。平台为用户提供工具或入口，便于用户在不同平台之间进行互操作，或者在不同平台之间进行数据移植，以打破不同生态体系平台之间的数据孤岛，降低用户在不同平台之间的转换成本，降低市场进入壁垒。

最后，平衡好数据应用与数据保护之间的关系。大数据是平台的核心资产以及最重要的生产要素，平台的运行与发展都离不开大数据，大数据的收集与应用已成为平台的核心支撑。但与此同时，因数据应用也引发了很多垄断行为新形态，数据滥用导致平台垄断加剧。当前，处理好数据应用与数据保护之间的关系，维持二者之间的平衡，在平台的发展过程中，既要运用大数据，充分发挥大数据优势；也要注重数据保护，防止数据过度收集、不正当收集，数据滥用，拒绝交易，附条件交易等限制竞争、排除竞争的行为，同时还要注重保护个人隐私，防止损害消费者利益。

（执笔人：尹振涛、张淑芬）

第十一章

数字货币的发展逻辑探析
——货币主权视角

当我们谈论数字货币时，我们到底在谈论什么？数字货币和电子货币二者均脱离了纸币现金等实物载体，均是虚拟的货币符号。基于第三方支付电子钱包的数字货币，似乎和电子货币没有任何区别。我们为什么需要数字货币？数字货币出现在数字经济高度发展时期，试图解决传统货币金融体系无法解决的问题，如微观上货币交易媒介的低效率，如宏观上全球货币宽松可能引发通货膨胀。由于哈耶克货币竞争的思想深入人心，数字货币产生之初也被视为是对法定货币的竞争。以比特币为代表的私人数字货币代表了数字化技术的核心特征——分布式、非中心化等，充分体现了货币的信息和数据内涵，并以技术的方式展现了货币技术形式的另一种可能性——编程货币（Programmable Money）。自诞生之日起，私人数字货币就是反中央银行的，不仅在发行主体上脱离中央银行，更以自身潜在的货币职能挑战法定货币。因此，数字货币最根本的存在理由是，其信仰者认为其能颠覆传统货币体系，解决传统货币金融体系自身无法破解的困境，否则，其存在的社会成本可能要高于社会收益。

私人数字货币的“思想超前”“底层技术超前”与“应用技术滞后”“制度滞后”特征同时存在，这一点很容易被忽视。目前，私人数字货币本以最先进的数字化底层技术著称，但在实际发挥货币职能方面，却依然停滞不前，支付效率远远低于法定货币。根本原因是支撑私人数字货币的底层金融基础设施。传统法定数字货币进化了数次的结算清算体系，能平稳地支撑由金融市场交易需求引致的支付效率。无论是资金转账，还是股票交易、期货交易、外汇交易等，都能实现较高的支付清算效率。政府对私人数字货币天然的警惕性，也大大降低了其原有的、预期的发展目标。因此，无论私人数字货币在设计形式上多么接近货币，在传统金融体系尤其是金融监管的“天然阻拦”下，目前依然停留在“信仰”层面，支撑私人数字货币价格的根本因素也是信仰。信仰代表某种程度上的信任，信任确实是货币存在的重要基础之一。但仅仅有信仰是不够的，私人数字货币目前无法从制度层面嵌入现代金融体系中，只能作为由信仰支撑的一种特殊金融资产。但数字货币自身的技术优势、制度劣势与法定货币目前面临的发展困境交叉存在，将继续主导全球数字货币市场未来的发展。

数字化技术从形式上改变了货币载体的同时，是否分化了货币职能、侵蚀了货币主权？本章基于全球数字货币发展的特征事实及其成因，分析私人数字货币对货币职能进而货币主权的分化，从货币主权视角阐释全球数字货币发展的内在逻辑，为理解数字货币提供一种理论解释。

一　全球数字货币发展的特征事实

自新冠肺炎疫情暴发以来，数字货币价格剧烈波动。既有市场的信仰者不断增加的原因，也有发达国家超级宽松的货币政策外溢的流动性原因，二者共同助推了私人数字货币市场近年来的疯狂发展。与此同时，私人数字货币叠加在新冠肺炎疫情对无现金社会的推进，央行数字货币加速发展，全球数字货币市场的竞争已经开启，未来或更加激烈。

（一）数字货币市场已形成“三足鼎立”雏形

数字货币在疫情之后呈现爆发式发展。私人数字货币规模远远大于全球稳定币市场规模，但后者的发展速度最快。

1. 私人数字货币

私人数字货币，主要指比特币等加密数字货币，也有人称之为数字资产。CoinMarketCap 数据显示，截至 2021 年 9 月，全球加密数字货币总市值约合 2.11 万亿美元。其中比特币占比 42%，市值约为 8826 亿美元；以太坊占比 19%，市值约为 4099 亿美元。无论是理性还是非理性选择，加密数字货币的信仰者在不断增加，包括国际投资巨头。加上市场加大囤积规模、交易所供应减少及交易量激增共同促成了 2021 年比特币价格和总市值的膨胀。2020—2021 年，全球加密货币总市值、比特币市值、比特币单价上涨均达到约 3 倍（见图 11 - 1）。从这个角度而言，私人数字货币具有高度投机性。但在主要发达国家法定货币长期超低甚至为负利率的情形下，市场转向高投机性金融资产具有一定的必然性。

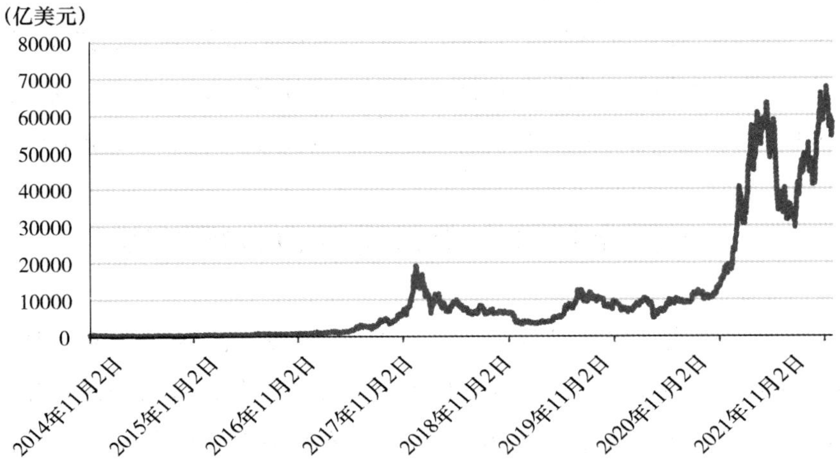

图 11 - 1 比特币价格走势（2014—2021 年）

资料来源：https：//coinmarketcap. com/。

私人数字货币的投资者特征和投资结构。2021 年年初，曾经一度下挫的比特币价格重回高点，随后一路冲高，截至 2021 年 11 月底，比特币收盘价格已高达 5.3 万美元/枚。这一轮价格暴涨的一个重要原因主要是特斯拉、ARK 投资、推特等世界巨头公司开始投资比特币，引发一轮新的市场投资热潮。从原有的投资者自身特征来看，私人数字货币的投资者多是受过教育的、年轻的数字原生代，而其投资动机之一可能是对法定货币和受监管的金融体系的不信任[①]。私人数字货币投资者具有性别鸿沟特征，男性投资者多于女性投资者，这与金融市场的性别鸿沟特征类似[②]。从国别来看，市场跟踪发现，近年来濒临货币危机边缘的国家如土耳其，也是私人数字货币主要的投资者来源国。

私人数字货币市场的收益率和波动性有自身独特的规律，与传统金融资产之间的关联性较弱。学者研究发现，私人数字货币收益率和波动性的主要影响因素是过去的收益、市场敏感性等，而且，私人数字货币的价格和敏感性相互影响[③]；私人数字货币的收益率和波动性与传统资产的关系非常微弱；在短期和长期内，其与一般的宏观因素如利率期限结构、通货膨胀预期几乎无关[④]。Aste[⑤] 研究发现，主要的私人数字货币如比特币在数字货币的价格网络中居于中心角色。

2. 全球稳定币

MESSARI 数据显示，截至 2021 年 9 月，全球 27 种主要稳定币总市值约为 1280 亿美元。各类稳定币市值如下：Tether（泰达币，USDT）为

---

① Auer, R and D. Tercero-Lucas, 2021, "Distrust or Speculation? The Socioeconomic Drivers of US Cryptocurrency Investments", CEPR Discussion Paper 16518.

② Jianakoplos, N. and A. Bernasek, 1998, "Are Women More Risk Averse?", *Economic Inquiry*, 36: 620 – 30; Borghans, L, J. Heckman, B. Golsteyn and H. Meijers, 2009, "Gender Differences in Risk Aversion and Ambiguity Aversion", *Journal of the European Economic Association*, 7: 649 – 658.

③ Aste, T., 2019, "Cryptocurrency Market Structure: Connecting Emotions and Economics", *Digital Finance*, 1: 5 – 21.

④ Bianchi, D., 2020, "Cryptocurrencies As an Asset Class? An Empirical Assessment", *Journal of Alternative Investments*, Fall: 162 – 179.

⑤ Aste, T., 2019, "Cryptocurrency Market Structure: Connecting Emotions and Economics", *Digital Finance*, 1: 5 – 21.

633 亿美元，USD Coin 为 279.1 亿美元，DAI 为 57.1 亿美元。USDT 和 USDC 主导了稳定币市场约四分之一的市场。2021 年，全球主要的稳定币总市值比2020 年（272.94 亿美元）上涨332.23%，可以称之为快速膨胀式发展，且波动幅度巨大、持续剧烈波动。Libra 在 2020 年 12 月更名为 Diem，主要锚定美元，即美元稳定币，但尚未被美国政府批准。

稳定币与法定货币挂钩，价值相对稳定，介于比特币等第一代私人数字货币和法定货币之间，在技术创新的推动下，很容易成为数字货币与传统金融之间的“桥梁”和载体。数字货币与传统金融体系如何通过稳定币产生联系？具体方式有两种，一是稳定币发行机构开始在货币市场配置资产。受市场监管压力，部分稳定币发行机构逐渐公开其资产结构。公开数据显示，Circle 在 2021 年 9 月的资产结构主要包括现金和短期国库券。二是部分稳定币如 DAI、USDC、USDT 作为交易媒介等，被用于以其他私人数字货币在开放金融平台进行的贷款和交易。去中心化金融、分布式金融或开放金融（Decentralized Finance，DeFi）依托区块链技术，试图在智能合约平台的去中心化网络中开展系列金融交易、服务和活动，如支付、借贷、去中心化交易所、稳定币交易等。DeFi 的发展愿景是将一切资产代币化，避开中心化的金融中介和交易所，在全球自由、开放地进行交易，从而提升交易者个人隐私、交易公平性、资产安全性、降低融资成本（基于算法产生的利率）等。目前的 DeFi 平台主要依托以太坊网络，比较典型的应用是 MakerDAO，即允许用户以稳定币如 DAI 为交易媒介、以私人数字货币为抵押品、以基于算法的利率在 DeFi 项目中进行稳定币贷款融资。显然，稳定币目前充当了去中心化金融体系 DeFi 的交易媒介、自动的做市商，成为全球数字资产体系的“主角”，主要原因依然是，相较于第一代私人数字货币，稳定币价值相对稳定，容易低成本兑现为法定货币。但是，稳定币自身并不真正稳定，加上稳定币自身和数字资产交易平台都缺乏最基本的监管，可能产生信用风险、流动性风险、市场风险、挤兑风险、网络风险、系统性风险等，从而危及传统金融体系及金融稳定。因此，稳定币及数字资产交易平台的全球监管和治理也将更加严格。

3. 全球央行数字货币总体进展

截至2021年，全球86%的国家进行了央行数字货币的探索工作，60%的中央银行处于概念验证和试验阶段，14%的国家开始了开发和试点工作（包括巴西、加拿大、中国、厄瓜多尔、瑞典、乌拉圭等）①，如图11－2所示。2021年10月，加勒比海岛国巴哈马结束试点工作，正式发行央行数字货币“沙元”（Sand Dollar），沙元与巴哈马货币挂钩，后者与美元挂钩，从而以双挂钩汇率制度来保证沙元的价值稳定性。相较于发达经济体，发展中国家对发行央行数字货币有更强烈的兴趣和动机。原因是发展中国家的金融体系更加不完善，金融服务获取的难度大。因此，对于这些国家，利用央行数字货币发展普惠金融是重要刺激因素。例如在巴哈马，由于许多居民散居多个偏远的岛屿，央行数字货币的发行对于便捷地获取中央银行货币和各项金融服务提供了更大

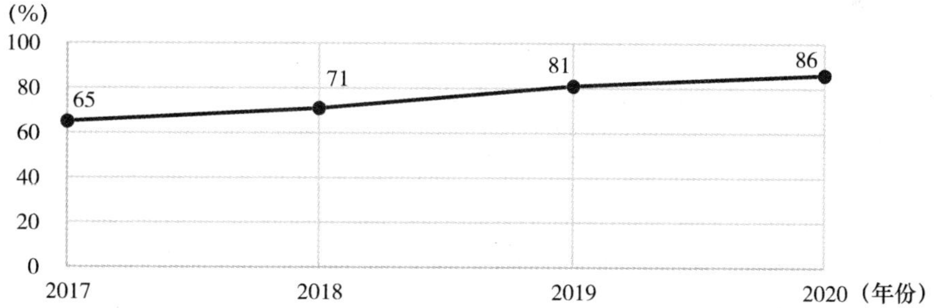

图11－2　参与CBDC活动的国家及地区的比例

资料来源：国际清算银行。

① BIS, 2021, “Ready, Steady, Go? ——Results of the Third BIS Survey on Central Bank Digital Currency”, BIS Papers No. 114.

的可能性。而不管对于发展中经济体抑或发达经济体，提高国内支付效率和安全都是开展央行数字货币项目重要的动机。

数字货币市场未来在形式上将呈现第一代数字货币如比特币、稳定币、央行数字货币三足鼎立的局势。从市场博弈来看，三者之间首先是升级式发展关系。第一代私人数字货币、稳定币、央行数字货币等数字货币之间的升级式发展，信用支撑从无到有，内在价值从不稳定到稳定，货币属性由弱到强，投机属性则相反，由强至弱。比特币可以跨境支付但没有内在价值、没有国家信用、没有监管；稳定币在此基础上以主权货币为储备，部分有内在价值，有部分国家主权信用、可以跨境支付。而央行数字货币将是完全的国家信用，是法定货币的数字化形式。

这导致三者的竞争目前不完全在一个维度。目前，国际主流投行将加密数字货币列为另类资产。与法定货币或其他资产挂钩的稳定币，未来或成为能与法定数字货币抗衡的、重要的全球安全资产。因此，其首先影响的是现有全球安全资产锚定的关键货币——美元，因为美元交易和美元资产目前主导了全球金融市场，理论上数字货币投资会在一定程度上削弱其霸权地位，替代美元资产。央行数字货币未来则将活跃在所有的金融市场。这也是诸多央行推进央行数字货币的根本原因。

（二）央行数字货币之间的潜在竞争已开启

目前，全球 90% 的央行已经开始深入讨论和权衡引入央行数字货币的利弊得失，在什么条件下可以跨境使用央行数字货币、央行之间如何就央行数字货币进行合作等问题。但全球关键货币国家和地区并未做出官方声明，如美联储和欧央行均未正式公布是否发行央行数字货币，诸多观点停留在央行领导个人或学术讨论层面。

发展央行数字货币依然存在理论争鸣，最为激烈的问题包括如是否引入、如何引入、何时引入央行数字货币①。关键货币国家引入 CBDC，是否会强化基于全球贸易链的小型开放国家的货币替代，弱化他国货币政策执行效果、损害其金融稳定。Rosa 和 Tentori 从地缘政治视角研究央行数字货币，认为央行数字货币具有数字主权性质（Digital Sovereignty），有可能作为区域性的、更加广义的战略性资产组合因素，从而有助于提高本国在地缘政治中的影响力②。Rosa 认为，网络部门未来需要保护的对象还将包括类似央行数字货币一样的战略性数字资产，而私人部门公司也应在其中发挥作用，类似私人承包商在现代国际冲突中的角色③。Ferrari 等认为，央行数字货币能通过减少他国货币政策自主权，从而增强现有国际货币体系的不对称性，对本国而言应尽快引入央行数字货币，起到先发制人的效应④。央行数字货币是否能打破国际货币体系传统“赛道”？数字货币的货币替代效应将有多大？我们认为，数字货币的跨境支付的实现路径仍然会受到现有国际货币制度和金融基础设施约束，货币替代效应有限。

（三）数字货币对美元霸权的冲击

以私人数字货币、央行数字货币为代表的数字货币发展，将对国际货币体系尤其是美元霸权地位产生怎样的冲击？人类社会由各种制度构

① Auer, R. and D. Tercero-Lucas, 2021, “Distrust or Speculation? The Socioeconomic Drivers of US Cryptocurrency Investments”, CEPR Discussion Paper 16518; Allen, A., S. Capkun, I. Eyal, G. Fanti, B. Ford, J. Grimmelmann, A. Jels, K. Kostiainen, A. Miller, E. Presad, K. Wust and F. Zhang, 2020, “Design Choices for Central Bank Digital Currency”, VoxEU. org, 4 September; Auer, R. and R. Bohme, 2020, “CBDC Architectures, The Financial System, and the Central bank of the Future”, VoxEU. org, 29 October; Auer, R., G. Cornelli and J. Frost, 2020, “Central bank Digital Currencies: Drivers, Approaches and Technologies”, VoxEU. org, 28 October; Agur, T., A. Ari and G. Dell’ Ariccia, 2020, “Designing Central Bank Digital Currencies”, VoxEU. org, 19 May.

② Rosa, B. and A. Tentori, 2021, “The Geopolitical Relevance of Central Bank Digital Currencies”, VoxEU. org, 26 June.

③ Rosa, B., 2020, “Data Laws or Data Wars, The World Today”, *Chatham House*, 76: 36–37.

④ Ferrari, M., A. Mehl and A. Stracca, 2020, “Central Bank Digital Currency in an Open Economy”, ECB Working Paper, No. 2488.

成，除非数字化技术重塑货币制度等国家治理制度，否则其终将难以对人类社会产生颠覆性影响。我们认为短期内基本不会撼动美元的霸权地位，在中长期，以数字化技术创新的区域跨境支付制度或将对美元国际地位产生一定的影响，但美国完全有可能以数字化技术提升美元的国际吸引力，积极反击。无论是新兴经济体还是美国，以数字化技术完善货币制度来增强本币的国际吸引力，都是问题的关键。

数字货币的“能”与“不能”。关于私人数字货币，从技术层面来看，其支付清算处理速度无法与法定货币相提并论，例如比特币区块链目前的平均交易频率为每秒 5—7 笔，每笔交易耗时约 0.2 秒，大额交易确认时间则约为 1 小时；而全球股票市场从收到交易行情到交易者发出交易指令也已经缩短至 2 毫秒左右，没有交易效率就没有流动性，其很难作为一般的交易媒介。作为技术先驱，私人数字货币的确有货币当局可借鉴的技术和创新交易模式。从制度层面来看，私人数字货币尚不能成为全社会的货币共识，且没有国家信用作为支撑，难以全面替代法定货币。

关于央行数字货币，从理论和技术上而言，央行数字货币将消除现金的匿名性，实现可控匿名、可追踪属性，从而有助于完善与偷税漏税、黑市交易、洗钱、贪污腐败等问题相关的社会治理制度。同时，CBDC 在理论上能脱离银行账户①，服务无银行账户人群，从而提高普惠金融水平，也能在国与国之间避开美元主导的银行账户，减少美国的金融制裁。但各国央行数字货币尚处于初级发展阶段，与之相关的新的国际支付清算体系远远没有构建。因此央行数字货币短期内很难实质性提升一国国际化程度，很难打破现有以美元为中心的国际货币制度，不会明显减少美元国际交易、美元国际储备等。

数字货币对美元霸权的影响。人们的直观感受是，数字化技术制造

① 例如，《中国数字人民币的研发进展白皮书》显示，数字人民币也将与银行账户松耦合。

的诸多数字货币一开始就会对法定货币产生货币竞争，美元霸权地位或受到冲击。这里存在两个认知偏差：一是不同形态货币的共存必然导致货币竞争。在资本管制、数字货币严格监管的地区和国家，数字货币甚至不能被称为货币，其功能被约束为金融资产，货币属性大打折扣，也难以与各国法定货币在同一维度并存。二是技术能够撼动美元霸权。事实上，美元霸权源自美元在全球各大金融市场的交易、各国国际储备、各国贸易结算、国际特别提款权等国际货币制度。目前，美国贸易额占全球15%，美元跨境贷款和国际债券占全球50%的份额，美元外汇交易占全球90%的份额，美元占60%的全球官方外汇储备份额，全球50%的贸易票据为美元票据。金融科技短期内撼动不了国际货币制度，私人数字货币和央行数字货币等技术创新也就难以撼动美元霸权地位。

从长期来看，数字货币发展或冲击美元的霸权地位，其基本逻辑是数字货币通过提升美元的竞争对手如新兴经济体的货币制度，以增强自身的国际吸引力，提升货币国际化程度，从而制造新的赶超机会。例如，新兴经济体如果利用区块链技术完善区域性支付清算联盟，夯实区域跨境支付制度创新，在某种程度上弱化美元主导的国际贸易结算体系。因此，能撼动美元的是可执行的货币制度创新，金融科技本身短期内难以颠覆美元主导的国际货币制度。但从长期来看，新兴经济体有可能借助金融科技夯实对抗美元的制度创新，增强自身货币的国际化程度，减弱美元及美元资产的吸引力，从而冲击美元霸权地位。

以上所有问题讨论的前提是美元自身尚未数字化。目前，美联储没有率先推动数字美元问世，并不表明其不重视央行数字货币。相反，正是因为对央行数字货币潜在风险的担忧，导致其担心数字美元有可能撼动其在国际货币体系中目前的领先地位。美国私人机构如泰达币（Tether）已发布类似数字美元的USDT，其以低手续费和美元1∶1兑换。如此，美国民间在倒逼美联储数字化转型。因此，在长期，如果未来的国际货币体系是数字化的，美元就不可能例外，美国完全有可能用数字化技术重塑美元的跨境运行体系，提高数字美元的吸引力，以抗衡新兴经济体。2020 年 5 月，非官方的数字美元项目发布了《数字美元计划——探索美国版央行数字货币》白皮书，概述了由美联储发行数字美元的目标、愿景、逻辑架构和应用场景等，并高度重视跨境支付。但美联储主席鲍威尔在 2021 年 3 月的 BIS 会议上仍然表示不急于推出央行数字货币。一方面表明美元的霸权地位尚未受到金融科技发展的冲击，另一方面表明数字化尚没有被置于能解决美元面临的所有问题的重要角色。

总之，制度比技术更为重要，技术是为制度服务的。事实上，真正在弱化美元霸权地位的是国际货币体系原有的制度缺陷，如美联储“以我为主”的货币政策与其作为国际关键货币地位的严重不符，对其他国家造成巨大的外溢效应。美国若仅仅利用金融科技重塑美元体系，但不完善现有国际货币制度缺陷，也不足以稳定其国际霸权地位。

二　私人数字货币发展是否危及了货币主权

（一）货币主权的内涵

什么是货币主权（Monetary Sovereignty）？直观而言，货币主权是国家主权在一国货币金融领域的自然延伸，从而保持主权国家对其货币金融体系的控制权。货币主权包括三项基本权力：在本国国土内垄断发行货币、决定和改变本国货币价值、在本国国土内监管本国货币的使用[①]。货币主权非常重要，依据传统，现有的国际公法也一直承认一国主权在其货币领域的国内外适用[②]。虽然如此，但现行的国际法却没有

① Gianviti, F., 2008, “Current Legal Aspects of Monetary Sovereignty”, in *Current Development in Monetary and Financial Law*, IMF.

② Carreau, D., 1971, “Souveraineté et Coopération Monétaire Internationale”, *Revue Internationale de Droit Comparé*, 23: 235 – 237; Shuster, M., 1973, “The Public International Law of Money”, *Netherlands International Law Review*, 21: 103 – 104; Lastra, R., 2006, *Legal Foundations of International Monetary Stability*, Oxford University Press.

对货币主权给出非常正式的定义。

一般而言，“主权”有两种理解，直接或狭义的主权主要指的是独立国家至高无上的、不可分割的权力；间接或广义主权指的是与国家独立能力相关的各项权力[①]。但货币主权没有完全统一的概念，其内涵和外延也随着经济环境变化呈动态变化情形，从狭义到广义，从政治、法学视角发展至经济学等综合视角。早期学者们对货币主权的理解相对狭隘，集中在法律视角、政治视角，如国家对货币的垄断包括货币由国家铸造、货币的价值应该由国家决定等[②]。货币主权不仅仅意味着权力，更意味着对君主的义务。政治学视角的货币主权的讨论容易陷入没有实际分析框架的无意义讨论中。随着经济全球化、国际金融市场的发展，经济学视角的货币主权讨论逐步增多，学者们试图给出一个有一定理论依据、有可讨论的分析框架的货币主权概念。有学者认为主权在当下主要指的是权力的分配、政府决策权[③]。这一思想体现在实践中包括独立的货币政策、汇率政策、金融监管政策等。与货币主权直接相关的研究成果总体而言极少，有人推测这是因为货币主权已经被侵蚀[④]，比如出现了以欧元为代表的货币主权的区域化、货币联盟，这是对货币主权的公然妥协，妥协的目的是为了换取其他经济政策目标，如金融稳定、货币稳定、财政稳定、国家安全等。从这种视角来解读，货币主权似乎让位于更高级别的主权和国家利益，真正脱离了狭义的货币主权含义。这也是本章讨论的一个基本学术背景和起点，即广义的货币主权、服务于更高级别的国家主权的货币主权。

---

① Zimmermann, C., 2013, "The Concept of Monetary Sovereignty Revisited", *European Journal of International Law*, 24: 797–818.

② Grimaudet, F., 1579, *The Law of Payment*, Cambridge Encyclopedia Britannica.

③ Jackson, J., 2010, "Sovereignty-Modern: A New Approach to An Outdated Concept", Georgetown Law Faculty Publications.

④ Howse, R., 2008, "Sovereignty, Lost and Found", in Shan, Simons and Singh (eds.), *Redefining Sovereignty in International Economic Law*, 61–75.

如何理解数字货币的快速发展对一国货币主权的影响？在数字化、信息化时代，货币主权的概念随着货币外延的拓展被拓展了。自诞生之日起，货币就承载了记录经济交易的职能，在某种程度上，除了传统的计价、贮藏和交易职能，货币还天然发挥了粗糙的会计记账功能，货币是一种记忆[①]。在信息化时代，货币的会计记账职能被外化为一种具体的信息、数据。因此，Brunnermeier 认为货币主权的概念被拓展了，除了对记账单位的控制（记账单位就是央行负债）、统一货币之外，还包括新的货币主权因素——数据[②]。Zhu 和 Hendry 研究发现，在一个私人数字货币高度发达的社会，如果法定货币使用量足够低，追求社会福利最大化的中央银行会强化私人数字货币发行机构的市场权力，最终导致高通胀和较低的社会福利[③]。因此，从央行货币政策独立性角度而言，私人数字货币危及了货币主权。为了保持央行发行的货币的使用量而不是强化私人数字货币的市场权力，可以实时发行央行数字货币。Brunnermeier 认为，数字货币市场的货币竞争存在三个层次或维度，一是私人数字货币之间的竞争，如银行货币和大科技公司货币；二是私人数字货币和公共数字货币，体现在支付体系竞争或者货币记账单位的竞争，如 Diem（原来的 Libra）；三是公共数字货币之间的竞争，主要是主权数字货币之间的竞争[④]。从这个角度而言，第三个维度的货币竞争直接涉及了货币主权问题。Brunnermeier 认为这一货币竞争结构与传统货币体系内的货币竞争没有根本性差异，各国政府对这种制度安排持欢迎态度[⑤]。但因为涉及新的

① Kocherlakota, N., 1998, "Money is Memory", *Journal of Economic Theory*, 81: 232 - 251.

② Brunnermeier, M., 2021, "Currency Competition: The Digital Dimension", Princeton Webinar, 4, March.

③ Zhu, Y. and S. Hendry, 2021, "Private Digital Currency and Monetary Sovereignty", Session-3-paper-yu-zhu. pdf (bankofengland. co. uk).

④ Brunnermeier, M., 2021, "Currency Competition: The Digital Dimension", Princeton Webinar, 4, March.

⑤ Brunnermeier, M., 2021, "Currency Competition: The Digital Dimension", Princeton Webinar, 4, March.

货币主权——数据，以及与之相关的个人隐私，私人数字货币发展间接危及货币主权。

（二）两代私人加密数字货币的货币属性探讨

从数字货币的货币属性视角讨论其对货币主权的挑战，或许更容易理解。两代私人加密数字货币均已触及货币职能的核心——作为交易媒介的流动性属性、作为价值储藏载体的数字资产属性。且其在技术和制度上不断升级，有可能将其触及的、碎片化的货币职能逐步集中，最终，汲取所有技术和制度优势的“第N代加密数字货币”将更适应彼时的数字经济发展所需，真正冲击主权货币体系。

第一代私人数字货币的货币属性。在比特币官方网站上，其对自身的基本定位是“一种新型支付网络、一种新型货币”，即首先是一种交易媒介。事实上，受可扩展性约束，比特币的交易效率非常低，与法定货币的交易媒介职能不能相提并论，其作为货币的根本属性——“流动性”非常弱。本章认为，以比特币为代表的第一代私人数字货币在一定程度上撼动了人们对主权货币的信仰，让人们看到了去中心化货币制度发展的可能性。这种新的货币制度信仰得到了市场的认可，吸引了足够多的投资资金，从而使比特币等第一代加密数字货币开始成为一种具有吸引力的数字金融资产。当这种市场吸引力足够高、吸引的投资主体足够广时，很可能推动比特币等成为数字化世界中新的安全资产，类似黄金的“货币锚”，并且有可能在挖矿活动结束之后继续发挥数字货币体系的“货币锚”功能。因此，反过来再看第一代私人数字货币解决了什么问题，我们认为它从技术视角重构了数字化世界的货币制度雏形，奠定了数字化世界的货币信仰。这一信仰使第一代加密数字货币成为数字货币市场重要的数字资产、加密资产，在某种程度上发挥着数字货币的价值储藏功能。而理论已经证明，在货币搜寻模型中，货币不能作为纯粹的交易媒介，货币的交易媒介职能和价值储藏职能已经被证明不能分割①，当然，此时的货币是传统形态，非数字化形态。也因此，现实世界也很快开始出现第二代加密数字货币——全球稳定币，试图克服制度和技术劣势，增强其作为货币的流动性属性。

第二代私人数字货币——稳定币的货币属性。当初，Facebook 发行原 Libra 源自“超主权货币”构想。试图从履行完整职能的货币向支付基础设施过渡，并在白皮书中强调希望 Libra 网络能够补充法定货币，而不是与之竞争。确实，稳定币与比特币等有诸多区别：首先，稳定币有实际存在的发行机构，这意味着其在去中心化的货币制度和可扩展性之间进一步妥协，交易效率将得以提升。其次，稳定币与法定货币或其他参考的固定资产挂钩，以克服由纯粹投机行为造成的市场价格的剧烈波动。最后，稳定币不仅仅满足于充当数字资产，已经开始充当数字金融资产平台的交易媒介，乐观者认为其未来有可能成为一般金融体系的交易媒介。支付型稳定币（Payment Stablecoin）与主权货币挂钩，或与主权货币形成一对一的关系，提高自身的市场信用，也进一步提升了支付效率，或成为数字资产体系的支付工具。稳定币的支持者认为，随着网络效应的提升，其未来可能成为新的、更快的、效率更高的、更具包容性的支付工具②。

第二代加密数字货币的发行者虽然是私人机构，但通过改变货币制度、提升底层技术，其交易媒介职能和数字资产功能都在完善，流动性、价值储藏等货币属性明显增强。如果与之相关的清算设施和监管制度及时跟进，其货币属性将更高。而且，类似 Diem 的稳定币依托全球超级社交平台且与主权货币挂钩，如果得到美联储等中央银行的支持和默许，实现 1∶1 的兑换比率，其自身将有可能直接充当介于第三方支付和纯粹央行数字货币之间的、市场化的类央行数字货币。

---

① Otaki, M., 2013, “Inseparability of Transaction Medium and Store of Value in the Role of Money”, *Theoretical Economics Letters*, 3: 226 – 228.

② U. S Treasury, 2021, “Report on Stablecoins”, Report on Stablecoins (treasury. gov).

总之，从现有的发展现状来看，私人数字货币目前从形式和实质上涉及货币的交易媒介职能和价值储藏职能。作为交易媒介，因为现有数字加密技术约束，私人数字货币对货币主权的挑战，总体停留在宣示效应上，还没有在大范围内充当日常支付工具，更没有因此产生网络效应，尚未成为实际的交易媒介而危及货币主权。但是，部分稳定币开始在数字资产体系中充当交易媒介，值得关注。作为一种价值储藏载体，私人数字货币已经被传统机构视为一种金融资产，对流动性市场产生了实质性影响，某种程度上在改变现有的国际货币市场结构。

（三）私人数字货币能否成长为全球安全资产？

私人数字货币吸引了大规模的市场流动性，其对应面就是私人数字货币成为投资者个人和金融机构持有的资产。私人数字平台获得大量市场流动性之后，开始参与国际货币市场投资，随着规模增大，其对货币市场流动性也将产生一定的影响。私人数字货币能否成长为全球安全资产？如果可以，私人数字货币的价值储藏职能就得以提升，其货币属性将大大增强。反之，如果答案为否，其货币属性将减弱，其对货币主权的威胁将降低。

什么是安全资产？安全是非常宽泛的概念，没有绝对意义上的安全。金融资产的安全主要与“信息敏感度”①、投资者主观的信任紧密相关，狭义的安全资产就是一种在面对逆向系统性事件时，能以较低的成本实现保值的资产②。在某种程度上，人类金融投资历史就是不断寻找安全资产的过程。历史上曾经充当过安全资产的工具包括稀有金融硬币、汇票、银行券、政府债券、私人发行的安全债务、政府发行的安全债务等。

当前，全球安全资产的核心组成如何？从图 11－3 来看，目前全球

---

① Dang, T. , G. Gorton and B. Holmström, 2015, “Ignorance, Debt and Financial Crises”, www. columbia. edu/ ~ td2332/Paper_ Ignorance. pdf; Gorton, G. , 2016, “The History and Economics of Safe Assets”, NBER Working Paper, No. 22210.

② Caballero, R. and E. Farhi, 2017, “The Safety Trap”, NBER Working Paper No. 19927.

安全资产主要包括黄金和高级别债券，如 AAA/AA OECD 政府债券，A/BBB OECD 政府债券，美国代理人债务，ABS、MBS 及其他证券化资产，投资级公司债，担保债券，超国家债务①。因为数据可得性难度过大，目前尚未估算最新的数据，但总体而言，在国际货币体系相对稳定的情况下，全球安全资产结构大致未变。相对于金融市场对全球安全资产需求的增加，其供给规模在不断下降。

市场主体青睐的全球安全资产的安全属性主要体现在哪里？黄金的安全属性体现在稀缺性、价值稳定性。高级别债券的安全性直接体现在其信用评级等级，而信用等级的核心来自债务发行主体的偿债能力，核心是偿还资金的稳定性，如政府债务的税收还款最为稳定，其信用级别

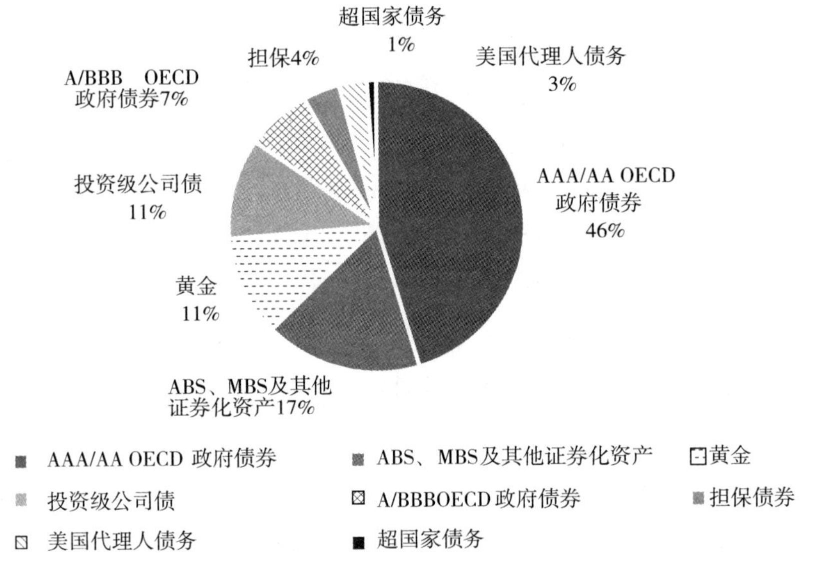

图 11－3　全球安全资产结构

注：截至 2011 年，总规模为 74.4 万亿美元。

资料来源：IMF，2012，“Global Financial Stability Report：The Quest for Lasting Stability”。

① IMF，2012，“Global Financial Stability Report：The Quest for Lasting Stability”.

也最高。如果用发行主体的信用等级来评价私人数字货币的市场信用，两代私人数字货币均没有级别较高的政府信用，甚至没有私人机构信用，只能定位为高投机性金融资产。

但私人数字货币不是传统意义上的机构债务，只是一种市场化的交易媒介，只能依照市场对黄金、银行券等早期的市场化交易媒介的评价机制来评价其市场信用。而自信用货币时代以来，货币不存在赎回等量贵金属货币的机制。在无须赎回的情况下，货币使用者对发行机构没有实质性约束。央行发行的信用货币有没有信用，主要体现在其价值的稳定性，而非可赎回性。因此，内在价值的稳定性是评价私人数字货币市场信用的主要维度。

以比特币为代表的第一代私人数字货币没有明确的债务属性，其去中心化、固定数量的发行机制使其类似黄金。去中心化的技术使其完全克服了通货膨胀的可能性，固定的发行数量更是让其具有一定程度的通货紧缩性。与之对应，其市场价格波动性极高，市场价格基本只能反映市场的投资者情绪。随着其不断逼近最高发行量——2100 万枚，其市场价格只会越来越高。当比特币最终的挖矿量完全消失时，留在数字金融体系中的存量比特币价格将崩溃，还是如黄金一样被市场继续信仰？这一问题没有答案。也正是因为市场投资者对这一问题持不同的观点，才导致目前比特币市场交易如此活跃。但无论如何发展，比特币都无法回避其自身不可调和的内部矛盾，即目前的发行机制和持有者都重其价值储藏属性，导致其内在价值必然不稳定，而交易媒介职能要求货币内在价值必须稳定。

第二代私人数字货币稳定币的发行机构是私人机构，发行储备的安全性、透明性决定了其价值的稳定性和市场信用。事实上，在主要发达国家监管要求之下，稳定币的资产结构在优化，这是稳定其内在价值的核心要素。从主要的稳定币的资产结构来看，稳定币的市场信用也朝着对其有利的方向在演进，有可能成为某种程度上的安全资产。某些稳定币机构不仅持有比特币等第一代私人数字货币，还同时持有大量高流动性的货币市场资产，如商业票据、国库券、现金类资产。以泰达币为例，其资产结构如图 11－4 所示。可以看出，泰达币持有最多的资产是商业票据和大额定期存款（49%），其次是国库券（24%），这两项也是美联储资产的重要组成部分。从其持有如此高比例、高信用的货币市场资产来看，稳定币领头机构的资产负债结构正在与美联储趋同。据惠誉评级估计，全部稳定币机构持有的商业票据数量约占美国商业票据市场总规模的 3%—5%。截至 2021 年 6 月底，美国商业票据市场规模约为 1.1 万亿美元，也就是说，稳定币机构持有的商业票据规模为 330 亿—550 亿美元[①]。按照稳定币近年的膨胀速度，其持有的商业票据比例也将持续、快速增加。届时，其资产组合的安全程度将等于或高于美联储。本章认为，私人数字货币持有越来越多的传统货币市场高信用资产，自身稳定性在不断提高，货币属性不断增强，这种尚未形成实质性影响的发展趋势，是对货币主权真正的侵蚀。

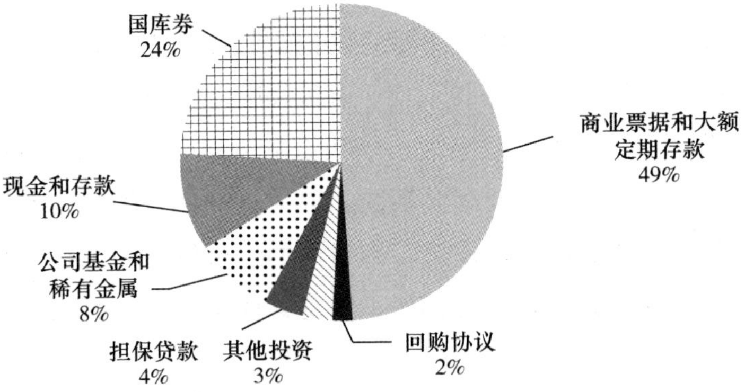

图 11－4　泰达币（Teather）的资产结构

资料来源：Fitch Ratings，Teather。

① FitchRatings，2021，"Stablecoin Dashboard：1H21"，This is a dashboard（fitch. group）.

以上分析表明，作为价值储藏的私人数字货币，已经在逐步改变国际货币市场的微观结构，对流动性市场产生了一定的影响。但目前其总体影响力有限，尚未撼动现有的国际安全资产的基本地位，也因此，在短期之内不太可能改变国际金融周期、产生强烈的宏观经济效应，从而也没有真正危及各国货币主权和国际货币体系。但是，即便如此，作为交易媒介、价值储藏的私人数字货币产生的宣示效应，足以让全球中央银行感受到货币主权受到的潜在威胁。

三 数字货币时代的中央银行选择

一旦市场主体开始改变对“全球安全资产”的看法，视比特币、稳定币为某种程度的安全资产时，我们认为，中央银行以及一国货币主权将开始面临真正的威胁。但这不是唯一的挑战。与私人加密数字并行发展的还有第三方支付工具如移动支付等，其快速推进了无现金社会进程。现金在全球支付体系的急剧下降已成客观事实，部分发达国家如瑞典或在近年进入无现金社会。届时，中央银行必须重新寻找其在数字金融体系的角色。尽管私人货币如商业银行货币，一直以来都在一国占据了绝对的市场份额，例如，商业银行活期存款和定期存款在各国广义货币中的占比都很高，如英国为M3的97%，欧盟为M3的91%，中国为广义货币M2的96%，这种货币供给结构安排也没有根本性冲击中央银行的地位。但是，这次将不一样，私人数字货币及其引发的数字金融服务模式革命，均不在现有的金融监管和货币政策范围之内，商业银行自身也面临去中介化的金融服务范式的冲击。这些挑战都亟须中央银行思考自身的定位。

（一）央行面临的双重冲击：货币主权威胁叠加无现金社会

目前，央行面临双重挑战：私人数字货币从外部冲击央行货币主权，非现金支付工具则从内部冲击央行货币——现金。在主权国家，货币由中央银行发行，但直接被公众拥有和使用的货币则不限于央行直接发行的现金，还包括商业银行发行的货币——活期存款。当前，第三方支付机构以及各类电子钱包既可以与银行活期存款直接绑定，也可以是由银行活期存款转换而来的电子钱包零钱，银行货币或者第三方机构货币主导了目前的数字支付体系。现金是中央银行发行的支付工具，是一国货币主权的表现形式之一。但是，央行货币——现金支付在逐步减少，部分国家如瑞典已开始步入无现金社会。按照 Storti 和 De Grauwe[①]以及 Dusansky 和 Koc[②]的研究，无现金社会有三个基本特征：一是中央银行不再发行纸币和硬币，二是所有的货币由私人部门发行，三是中央银行不再垄断货币发行。他们认为，货币依然发挥记账单位、价值储藏等基本功能，但不再作为经济交易和支付的实体介质。总体来看，无现金社会可以大致界定为非现金支付占据绝对主导地位（90%以上）、现金绝对规模和相对比重均逐步减少。按照此标准，大多数国家都在逐步步入无现金社会。

如果现金逐步消失，那么央行在货币供给体系、支付体系中将不存在实质性角色，货币交易媒介将全部由私人货币充当。如果私人货币发行机构是受监管的商业银行，那么，即使现金漏损率降低至零，也不会对整个货币供给体系、货币政策操作产生根本性的影响。但是显然，目前的货币金融体系给出了太多的、银行货币之外的非现金支付工具选择，如监管程度较低的第三方移动支付，如几乎不受监管的私人数字货币。如此，交易媒介的私人化将侵蚀金融稳定和货币政策等央行基本职责，弱化中央银行的核心角色。从这种意义上来讲，央行数字货币是央行在数字化金融体系谋求维持现状、发挥央行影响力的一种必然选择。

---

① Storti, C. and De Grauwe, 2001, "Monetary Policy in A Cashless Society", https://ssrn.com/abstract = 261872.

② Dusansky, R. and C. Koc, 2009, "Demand for Cash Balances in A Cashless Economy", *International Journal of Economic Theory*, 5: 301 - 313.

欧央行也如此认为，即央行数字货币是法定货币的自然转型[①]。第三方支付等新型支付工具确实冲击了央行货币——现金的角色，引入央行数字货币如果仅仅停留在数字现金的角色，其将至少起到维持现有支付体系现状的基本作用。如果央行数字货币不仅仅替代现金，还替代部分商业银行货币，以及目前的支付清算体系，那么央行数字货币或将重构金融体系，在数字化金融体系中发挥更大的作用。

综上，我们认为，当前全球央行数字货币发展的主逻辑至少有两个：一是应对私人数字货币对货币主权的外部竞争和威胁，二是顺应数字经济发展、非现金支付工具对现金的内部冲击，法定货币的数字化是在数字化的货币体系中维护货币主权的选择之一。显然，无论基于哪个发展逻辑，都是为了保持或者提升中央银行在未来数字金融体系中的地位，维护货币主权。

（二）一国引入央行数字货币的利弊分析

现有的金融体系需要引入央行数字货币来解决目前面临的货币主权挑战吗？外部货币具有公共产品性质，如记账单位、交易媒介和价值储藏[②]，而且外部货币高度依赖发行者的可信度，因此，无论是法定货币还是法定数字货币，必须由政府的中央银行来提供。但引入央行数字货币是否能最终获益，从而提升广义的货币主权，将因设计机制的不同而产生不同的结果，这方面的学术争议一直存在。Adrian 较为系统地回应了诸多学术争议，分析了引入央行数字货币的利弊权衡[③]。

1. 引入央行数字货币的潜在优势

引入央行数字货币有三个优势：一是央行数字货币有可能提高支付

---

① ECB, 2020, “Report on a Digital Euro”, October.

② Bordo, M. and A. Levin, 2017, “Central Bank Digital Currency and the Future of Monetary Policy”, NBER Working Paper 23711.

③ Adrian, T., 2021, “Digital Technology: How It Could Transform the International Monetary System”, Remarks at the 29th International Financial Congress.

体系的竞争性和稳健性；二是在金融普惠程度较低的国家，诸多居民没有银行账户，央行数字货币及其数字身份识别体系可以直接提高金融包容性；三是央行数字货币能提升跨境支付体系的运营效率。同时，Adrian 也指出了引入央行数字货币的潜在风险①。一是可能造成金融脱媒，如商业银行存款流失、利差缩小、贷款利率提高等。二是维护复杂的央行数字网络系统可能会增加中央银行的声誉风险。三是跨境使用央行数字货币可能引发宏观金融风险如货币替代，尤其是在高通胀、汇率波动性较高的国家。上述风险确实存在，但他认为可以通过合适的机制设计克服央行数字货币潜在的诸多弊端，实现平衡。例如，为了避免金融脱媒，央行数字货币可以设定比政策利率更低的利率、限制某些交易、将央行数字货币分发给现有的金融机构而不是央行直接做前端业务等；为了避免货币替代，可以限制非居民持有的央行数字货币规模等。总体来看，引入央行数字货币可能强化中央银行的角色及其货币政策执行效率，例证之一就是引入央行数字货币将加速削弱现金的使用，从而有利于央行推行负利率政策②，而负利率政策是对货币政策职能的强化。还有学者认为，支付方式的变化能影响私人部门的货币需求，进而影响货币数量以及以货币数量调控利率的路径，但不会影响中央银行在货币市场的利率调控。只要中央银行牢牢把握对短期名义利率的控制权，支付方式的改变就不会冲击货币体系及其稳定③。

比较现实地，更有学者详细估算了央行数字货币给一国经济带来的益处。Barrdear 和 Kumhoff 估算认为发行央行数字货币能增加央行铸币

---

① Adrian, T., 2021, "Digital Technology: How It Could Transform the International Monetary System", Remarks at the 29th International Financial Congress.

② Bordo, M. and A. Levin, 2017, "Central Bank Digital Currency and the Future of Monetary Policy", NBER Working Paper 23711.

③ Woodford, M., 2000, "Monetary Policy in A World Without Money", NBER Working Paper No. 7853.

税，提高央行逆周期货币政策执行能力，具体约能给英国贡献3%的GDP①。但是，Walker认为，央行数字货币最大的好处是抵御私人部门对央行垄断货币创造权力即货币主权的侵蚀，这一好处很难量化②。

2. 引入央行数字货币引发的不确定性

央行数字货币对商业银行的影响似乎并不确定。央行数字货币如何影响商业银行？一般会认为央行数字货币会替代商业银行的货币如活期存款等，从而抢占商业银行的首要负债来源——储蓄，从而改变商业银行已经延续800余年的基本盈利模式。也有学者认为即便如此，中央银行也无法替代商业银行的投资功能，商业银行依然有必要存在③，甚至会提升商业银行的盈利能力④。也有学者从央行数字货币的制度设计的两面性看待其对商业银行的影响。假如央行发行零售型央行数字货币，央行数字货币对商业银行货币产生直接替代效应，其可能引发商业银行存款流失。因为银行负债——活期存款、定期存款等是现代货币金融体系统计意义上的"货币"。央行发行数字货币会回收商业银行的负债——存款。但也可能因此而降低银行挤兑和倒闭的风险⑤。而且以商业银行货币为基础的信贷资源配置功能也将逐步转移至央行，商业银行功能将因此而变。

央行数字货币是否节约了央行的货币运行和管理成本，也不确定。一方面，直观而言，央行数字货币确实可以节约现金相关费用。据不完全统计，纸币和硬币等现金的生产、流通、维护、运输以及回收等费

---

① Barrdear, J. and M. Kumhoff, 2016, "The Macroeconomics of Central Bank Issued Digital Currencies", Bank of England Working Paper No. 605.

② Walker, M., 2020, "Central Bank Digital Currency-Nine Key Questions Answered ", LSE Blog, 15 December.

③ Fernández, J., D. Sanches, L. Schilling and H. Uhlig, 2020, "Central Bank Digital Currency: Central Banking for All?", NBER Working Paper No. 26753.

④ Andolfatto, D., 2021, "Assessing the Impact of Central Bank Digital Currency on Private Banks", *Economic Journal*, 131: 525-540.

⑤ Niepelt, D., 2020, "Digital Money and Central Bank Digital Currency: An Executive Summary for Policymakers", Vox.

用，占 GDP 的 0.5%—1%[①]。但是，问题是我们尚无法确切估算央行数字货币未来的运行和维护费用有多高。因为央行数字货币没有大范围付诸实践，尚没有确切的估算结果，很难说与现金相比，央行数字货币必然具有成本优势。另一方面，从支付清算体系来看，引入央行数字货币未必是最优经济选择。因为目前各国的支付清算体系在不断升级，以支持更快捷、更低成本的零售支付服务，如欧元区的 TIPS 系统，英国的快捷支付体系，加拿大的实时零售支付体系，美联储在建的 FedNow 体系。抛却这一支付清算体系，重建央行数字货币体系，将意味着更重的财政负担，以及更加昂贵的支付成本。央行数字货币体系自身所需的成本，有可能不低于现有纸币的发行和运营成本。

总之，引入央行数字货币是否能维护货币主权、增加社会福利尚没有定论。数字化革命、数字金融的快速发展，给中央银行带来的挑战或超乎想象，中央银行必须发掘核心挑战，未雨绸缪，重塑自身定位。

（三）厘清数字货币核心挑战，重塑中央银行角色

数字货币及其引发的数字金融服务模式，给央行带来了诸多重大挑战：一是货币交易媒介高度私人化引发的数据治理挑战，二是算法利率形成机制挑战。

货币交易媒介私人化引发的数据治理挑战。移动支付和私人数字货币均引发了数据治理挑战。在东亚等国，货币交易媒介职能被私人非现金支付工具——移动支付高度分化。加之支付机构的国际化进程已开始，私人非现金支付工具已经涉及一国货币主权，主要是数据治理和消费者隐私。移动支付工具和稳定币等，使货币的信息储存职能高度显性化、可开发性增强。基于支付大数据进行的各类算法存在巨

---

① IMF，2020，“Digital Money Across Borders：Macro-Financial Implications”，IMF Policy Paper.

大的商业利益诉求。一方面，在监管不到位的情形下，支付数据的私人化会严重侵犯个人隐私，引发社会问题。另一方面，基于支付大数据引发的商业模式变化，如精准画像、精准推送，从消费视角在不断改变“理性经济人”的理性边界，降低消费者对商品价格的敏感度，而消费者微观行为的改变具有一定的宏观效应，或削弱宏观调控的微观基础。

数字资产体系的算法利率形成机制或引发宏观金融治理挑战。数字资产市场正在重塑市场利率的形成机制，这是对中央银行最大的挑战之一。数字资产平台如 DeFi 依托智能合约，利用算法来计算市场利率，能做到实时浮动。这一利率形成机制完全无须金融中介和交易所，理论上，其最大限度地降低了信息不对称，反映了资金市场的供求要素。数字货币体系中，央行如何调控利率，如何控制通货膨胀，是宏观金融治理、央行货币政策面临的最大挑战。

四　结论

在私人数字货币快速发展、新冠肺炎疫情对无现金社会的共同推进下，央行数字货币加速发展，全球数字货币市场竞争已经开启。数字货币的发展是否冲击了货币主权？本章从私人数字货币的货币属性入手，认为作为交易媒介，私人数字货币对货币主权的挑战总体停留在宣示效应上，但部分稳定币已经开始充当数字资产体系实际交易媒介，值得关注。作为一种价值储藏载体，私人数字货币有可能成为某种程度上的安全资产。与此同时，私人数字货币持有越来越多的传统货币市场的高信用资产，自身稳定性在不断提高，货币属性不断增强，这种尚未形成实质性影响的发展趋势，是对货币主权真正的侵蚀。引入央行数字货币是否能维护货币主权、增加社会福利尚没有定论，也不是解决数字金融体系带来挑战的唯一出路。中央银行必须正视数字化革命带来的核心挑战，如货币交易媒介私人化引发的数据治理挑战、数字资产智能合约利率形成机制引发的宏观金融治理挑战等，重塑自身角色和定位。

（执笔人：周莉萍）

参考文献

主报告

李雪松、罗朝阳:《金融周期、美联储加息与金融危机》,《财贸经济》2019 年第 10 期。

孙天琦、王笑笑:《内外部金融周期差异如何影响中国跨境资本流动?》,《金融研究》2020 年第 3 期。

谭小芬、虞梦微:《全球金融周期:驱动因素、传导机制与政策应对》,《国际经济评论》2021 年第 6 期。

魏伟、陈骁、张明:《中国金融系统性风险:主要来源、防范路径与潜在影响》,《国际经济评论》2018 年第 3 期。

张明、刘瑶:《中国国际收支的变化、影响与展望》,载谢伏瞻主编《经济蓝皮书:2022 年中国经济形势分析与预测》,社会科学文献出版社 2021 年版。

张晓晶:《宏观杠杆率与跨周期调节》,《中国金融》2021 年第 5 期。

张晓晶:《中国共产党领导中国走向富强的百年探索》,《中国社会科学》2021 年第 11 期。

Miranda-Agrippino, S. and H. Rey, 2020, "US Monetary Policy and the Global Financial Cycle", *The Review of Economic Studies*, 87: 2754 – 2776.

第一章

刘鹤等：《两次全球大危机的比较》，中国经济出版社2013年版。

Bernanke, B., 2005, "The Global Saving Glut and the US Current Account Deficit", Board of Governors of the Federal Reserve System (US).

Bernanke, B. and Gertler, M., 1989, "Agency Costs, Net Worth, and Business Fluctuations", *The American Economic Review*, 79 (1): 14 – 31.

Bernanke, B. S., Gertler, M. and Gilchrist, S., 1999, "The Financial Accelerator in a Quantitative Business Cycle Framework", in Taylor, J. B. and Woodford, M., *Handbook of Macroeconomics.*

Borio, C., 2014, "The Financial Cycle and Macroeconomics: What have we Learnt?", *Journal of Banking and Finance*, 45: 182 – 198.

Burns, A. and W. C. Mitchell, 1946, "Measuring Business Cycles", National Bureau of Economic Research.

Claessens, S., Kose M. A. and Terrones M. E., 2012, "How do Business and Financial Cycles Interact?", *Journal of International Economics*, 87 (1): 178 – 190.

Claessens S., Kose M. A., Terrones M. E., 2012, "How do Business and Financial Cycles Interact?", *Journal of International Economics*, 87 (1): 178 – 190.

Drehmann, M., Borio, C. and Tsatsaronis, K., 2012, "Characterising the Financial Cycle: Don't Lose Sight of the Medium Term!", BIS Working Paper.

Farhi, E. and I. Werning, 2013, "A Theory of Macroprudential Policies in the Presence of Nominal Rigidities", NBER Working Paper.

Forbes, K. J. and Warnock, F. E., 2012, "Capital Flow Waves: Surges, Stops, Flight, and Retrenchment", *Journal of International Economics*, 88

(2): 235 -251.

Gordon, Robert, 2016, *The Rise and Fall of Economic Growth: The U. S. Standard of Living Since the Civil War*, Princeton University Press.

Jones, C. , 2018, "Aging, Secular Stagnation and the Business Cycle", International Monetary Fund.

Jordà, O. , Schularick, M. and Taylor, A. M. , 2016, "Macrofinancial History and the New Business Cycle Facts", *NBER Macroeconomics Annual*, 31: 213 -263.

Kehoe, P. J. , Midrigan, V. and Pastorino, Elena, 2018, "Evolution of Modern Business Cycle Models: Accounting for the Great Recession", *Journal of Economic Perspectives*, 32 (3): 141 -166.

Keynes, J. M. , 1936, *The General Theory of Employment, Interest, and Money*, London: Macmillan.

Kiyotaki, N. and Moore, J. , 1997, "Credit Cycles", *The Journal of Political Economy*, 105 (2): 211 -248.

Kydland, F. , E. and Prescott, E. C. , 1977, Rules Rather than Discretion: The Inconsistency of Optimal Plans, *Journal of Political Economy*, 85: 473.

Kydland, F. E. and Prescott, E. C. , 1982, Executable Program for Time to Build and Aggregate Fluctuations, QM & RBC Codes.

Laeven, M. L. , Valencia M. F. , 2018, "Systemic Banking Crises Revisited", International Monetary Fund.

Miranda-Agrippino, S. and Rey H. , 2020, "US Monetary Policy and the Global Financial Cycle", *The Review of Economic Studies*, 87 (6): 2754 -2776.

Reinhart, C. M. and Rogoff, K. S. , 2009, "The Aftermath of Financial Crises", *American Economic Review*, 99 (2): 466 -472.

Rey, H., 2015, "Dilemma not Trilemma: The Global Financial Cycle and Monetary Policy Independence", CEPR Discussion Papers.

Rogoff, Kenneth, 2016, "Debt Supercycle, not Secular Stagnation", Progress and Confusion: The State of Macroeconomic Policy, 19–28.

Òscar Jordà, Katharina Knoll, Dmitry Kuvshinov, Moritz Schularick and Alan M. Taylor, 2019, "The Rate of Return on Everything, 1870–2015", *Quarterly Journal of Economics*, 134 (3): 1225–1298.

Summers, Lawrence H., 2014, "U. S. Economic Prospects: Secular Stagnation, Hysteresis, and the Zero Lower Bound", *Business Economics*, 49 (2): 65–73.

第二章

Afonso, G. and Lagos, R., 2015, "Trade Dynamics in the Market for Federal Funds", *Econometrica*, 83 (1): 263–313.

Avalos, F., Ehlers, T. and Eren, E., 2019, "September Stress in Dollar Repo Markets: Passing or Structural?", BIS Quarterly Review.

Bagehot, W., 1873, "Lombard Street: A Description of the Money Market", HS King & Company.

Brunnermeier, M. K. and Koby, Y., 2018, "The Reversal Interest Rate", No. w25406, National Bureau of Economic Research.

Bruno, V. and Shin, H. S., 2014, "Cross-border Banking and Global Liquidity", BIS Working Papers No. 458.

Caballero, R. J. and Krishnamurthy, A., 2001, "International and Domestic Collateral Constraints in a Model of Emerging Market Crises", *Journal of Monetary Economics*, 48 (3): 513–548.

Copeland, A., Duffie, D. and Yang, Y., 2021, "Reserves were not so Ample after All", No. w29090, National Bureau of Economic Research.

Correa, R., Du, W. and Liao, G., 2020, "U. S. Banks and Global Liquidity", International Finance Discussion Papers.

Duffie, D., 2017, "Post-Crisis Bank Regulations and Financial Market Liquidity", the Baffi Licture.

Erik, B., Lombardi, M. J., Mihaljek, D. and Shin, H. S., 2020, "The Dollar, Bank Leverage, and Real Economic Activity: An Evolving Relationship", *AEA Papers and Proceedings*, 110: 529 - 534.

Infante, S. and Vardoulakis, A. P., 2021, "Collateral Runs", *The Review of Financial Studies*, 34 (6): 2949 - 2992.

Kiyotaki, N. and Moore J., 1997, "Credit Cycles", *Journal of Political Economy*, 105 (2): 211 - 248.

Kiyotaki, N., Moore, J., 2005, "2002 Lawrence R. Klein Lecture Liquidity and Asset Prices", *International Economic Review*, 46 (2): 317 - 349.

Kiyotaki, N. and Moore, J., 2012, "Liquidity, Business Cycles, and Monetary Policy", No. w17934, National Bureau of Economic Research.

Krishnamurthy, A. and Vissing-Jorgensen, A., 2013, "The Effects of Quantitative Easing on Interest Rates: Channels and Implications for Policy", No. w17555, National Bureau of Economic Research.

Kurtzman, R., Luck, S. and Zimmermann, T., 2018, "Did QE Lead Banks to Relax their Lending Standards? Evidence from the Federal Reserve's LSAPs", *Journal of Banking & Finance*, 105403.

Luck, S. and Zimmermann, T., 2019, "Ten Years Later—Did QE Work?", No. 20190508, Federal Reserve Bank of New York.

Mehrling, P., 2013, "The Inherent Hierarchy of Money", in *Social Fairness and Economics*, Routledge.

Nakaso, H., 2017, "Monetary Policy Divergence and Global Financial Stability: From the Perspective of Demand and Supply of Safe Assets", Speech,

International Bankers Association of Japan (January 20).

Niepmann, F. and Schmidt-Eisenlohr, T., 2017, "International Trade, Risk and the Role of Banks", *Journal of International Economics*, 107: 111 – 126.

Pozsar, Z., 2014, "Shadow Banking: The Money View", SSRN 2476415.

Rodnyansky, A. and Darmouni, O. M., 2017, "The Effects of Quantitative Easing on Bank Lending Behavior", *The Review of Financial Studies*, 30 (11): 3858 – 3887.

Singh, M. M. and Stella, M. P., 2012, "Money and Collateral", International Monetary Fund.

第三章

白重恩、刘俏、宋敏、张俊喜:《中国上市公司治理结构的实证研究》,《经济研究》2005 年第 2 期。

靳庆鲁、原红旗:《公司治理与股改对价的确定》,《经济学》(季刊) 2008 年第 1 期。

潘敏:《商业银行公司治理:一个基于银行业特征的理论分析》,《金融研究》2006 年第 4 期。

郑志刚、孙艳梅、谭松涛、姜德增:《股权分置改革对价确定与我国上市公司治理机制有效性的检验》,《经济研究》2007 年第 7 期。

祝继高、饶品贵、鲍明明:《股权结构、信贷行为与银行绩效》,《金融研究》2012 年第 7 期。

Andres, P. and E. Vallelado, 2008, "Corporate Governance in Banking: The Role of the Board of Directors", *Journal of Banking and Finance*, 32: 2570 – 2580.

Anginer, D., A. Demirguc-Kunt, H. Huizinga and K. Ma, 2018, "Corporate Governance of Banks and Financial Stability", *Journal of Financial*

Economics, 130: 327 – 346.

Bauer, R., N. Guenster and R. Otten, 2004, "Empirical Evidence on Corporate Governance in Europe: The Effect on Stock Returns, Firm Value and Performance", *Journal of Asset Management*, 5: 91 – 104.

Beltratti, A. and Stulz, R., 2012, "The Credit Crisis around the Globe: Why did Some Banks Perform Better?", *Journal of Financial Economics*, 105: 1 – 17.

Berger, A., B. Imbierowicz and C. Rauch, 2016, "The Roles of Corporate Governance in Bank Failures during the Recent Financial Crisis", *Journal of Money, Credit and Banking*, 48: 729 – 770.

Caprio, G., L. Laeven and R. Levine, 2007, "Governance and Bank Valuation", *Journal of Financial Intermediation*, 16: 584 – 617.

Cardillo, G., E. Onali and G. Torluccio, 2021, "Does Gender Diversity on Banks' Boards Matter? Evidence from Public Bailouts", *Journal of Corporate Finance*, 71: 101560.

Chen, C., T. Steiner and A. Whyte, 2006, "Does Stock Option-based Executive Compensation Induce Risk-taking? An Analysis of the Banking Industry", *Journal of Banking and Finance*, 30: 915 – 945.

Chen, J., T. King and M. Wen, 2020, "Non-executive Ownership and Private Loan Pricing", *Journal of Corporate Finance*, 64: 101638.

Erkens, D., M. Hung and P. Matos, 2012, "Corporate Governance in the 2007 – 2008 Financial Crisis: Evidence from Financial Institutions Worldwide", *Journal of Corporate Finance*, 18: 389 – 411.

Fahlenbrach, R. and R. Stulz, 2011, "Bank CEO Incentives and the Credit Crisis", *Journal of Financial Economics*, 99: 11 – 26.

Furfine, C., 2001, "Banks as Monitors of Other Banks: Evidence from the Overnight Federal Funds Market", *Journal of Business*, 74: 33 – 57.

Gompers, P., J. Ishii and A. Metrick, 2003, "Corporate Governance and Equity Prices", *Quarterly Journal of Economics*, 118: 107 – 155.

Jia, C., 2009, "The Effect of Ownership on the Prudential Behavior of Banks—The Case of China", *Journal of Banking and Finance*, 33: 77 – 87.

Laeven, L. and R. Levine, 2009, "Bank Governance, Regulation and Risk Taking", *Journal of Financial Economics*, 93: 259 – 275.

Larker, F., A. Richardson and I. Tuna, 2004, "Does Corporate Governance Really Matter?", Working Paper, The Wharton School, University of Pennsylvania.

Macey, J. and M. O'Hara, 2003, "The Corporate Governance of Banks", *FRBNY Economic Policy Review*, 91 – 107.

Minton, B., J. Taillard and R. Williamson, 2014, "Financial Expertise of the Board, Risk Taking, and Performance: Evidence from Bank Holding Companies", *Journal of Financial and Quantitative Analysis*, 49: 351 – 380.

Pathan, S., 2009, "Strong Boards, CEO Power and Bank Risk-taking", *Journal of Banking and Finance*, 33: 1340 – 1350.

Shleifer, A. and R. Vishny, 1997, "A Survey of Corporate Governance", *Journal of Finance*, 52: 737 – 783.

Vallascas, F., S. Mollah and K. Keasey, 2017, "Does the Impact of Board Independence on Large Bank Risks Change after the Global Financial Crisis?", *Journal of Corporate Finance*, 44: 149 – 166.

第四章

《马克思恩格斯选集》（第 3 卷），人民出版社 1995 年版。

习近平：《决胜全面建成小康社会，夺取新时代中国特色社会主义伟大胜利——在中国共产党第十九次全国代表大会上的报告》，人民出版社 2017 年版。

安青松：《中国资本市场发展新方位》，《清华金融评论》2018 年第 1 期。

本书编写组：《2017 全国两会文件学习辅导》，人民出版社 2017 年版。

曹凤岐：《中国资本市场的改革、创新与风险防范》，《金融论坛》2018 年第 9 期。

陈云贤：《中国特色社会主义市场经济：有为政府 + 有效市场》，《经济研究》2019 年第 1 期。

杜朝运、丁超：《新时代中国多层次资本市场的发展与完善》，《福建金融》2018 年第 3 期。

国务院发展研究中心"高质量发展的目标要求和战略重点"课题组：《完善多层次资本市场融资功能 服务经济高质量发展》，《发展研究》2019 年第 3 期。

洪银兴：《以创新的理论构建中国特色社会主义政治经济学的理论体系》，《经济研究》2016 年第 4 期。

黄奇帆、王善礼：《深化资本市场基础性制度改革的若干思考和建议》，《新金融》2018 年第 11 期。

李永森：《政府在资本市场中的角色定位》，《金融与经济》2009 年第 4 期。

倪淑慧、胡海峰：《我国资本市场新战略目标的相关探讨》，《理论探索》2020 年第 5 期。

齐岳、张艳慧、齐竹君：《促进多层次资本市场发展下基于国家治理的发审委反腐和股票市场反应研究》《经济论坛》2018 年第 9 期。

王秉阳：《资本市场怎样更好服务于实体经济》，《人民论坛》2017 年第 13 期。

卫兴华：《马克思的财富论及其当代意义》，《经济问题》2019 年第

2 期。
许弟伟、龚飒：《经济高质量发展模式下资本市场发展的着力点》，《宏观经济管理》2019 年第 1 期。
杨春学：《新古典自由主义经济学的困境及其批判》，《经济研究》2018 年第 10 期。
张跃文：《中国特色资本市场，“特”在哪里?》，《21 世纪经济报道》，2021 年 7 月 28 日。
赵燕菁、周颖刚：《中国资本市场再设计：基于公平效率、富民强国的思考》，《财经智库》2016 年第 2 期。

第五章

蔡昉：《读懂未来中国经济：“十四五”到 2035》，中信出版社 2021 年版。
董克用、姚余栋、孙博：《养老金融蓝皮书：中国养老金融发展报告（2019）》，社会科学文献出版社 2019 年版。
李扬等：《中国国家资产负债表 2020》，中国社会科学出版社 2020 年版。
孙祁祥等：《中国养老年金市场——发展现状、国际经验与未来战略》，经济科学出版社 2013 年版。
王延中、单大圣、龙玉其：《社会保障绿皮书：中国社会保障发展报告（2020）》，社会科学文献出版社 2020 年版。
袁志刚、封进、葛劲峰、陈沁：《养老保险经济学：解读中国面临的挑战》，中信出版社 2016 年版。
张车伟主编：《人口与劳动绿皮书：中国人口与劳动问题报告（No. 21）》，社会科学文献出版社 2021 年版。
张晓晶主编：《中国金融报告 2020：新发展格局下的金融变革》，中国社会科学出版社 2021 年版。

郑秉文等：《中国养老金发展报告 2020：养老基金与资本市场》，经济管理出版社 2021 年版。

中国人民银行金融稳定分析小组：《中国金融稳定报告 2021》，中国金融出版社 2021 年版。

［美］彼得·德鲁克：《养老金革命》，沈国华译，机械工业出版社 2020 年版。

Brown, J. and D. John, 2017, "Improving the Saver's Credit for Low-and Moderate-Income Workers", Issue in Brief, National Institute on Retirement Security.

Carbonnier, C., A. Direr and I. S. Houti, 2014, "Do Savers Respond to Tax Incentives? The Case of Retirement Savings", *Annals of Economics and Statistics*, 113 – 114: 225 – 256.

Feldstein, M., 1974, "Social Security, Induced Retirement, and Aggregate Capital Accumulation", *Journal of Political Economy*, 82 (5): 905 – 926.

MacLeod, P., et al., 2012, "Attitudes to Pensions: The 2012 Survey", Department for Work and Pensions.

OECD, 2012, "Coverage of Private Pension Systems: Evidence and Policy Options", *OECD Pensions Outlook* 2012, OECD Publishing, Paris.

OECD, 2018, "Can Countries Improve the Design of Financial Incentives to Promote Savings for Retirement?", *OECD Pensions Outlook* 2018, OECD Publishing, Paris.

OECD, 2018, *Financial Incentives and Retirement Savings*, OECD Publishing, Paris.

OECD, 2019, *Pensions at a Glance* 2019 – *OECD and G20 Indicators*, OECD Publishing, Paris.

OECD, 2020, *Annual Survey of Investment Regulations of Pension Funds and*

Other Pension Providers 2020, OECD Publishing, Paris.

Poterba, J., S. Venti and D. Wise, 1996, "How Retirement Saving Programs Increase Saving", *Journal of Economic Perspectives*, 10 (4): 91 - 112.

Rajan, R. G., 1992, "Insiders and Outsiders: The Choice between Informed and Arm's Length Debt", *Journal of Finance*, 47 (4): 1367 - 1400.

Scharfstein, D. S., 2018, "Presidential Address: Pension Policy and the Financial System", *Journal of Finance*, 73 (4): 1463 - 1512.

第六章

习近平：《扎实推进共同富裕》，《求是》2021年第20期。

边燕杰、罗根、卢汉龙、潘允康、关颖：《"单位制"与住房商品化》，《社会学研究》1996年第1期。

蔡真：《房价与信贷关系研究——兼论当前房价调控政策的有效性》，《金融评论》2011年第1期。

谌鸿燕：《代际累积与子代住房资源获得的不平等——基于广州的个案分析》，《社会》2017年第4期。

李波、朱太辉：《债务杠杆、金融素养与家庭金融脆弱性——基于中国家庭追踪调查CFPS2014的实证分析》，《国际金融研究》2020年第7期。

潘静、杨扬：《城市家庭住房不平等：户籍、禀赋还是城市特征?》，《贵州财经大学学报》2020年第6期。

王宁、张杨波：《住房获得与融资方式》，《广东社会科学》2008年第1期。

吴开泽：《房改进程、生命历程与城市住房产权获得（1980—2010年）》，《社会学研究》2017年第5期。

吴开泽：《住房市场化与住房不平等》，《社会学研究》2019年第6期。

吴卫星、邵旭方、陶利斌:《家庭财富不平等会自我放大吗?》,《管理世界》2016 年第 9 期。

徐舒、陈珣:《收入差距会推高住房价格吗?》,《经济学》(季刊)2016 年第 1 期。

易成栋、黄有琴:《家有外宅:北京市家庭多套住宅的空间关系研究》,《经济地理》2011 年第 3 期。

尹志超、李青蔚、张诚:《收入不平等对家庭杠杆率的影响》,《财贸经济》2021 年第 1 期。

尹志超、宋全云、吴雨:《金融知识、投资经验与家庭资产选择》,《经济研究》2014 年第 4 期。

原鹏飞、王磊:《我国城镇居民住房财富分配不平等及贡献率分解研究》,《统计研究》2013 年第 12 期。

张海东、杨城晨:《住房与城市居民的阶层认同——基于北京、上海、广州的研究》,《社会学研究》2017 年第 5 期。

中国人民银行金融稳定分析小组:《中国金融稳定报告(2018)》,中国金融出版社 2018 年版。

周京奎:《收入不确定性、住宅权属选择与住宅特征需求》,《经济学》(季刊)2011 年第 7 期。

Clark, W. A. V. and Jun L. Onaka, 1983, "Life Cycle and Housing Adjustment as Explanations of Residential Mobility", *Urban Studies*, 20 (1).

Clark, W. A. V., M. C. Deurloo and F. M. Dieleman, 1994, "Tenure Changes in the Context of Micro-level Family and Macro-level Economic Shifts", *Urban Studies*, 31 (1).

Flippen, C. A., 2001, "Racial and Ethnic Inequality in Homeownership and Housing Equity", *Sociological Quarterly*, 42 (2).

Friedman, S. and E. Rosenbaum, 2004, "Nativity Status and Racial / Ethnic Differences in Access to Quality Housing: Does Homeownership Bring

Greater Parity?", *Housing Policy Debate*, 115 (4).

Huang, Youqin, 2014, "Housing Consumption and Housing Inequality in Chinese Cities during the First Decade of the Twenty-first Century", *Housing Studies*, 29 (2): 291-311.

Kurz, K. and B. H. Peter, 2004, *Home Ownership and Social Inequality in Comparative Perspective*, California: Stanford University Press.

Li, Si-Ming and Limei Li, 2006, "Life Course and Housing Tenure Change in Urban China: A Study of Guangzhou", *Housing Studies*, 21 (5).

OECD INFE, 2011, "Measuring Financial Literacy: Core Questionnaire in Measuring Financial Literacy: Questionnaire and Guidance Notes for Conducting an Internationally Comparable Survey of Financial Literacy", Organization for Economic Co-Operation and Development (Paris).

Piketty, Thomas, 2014, *Capital In the Twenty-First Century*, Cambridge Massachusetts: The Belknap Press of Harvard University Press.

Rugh, J. S. and D. S. Massey, 2006, "Racial Segregation and the American Foreclosure Crisis", *American Sociological Review*, 75 (5).

Stuart, G., 2003, *Discriminating Risk: The U. S. Mortgage Lending Industry in the Twentieth Century*, NY: Cornell University Press.

第七章

柴金：《关于从根本上理顺财政和银行关系的初步探讨》，《计划经济研究》1990 年第 7 期。

陈雨露、郭庆旺主编：《新中国财政金融制度变迁事件解读》，中国人民大学出版社 2013 年版。

董昀：《中国特色社会主义宏观调控的实践探索与理论创新》，《马克思主义研究》2020 年第 8 期。

黄达：《财政信贷综合平衡导论》，中国人民大学出版社 1984 年版。

黄达：《金融学》，中国人民大学出版社 2008 年版。

李扬：《财政政策和货币政策协调配合：一个研究提纲》，《金融评论》2021 年第 2 期。

李扬：《货币政策与财政政策的配合：理论与实践》，《财贸经济》1999 年第 11 期。

刘树成：《〈美国总统经济报告〉法制化研究》，《经济学动态》2017 年第 3 期。

王立勇、徐晓莉：《纳入企业异质性与金融摩擦特征的政府支出乘数研究》，《经济研究》2018 年第 8 期。

谢旭人：《中国财政与改革开放三十年》，经济科学出版社 2009 年版。

徐忠：《新时代中国金融体系与国家治理现代化》，《经济研究》2018 年第 7 期。

张晓晶、刘磊：《现代货币理论及其批评——兼论主流与非主流经济学的融合与发展》，《经济学动态》2019 年第 7 期。

周诚君：《关于加强财政政策和货币政策配合问题的思考》，《比较》2021 年第 2 期。

［日］白川方明：《动荡时代：白川方明亲历日本经济繁荣与衰退的 39 年》，裴桂芳、尹凤宝译，中信出版集团 2021 年版。

Abo-Zaid, S. and A. H. Kamara., 2020, "Credit Constraint and the Government Spending Multiplier", *Journal of Economic Dynamics and Control*, 116: 103901.

Blanchard, O., 2004, "Fiscal Dominance and Inflation Targeting: Lessons from Brazil", NBER Working Paper, No. 10389.

Blanchard, O., 2021, "Fiscal Policy Under Low Interest Rates", https://creativecommons.org/licenses/by/4.0/.

Blanchard, Olivier, Giovanni Dell' Ariccia and Paolo Mauro, 2010, "Rethinking Macroeconomic Policy", IMF Staff Position Note, SPN/10/03.

Calvo, G. and A. Velasco, 2021, "Joined at the Hip: Monetary and Fiscal Policy in a Liquidity-dependent World", BIS Working Papers, No. 967.

Carrillo, J. A. and C. Poilly, 2013, "How do Financial Frictions Affect the Spending Multiplier during a Liquidity Trap?", *Review of Economic Dynamics*, 16 (2): 296 – 311.

Dixit, A. and L. Lambertini, 2001, "Monetary-Fiscal Policy Interactions and Commitment versus Discretion in a Monetary Union", *European Economics Reviews*, 4: 977 – 987.

Dixit, A. and L. Lambertini, 2003, "Interactions on Commitment and Discretion in Monetary and Fiscal Policies", *American Economic Reviews*, 5: 1522 – 1542.

Feldstein, M., 2009, "The Case for Fiscal Stimulus", Project Syndicate.

György, Matolcsy and Dániel Palotai, 2016, "The Interaction between Fiscal and Monetary Policy in Hungary Over the Pst Decade and a Half", *Financial and Economic Reveiw*, 15 (2): 5 – 32.

Hagen, V. and S. Mundschenk, 2003, "Fiscal and Monetary Policy Coordination in EMU", *International Journal of Finance & Economics*, 8: 279 – 295.

Hofmann, B., M. Lombardi and B. Mojon, 2021, "Fiscal and Monetary Policy Interactions in A Low Interest Rate World", BIS Working Papers, No. 954.

Laurens, J. and E. Piedra, 1998, "Coordination on Monetary and Fiscal Policies", IMF Working Paper.

Leeper, M., 1991, "Equilibria under 'Active' and 'Passive' Monetary and Fiscal Policies", *Journal of Monetary Economics*, 1: 129 – 147.

Panetta, F., 2021, "Monetary-Fiscal Interactions on the Way out of the Crisis", Keynote speech at the Conference of the Governors of Mediterranean Central Banks on "Central Banks at the Frontline of the COVID-19 Crisis: Weathering the Storm, Spurring the Recovery".

Pessoa, M. and M. Williams, 2012, "Government Cash Management: Relationship between the Treasure and the Central Bank", IMF Technical Notes and Manuals.

Sargent, T. and N. Wallace, 1981, "Some Unpleasant Monetarist Arithmetic", *Quarterly Review*, Federal Reserve Bank of Minneapolis, 1 – 17.

Weidmann, J., 2020, "Monetary Policy and the Role of Central Banks—An Outlook", Speech delivered to the Freundeskreis of the Ludwig-Erhard-Stiftung.

Yi, J., 2013, "Tmasum Bilis and Centrai Bank Bilis for Monetam Policy", *Procebio-Social and Behavioral Sciences*, 109: 1256 – 1260.

第八章

安宝洋:《互联网金融下科技型小微企业的融资创新》,《财经科学》2014 年第 10 期。

顾海峰、张亚楠:《金融创新、信贷环境与银行风险承担——来自 2006—2016 年中国银行业的证据》,《国际金融研究》2018 年第 9 期。

郭新明:《政府在普惠金融中的作用》,《中国金融》2015 年第 16 期。

何兴强、史卫、周开国:《背景风险与居民风险金融资产投资》,《经济研究》2009 年第 12 期。

贺莎莎:《农户借贷行为及其影响因素分析——以湖南省花岩溪村为例》,《中国农村观察》2008 年第 1 期。

胡振:《金融素养与家庭财富积累——基于中国城镇家庭微观数据》,《中南财经政法大学学报》2018 年第 4 期。

黎翠梅、陈巧玲:《传统农区农户借贷行为影响因素的实证分析——基于湖南省华容县和安乡县农户借贷行为的调查》，《农业技术经济》2007 年第 5 期。

李庆海、张锐、孟凡强：《金融知识与中国城镇居民财产性收入》，《金融经济学研究》2018 年第 3 期。

陆凤、黄永兴、徐鹏：《中国普惠金融的省域差异及影响因素》，《金融经济学研究》2017 年第 1 期。

罗剑朝、曹瓅、罗博文：《西部地区农村普惠金融发展困境、障碍与建议》，《农业经济问题》2019 年第 8 期。

孟德锋、严伟祥、刘志友：《金融素养与家庭金融脆弱性》，《上海金融》2018 年第 8 期。

权飞过、王晓芳：《金融创新对商业银行风险承担的影响——基于金融创新的分类研究》，《财经论丛》2016 年第 9 期。

沈丽、张好圆、李文君：《中国普惠金融的区域差异及分布动态演进》，《数量经济技术经济研究》2019 年第 7 期。

王婧、胡国晖：《中国普惠金融的发展评价及影响因素分析》，《金融论坛》2013 年第 6 期。

王修华、赵亚雄：《中国金融包容的增长效应与实现机制》，《数量经济技术经济研究》2019 年第 1 期。

吴卫星、齐天翔：《流动性、生命周期与投资组合相异性—中国投资者行为调查实证分析》，《经济研究》2007 年第 2 期。

谢忠秋：《Cov-AH：层次分析法的一种改进》，《数量经济技术经济研究》2015 年第 8 期。

许月丽、张忠根、战明华：《社会资本视角下的利率市场化与农村正规金融的经济绩效》，《世界经济》2013 年第 5 期。

杨伊、高彪：《互联网金融推动农村普惠金融发展实证研究——以江西省为例》，《武汉金融》2017 年第 8 期。

姚耀军：《金融发展与全要素生产率增长：区域差异重要吗？——来自

中国省级面板数据的经验证据》，《当代财经》2012 年第 3 期。

尹志超、宋全云、吴雨：《金融知识、投资经验与家庭资产选择》，《经济研究》2014 年第 4 期。

张珩、罗博文、程名望、叶俊焘、张家平：《“赐福”抑或“诅咒”：农信社发展对县域经济增长的影响》，《中国农村经济》2021 年第 3 期。

张珩、罗剑朝、郝一帆：《农村普惠金融发展水平及影响因素分析——基于陕西省 107 家农村信用社全机构数据的经验考察》，《中国农村经济》2017 年第 1 期。

张龙耀、江春：《中国农村金融市场中非价格信贷配给的理论和实证分析》，《金融研究》2011 年第 7 期。

张宇、赵敏：《农村普惠金融发展水平与影响因素研究——基于西部六省的实证分析》，《华东经济管理》2017 年第 3 期。

张正平、杨丹丹：《市场竞争、新型农村金融机构扩张与普惠金融发展——基于省级面板数据的检验与比较》，《中国农村经》2017 年第 1 期。

周月书、韩乔：《农村商业银行股权结构、信贷行为与经营绩效——以江苏省为例》，《中国农村观察》2016 年第 1 期。

Biggart, N. W. and R. P., Castanias, 2001, "Collateralized Social Relations: The Social in Economic Calculation", *The American Journal of Economics and Sociology*, 60.

Christiansen, C., Rangvid, J. and Joensen, J. S., 2010, "Fiction or Fact: Systematic Gender Differences in Financial Investments?", *SSRN Electronic Journal*.

Daud, S. N. M., Marzuki A., Ahmad N. and Z. Kefeli, 2019, "Financial Vulnerability and Its Determinants: Survey Evidence from Malaysian Households", *Emerging Markets Finance and Trade*, 55 (9): 1991 – 2003.

Houston, J. F., Chen, L., Ping, L. and Yue, M., 2010, "Creditor

Rights, Information Sharing, and Bank Risk Taking", *Journal of Financial Economics*, 96 (3): 485 –512.

Kochar, A., 1997, "An Empirical Investigation of Rationing Constraints in Rural Credit Markets in India", *Journal of Development Economics*, 53 (2): 339 –371。

Sarma M. and J. Pais., 2011, "Financial Inclusion and Development", *Journal of International Development*, 23 (4): 613 –628.

Suarez, S. G., 2013, "Securitization Without Risk Transfer", *Journal of Financial Economics*, 107 (3): 515 –536.

第九章

奥利维尔·布兰查德、让·梯若尔:《应对未来的三大经济挑战》,《比较》2021 年第 5 辑。

彭文生:《碳中和路径及其经济金融含义》,《中国经济报告》2021 年第 4 期。

郑联盛:《深化金融供给侧结构性改革: 金融功能视角的分析框架》,《财贸经济》2019 年第 11 期。

中国银保监会政策研究局课题组:《绿色金融理论与实践研究》,《金融监管研究》2021 年第 3 期。

Baylis, K., D. Fullerton and D. H. Karney, 2013, "Leakage, Welfare, and Cost-Effectiveness of Carbon Policy", *American Economic Review*, 103 (2): 332 –37.

Borenstein, S., J. Bushnell, F. A. Wolak and M. Z. Watkins, 2019, "Expecting the Unexpected: Emissions Uncertainty and Environmental Market Design", *American Economic Review*, 109 (11): 3953 –3977.

Heal, G., 2017, "The Economics of the Climate", *Journal of Economic Literature*, 55 (3): 1046 –1063.

Kiley, M. T. and J. M. Roberts, 2017, "Monetary Policy in a Low Interest Rate World", Brookings Paper on Economic Activity, Brookings Institution Press, 317 – 396.

Marron, D. B. and E. J. Toder, 2014, "Tax Policy Issues in Designing a Carbon Tax", *American Economic Review*, 104 (5): 563 – 568.

Merton, R. C. and Bodie, Z., 1995, "Financial Infrastructure and Public Policy: A Functional Perspective", Harvard Business School Working Paper 95 – 064.

Nordhaus W., 2007, "A Review of the Stern Review on the Economics of Climate Change", *Journal of Economic Literature*, 45 (3): 686 – 702.

Pizer, W. A., 2002, "Combining Price and Quantity Controls to Mitigate Global Climate Change", *Journal of Public Economics*, 85 (3): 409 – 434.

Weitzman, M. L., 1974, "Prices vs. Quantities", *The Review of Economic Studies*, 41 (4): 477 – 491.

第十章

陈富良、郭建斌：《数字经济反垄断规制变革：理论、实践与反思》，《理论探讨》2020 年第 6 期。

傅瑜、隋广军、赵子乐：《单寡头竞争性垄断：新型市场结构理论构建——基于互联网平台企业的考察》，《中国工业经济》2014 年第 1 期。

胡滨、郑联盛：《大型互联网平台的市场行为、监管挑战与政策应对》，《中国金融监管报告（2021）》，社会科学文献出版社 2021 年版。

尹振涛：《理性看待平台经济模式的垄断特性——基于市场与数据视角》，《金融论坛》2021 年第 3 期。

Ariel, Ezrachi, 2018, "EU Competition Law Goals and the Digital Economy", Oxford Legal Studies Research Paper No. 17.

David, S. Evans and Richard Schmalensee, 2012, "The Antitrust Analysis of Multi-Sided Platform Businesses", Coase-Sandor Institute for Law & Economics Working Paper No. 623.

Jacques, Crémer, Yves-Alexandre de Montjoye and Heike Schweitzer, 2019, "Competition Policy for the Digital Era", Final Report by European Commission Directorate-General for Competition, Brussels.

Jerrold, Nadler and David N. Cicilline, 2020, "Investigation of Competition in Digital Markets", https://judiciary. house. gov/uploadedfiles/competition_in_ digital_ markets. pdf.

第十一章

Adrian, T., 2021, "Digital Technology: How it Could Transform the International Monetary System", Remarks at the 29th International Financial Congress.

Agur, T., A. Ari and G. Dell' Ariccia, 2020, "Designing Central Bank Digital Currencies", VoxEU. org, 19 May.

Allen, A., S. Capkun, I. Eyal, G. Fanti, B. Ford, J. Grimmelmann, A. Jels, K. Kostiainen, A. Miller, E. Presad, K. Wust and F. Zhang, 2020, "Design Choices for Central Bank Digital Currency", VoxEU. org, 4 September.

Andolfatto, D., 2021, "Assessing the Impact of Central Bank Digital Currency on Private Banks", *Economic Journal*, 131: 525 – 540.

Aste, T., 2019, "Cryptocurrency Market Structure: Connecting Emotions and Economics", *Digital Finance*, 1: 5 – 21.

Auer, R, and D. Tercero-Lucas, 2021, "Distrust or Speculation? The Socioeconomic Drivers of US Cryptocurrency Investments", CEPR Discussion

Paper 16518.

Auer, R. and R. Bohme, 2020, "CBDC Architectures, The Financial System, and the Central bank of the Future", VoxEU. org, 29 October.

Auer, R., G. Cornelli and J. Frost, 2020, "Central Bank Digital Currencies: Drivers, Approaches and Technologies", VoxEU. org, 28 October.

Barrdear, J. and M. Kumhoff, 2016, "The Macroeconomics of Central Bank Issued Digital Currencies", Bank of England Working Paper No. 605.

Bianchi, D., 2020, "Cryptocurrencies As an Asset Class? An Empirical Assessment", *Journal of Alternative Investments*, Fall: 162 – 179.

BIS, 2021, "Ready, Steady, Go? ——Results of the Third BIS Survey on Central Bank Digital Currency", BIS Papers No. 114.

Bordo, M. and A. Levin, 2017, "Central Bank Digital Currency and the Future of Monetary Policy", NBER Working Paper 23711.

Borghans, L, J. Heckman, B. Golsteyn and H. Meijers, 2009, "Gender Differences in Risk Aversion and Ambiguity Aversion", *Journal of the European Economic Association*, 7: 649 – 658.

Brunnermeier, M., 2021, "Currency Competition: The Digital Dimension", Princeton Webinar, 4 March.

Caballero, R. and E. Farhi, 2017, "The Safety Trap", NBER Working Paper No. 19927.

Carreau, D., 1971, "Souveraineté et Coopération Monétaire Internationale", *Revue Internationale de Droit Comparé*, 23: 235 – 237.

Dang, T., G. Gorton and B. Holmström, 2015, "Ignorance, Debt and Financial Crises", www. columbia. edu/ ~ td2332/Paper_ Ignorance. pdf.

Dusansky, R. and C. Koc, 2009, "Demand for Cash Balances in A Cashless Economy", *International Journal of Economic Theory*, 5: 301 – 313.

ECB, 2020, "Report on a Digital Euro", October.

Fernαndez, J. , D. Sanches, L. Schilling and H. Uhlig, 2020, "Central Bank Digital Currency: Central Banking for All?", NBER Working Paper No. 26753.

Ferrari, M. , A. Mehl and A. Stracca, 2020, "Central Bank Digital Currency in an Open Economy", ECB Working Paper, No. 2488.

Gianviti, F. , 2008, "Current Legal Aspects of Monetary Sovereignty", in *Current Development in Monetary and Financial Law*, IMF.

Gorton, G. , 2016, "The History and Economics of Safe Assets", NBER Working Paper, No. 22210.

Grimaudet, F. , 1579, *The Law of Payment*, Cambridge Encyclopedia Britannica.

Howse, R. , 2008, "Sovereignty, Lost and Found", in Shan, Simons and Singh (eds.), *Redefining Sovereignty in International Economic Law*, 61 – 75.

IMF, 2012, "Global Financial Stability Report: The Quest for Lasting Stability".

IMF, 2020, "Digital Money Across Borders: Macro-financial Implications", IMF Policy Paper.

Jackson, J. , 2010, "Sovereignty-modern: A New Approach to An Outdated Concept", Georgetown Law Faculty Publications.

Jianakoplos, N. and A. Bernasek, 1998, "Are Women More Risk Averse?", *Economic Inquiry*, 36: 620 – 30.

Kocherlakota, N. , 1998, "Money is Memory", *Journal of Economic Theory*, 81: 232 – 251.

Lastra, R. , 2006, *Legal Foundations of International Monetary Stability*, Oxford University Press.

Niepelt, D. , 2020, "Digital Money and Central Bank Digital Currency: An

Executive Summary for Policymakers", Vox.

Otaki, M., 2013, "Inseparability of Transaction Medium and Store of Value in the Role of Money", *Theoretical Economics Letters*, 3: 226 - 228.

Rosa, B., 2020, "Data Laws or Data Wars, The World Today", *Chatham House*, 76: 36 - 37.

Rosa, B. and A. Tentori, 2021, "The Geopolitical Relevance of Central Bank Digital Currencies", VoxEU. org, 26 June.

Shuster, M., 1973, "The Public International Law of Money", *Netherlands International Law Review*, 21: 103 - 104.

Storti, C. and De Grauwe, 2001, "Monetary Policy in A Cashless Society", https://ssrn.com/abstract=261872.

U. S Treasury, 2021, "Report on Stablecoins", Report on Stablecoins (treasury. gov).

Walker, M., 2020, "Central Bank Digital Currency-Nine Key Questions Answered", LSE Blog, 15 December.

Woodford, M., 2000, "Monetary Policy in A World Without Money", NBER Working Paper No. 7853.

Zhu, Y. and S. Hendry, 2021, "Private Digital Currency and Monetary Sovereignty", Session-3-paper-yu-zhu. pdf (bankofengland. co. uk).

Zimmermann, C., 2013, "The Concept of Monetary Sovereignty Revisited", *European Journal of International Law*, 24: 797 - 818.

后　记

改版后的《中国金融报告 2020》，得到了同行与社会的认可，殊为不易。于 2021 年 4 月 25 日在京举行的《中国金融报告 2020》新书发布暨高层研讨会，邀请到李扬、朱民、张礼卿、周诚君、吴振宇、彭文生等诸多知名金融专家点评，扩大了报告的影响力，也给后续的报告提出了更高的要求。

如果说上年的金融报告聚焦新发展格局下的金融变革，那么本年度金融报告的关键词则是三重压力、稳字当头和以人民为中心。

谢伏瞻院长以“稳字当头，科学谋划中国金融发展”为题的序言，确立了本年度报告的主题：要坚持稳字当头、稳中求进的总基调，科学谋划金融发展，积极应对三重压力，为稳定宏观经济提供更有效的金融支持，以优异成绩迎接党的二十大胜利召开。

主报告“三重压力下的中国金融发展”，围绕应对需求收缩、供给冲击和预期转弱“三重压力”，以及房地产、中小银行、地方债务风险和中美经济金融周期错位带来的潜在冲击，不仅深入探讨了 2022 年金融工作的重点，也指出了未来中国金融发展需要着力的方向。

接下来，报告分别从国际经济金融周期、资产负债表下的美元流动性市场、防风险视角下的银行公司治理优化、中国特色资本市场、发展商业养老金、金融杠杆率与住房不平等、财政政策与货币政策的协调配合、普惠金融、绿色金融、大型互联网平台治理以及数字货币等多重维度，全景式展现了中国金融发展现状与面临的挑战。

坚持稳字当头、稳中求进的总基调和以人民为中心的金融发展观，是贯穿整个报告的两条相互交织的主线，也是本年度报告的最鲜明特色。

感谢谢伏瞻院长百忙之中再次为金融报告作序，这是对我们的鼓舞和鞭策，也让我们对报告的质量不敢有丝毫懈怠！感谢中国社会科学出版社赵剑英社长、王茵副总编及责编王衡一如既往的支持！最后还要感谢金融所全体同仁的共同努力！

張曉晶

2022 年 2 月